厦门社科丛书

中共厦门市委宣传部　厦门市社会科学界联合会　编

郭志超超教授人类学随笔

郭志超 著

闽南人及其邻近族群

萧春雷 编

厦门大学出版社
XIAMEN UNIVERSITY PRESS
国家一级出版社
全国百佳图书出版单位

U0593578

图书在版编目（CIP）数据

闽南人及其邻近族群：郭志超教授人类学随笔 / 郭志超著；萧春雷编. -- 厦门：厦门大学出版社，2024.3

（厦门社科丛书）

ISBN 978-7-5615-9308-0

Ⅰ. ①闽… Ⅱ. ①郭… ②萧… Ⅲ. ①民族文化-福建-文集 Ⅳ. ①K280.57-53

中国国家版本馆CIP数据核字(2024)第041712号

责任编辑　章木良

美术编辑　蒋卓群

技术编辑　朱　楷

出版发行　厦门大学出版社

社　　址　厦门市软件园二期望海路 39 号

邮政编码　361008

总　　机　0592-2181111　0592-2181406(传真)

营销中心　0592-2184458　0592-2181365

网　　址　http://www.xmupress.com

邮　　箱　xmup@xmupress.com

印　　刷　厦门集大印刷有限公司

开本　　720 mm×1 000 mm　1/16

印张　　30.75

字数　　485 千字

版次　　2024 年 3 月第 1 版

印次　　2024 年 3 月第 1 次印刷

定价　　128.00 元

厦门大学出版社
微信二维码

厦门大学出版社
微博二维码

厦门社科丛书

总 编 辑：中共厦门市委宣传部
　　　　　厦门市社会科学界联合会
执行编辑：厦门市社会科学院

编委会

主　　任：吴子东
副 主 任：潘少銮
委　　员：彭心安　　郑尚定　　李晓燕　　林奕田　　苏秋华
　　　　　徐祥清　　施琦婷　　陈艺萍　　吴文祥　　方　颖
　　　　　王丽霞　　洪文建　　方晓冬　　官　威　　李包明
　　　　　李　桢　　徐　隆

编辑部

主　　编：潘少銮
副 主 编：陈艺萍　　吴文祥　　王彦龙　　李　桢　　徐　隆
编　　辑：陈戈铮

编选说明

萧春雷

| 记者、编辑、人文地理作家

一

我与郭志超老师是"忘年交"，但很少见面，从没想过有一日竟会来编辑他的学术随笔集。他的公子郭航是《厦门晚报》美编，与我是同事，工作上对我颇为关照。"我爸写的东西，我都不懂。"他忧心忡忡地说，"你出书多，要帮帮我。"

其实我不是编辑书稿的合适人选。郭志超是厦门大学教授，长于人类学、民族学和历史学，研究东南民族和社会，在学术界扬名立万。我呢？一个地方媒体的记者、编辑，一个自由写作的诗人、散文家，或者一个行走全国的人文地理作家。文学与学术，差异很大。郭航告诉我，书稿的论文部分，由他父亲的博士生整理；零散的随笔诗歌部分，因为他父亲生前最佩服我的文章，我来编选最合适。

于是我面前出现了五六十万字的文稿，与郭航、叶胜伟商量后，决定编为两本。一本是以往事随感为主的《郭志超随笔诗歌集》，已于2020年5月由厦门大学出版社出版。另一本是他写下的零散学术短章，根据内容，取名曰《闽南人及其邻近族群：郭志超教授人类学随笔》。

我工作很忙，断断续续，花了近半年的时间才把书稿编定。我主要做了如下编辑工作：第一是尊重原作，基本不改动文字，只淘汰极少数内容重复的文章；第二是按题材分类编排；第三是适当修改篇名，便于通过目录查找。一句话，目的是方便读者阅读。

二

郭老师留下的学术随笔很多，但他治学严谨，严守专业分际，很少跨界。

首先需要说明的是，郭老师的研究方向是东南民族和社会，平生著文，各族群一律平等，原无中心与边缘之分。但是我将这些人类学随笔，以闽南人为中心编选，建构起一个东南族群世界。假如郭老师在世，未必会同意这种做法。但是我想，郭老师在厦门出生、求学和工作，对闽南文化最了解，他的生活世界就是如此。另外，本书从属于"厦门社科丛书"，这种编排方式也有利于厦门读者了解他的学术和思想。

只要有价值，一个学者的文章，可以从多种角度编选，从而呈现不同的景观。

根据所涉主题，我将全部文章编为七个小辑，兹略作说明。

第一辑"先生之风"，收录了记述厦门大学萨本栋、林惠祥、陈碧笙和陈国强四位学者的文章。厦大校长萨本栋和著名人类学家林惠祥去世较早，作者无缘相见，但他们是厦大学风的重要奠基者。作者承认，陈碧笙老师的民族学和台湾史课程，激发了他的学术兴趣；而林惠祥的助手陈国强，亲自带着他进行田野调查。这几篇文章，在某种程度上勾勒出厦大人类学的传承脉络。

第二辑"闽南人"，收录有关闽南族群及其文化的文章，内容丰富。作者学养深厚，信手写去，皆成妙章。几篇关于"沉东京"传说、仙公山梦释、厦门中秋博状元、金门风狮爷的小考，颇引人入胜。第一篇《闽南人历史文化概观》，简明扼要地阐述了作者心目中的闽南文化概念。

闽南人，就是福建南部流行闽南方言的人群，主要分布于历史上的漳泉二府，即现在的厦漳泉三市。因为人多地少，历史上的闽南是人口输出地区，所以闽南方言的流行区域大大超过闽南本土。作者指出："后来扩展的闽南方言区还包括台湾大部分汉人地区、浙南少数沿海地区，这些地区操闽南话的族群也是闽南人。海外的闽南人主要分布于东南亚诸国，并有若干流行闽南话的社区。"（《闽南人历史文化概观》）据我所知，还有潮汕话、雷州话和海南话，都被学者当闽南方言的次方言。闽南话是一种强势方言。

我认为，闽南文化是中国最具海洋性格的一种地域文化，具有冒险犯禁、开放包容的特点。一方面，在海禁的时代，他们过台湾、下南洋，开辟了众多贸易航线，大大拓展了中华民族的海洋空间。另一方面，他们又显得相当保守，信仰芜杂，重视祖先和宗族，具有强烈的中原意识。从篇目看，作者显然偏爱泉州，漳州部分只有一篇为曾五岳《土楼起源史研究》作的序。

郭老师常应邀作序，不少序非常精彩，完全可以独立阅读，例如为谢汉扬《未完成的自传》所作的序。在这篇序中，郭老师充分展示了一位优秀人类学家的才华，仅仅根据文本，就洋洋洒洒，详细讨论了"南洋华侨对于精神世界的文化构建，血缘在社会生活的二重性；中国乡村历史传统在民国社会的存续，以及以妇女解放为聚焦的民国风气变迁"等问题，让人大长见识。

《晋江人移住厦门的历史考察》写得很匆忙，像是一份草稿。作者说，虽然厦门岛过去属于同安县，但是他却有"厦门风习近晋江而远同安"的感觉，遂起意作此文。他考察了交通，晋江人如何从安海港乘船来到厦门；根据《同安文史资料》，考察了同安县前 20 名大姓多少来自晋江；依据《厦门墓志铭汇粹》，统计清代厦门居民的祖籍地多少来自晋江；最后得出结论："祖籍（包括远祖）是晋江的，在清代厦门是绝对优势。"

厦门古代居民主要由漳泉二府移入，这是没问题的，但是很少人探究厦门居民的祖籍结构。就连厦门话到底偏漳州口音还是泉州口音，都言人人殊。我很希望有人继续做"龙溪居民移住厦门考"之类的文章，让我们对厦门文化的构成有更深入的了解。

多年以来，我一直在《厦门晚报》主持《寻找老厦门》专栏，每期 1 个选题，用 4 个版进行深度报道。郭老师非常喜欢，每期必看，经常向我反馈意见，有时甚至著文商榷，例如这里收录的《闽南商人的精神》。2017 年底，我约他写了一篇评《寻找老厦门》专栏的文章，他欣然答应，很快就发来一篇热情洋溢的评论。他知道编报不易，以表扬为主。

第三辑"泉州回族"，主要是关于宋元泉州港留下的来自海外的宗教和遗族。 郭老师出身惠安"白奇郭"家族，是回族，有阿拉伯或波斯血统，所以这些文章饱含了他个人的深切体验，价值很高。

宋元时期，泉州崛起为东方第一大港，吸引了众多海外商人定居，有"市井十洲人"之称，明清因海禁而衰微。 从 1928 年开始，泉州学者吴文良先生孤军奋战，致力于收集伊斯兰教、摩尼教、印度教、佛教、古基督教等石刻遗物，他的儿子吴幼雄先生接力，最后完成了皇皇巨著《泉州宗教石刻》增订本。 作者为此书精心撰写的书评，讲述了吴氏父子的收藏故事，还追溯了泉州历史上多元宗教的盛况，令人动容。

摩尼教（又称明教）是一种世界性大宗教，晋江草庵是其最后消亡地。 2007 年 1 月，郭老师和我一起去晋江博物馆，看完摩尼教文物后，粘良图先生再带我们到草庵附近的村落考察。 粘良图先生发现，在民间一直有人供奉摩尼光佛。 一位乩童告诉我们，摩尼光佛"很灵"，配合咒语、手印，"驱邪赶鬼"最有效。 郭老师指出，摩尼教已经变异为一种民间信仰，令人唏嘘。

闽南两个最著名的穆斯林家族是晋江"陈埭丁"和惠安"白奇郭"，世系发达，人才济济。 作者对陈埭回族研究的奠基人丁彤志充满敬意，还投入了不少精力探究本族历史：《明代白奇回族伊斯兰式石墓型制的变化》一文见微知著，分析回汉两种装饰元素的消长；《鹿港郭非郑成功回教徒部队后裔》一文，引用谱牒，干净利落地解决了一桩历史公案。

第四辑"闽越与疍民"，把南岛语族、闽越、山都木客、疍民归在一起，因为他们是福建最古老的土著居民。 作者的基本观点是："在民族范畴，马来人即南岛语族。 百越诸族之一的闽越人，也属古代南岛语族。福建人就是南下汉人融合了闽越族的人群，尽管有多种方言，但统属于闽语方言。"（《参观武平县博物馆的思忆》）

百越是散布于中国东南沿海的古代民族，五六千年前，其中一支从福建进入台湾岛，开始了波澜壮阔的大航海，播迁到菲律宾、印尼群岛和太平洋、印度洋诸岛，被称为"南岛语族"；留在福建的后来被称为闽越人。 秦汉以后汉族南下，百越族逐渐退往西南，最后分化为壮族、侗族、布依族、黎族、傣族等现代民族。 闽越人早已消失，他们的基因融入了福建人的血液，也许这就是闽人擅长航海的原因之一。

很多学者相信，闽越人在福建的河口和港湾里还留下了一点骨血——疍民，但他们没有被识别为独立民族。疍民是水上居民，在船上住了一千多年，备受歧视。21世纪初，我还采访过九龙江口的疍民连家船；在政府的推动下，现在福建所有的疍民都上岸定居了。

福建最早的古民族聚讼纷纭。在古籍里，他们被称为"山都"或"木客"，住在树上，矮小，善隐身，自相婚配。陈国强先生认为，木客可能是林惠祥先生提到的尼格利陀人。但作者不从师说，作《从"山鬼"异闻录管窥古民族》，主张山都与木客属于同一种族，是住在闽粤赣山区的古越人后裔。我认为后者的观点更合理。

两篇关于疍民的文章颇具创见。一篇主张湄洲妈祖（即林默娘，又称天后）就是疍民。作为福建地位最高的女神，一千年来，妈祖的出身不断被拔高、神化，作者的这一观点，可谓另辟蹊径。另一篇《惠东长住娘家起源新解》，作者独树一帜，主张惠东女（即崇武、小岞一带的惠安女）独特的服饰和"长住娘家"习俗也来自疍民，很多疑问因此涣然冰释。

第五辑"畲族与客家"。虽然有不少学者称，客家是纯正的汉人，历史上不存在畲汉通婚。但无论如何，畲族是与客家最亲密的民族，二者在闽粤赣山区共同生活了数百年，畲族话近似客家话。

回顾福建历史，两千多年前这里是闽越人的地盘，公元前110年，汉武帝灭闽越国，把闽越人集体迁徙到江淮之间，闽地遂空。魏晋至唐代，汉族移民进入闽北，沿闽江而下，再沿海岸线向南推进，渐次开发福州、莆田、泉州等地。稍后两三百年，聚集在湘西的苗瑶语族（古籍称"武陵蛮"，苗族、瑶族和畲族的祖先）有一支迁移到闽粤赣三省交界地区。直到唐初，闽东北的汉族与闽西南的苗瑶语族还没有大规模相遇。

唐代发生了两件大事：一是陈政、陈元光率军来到闽南，把所谓"蛮僚"（畲族祖先）驱赶到山区，创建漳州。二是从唐末开始，大批汉人从赣南进入闽西山区，与"蛮僚"混居。数百年后，闽南漳州、泉州地区的汉人融合为"福佬人"（即闽南人），与畲族一道定居于闽粤赣山区的汉人被称为客家。畲族的脚步永不停息，后来又从闽西迁徙到闽东、浙南。

世界上没有所谓"血统纯粹"的民族。世居闽北、闽东南的福建人，祖先曾与残余的闽越人有过基因交流；而闽西的客家，则是畲汉民族融合而产生的一个独特族群。 2014 年，我考察汀江流域回来，向郭老师请教，他在邮件里这样描述客家的形成：唐末汉族先民从赣南迁入宁化石壁后，主流南下，沿汀江、韩江迁徙，遇到更早生活在这一地区的畲族，首先在汀江流域形成客家，"汀江是客家的母亲河"。

我冒昧地请他做个估计，客家民系中畲汉成分各占多少？ 他的回答是："三七开。"

郭老师是闽南人，但因下乡武平县插队，对生活在闽西的畲族和客家充满感情，写下了大量文章。 他讨论汉唐客家先民、闽西南"抚瑶土官"、赤岭畲族的"开漳圣王"、畲家拳与南少林、畲族与客家的猎神、清代澳门的畲族、闽客双言区的民间信仰……旁征博引，不时融入个人经验，新见迭出。 这是他学术积淀最深厚的领域。

我认为，以往的客家研究忽略了闽北文化的影响。 2010 年拙著《世族春秋：宁化姓氏宗祠》出版时，我写道："南宋以后，已经隶属闽西汀州府的宁化县仍继续受惠于闽北文化，最重要的标志是理学。 杨时裔孙迁居宁化延祥，罗氏家族将罗从彦引为本家，李侗的儿子李信甫迁居泉上，都具有高度的象征意义。 通过宁化，闽北的理学对客家文化产生了重要影响，并成为其核心价值。"郭老师赞同我的观点，欣然作序，认为这是"客家研究的新洞见"。

第六辑"台湾与高山族"，汇聚有关台湾地区的文章。 其中有些是知识介绍，有些是随手做的小考据，举重若轻，俨然大家手笔。 其中高山族的发祥传说、林惠祥的高山族之行，篇幅较长，但摘引得当，趣味盎然。《评汪毅夫〈闽台缘与闽南风〉》很有深度，通过解析和评点汪毅夫先生的论著，归纳总结一种新的研究方法——历史"细描"。

当然最具分量的文章是《"南岛语族"视野中的台湾先住民"南来论"批判》。 该文的背景是，20 世纪六七十年代，台湾地区学者发现了距今两三万年的"长滨文化"和"左镇人"化石，尤其是出土了 5000 多年前的大坌坑新石器文化，后者被认为是年代最早的南岛语族遗址；但福建考古落后，无论新、旧石器文化的遗址年代都较晚。 有些西方学者追溯南岛语族的起源，从印尼、菲律宾至我国台湾地区，就断了线索，仓促断定台湾地区是南岛语族的起源地。还有些语言学家，因为在福建没有发现南岛语言，便认为说南岛语言的台湾少数民族来自南方菲律宾的岛屿。这种理论被"台独"分子利用，宣称台湾先住民与大陆"毫无关系"。

20世纪末开始，福建加大了考古力度，挖掘了一系列比台湾地区更早的旧石器、新石器文化遗址，雄辩地证明了台湾地区新、旧石器文化均来自大陆。最早的南岛语族文化遗址大垒坑，显然受到福建平潭壳丘头文化的影响。

关于这问题，我再来做个简短的补充。2022年，我应《中国国家地理》杂志之约撰写一篇南岛语族的文章，研究了大量资料，采访专家，同年10月在杂志上发表了《南岛语族的中华基因》。我个人认为，近年来有两个古人类遗传基因研究最值得重视：一个是中国科学院付巧妹团队做出的，发表于2020年5月美国《科学》杂志，从DNA的角度，把最早的南岛语族人群从7900年前的马祖亮岛人，推进到8400年前的漳平奇和洞人，证明了南岛语族起源于中国东南大陆；另一个研究是厦门大学人类学研究所王传超团队做出的，2021年他们在《自然》杂志发文，通过DNA分析证明了南岛语族人群与中国壮侗语族人群同源。

也就是说，南岛语族的起源问题，这个困惑了语言学家、人类学家、民族学家、考古学家数百年的问题，出乎意料，被如今的古人类基因研究快刀斩乱麻地解决了。

回头望去，林惠祥、郭志超等厦大人类学家，根据当时有限的资料，就断定南岛语族源于华南大陆，马来人（南岛语族）与古越族（侗台语族）同源，真是惊人的远见！

第七辑"其他"，是难以归入上述六辑的文章。郭老师著文，皆有感而发，虽片言只语不忍舍弃。最后一篇《略说民族学的访谈方法》，让我们知道他深入田野时工作的情景。他告诫说："地位、衣着、智力等优势，哪怕是下意识地显露，也会在传播关系中制造不平等。"这篇文章宜与第一辑《跟陈国强老师做田野》一文合观。

三

　　编书的过程，也是学习的过程。由于多年来关注闽台文化，本书涉及的领域我并不陌生，很多题材我甚至采访和撰写过相关稿件。然而，通读并校订郭老师的这部书稿，仍然时时让我感受到阅读的乐趣，受益匪浅。这是学术大家面向公众而写的短小随笔，厚积薄发，深入浅出，很多观点闪烁着智慧的光芒。

　　客观地说，作者早年的语言不够简练，句式比较复杂，但学术随笔最宝贵的品质是内容饱满，见解独到，杜绝空话。这一点，作者自始至终都做到了。他晚年的有些文章，语言也有了很大进步，平实简洁，流畅自然，例如《序〈闽南宗教社会〉》。在我看来，郭老师最大的人格特点是热情、真诚、宽厚、深思，这些品质也让文章生色，让我们情不自禁地跟随他，尽情涵泳于知识和思想的大海。

　　我想尽量把自己的编书心得与读者分享，一不留神，就写成一篇冗长的前言。探望窗外，闽南的天空湛蓝，阳光灿烂，树冠在风中微微摇晃。就此住笔。

2023 年初夏于翔安

序

汪毅夫

全国台湾研究会会长、教授

　　读罢郭志超学兄这部遗稿、这本学术随笔集，一时记起许多往事。先从书名《闽南人及其邻近族群》说起吧。 1993 年，我在《谈台湾的闽南人和客家人》等文里说：作为汉族的两个民系，闽南人和客家人长期在闽西南、粤东和台湾地区相邻而居，形成了若干文化上的共同性。 郭志超学兄读后便表示认同并加以补充说：同闽南人邻近的族群有客家人、畲族、回族及高山族等。 郭志超学兄当年已经研究有年，继而用其毕生精力，对闽南人及其邻近族群做了深入研究，各有研究专论和专著发表。这部书则以学术随笔集的形式，从整体上描述了各族群的关联。 书名应该是编者萧春雷取的，切合全书内容，具见编辑家的功力。

　　在学术上，我是随郭志超学兄一道成长起来的。 我们都是厦门一中的校友。 读研期间，我曾从母校福建师大到厦大研究生宿舍楼看望过他及其他学兄。 此后时相过从，分享学术资讯和学习心得，也分享好茶和茶余的闲话；一起策划纪念林惠祥教授的会议和文集，还曾一同到惠安县百崎回族乡做田野调查。 郭志超学兄常对我的研究提出批评和建议，他为拙著《闽台缘与闽南风》写的书评，则给我很大鼓励。 尽管两人常住的地区不同，我们仍然经常有相谈甚欢的机会。 郭志超学兄圆瞪双眼，说到得意处便爽朗地哈哈大笑的情形，迄今历历在我记忆中。

　　郭志超学兄退休以后，十分珍惜做学问的时间和精力。 他埋头著述，不接电话。 朋友们同他联系，只能通过电子邮件。 我不用电脑，因而联系很不方便。 知道他如此用功，成果迭出，很是钦佩。 但我知道他多年前动过手术（他告诉我，知者不多），又有慢性病，也很为他的健康担忧。 听到他积劳成疾，终于不起的消息，我和朋友们一样，很是痛惜。 然而，作为著名学者，郭志超学兄的生命力并不止于其卒年，他的学术成果将有永久的生命力。

2023 年 2 月 19 日记于北京

目录

闽南人及其邻近族群：郭志超教授人类学随笔

闽南人及其邻近族群：郭志超教授人类学随笔

第六辑 台湾与高山族／

第一辑

先生之风

蒙古族学者萨本栋

　　在厦门大学临海的建南大会堂的西北坡地，白桦、香樟、柚木、榕树四季常青，蒙古族学者萨本栋教授就长眠在这里。

　　萨本栋出生于福州萨氏望族。萨氏来自雁门（今山西代县），其入闽始祖是萨仲礼，他系元朝元统元年（1333 年）进士，授福建行中书省检校后，居福州。萨氏人才辈出，从元到清，中进士者 8 人，中举人者 45 人，其中《明史》名臣有传 1 人，明清《福建通志》《福州府志》《闽县县志》有传 5 人。

　　萨本栋于 1902 年 7 月 24 日出生在闽侯县，少年时代，萨本栋在福州求学，后考入北京清华学校，1921 年以优异成绩毕业；1922 年被选派留美，先入斯坦福大学读机械，1924 年获学士学位；后转入麻省华尔斯特工学院，次年获电机工程师学位。为深入研究电机工程，萨本栋进而转读物理，于 1927 年获理学博士学位，成为当时中国留美学生中的佼佼者，被誉为清一色的全优生。1927 年至 1928 年，萨本栋在美国应聘为华尔斯特工学院研究助理及西屋电机制造公司工程师。1928 年回国后，担任清华大学教授；1937 年至 1945 年就任厦门大学教授、校长；1940 年至 1948 年任中央研究院总干事、评议员、评议会人事管理委员会主任委员、设计考核委员会主任委员、物理研究所代所长等职。他是中国物理学会的创建者之一，曾任该会秘书副理事长。1935 年 9 月至 1937 年 3 月和 1944 年 6 月至 1945 年 6 月，他分别就任于美国俄亥俄州立大学和麻省理工学院客座教授。1948 年底因病赴美国加州医院就医，1949 年 1 月 31 日卒于美国。

　　萨本栋是我国也是国际近代著名的物理学家、卓越的电机工程专家、杰出的教育家。 他的一生虽然短暂，而他的论著却十分丰富，办学治校成绩显赫。 任职期间，他先后在国内外出版论著和教材8部9册，在国内外7种刊物上发表学术论文25篇，并亲自撰写办学治校的有关文件、布告、函件和讲演稿等几十篇。 他早在美国留学期间，就先后在著名的科技刊物发表了《关于空气中的火花的研究》及《三相系统的非平衡因素》两篇论文，二十五六岁就蜚声美国科技界。

1928年萨本栋回到中国，担任清华大学物理系教授，讲授普通物理学、电磁学及无线电物理。 他根据中国大学生的特点，自编教材，数年间编写了《普通物理学》上、下册及《普通物理实验》，并分别于1933年、1935年出版。 这两部书是首次用中文正式出版的大学物理教材，书一出便纷纷被国内各大学选用，很快取代了以往的英文教科书，获得中国高等教育界的普遍赞赏，流行达二十余年之久，对我国大学物理教学影响至大。 他的著作《实用微积分》也被各高校采用；英文专著《并矢电路分析》一出版，就被收进国际电工丛书，被誉为"新理论杰作"；另一本英文专著《交变电流机械基础》敢于"言前人之所未言"，问世之后，被誉为物理学、电机学巨著，立即被美国加州大学、卡纳基理工学院等十几个院校采用为教材。 这开创了中国科学家编写的自然科学书本被外国人采用为教材的先例。

萨本栋的学术水平处于当时世界科技前沿。 1936年8月，他在俄亥俄大学把讲授的应用并矢方法解决电路的计算和分析诸问题加以总结，在美国杂志发表了论文《应用于三相电路的并矢代数》，引起美国科技界的强烈反响，被认为是开拓了电机工程的一个新研究领域，美国电气工程师学会（按：美国电气电子工程师学会）随即将它列为当年冬季会议的讨论课题。 会后经评选，该文获得美国"1937年度理论研究最佳文章荣誉奖"。

20世纪30年代初，陈嘉庚在南洋的企业受到经济危机的冲击，最后被迫收盘，厦门大学的办学经费也随之陷入困境。 1935年5月10日，学校重新组织校董会，同时，还裁并了部分院系。

1937年7月1日，经陈嘉庚函请，南京国民政府决定将私立厦门大学改归国办。 7月6日，聘请著名物理学家、清华大学教授萨本栋博士为国立厦门大学校长。 翌日，抗日战争爆发（按：1931 年九一八事变后，抗日战争爆发，1937 年七七事变后，抗日战争全面爆发。 下同），年仅 35 岁的萨本栋受命于国危校难之际，当机立断，经报教育部批准，决定将厦大迁往闽西山城长汀，以保证教学不致中断。 厦大师生历经艰难险阻，长途跋涉，于 1937 年底迁至长汀，1938 年 1 月 17 日复课，时在校生数仅为 198 人。 在 8 年抗战（按：8 年全面抗战）期间，国难当头，萨本栋校长团结全校师生同心协力、同仇敌忾，艰苦办学。 学生一方面积极参加抗日救国活动，组织成立"国立厦门大学学生救国服务团"等团体，投入反对日本侵略者的斗争；一方面勤勉学习，发奋攻读，务期求得真正学问。 萨本栋将清华大学的优秀传统引入厦大，于是学校创办了工科，办起了土木系、机电系、航空系。 此外，还复办了法科，扩大招生，奋发教学，重视教学质量，加强基础学科，增设专业课程，严格考试考查等措施，使教学质量迅速提高。 萨本栋主张，要进行学术研究，除了专业知识，还必须有广泛的基础知识，也就是说，自然科学学生要学点文科课程，反之亦然。 当时学校规定，国文、英文、高数以及一门社会学是全校学生必修课，国文和英文不及格，就不能毕业。 萨本栋说："假如一位大学毕业生连中英文都不通顺，要他何用？"1940 年至 1941 年国民政府教育部举行首届和第二届全国大学生学业竞试，厦门大学均名列第一，蝉联冠军。 在此期间，厦大已有较大发展，在校生达 1044 人，学科发展为 4 个学院 15 个系。 即：文学院有中国文学、外国文学、历史、教育 4 个学系，理工学院有数理、化学、生物、土木工程、机电工程、航空工程 6 个学系，法学院有政治、经济、法律 3 个学系，商学院有银行、会计 2 个学系。 由于厦大办学成绩斐然，吸引了许多中外人士前来参观。 1944 年春，英国纽凯索大学教授雷立克、美国地质地理学家葛德石先后来校考察访问，对厦大倍加赞扬，称赞"厦大为加尔各答以东之第一大学"。 当时的国民政府教育部称之为"东南最高学府""国内最完备的大学之一"。 在学校迁返厦门时，长汀社会各界赠送大匾额，将厦大誉为"南方之强"。

当时长汀连电灯都没有，萨本栋拆了学校分配给他的汽车，把发动机加以改造，让学校用上电灯。 他还像位勤劳的巧妇，精心计算着他努力从各方争取来的每一分钱，学校自己制作豆腐，提倡吃糙米饭，将学校粪便承包给人，所得款项补给师生。

萨本栋为人正直，不少人在背后称他为"杀不动"，意思是说他"硬得很"，无法商量。他对规则的维护不遗余力。那时交通困难，但萨本栋规定，只要错过规定的注册时间，一概以休学论，绝不通融。

到厦大之前，萨本栋是清华的网球高手，体格强壮，腰杆挺拔。但到了1943年，清华的友人再见到他时，他已是"面色苍白，弯腰驼背，拄着拐杖"，他患了严重的胃病和关节炎，他为厦大耗费了巨大的精力。人们回忆说，拐杖掉到地上，他已经不能俯身拾起。病情严重得卧床不起时，他就让学生到他的床前听讲。

1949年萨本栋因患胃癌在美国去世，时年47岁。据他的遗嘱，遗体解剖以供治癌研究。医生们发现，他的胃布满癌细胞，他的脑比平常人重了300克。他的骨灰最后留在他鞠躬尽瘁的厦门大学。至今，厦大长汀时期的学生谈起他时仍会热泪盈眶。以萨本栋校长为代表的抗战时期的自强不息的精神，成为厦大人文传统的重要象征。萨本栋的英名永远被五老峰的林海和鹭江的波涛歌颂着。

（《福建民族》2001年第3期，署名"田吟"）

林惠祥先生百年祭

　　林惠祥教授是我国著名的人类学家，厦门大学教授。 1901 年出生于泉州府晋江县，1958 年病逝于厦门。 今年是林惠祥教授诞生 100 周年。他在 57 年的生涯里，于学术研究和教育事业等方面取得卓越的成就。 本文仅介绍他对中国人类学所做出的贡献，以资纪念。

　　林先生靠刻苦自学读完中学课程，1921 年以同等学力考入厦大社会学系，为厦大第一届毕业生，并留校任教一年。 为继续深造人类学，1927 年他自费赴菲律宾大学研究院人类学系，师从美国人类学家拜耶教授做人类学研究的实地工作，一年即毕业，获人类学硕士学位，实现了他热爱人类学事业的愿望。

　　1928 年林先生学成回国，受聘于中央研究院，任民族学组助理研究员。 1929 年林父病逝台湾，蔡元培院长建议他乘赴台奔丧之机，入"番地"调查"番族"（即今高山族）历史文化，并收集文物标本。 他办完丧事之后，独自深入"番族"社区，足迹遍及"太么族""布嫩族""派宛族""阿眉族"（按：指泰雅人、布农人、排湾人、阿美人）等社区，调查他们的生产生活和文化艺术，收集大量文物标本。 回南京后，根据此次调查所得，编著《台湾番族之原始文化》一书。 这是林先生第一部人类学田野调查的著作。 由于研究成果突出，蔡院长即提升他为专任研究员，时年 29 岁。

　　在台湾的两个月调查，是冒着极大的生命危险的。 当时台湾处于日据时期，所到之处均受到警探追寻和监视。 而林先生此次则是孤身一人"奋力以赴，不畏艰险，又无武器防身"。 可以想象，如果没有强烈的为科学献身精神难以做到。 在 20 世纪 20 年代，林先生可谓大陆学者入台湾"番地"调查的第一人。

1930 年秋，林先生应母校之聘，回厦大任教授兼社会学系主任，还兼任中央研究院特约研究员。 当时中国人类学正处在起步阶段，为推动中国人类学的发展，在图书资料十分缺乏的情况下，他苦心钻研 5 年，先后写出《民俗学》《世界民族志》《神话学》《文化人类学》《中国民族史》等一系列人类学著作，均由上海商务印书馆出版发行。 其中《文化人类学》一书是我国第一部人类学专著，被列为大学丛书。 蔡院长为该书题赠"博学慎思"，予以鼓励。 几十年过去了，该书还有很大生命力。1998 年在厦大举行"林惠祥逝世 40 周年学术讨论会"时，台湾"中央研究院"著名人类学家李亦园院士说，台湾人类学者都拜读过林先生这本大作，在台湾亦数次再版该书，并对该书有关人类学四分科的观点大加赞扬。《中国民族史》是继《文化人类学》之后又一部力作，他在序言中说，该书"为人类之一部分。 人类学中有一部分叙述人类各种族之现状者，民族史即此部分也"。 自己也颇得意，他说："在同类书中最详，余之创见颇多，出版后四月销至四版，可见颇受国人错爱也。"该书开启了中国民族系统分类的先声，它不仅得到国内学者的称赞，在国外也有相当的影响，1940 年被日本学者译为日文出版。 1993 年商务印书馆又重版该书，可见该书的学术价值。

在 20 世纪 30 年代，林先生用心著述一系列论著，这些都是人类学者必读之本。 显而易见，这些书的出版，对推动中国人类学的发展产生积极影响，如 1938 年至 1939 年间，当时的教育部陆续颁布了大学各学院必修或选修的科目表，都把人类学、民族学、人种志和民族志等课程列入。故后人誉他对发展我国人类学起了开拓作用，是中国人类学奠基人和杰出代表之一，并非过誉。

林先生学识渊博，著作等身。 掌握英日两国外文，新中国成立后又自学俄文。 他既精文化人类学，对民族学和考古学也有很高造诣。 像他这样的学者，在过去乃至现在的人类学者中都是少见的。 他用亲身经历极力倡导文化人类学、考古学和历史学综合研究方法。 除了写出大量专著外，他还撰写若干精辟专论，如:《台湾石器时代遗物的研究》一文，这是林先生 1929 年和 1935 年两度入台考察台北圆山文化贝冢遗址后写成的。 林先生以考古学家敏锐的洞察力，从台湾联系到福建的考古资料，洞见闽台古文化的密切联系，最早论证了台湾史前文化的源头在大陆东南地区，"最有可能是从福建迁出的"。 半个世纪过去了，这一科学论断，并进一步为闽台史前考古研究所验证。

林先生临终前留下一篇被誉为绝唱之作的学术论文《中国东南区新石器文化特征之一：有段石锛》，他根据各地出土的有段石锛的比较区分为初级、中级和高级三种类型，即代表三个不同的发展阶段，提出有段石锛应是从闽粤赣产生，发展到了高级阶段后，然后向台湾、浙江、江苏及海外扩展。 台湾的是从闽粤传去的；菲律宾是由中国台湾或广东往东沙群岛等处传入；苏拉威西、北婆罗洲和波利尼西亚诸岛是由菲律宾传去的。

华南古民族与南洋马来族的关系也是林先生最有成就的研究成果之一。 他在新加坡期间，编译了菲律宾、婆罗洲和苏门答腊三部民族志。1938 年发表《马来人与中国东南方人同源说》一文，1957 年又写出《南洋马来族与华南古民族的关系》长文，全面系统论述了马来人即蒙古利亚种的一支南迁经印度支那沿海岸入南洋群岛后，与尼格利陀人及印度尼西亚人混合。 马来族的南迁路线有两条：一是西线，即由印度支那经苏门答腊、爪哇等地到菲律宾，这是主要的，其证据是印纹陶和有段石斧；二是东线，即由闽粤沿海到台湾，然后转到菲律宾、苏拉威西、苏禄和婆罗洲等地。

林先生运用他广博学识，开启了闽台以及闽粤与东南亚地区古代民族的血缘和文化交往关系的研究，为我国东南区和东南亚的区系文化理论的建立做出了杰出的贡献。

林先生一生生活十分俭朴，他最大的嗜好就是购置文物标本。 1930 年夏，林惠祥教授应母校厦大之聘从南京中央研究院返回厦门。 由于教学需要，他在自传中写道："余所教人类学需有原始文化之标本，以供参考，而学校不能供给采集之资。 余生活俭朴，薪俸稿费月有盈余，乃自建一住屋，留前厅为人类学标本陈列所，自费四出搜买标本及发掘古物，又得南洋热心家捐献，合计得三四百件。"1934 年林先生在家中创办私人人类学标本陈列所，并声称"愿供厦大历史、社会学系之用，并欢迎各中小学师生参观"。 当时厦门市政府民众教育馆馆长参观时说："自叹以政府机关反不能及也。"此后他更致力于文物标本的充实。 1935 年暑假，林先生又自费到台湾入"番地"采买标本。 抗战全面爆发后，林先生携家避难新加坡，随身带走大部分文物，又沿途在香港地区，以及马来西亚和新加坡调查文化遗址，搜寻文物。 日本占领新加坡后，林先生生活十分困难，妻儿因乏医病故，当时曾有学者拟用高价收购他的文物标本，均遭到林先生婉言谢绝。

抗战胜利后，林先生应母校聘请，又把这批文物运回国内，他到校的第一件事，就是在厦大举办一次人类学标本展览会。 1951 年他呈王亚南校长函，拟捐献个人全部文物，创建厦门大学人类博物馆。 此举得到王校长的高度赞赏并报华东教育部核准。 这是我国高校中第一所博物馆，也是全国唯一以人类学冠名的博物馆，也是大陆博物馆中唯一收集有台湾地区和南洋等地的文物，陈列品中体现出中国东南区和东南亚的文化特色。

林先生捐献给博物馆的全部文物标本计有三千多号，还有一千多册珍贵的中外文图书。 这是他用一辈子的心血和生命得来的，也是他的全部家当，其价值无法估量。 厦门大学能成为我国人类学研究的重要基地，完全是林先生一生为之奋斗而奠定的基础。 现在全国人类学会会址选定在厦大人类博物馆，这与林惠祥教授所创下的业绩与影响是有密切关系的。

林惠祥教授还是一个热爱中华、极具民族气节的台籍学者。 自日本侵占台湾后，台湾人民被迫改隶日籍。 所以在日据时期，他长期隐瞒台籍身份，对日本人欺侮中国人极为不满。 在福州东瀛学堂读书时，曾拒绝日本教师要他到日本商行做事和到日本留学。 1929 年他赴台奔丧，持中国护照，化名林石仁，以商人身份前往。 为父立墓碑，拒用日本式纪年，而采用公元纪年。 1935 年再度抵台，又化名林淡墨，假托教会中学教员。 抗战全面爆发后，厦门即将陷落时，为避免被人出卖当汉奸，即携家避难南洋。 1942 年日本占领新加坡，日本人拟用高薪聘用能识中英日三国文字学者为日本人做事。 林先生极力回避与日本人认识和来往，不愿为日本人干事，最后避难乡下，靠务农为生。 一直到日寇投降，林先生在自传中才披露秘藏于怀 25 年不承认台籍不愿为日本人干事的种种秘密。 他说："原有日本籍，然宁愿为贫弱战败的中国人，而不愿为富强胜利之日本人也。""在南洋沦陷时间，更坚守我的本意，不因日本之胜利而攀附为日籍，以取得势力富贵；反以我国之被侵略而愿与华侨同受危险与苦痛。"显现出其的爱国主义精神和坚强的民族气节。

缅怀林惠祥教授的一生，他为发展中国人类学事业贡献了毕生精力，做出了杰出的贡献。 他的敬业精神、奉献精神、爱国精神以及优秀的政治品质永远值得我们敬仰和怀念！

（《福建民族》2001 年第 3 期，署名"史明"）

传奇式的博物馆学家林惠祥

　　林惠祥先设立私立人类学标本陈列室，后创建我国第一座人类学博物馆，其功堪叹为观止。 这里侧重介绍这位博物馆学家为了建馆从事文物搜集的传奇逸事。

　　1927 年林惠祥到菲律宾马尼拉的菲律宾大学人类学系留学。 他的导师拜耶是该系的创始人。 这位美籍人类学家，早年毕业于哈佛大学人类学系，通晓体质人类学、民族学和考古学，他出版的《菲律宾与东亚考古及其与太平洋岛民来源的关系》是东南亚考古的权威著作。 林惠祥在拜耶教授的门下接受美式人类学，即体质、民族、语言、考古四分支学科合一的教育。 从三年后林惠祥出版的《台湾番族之原始文化》一书，可以看出他在菲大受到这种全域性人类学的严格训练。 宋代有个叫林逋的人，隐于西湖孤山，不娶，无子，植梅蓄鹤以相伴，世谓"梅妻鹤子"。这位美籍人类学家颇有几分相似，他一生形影相吊，痴迷于考古文物收藏，其寓所摆满了史前时代石器、陶片，也堪称"石妻陶子"。 拜耶的这一嗜好深刻地影响了林惠祥。 今天在厦门大学人类博物馆可以看到，他当年在菲律宾采集的一件半磨制石刀和四件打制细石器。 这五件石器是林惠祥搜集文物的传奇经历的起点，也是厦门大学人类博物馆可远溯的起点。

　　考古发掘颇似先发现矿苗再勘探、开采矿藏。 武平县地处武夷山脉南端，西界江西，南邻广东，地势高峻，县西南的坪畲村项山上立有一块闽粤赣三省界碑，是"一脚踏三省"的接合部。 1937 年 4 月 26 日武平县立中学历史教员梁惠溥带学生到城南小径背山远足时，发现了古陶片。梁惠溥毕业于厦门大学，曾在林惠祥 1934 年创立的私立人类学标本陈列室见过史前石器和陶片，对考古很有兴趣。 林惠祥得知这一消息，即邀历史社会学系应届毕业生雷泽光同往，于 6 月 8 日启程，经汕头、揭阳、丰顺、梅县、蕉岭，于 11 日上午辗转至武平，下午就赶到小径背遗址。经发掘，共收集石器 84 件，陶片近千件。 石器中的有段石锛，林惠祥非常眼熟，早在 1929 年，他只身到台北圆山新石器时代遗址进行采集的 10 天里，不时找到这种刀刃的背部中间有与刃平行的隆脊的单面刃石斧。武平的考古工作，使林惠祥第一次窥见包括台湾在内的中国东南新石器时代考古区系文化的内在联系，并进而将这种联系延伸至南洋的史前文化。林惠祥在武平完成发掘工作后，于 6 月 24 日返厦。 十几天后抗日战争全面爆发，日寇在华北掩杀的同时，闪击东南沿海城市，翌年 5 月厦门沦陷。 如果林惠祥当时没有及时赶赴武平，这次重要的考古发掘和理论发现将与之失之交臂。

　　田野考古遗物的发现需要鹰眼般的敏锐。 1929 年林惠祥从台北出发，经桃园、大溪到角板山高山族泰雅人"番社"调查，在过了大溪的山道间稍息时，他在路边的山田里发现一块如卵大的扁圆形石，中间绕有深沟一道，这正是新石器时代的沉网石。 1931 年林惠祥在南普陀西面的蜂巢山和东面的坡地各发现一件新石器。 此前，厦门未曾发现。 从 1930 年到 1937 年，林惠祥任历史社会学系主任，教学、系务繁忙，平均每年还出版一本专著，他如何还能拨冗徘徊于山野，像鹰似的闪烁着敏锐的目光去猎物，这的确令人诧异。 1937 年秋林惠祥为了避免日寇洗劫，携带大批文物移避香港。 由许地山介绍，他到香港大学参观考古学家芬氏（D. J. Finn）1932 年在香港南丫岛发掘的新石器时代陶片。 观后，林惠祥雇一只小帆船，航行三个小时，来到香港东南海域的南丫岛（又名舶寮洲）踏勘，采集了十余片蛟龙纹陶片。 他推测：南丫岛有史前遗物，香港本岛也必定有。 到了 1938 年初，林惠祥即将启程赴新加坡参加"远东史前学家第三次大会"，而香港本岛的新石器时代遗物未获，遗憾难释。一天，他到香港本岛的东北部山地踏勘，在俗名"大潭"的地方惊喜地发现一块残缺的新石器。 1939 年林惠祥陪同新加坡华侨李俊承到印度考察，在恒河中部的灵山上采得二件新石器时代石斧。 荒野茫茫，要采集到史前遗物的概率是极小的，但林惠祥以留心、专注、勤奋和敏锐，将这种发现的偶然变为必然。

　　林惠祥民族调查、文物采集的田野工作，充满着艰险，而且他常常是单枪匹马，危险和困难更加不可预测。这点颇似明代地理探险家徐霞客。1929年夏，他在台湾东部蹚过齐胸的卑南大溪。高山族村社星散于崇山密林，林惠祥当年记道："地甚幽僻，林木阴郁，不见人类形影，只闻虫鸟之声。"然而，更大的危险来自有敌意者。当时日寇占据台湾，在台东时，他曾向日本警方要求到台湾地区东南海上的红头屿（兰屿）调查高山族雅美人，被日方怀疑是中国特务。1935年夏林惠祥再次到台湾，船一到基隆港，就受到日本水上警察的盘查、拘留，释放后仍被怀疑是"蓝衣社"成员而被跟踪监视。

　　避居南洋时，林惠祥一直与原藏于私立人类学标本陈列室的文物相伴，他坚信祖国抗战必胜，中华民族必兴，他的陈列室还会重见天光。抱定这一信念，他携带的大批文物不但无一流失，反而继续增加。1941年3月林惠祥两次从槟榔屿到吉打做考古调查。吉打（Kedah）是马来亚北部一个州，地处马来半岛的中段，与槟榔屿隔海相望。他曾在新加坡莱佛士博物馆见过吉打出土的石器，久有到吉打的夙愿。吉打华玲山东面的瓜德卜遗址是英国考古学家柯凌士（H. D. Collings）于1935年发现的，林惠祥到此踏勘后，转向华玲山南麓和西麓，先后发现史前洞穴遗址各一处，前一处采集打制石器3件，后一处采集打制石器147件。林惠祥所摄的华玲山，山重雾蒙，森林原始，踏勘之艰难，可以想见。

　　台湾人类学家李亦园院士为其同好乔健教授所著的田野调查笔记《飘泊中的永恒》一书，写了《寂寞的人类学生涯》一序，人类学田野的滋味从这题目也可感受些许。林惠祥秉性真挚、坦诚，乡土味得很，这给他寂寞的人类学生涯以很大的补偿。他的心扉永远是敞开的，即使是陌生者也愿意和他交朋友，无论是鸿儒还是布衣，一成朋友，没齿不忘。在彰化县二水乡，与他只相处几个小时的台湾高山族"番人"，在与林惠祥告别时依依不舍，嘱他"以后还来"。日月潭高山族"水社番人"原不肯将日用的樟木独木舟卖出，因感其诚而出让给林惠祥。在台湾东部高山族"知本番社"，林惠祥遇见祖籍惠安、后住入"番社"娶了"番妇"的陈芋咸，两人一见如故。陈芋咸帮林惠祥"遍探番屋"，连"夜间饭后"也"复出探"，"购得标本二十余种"。陈君的"番妇"为林惠祥"道番人状况，甚详"。　林惠祥真善待人的人格魅力也促进其文物收藏。　林惠祥创办人类学标本陈列室以供公观，后又捐陈列室文物以创办人类博物馆的义举，很感染人，一些海内外人士主动向林惠祥捐赠文物。　1942 年华侨颜乃卿、李吉成将发现的 5 件苏门答腊新石器赠出；20 世纪 50 年代胡厚宣教授赠出卜辞甲骨十余片。　泉州石刻收藏家、考古学家吴文良捐赠最多。　从 1928 年开始，吴文良就开始采集、收购泉州宗教石刻，为此家贫如洗。　1950 年林惠祥带学生到泉州做考古实习，慕名拜访比他年少两岁的吴文良，难却盛情而住在吴家，两人互视为知己。　1953 年厦门大学人类博物馆成立后，吴文良向该馆捐赠泉州元代阿拉伯人石墓盖 1 座，泉州印度婆罗门教寺石构件 8 件，泉州宋元阿拉伯铭文墓碑 32 件，泉州古印度文石刻 1 件，泉州印度婆罗门教石刻 4 件，元代也里可温教石刻 7 件。这些多是吴文良收藏的珍品。　他像挂念远嫁的女儿似的，常到厦门大学人类博物馆探望。　今天，我们可以看到林、吴两人蹲在人类博物馆的这些石刻旁切磋的工作照。　他们凝聚于共同事业的友谊，山高水长。

　　林惠祥从不把收藏的文物视为己有，他说"（这些文物）比生命还贵重，但不是我的个人财产"，而是"属于社会，属于社会大众"。　1934 年他创立人类学标本陈列室，供本校教辅之用，也作为社会科普教育之用。1947 年秋他由新加坡返国，当年 11 月 15 日就在厦门大学映雪楼举办"人类学标本展览会"，还做了学术演讲，至 12 月校内外学者名流及中小学生来参观者达五千余人。

　　1949 年 10 月 17 日厦门解放，林惠祥"感到人民政府可以信托"，当年 11 月，他写了万言的《厦门大学应设立人类学系、人类学研究所及人类博物馆建议书》，面呈厦门大学军事代表萧同志，并"恳转呈教育部"。这份建议书详陈了设立人类博物馆的目的、陈列计划、工作内容，表示："因抱服务国家，建设新文化的热心，故愿捐献自己珍藏的标本和书籍。"1951 年 7 月 12 日，林惠祥向王亚南校长书呈《建立人类博物馆的报告》，王校长很赞成，签了意见，一并呈华东教育部，后再转呈中央教育部，当年底获批准。　1952 年人类博物馆筹备处成立，设于成义楼（生物馆）。　1953 年 3 月 16 日"正式成立本馆并开放供校内外参观"，后因展室不够，搬到博学楼即今址。　在人类博物馆的陈列设计中，林惠祥利用实物、模型和图表，将体质人类学和文化人类学依次展开，由遥远的史前看到现代，从国内看到世界各地，注意突出包括台湾在内的中国东南区和南洋地区。 厦门大学人类博物馆得到中外文博学家的赞誉。 著名的南京博物馆考古、文博学家宋伯胤教授在《博物馆研究》（1985 年第 3 期）发表《林惠祥与人类博物馆》一文，高度评价林惠祥的博物馆学思想与实践。

（《中国人类学评论：第 10 辑》，世界图书出版公司 2009 年版，署名"孔林"）

陈碧老与民族学

　　当历史的潮流冲决锁闭文明的堤坝，邓小平主持教育工作，恢复了高考。 1978 年初夏，我们历史系 1977 级学生在入学后的第一学期就有幸参加了厦门大学历史系主办的学术研讨会。 讲台上一位年届古稀的学者在做学术报告，他以发展变化的眼光论述中华民族的发展史和民族关系史。 突然，台下来自北方的"学术权威"发出厉声呵斥。 我忐忑地留意到这位老学者依然镇定自若，继续从容谈吐。 后来我才知道他就是在"文革"中身处"牛棚"仍悠然的陈碧笙教授，大家敬称其为"陈碧老"。 他的学术报告激起我对民族学的浓厚兴趣，系下我与这门学科的情结。

　　大学三年级下学期，我选修了陈碧老讲授的"台湾地方史"，其中关于高山族的历史、文化部分，尤使我兴味不已。 陈碧老讲课从容不迫，如云舒卷，知识的介绍和研究的思考纷而不杂地交织着。 许许多多精彩的讲课片段令人如临渊羡鱼，更欲退而结网。 比如，讲到高山地带的高山族从事狩猎和园艺式的原始初级农业，平地的高山族主事的农业则相对已较发达，但平地的高山族行母系制，高山的高山族却行父系制……闻此，我多么急迫想步入高山族研究领域，去解开一系列谜底。 半年后，我报考中国民族史硕士研究生，以高山族作为主攻方向。 我要研读的书籍大多在台湾研究所，作为人类学系的学生借阅有困难，陈碧老热情帮我办理了借阅手续，使我顺利地完成了清代高山族研究这一硕士学位论文的撰写。 那时，我还无意中了解到陈碧老婉拒了学校给他的提级加薪。

　　民族学虽非陈碧老的主要研究领域，但博学卓识和独到的研究方法，使他在民族学园地间断耕耘，即有丰获。 台湾学术界对大陆高山族研究的学术综述中突出地肯定了他的研究方法和学术贡献。 他对西南民族史和东南疍民的研究成果也成为典范之作。 中山大学人类学系黄新美教授在 20 世纪 80 年代末出版的《珠江口水上居民（疍家）的研究》的前言，特别提到陈碧笙 1954 年在《厦门大学学报》发表的关于疍民研究的论文对她研究的推动作用。

　　近年，我在研究惠安东部特异文化时需了解浩若烟云的福建疍民的民族志资料，在福建省档案馆意外地查得由省民政厅民族处保存的陈碧老在 20 世纪 50 年代初撰写的关于福州水上居民的长篇调研报告抄件，兴奋无比，许多困惑的昏暗在研读中豁然开朗。 时过近半个世纪，这一调研成果居然还熠熠生辉，照亮后学的探索路径。 支平学长在阅读了陈碧老的疍民论文后，赞叹道：老一辈学者学风严谨，其成果厚积薄发，非常耐读。

　　我常想，像陈碧老这样的学术前辈，他们能在学术上卓然有成，不仅缘于勤奋和智慧，还缘于不闻风即雨，不逐名利，心存高远的执着、淡泊和宁静。 没有这种心境，学术研究很可能因浮躁而扬尘，因名利而混浊。

　　陈碧老凭借这种高格的心境，获得了学术的丰硕和生命的长青。 祝愿喜逢九十华诞的陈碧老和老一辈的民族工作者，继续绚烂的夕照，和中青年民族工作者的中天之阳交相映出中国民族学研究和实践的辉煌。

（《福建民族》1998 年第 3 期）

闽南人及其邻近族群：郭志超教授人类学随笔

跟陈国强老师做田野

　　逝者如流，终渐远去，却也萦绕心头，甚至可以化作河源的冰盖，永远滋润着我们的思想。 跟陈国强老师做田野的日子，已经遥远却又是那么亲近。

　　在我读硕士研究生的第二年，陈国强老师带我和石奕龙去做田野。武夷山是第一个地点。 1983 年 8 月底我们途次南平，抵达崇安县（按：今武夷山市），翌日前往东南面的城村。 这个离县城 40 多里的偏僻山村的西南侧，有个汉代城址，甚至推测是闽越王城。 闽越族主要生息于闽江流域，其政治中心"冶"或"东冶"。 关于王城所在，历来就有闽北说、今福州说，以及闽越国末期因"二王并立"出现两个都城说等。 汉武帝平闽越后，设冶县统治闽越遗民。 沿途越走越僻，特别是走上崎岖的山路后，只见成片茅草和裸露着红壤的连绵山丘，烈日高照，酷热难耐。"只有笨伯才会在这交通闭塞的地方建都城"，我怀疑是不是走过头了。 陈老师告诉我："路在嘴上。"的确，路就是他不断问出来的。 我和奕龙越走越慢，只能远远望见陈老师的背影，当时他已 53 岁了。 正午时分，转过一个山丘，眼前一片开阔，东面远处山麓，一条河由北向南，蜿蜒而去，这就是闽江上游建溪的支流崇溪，河畔西侧的村庄正是城村。省博物馆驻城村的汉城考古队负责人张其海同志接待了我们。 他在这里已经蹲了 4 年，一些比较聪明的青年农民工已经被他训练成熟练的田野考古发掘人员，而淳朴的他则色黑皮皱像个老农。 他先叫人做饭，随即带我们去看汉城重点遗址之一的工地，崇溪西侧的一个叫高胡南坪的台地上已进行了几千平方米的发掘。 张其海先生告诉我们：靠河一侧的城墙下发掘了大量的铁箭镞，这是攻城的遗存。 城墙内遍布大型的瓦当和花纹地砖、大型陶制管组成的复杂排水系统，这是定名为甲组建筑群的宫殿群基址。 回到驻地，已是下午一点多了，狼吞午饭后，我和奕龙困乏酣睡。 睁开蒙眬的睡眼，看见陈老师还在和老张交谈，他们正在端详一块新出土的封泥，对泥上印痕是不是"冶"字而兴奋地谈论着。 我颇惊讶，过后问他进什么补药，才能保持旺盛的精力。 陈老师说：对工作应该有如饥似渴的心理状态。 饥虎即使在中午见到猎物也不会打盹的。 陈老师少时就很用功，因个头小，都是坐在第一排，成绩也一直是名列前茅，还跳过级。 1951年刚满20岁就毕业于厦大历史系。 当时，系里要给林惠祥先生配个助手，选了个女助教，林先生说男的较方便，出差住宿能省钱。 他很快就喜欢上这位机灵勤奋的小个子。 本来，学校拟选派陈国强去学印尼语。 陈老师毕生出版著作5本，合著6本，编著1本，个人主编12本，合作主编21本，发表论文218篇。"斧虽小，屡击之，坚木为摧。"这是他平生勤奋学习工作的座右铭。

考察汉城遗址后，我们又考察闽越人悬棺葬遗迹。 陈老师对我们说：研究民族史，不能只在书斋，还要做田野。 做民族史的田野，既要从民族学活的材料切入回溯，也要重视考古学死的材料，细加考问。 借助考古学和历史学的互济，让他成为高山族史的首席专家。 这一研究路数秉承自林惠祥先生。 林惠祥在菲律宾国立大学人类学系的美国导师拜耶教授，熟悉菲律宾民族文化，更擅长东南亚石器时代考古，他指导林惠祥撰写的学位论文则是关于当代文化变迁的。 林先生在厦大开创了民族学、历史学和考古学综合研究的人类学传统。 早在1951年秋，陈老师给林惠祥先生当助手后不久，就跟林先生调查厦门港的疍民（当时是待识别的民族群体）和汉族渔民，此后又跟林先生在闽南的泉州、惠安、同安等地做考古调查、发掘，1957年带领厦门大学考古队协同省博物馆考古队在福清发掘东张新石器时代遗址，直至1977年还参与崇安遇林亭窑址的考古发掘。 1960年，林惠祥逝世后两年，陈老师在历史系主持考古学专门化的教学工作，在这基础上，于1973年设立考古学专业。 经过多年的努力，1984年陈老师主持成立了由人类学和考古学两个专业组成的人类学系和人类学研究所。 1995年人类学系被撤销，保留人类学研究所，考古学归并历史系。 这深蕴特色的学术传统的专业组合遗憾地瓦解了。

2003 年设立人类学博士点，其中，考古人类学方向的庄景辉、蔡保全等教授承担起这一优秀学术传统的复兴。这是令人欣慰的。陈老师有幸在生命的夕照时，看到了这一凋零后的春来花开。

离开崇安后，途次福州，北上闽东的霞浦县，在崇儒畲族乡做民族学调查。去上水大队，十多里，几乎都是上山，陈老师还是遥遥地走在我们前头。他曾于 1969 年至 1972 年下放宁化三年，我和奕龙也下乡务农多年，但我俩与群众多少有城乡之距，反观陈老师，他尊重他人，谦和幽默，举重若轻，与畲族干部群众交往有如鱼水，可谓天生的田野之子。陈老师对我们说：学校经费有限，我们不可能做长期的田野，因而进入田野状态要快。采录山歌时，发现畲歌是用吊嗓子的"假声"唱，怪怪的，我笑得前俯后仰，陈老师悄悄提醒我要注意。过后，他对我柔声细语地批评道："少数民族有自己的审美感觉，要懂得尊重。"畲族群众很照顾我们，每天早晨买油条让我们配稀饭，这可是往返二十几里山路到公社买来的，我们一再劝止无效。同畲族群众相处的日子里，你会从他们朴实无华的言行透见真诚和善良，体验道德的美感。陈老师批评人很温和，但我入耳铭心。多年后，我逐渐能欣赏畲族文化，畲歌也越来越顺耳了，还学会了少许畲歌，只是不会用"假声"。上水畲村有位富农子弟，人很诚实敦厚，改革开放后，才被起用为大队会计，因家庭成分问题，错过找对象的年华，时年介于而立与不惑之间。陈老师和大队干部交谈时很揪心这事，希望大家多加关心。过了两年，我收到上水畲民的来信，告诉我这个"老大难"问题解决了，虽然结合的是一位远村的年轻寡妇，但人很好又会干活，能挑一百斤谷呢。陈老师知道后，非常欣慰。做田野固然要重视调查技能，但更重要的是同群众心连心，才能贯彻"走向人民的人类学"这一宗旨。这次在霞浦为时近十天的短期田野后，陈老师又两次到该县调查。1998 年秋，我和陈老师到霞浦开会，来找陈老师的畲汉干部群众一拨接一拨。我从中感受良多。不久前我到浙南，当地安排我们去参观"杉王"景点，我顺道去考察一个畲村。在村里喝茶时，听到一位老大伯抱怨：几年前，几个年轻同志来调查，还在他家住了几天，和他们家里人合影，答应寄来照片，结果杳无音信。听了心里真难受。回来后，我给大伯写了信。大伯有个儿子偶尔来闽南卖草药，我盼他们方便时来厦门走走。 这多少有抚慰大伯的想法。 我铭感陈老师当年的言传身教，才有与这些同少数民族群众交往上的情感进步。

调查中陈老师发现有价值的族谱抄本，就请人尽可能接近复制形式进行整本抄录，准备收藏于人类博物馆。 当我们在崇安县博物馆参观悬棺葬的大型船棺时，陈老师就与该馆达成协议，请该馆复制一个，厦大人类博物馆因此多了一件古代少数民族的展品。 1958 年陈老师担任福建省少数民族调查组副组长兼党团支部书记，在宁德市八都调查时，为人类博物馆购藏了漈头畲村的"雷姓祖图"。 这幅祖图长 23 米、宽 0.43 米，画工精致，用色考究，为畲族祖图中的精品，是人类博物馆少数民族展室的核心展品之一。 至今为止，除了考古师生实习后，在征得当地文物部门同意后，带回一些发掘的复件品收藏于人类博物馆外，个人为馆征藏民族文物的唯有林惠祥、陈国强和石奕龙 3 位。 人类博物馆就是在林惠祥私立的人类学标本陈列室的基础上建立起来的。 早在菲律宾求学时，他就跟拜耶导师做考古学田野工作。 拜耶的标本室收藏有数千件石器，令林惠祥颇有临渊羡鱼之感。 人类博物馆两件菲律宾新石器时代石器就是当年他自己采集的。 林惠祥先生在厦门刚解放一个月，就给学校军代表呈递《厦门大学应设立人类学系、人类学研究所及人类博物馆建议书》。 关于系、所、馆的关系，建议书说："博物馆与研究所相通。 将来凡研究所可做的工作，如搜集标本，都可将所得的东西交博物馆陈列。""人类博物馆陈列的范围很广……供教学研究以及社会科普教育。"人类学与博物馆学兼通的，在世界人类学界不乏其人，人类学先驱、英国人类学家泰勒曾任牛津大学人类学博物馆馆长，德国人类学家巴斯蒂安当过柏林大学民族学博物馆馆长，美国人类学家威斯勒曾是国家自然博物馆馆长。 在中国，大学有博物馆的甚少，这反映了我国大学教育，社会科学和人文学科轻实际轻实证的传统，这一传统之源甚至还可以上溯 2000 多年。 而专于民族学的高等院校普遍没有民族学博物馆，就是这种轻视的典型放大。 早在1984 年，美国社会学家人类学家访华代表团在其访华报告中指出："厦门大学的人类学家首先是与人类博物馆的工作联结在一起的"，"厦门大学人类学有系统地集中了考古学、历史学、民族学和语言学的知识资源"，"体现了探讨整个中国文化的更有综合学科的眼光"。 美国人类学家顾定国所著的《中国人类学逸史》指出："厦门大学是唯一一所可以自夸的学校，它同时拥有人类学系、人类学研究所和人类博物馆。"对于这一成就，除了林惠祥先生外，担任十几年人类博物馆馆长的陈国强老师立功甚伟。

最后一次和陈老师去霞浦的当年冬，我们又一起去福州，有些医疗保健知识的省社科联原秘书长周立芳先生从陈老师语言的不够流畅看出了问题，建议去医院检查。返厦后，经 CT 检查，果然患了自己也没什么觉察的轻度中风，而且这种轻度中风以前已经多次发生，以致脑部一些细血管已经堵塞。陈老师随即住院治疗，住院期间考虑到几十年的痔疮没空治，想趁这次住院一刀了断。但术后问题很多，还引起连带的毛病，出院后身体每况愈下。过了一二年，医院又诊断出多发性腔隙脑梗死和典型脑萎缩。2003 年春他连被人搀扶走路的能力也没有了，随即丧失语言能力。2004 年 4 月 20 日上午，陈老师执意坐轮椅来久违的人类博物馆细细巡视。我顿时有不祥的感觉。陈老师一开始工作就在人类博物馆做秘书，给林惠祥先生当助手，任系主任、所长后，仍一直兼任馆长，他与馆已物我难分了，三年前就将他一生珍藏的一万多册图书无偿献给人类博物馆资料室。2004 年 7 月 31 日凌晨 4 点多，陈老师安详地离去，令人十分痛惜。

没有永恒的事物，但能存念于思想、汇丰于精神、延续于事业者，则谓不朽。陈老师离开了我们，但他留下的思想、精神和事业，依然充满生机，在中国人类学代际延续的长河里。

（《福建民族》2005 年第 1 期）

第二辑

闽南人

闽南人历史文化概观

　　闽南人是汉族的一支民系。作为文化区域概念的闽南，指福建东南部操闽南方言的区域。闽南话亦即这一区域的方言群。闽南方言区大致包括泉州、惠安、晋江、石狮、南安、安溪、永春、德化、漳州、南靖、平和、龙海、长泰、华安、漳平、大田、龙岩、漳浦、云霄、东山、诏安、厦门、同安、金门等 24 个县市，基本上亦即历史上漳、泉二府辖地。上述的闽南方言区是指传统的闽南方言区。后来扩展的闽南方言区还包括台湾大部分汉人地区、浙南少数沿海地区，这些地区操闽南话的族群也是闽南人。海外的闽南人主要分布于东南亚诸国，并有若干流行闽南话的社区。

　　闽南人源于汉晋，形成于东晋至南朝，传统空间地域基本定局于唐代。汉武帝征服闽越后，汉人开始陆续入闽。三国时吴国在闽北所立的建安郡的辖县中有东安县（今南安、同安）。这说明闽南地区汉人的迁入和开发早在汉代就已有之，否则无法累积到足以建县的户口数。西晋初的晋安郡的辖县有晋安（今南安）和同安二县，中原汉人南迁，也把佛教和道教带到闽南。乾隆《泉州府志》记载：延福寺"在县西九日山下，晋太康间建"，元妙观"在府治南，晋太康中为白云观"。1982 年南安县丰州西晋太康五年（284 年）汉人贵族墓的发现，也对西晋以前汉人已开发泉州地区做了重要的标示。西晋末年中原动乱，衣冠南渡，大批晋人入闽，徙居晋江流域，"晋江"因此得名。南朝的梁天监年间（502—519年），增设南安郡，辖境今泉州地区以及九龙江以南部分地区。

　　唐以前九龙江以南的闽南地区已有汉人。西晋时有隶属义安郡的绥安县。南朝梁天监年间所设的南安郡已包括九龙江流域的兰水、龙溪二县。 然而，九龙江以南大规模的开发是唐早期唐军征服这一地区的"蛮僚"，设立漳州后开始的。 漳州设立后，九龙江以北的汉民大批南下，负耒耜，"皆望龙山而来"。 至此，闽南人的传统区域基本确立。

泉州地区是闽南人的第一个立足地，也是闽南文化的策源地，长时期地成为闽南文化的典型代表。 泉州话也是闽南方言的代表。 王建设等《泉州方言与文化》论证泉州方言白读音系统早于《切韵》音系，与六朝语言、语音有"惊人的相似"。 泉州方言底层还有一些古越语成分。 这种语言现象以及闽南人民俗中的越人遗俗，表明闽南文化的形成是中原汉文化移植于闽南后发生因地变容，以及与当地越文化互动并吸收越文化的结果。 闽南人融有土著越人的血统。

闽南文化的主源来自中原汉文化，旁源是当地越文化。 在长期的历史进程中，闽南文化形成自己的地方文化特色。 其中，开放性是闽南文化最突出的特点。

闽南文化的开放性表现在唐宋以后，闽南就逐渐形成以对外贸易为重要取向的外向型经济传统。 闽南地区的越人善于造舟、习于航海的传统，影响和纳入闽南人的生存方式。 南朝时，闽南人的造船航海就初露头角，隋唐时期泉州已是全国一个主要造船基地，宋元时更为兴盛发达。早在唐代，泉州的安平商人就航行海外，贸易经商，印度、波斯、阿拉伯商人纷纷来华，泉州出现了"市井十洲人"的盛况。 宋代谢履《泉南歌》云："泉州人稠山谷瘠，虽欲就耕无地辟。 州南有海浩无穷，每岁造舟通异域。"这反映了泉州对外贸易在经济中的重要性。 南宋至元代的泉州已成为"东方第一大港"。 宋元时期，泉州外销的产品有：陶瓷品，丝绸，棉麻纺织品，金属及其制品，茶、糖、果等农副产品以及各种杂货。 外销贸易成为泉州乃至整个闽南地区以及其他地区手工业、商业、农副业发展的有力杠杆。 泉州甚至是全国性的中外商品的集散地。 明初开始实行海禁，漳州月港在泉州港衰落后悄然兴起。 凭借月港，"泉漳商民贩东西二洋"。 月港和后来新兴的厦门港陆续维系闽南的对外贸易。

闽南人的海上贸易在明清两朝长期施行的海禁压制下，经历了非常曲折的发展道路。 他们冲破封建政府的锁国藩篱，使海上贸易长盛不衰。他们在海禁的高压下锻造出对封建政府锁国禁海抑商的百折不挠的反叛性格。 这种进步性的反叛性格使闽南文化对外贸易的开放性浸染了悲壮的历史色彩。

闽南文化的开放性也表现在对外来文化所持的宽容并蓄的态度。 这种宽容的文化精神也是海上丝路之风熏陶的结果，反过来又成为维系海上丝路和后来继续的对外贸易的精神力量和社会文化氛围。 对外来文化的宽容并蓄突出地体现在对待外来的宗教文化上。 南朝时印度高僧拘那罗陀到泉州弘法并译《金刚经》。 唐朝时摩尼教传入泉州。 伊斯兰教创立后，就有个别教徒沿海路来中国的泉州等港市传教，有南北朝至初唐的称为"梭柱"柱式的泉州灵山三贤四贤圣墓的墓廊建筑，佐证了《闽书》关于穆罕默德的门徒三贤、四贤于唐武德年间（618—626 年）来泉州传教的记载。 宋元时期，许多阿拉伯、波斯人到泉州，他们创建清真寺。 北宋大中祥符二年（1009 年），这些西亚穆斯林创建了现存的通淮街清净寺。元代吴鉴《清净寺记》载："今泉造礼拜寺（清真寺）增为六七。"唐或五代印度教传入泉州，并于元代兴建了颇具规模的"番佛寺"。 基督教的聂士脱里派和天主教的圣方济各派在宋元时也先后传入泉州。 这么多外来宗教与闽南人的本土宗教相安无事，和平共处，并且大多还为当地的闽南人所信仰，反映了闽南文化的开放性。

闽南文化的开放性还表现在闽南人持续不断地向台湾地区甚至海外的移民潮流。 闽南人在元代已定居澎湖，明代开始迁居台湾。 明末，郑芝龙以闽南大旱为契机，招"饥民数万"移垦台湾。 康熙二十二年（1683年）台湾归清后，以闽南人为主的大陆移民冲破海禁的阻碍，不断奔进流移台湾。 到了清末，闽南人在台湾汉民中占七八成。 据清末《安平县杂记》，台湾汉人，"漳、泉籍者十分之七八"，"隶嘉应、潮州籍者十分之二"，"其隶福建各府及外省籍者百分仅一分焉"。 这一估计是准确的，据 1928 年台湾人口统计，漳、泉两府籍的闽南人占台湾汉民的 79.9%。

闽南人移居海外已历 1000 多年。 早在唐代，泉州商人到东南亚一些港口城市经商，并有人在吕宋等地定居。 宋元时代，闽南人移居东南亚增多。 明代月港的兴起促成漳州人也有大量移居东南亚。 清代以后闽南移民继续往东南亚。 据《福建省志·华侨志》（1992 年）统计，祖籍泉州的华侨华人有 464 万，祖籍漳州的华侨华人有 70 万，祖籍厦门的华侨华人有 35 万人。 漳、泉、厦籍华侨华人占福建省籍华侨华人总数的 77%。

闽南人向台湾地区和以东南亚为主的海外移民，使闽南文化极大地拓展了区域空间。 闽南文化成为海峡两岸最直接的文化亲缘纽带。 闽南文化成为我国人民与东南亚人民友好交往的文化桥梁。

（《福建民族》1996 年第 4 期）

闽人与澳门的历史关系

近期，澳门基金会出版了徐晓望、陈衍德先生合著的《澳门妈祖文化研究》。该书以澳门与内地在历史上的经济、文化关系以及中西文化交汇为大凹镜，聚焦于澳门妈祖文化研究。在 1998 年 12 月举办的"福建省二十年社科优秀成果展"中，该书列为最新的研究成果。兹略引若干，介绍福建与澳门的历史关系。

一、妈祖阁的创建者是闽南人

澳门妈祖阁的"神山第一"殿亭的石横梁刻有："明万历乙巳年德字街众商建。"明万历乙巳年是 1605 年。按照中国人的习惯，在民间有影响的庙宇建筑是从简陋发展到繁复、壮丽，澳门现存的妈祖阁的"神山第一"殿亭是成熟的建筑，此前必有较简陋的建筑。葡萄牙方面的材料表明，早在 1553 年（嘉靖三十二年）葡萄牙人初抵澳门时，此地就有妈祖庙。根据现有文献与碑铭资料的分析，可以推断澳门妈祖阁是在明朝天顺二年（1458 年）由漳州海商严启盛创建的。严启盛是明代较早进行海上私人贸易的海商，他到澳门海域"招引蕃舶"，奠定了澳门海上走私贸易的基础。当时这些蕃舶主要来自东南亚诸国，近百年后，葡萄牙海商才闻风而至。由于明朝实行海禁政策，而严启盛则违禁进行私人海上贸易，因此依托的据点必是远离官府又适于航泊的港澳，这就选择了香山县的濠镜澳即澳门港。

澳门的港区被澳门半岛拦在内侧，如果在半岛伸入大海的地岬顶尖上修一座庙宇，不仅能奉香火祈航海平安，而且有指示航道作用，这个地点正是现在妈祖阁所在位置。清乾隆《澳门纪略》说："立庙祀天妃，名其地曰'娘妈角'。娘妈者，闽语天妃也。"葡萄牙人将澳门叫作"Macau"，即妈（祖）阁的闽南话译音。

作为澳门华商朝圣之所的妈祖阁，漳、泉籍商人是其核心信众和施主。《香山濠镜妈祖阁温陵泉敬堂碑记》叙道："濠镜（即澳门）向有天后庙，自明至今，多历年所，凡吾漳、泉两地之贸易于澳门者，咸感戴神灵而敬奉弗怠焉。"据妈祖阁所存的五方碑铭，历次妈祖阁重修，漳、泉籍商人皆为主体。

二、闽南商人在明清澳门华商中的主导地位

闽南商人不仅是澳门海上贸易的开启者，而且是明清两朝澳门华商的主导力量。明嘉靖名臣广东人庞尚鹏的奏疏谈起澳门的海商通事（翻译），首推漳、泉人。当时的翻译当然并非科班出身，而是在与外商从事贸易活动中习得"夷语"，漳、泉籍的海商通事最多，反映了漳、泉海商在澳门从事外贸的数量和活跃。以海上私人贸易起家的郑芝龙，年轻时在澳门入了天主教，取教名为尼古拉。其母舅黄程是澳门的泉籍大海商。《台湾外记》说：黄程寓居澳门经商，"至（明）天启三年癸亥夏五月，（黄）程有白糖、奇楠、麝香、鹿皮欲附李旭船往日本，遣一官（郑芝龙小名）押去"。直到清代，在澳门从事贸易、翻译、买办仍多为闽南人，即使在广州从事外贸的十三行的巨商主要也是闽南人。乾隆《澳门纪略》说："其商侩、传译、买办诸杂色人多闽产，若工匠，若贩夫，店户则多粤人。"传统的重农轻商之风在很长时间内主导着当时澳门所在的香山县及其邻县，乾隆《香山县志》记载当地人"职业"说："事艺植，不务工商。"这就给闽南商人提供了较多的机会。

三、福建对澳门所在香山的移民

澳门原隶香山县，其主要部分位于香山向南伸入大海的一个半岛的末端。福建人开发香山已有久远的历史，他们并不是偶然到达香山的澳

门。 在明代中叶，澳门作为一个海港来开发之前，当地早有一个浓厚的闽文化背景。

当代广东已成为大陆经济最发达的区域，但在清代以前，广东长期是中国较落后的省份。 宋初，两广户口为 170263 户，是当时中国人口较为稀少的区域之一，直到明洪武二十六年（1393 年）广东人口也是只有 675599 户 3007932 人，其开发程度远远落后于相邻的闽、赣等省。 香山位于珠江三角洲，原本四面环水，交通不便，人口稀少。 嘉靖《香山县志》卷一《风俗志》载："土旷人稀，生理鲜少，家无百金，取给山海田园。"卷二《民物志》又载："邑本孤屿，土旷民稀。 自永乐后，寇乱不时，迁徙归并，以故户口日就减损。"这些材料表明，直到明中叶澳门开始兴起前，香山县仍是地广人稀，这就给外地人开发香山提供了机遇。

福建是广东的邻省，两地间一苇可航，自唐末五代开始，福建人口的增长即超过了广东，宋代福建经济、文化大发展，成为全国最发达的省份，而且是人口过剩的区域之一。 从五代以来即有闽人移居香山县境内的记载。 南宋之后，福建沿海人民大量移居广东，成为广东省汉族人口增长的重要因素之一。 据历史文献，在成批福建移民迁入香山之前，最早移居香山的闽人是五代时福州的圆明禅师，其事迹载于嘉靖《香山县志》。 宋代迁入香山的移民中，多有闽人，他们在香山发展很快。 清代香山县以刘、黄、郑三大姓的人口为多，三姓皆为宋代迁入的古姓，其中闽籍占其二，这说明闽人对香山汉人社会的形成有重要的影响。

闽粤沿海在宋元之际风云骤变。 南宋末代少帝在张世杰、陆秀夫的扶持下航海来到泉州，他们征用上百艘航海大船，并雇用了许多当地水手，组成了一支大规模的船队，渐次航行至香山、新会一带沿海，最后集结于崖山。 澳门距崖山仅有数十里水路，而且南宋末代少帝也曾驻跸澳门，所以当地留下了许多有关宋末小皇帝的史迹传说。《广东通志》卷一八六《前事略六》载：张世杰等人"奉帝幸香山，以马南宝宅为行宫，复驻浅湾"；"元将败张世杰于香山岛"。 澳门的历史学者都认为，所谓"浅湾"，正是澳门十字门一带的海湾，而香山岛就是澳门附近岛屿的古称。张世杰败于元军之后，船队溃散，成千上万的南宋遗民流散于当地，许多人定居下来，其中也会有不少闽籍遗民。 澳门的"永福古社"和"北帝庙"正是南宋遗民留居澳门的佐证。

入明以后，香山仍为地广人稀之地，闽人继续移民香山。 明代福建对香山的移民以客家人最为著名。 客家人大多来自福建西部的汀州府，他们先是移民广东梅州，而后陆续向各地迁移，成为广东汉族人口的主要部分之一。 香山的客家人也很多，孙中山的祖先就是从明中叶从福建汀州经梅州到潮汕，迁往紫金，而后进入香山。

（《福建民族》1999 年第 3 期）

闽南商人的精神

《厦门晚报》2008 年 6 月 27 日刊载了《豪门秘闻：卓家的故事》，本文对卓家人事的解读，是在该文基础上的进一步拓深。

一、沐浴天风的闽南商人气度

商人给人们的印象是阴柔的，然而，历史上与天风海涛为伍的闽南商人却是那么英气逼人。

"诚毅"，是嘉庚精神的精髓。诚毅可以是个人的操守也可以是商道的修行，但唯有提高到民族和国家的高度，才能臻至嘉庚精神的最高境界。诚毅也可以作为卓全成人格商道的概括，甚至，卓全成也曾经收购海后路英商太古公司的栈房而留下精彩一笔。太平洋战争爆发后，日军全面南进。随着英国势力西退，英商太古公司霸气不再。趁此难逢之机，卓全成与友人合股买进海后路太古公司的栈房约费 1 万美元。抗战胜利后，转卖给侨通信局，得 5 万美元。

人们往往习惯性接受历史对某一群体的黯淡化处理，把卓全成与外商争取民族权益的这类行为视为一般的商业行为。其实，近现代时期的中国民族资产阶级一直是一个先进的阶级。1840 年作为中国近代史的开端，只是中国进入半殖民地半封建社会的界标。而作为中国社会内部具有划时代意义的质变，是 1870 年前后，中国的民族资产阶级登上历史舞台。仅仅在 20 多年后，中国资产阶级上层代表人物就发动变法运动，尽管被绞杀，但它促使孙中山转而采用武装斗争的手段，"驱除鞑虏，恢复中华"。从中国民族资产阶级产生到辛亥革命不过 40 年。中国民族资产阶级的"软弱性""软"不到哪里去。 戊戌六君子"引刀成一快"的以血开启民智的行为也"软"不到哪里去。 我们在谈论中国资产阶级的"软弱性"是在 1919 年以后，随着中国无产阶级从自在阶级变为自为阶级，中国革命的领导权非无产阶级莫属，相对于领导地位的无产阶级，民族资产阶级的"软弱性"才被相比较而凸显出来。 即使如此，只要中国的社会性质是封建社会，民族资产阶级的先进性从来没有逝去，这是毋庸置疑的。 闽南商人群体气度的"沐浴天风"，不仅具有历史传统因素，而且具有强烈的时代特征。

二、"一枝一叶总关情"的善行慈爱

《豪门秘闻：卓家的故事》写道："位于鸡山路 12 号的这幢别墅，实在像极了卓家人的性格：优雅、宁静、低调，尽量不引人注意，关起门来过自己的小日子。"其实，一生几乎不上酒楼、不沾烟酒的卓全成，不因为与俗世保持距离而束己于社会高阁，相反，他对于社会福利事业怀有满腔热情。

卓全成是虔诚的基督教徒。 1916 年，那时他才 24 岁，就被推选为鼓浪屿教会的执事。 从那时起，他就担任教会的司库，掌握教会银钱出纳。 后来，教会办的救世医院的基金，也交给他掌管。 1932 年，他刚满 40 岁，又被推选为教会的长老（按教会规定，教徒须年满 40 岁，才能当长老。 执事相当于现在一般团体的委员，而长老则相当于一般团体的常务委员）。 对教会办的学校和慈善事业，他是极力支持的。例如，漳州有一所教会办的小学，原称华英小学，他任董事（还有医务界、学界的一些人担任董事），他负担常年经费每年 1000 元。 厦门双十中学在马侨儒任校长时，他担任了董事，解放初，他还捐了 1 万余元修建校舍。

对于历史符号进行的诠释是多样态的，但诠释不应以今人的客位为出发点，而应是今人神入古人的历史境遇和主位思想而进行的解读。

我看过一些对舒婷《真水无香》的评论，发现多不近书之真意。《真水无香》的真谛在于：人间大智大爱培育于心灵的单纯里，即使是一树一叶、虫鱼花鸟。 正因为单纯，对于理想以及具体诸如文学艺术的追求之心，便能轻如灵燕。 不谙俗事而保持气质的高雅，枝叶关情并仁爱泽世，这一卓全成的处世方式，也透露着鼓浪屿的历史性格。

序《闽南宗族社会》

闽南人及其邻近族群：郭志超教授人类学随笔

在中国，主要在南方，尤其是东南地区的汉族农村，祠堂是非常普见的景观。它们风格古雅，气势宏大，肃穆神秘。祠堂是宗族源流的建筑表现，是中华民族独特的伟大创造和文化遗产，是中国传统文化深沉内涵的一种重要表征。

祠堂文化是渊源于原始社会的祖先崇拜发展到一定阶段的产物。早在殷商时期，祠庙祭祖活动就开始蔚起。北宋司马光对于祠堂的历史变迁做了这样的概述："先王之制，自天子至于官师，皆有庙。君子将营宫室，宗庙为先，居室为后。及秦非笑圣人，荡灭典礼，务尊君卑臣，于是天子之外，无敢营宗庙者。汉世公卿贵人，多建祠堂于墓所，在都邑则鲜焉。魏晋以降，渐复庙制。其后遂著于今，以官品为所祀世数之差……唐世贵臣皆有庙，及五代荡析……庙制遂绝。"[1]到了宋代，具有家庙性质的祠堂陆续出现在士大夫阶层。宋代理学强化儒家道德伦理观念，强调"孝为百行之首"，成为推动祠堂创建的思想动力。朱熹撰《家礼》以祠堂为首要，制定了建祠和礼仪的范式。肇始于宋代的"礼下庶人"的理念和实践在明代日益普及。明中叶以后，祠堂建筑迅速发展。明嘉靖时"许民间皆得联宗立庙"[2]，使魏晋以后"世庶天隔"在祠堂的有无体现彻底颠覆，建祠不论尊卑，宗祠开始迅速地遍布于民间。

以中原为主的北方移民自汉代以后开始入闽，有些徙至晋江下游流域。西晋末至南朝、唐末五代以及两宋之际，来自北方数波较大的南下

---

[1]　［宋］司马光：《传家集》卷七九，《河东节度使守太尉开府仪同三司潞国公文公先庙碑》。

[2]　参见蔡丰明、窦昌荣：《中国祠堂》，重庆出版社 2003 年版，第 3 页。

移民潮，促成晋江人口的快速增长。 在迁徙和定居过程中，一个地域的宗族人口的繁衍如水之涓滴，积小成大，睦族建祠也就因水沛而渠成。宗族的官绅势力和经济基础是建祠所凭借的两种基本的社会力量。 宋元时期泉州港经营的海上丝绸之路的贸易带动了泉州地区经济和文化教育的繁荣。 明清时期尽管出现长时段的禁海，但晋江沿海的偏僻小港悄然进行的私人贸易绵延不断，并在弛禁后迅速兴盛。 同时，海外移民形成的华侨群体为故乡提供有力的经济支撑。 强盛的宗族组织凭借着"海滨邹鲁"的书香传统和著名侨乡的经济实力，使晋江的祠堂修建在宗族组织最为发达的中国东南地带凸显出典型和特色。

文化，特别是民间文化，在历史上的常态是绵延如流，它在社会形态变更后会发生一些质变，即使妄加摧毁，仍然会"春风吹又生"。 宗族群体是现实的存在，但缺乏族谱和祠堂的维系，宗族的敬宗睦族的功能也就土崩瓦解。 改革开放，特别是 20 世纪 90 年代后，晋江的祠堂纷纷重修或重建。 与此同时，族谱也进行收集整理和重修。 在新的历史时期，恢复后的祠堂早已不是根植于封建宗法制度，祠堂文化和一定程度恢复的宗族组织在与时俱变中实现着成为构建农村和谐社会的积极因素的可能，成为两岸血脉以及海外与祖家的基本维系。

祠堂有宗祠、支祠和家祠之分，在始迁祖开基地，或因房族人较多，或因某种原因而在某一房族地盘所建立的本族最早的祠堂为宗祠，由该宗族（"族"）某房份（"房"）的族人建立的祠堂即为支祠（"小宗"），该房份再分的亚房份（"柱"）建立的祠堂则为家祠。 也有个别情况是各房份先自建支祠，而后合建宗祠。 上述情况发生于有地缘关系的同一个地域。 如果某房份的族人远迁异地，并发展一定的人口，他们建立的祠堂在当地也成为宗祠，但在理论上相对于原乡开基地的宗祠（"大宗"）则为支祠（"小宗"）。 祠堂因族内房份的分蘖而形成并列和层级关系，如大浯塘、英厝的翁氏族人，其开基祖为两兄弟，其后裔各自建有并列关系的祠堂。 在翁氏传裔较多的大浯塘村中，除了祠堂而外，还有各房份的"祖厝"。 这些"祖厝"即为支祠。 在系谱上为并列关系的大浯塘、英厝的翁氏族人如果合建了宗祠，则大浯塘、英厝的宗祠就成为支祠；或者在祠名上仍为宗祠，合建的宗祠则称大宗祠。 又如：东石蔡氏族人在雍正元年（1723 年）共建宗祠，下分"三房十柱"。 其中，玉井蔡氏属二房，其祠称"蔡氏宗祠"。 西霞蔡氏属三房的一个"柱分"，其祠亦称"蔡氏宗祠"。 为了有所区别，两"宗祠"分别冠以"玉井"和"西霞"。 按理，相对于雍正元年（1723 年）共建的宗祠，玉井蔡氏宗祠实为支祠，西霞蔡氏宗祠实为家祠。 然而，东石蔡氏族人共建的宗祠已在民国年间毁弃，因此现在玉井蔡氏和西霞蔡氏各自的祠堂实际上就分别升格为宗祠和支祠。 本书的祠堂名称，仍按当地的俗称，而不拘泥于学理上的祠堂层级称谓。

祠堂的建造、修葺、重建或扩建，或由族中某一人独资捐修，或数人合捐，或由一人主捐又有数人合捐，或按丁亩抽派，等等。 例如：东石檗谷黄氏宗祠始建于南宋淳熙十年（1183 年），明万历三十六年（1608 年），由族人黄道华、黄道开捐修。 清康熙初年因迁界废祀，后重建，有出家于台湾黄檗寺的族人黄宗华捐银四十四两的记载。 清乾隆四十年（1775 年）再修，增建下进。 至光绪年间，历经百（余）年风雨，祠堂坍塌，经在祖地与迁台的族人共建，于光绪十四年（1888 年）告竣。 此后，又以族人进主"每主四名，每名四金"的方式，集资完成祠堂油漆。民国十年（1921 年），黄秀烺独出巨资，修缮宗祠。 1964 年，由旅菲族人捐资，翻新上进屋面墙壁，修复祠堂牌匾。 1993 年二十世裔孙黄秀经捐资修葺拜亭，换柱铺砖，1997 年至 1998 年重建祠前照壁瑞屏，增建思孝堂。 又如：唐厝唐氏宗祠，清康熙二十五年（1686 年）由唐氏"长房第九世恂然公董事族中，鸠金建作"。 嘉庆十九年（1814 年）"合族以人丁田亩分派"，集资重建。 光绪二十四年（1898）再由旅居菲律宾宗亲唐谅会发动，集资重建，唐谅佐由马尼拉回梓，主持董事，由族中抽派小工，重建祠宇。 族中捐资踊跃，仅唐谅会兄弟就捐献 300 银圆。 此外，唐谅高以卖田款 100 银圆捐献。 祠堂告竣，款项开支 1300 银圆，尚余100 银圆置田业出租，收入用于每年祭祖之费。

宗族的伦理道德言论荟萃于祠堂。 例如：东石（紫云）黄氏祠堂左右两门上镌"出悌""入孝"。 祠堂大厅、下厅皆用石柱，柱均镌联文。最令人瞩目的，莫过于前厅廊柱间镌刻的一副副长联："江夏绵华裔，祖宗成就耀史册；海峤怀往烈，子孙绳武振家声。""祖训当永遵，绵历千秋，木本水源出忠孝；宗亲宁可忘？ 播迁四海，连枝同气共敦和。"又如：科任吕氏宗祠大厅石柱镌刻的联句："理学绍薪传，致知格物崇朱子；孤忠殉国难，取义成仁比信公。""士农工商，一字认真便是祖宗肖子；忠孝廉节，四德克尽堪称天地完人。"再如：芙蓉杨姓家庙厅堂刻有清代书法家庄俊元的联句："继祖宗一脉真传，曰清曰白；教子孙两行正路，惟读惟耕。"这些联文，追远思贤，缅怀亲情，倡导清正勤劳，崇尚忠孝、廉节、仁义、爱国，读之令人神清气朗、胸怀壮肃，经久的历史风尘仍掩不住我们民族恒久道德追求的思想光辉。

　　宗族在认同感形成的同时也会产生排异性，这种排异性甚至会出现在同族异房之间。 鉴此，追求族内亲睦的宗族有的放矢地进行警诫。 清末至民国时期，政治腐败，经济凋敝，社会混乱，闽南一带封建械斗兴起。赖厝赖氏宗族竟同室操戈，发生械斗。 族人深受涂炭。 民国三十五年（1946年），任碧山乡乡长的傅子逸，以联宗情谊，痛切此状，特召集赖氏全族进行开导，使尽弃前嫌，和解亲睦，并促使族人共立匾于祠中。匾文曰："和睦相安……岂可互相嫉妒仇乎？ 光我祖德，启发后人，责无旁贷。 故有美德者必旌而表之，有邪行者必驱而出之。 从此父训其子，兄勉其弟，各弃成见，永矢亲睦。"亲己族且和谐他族，是宗族有识之士的共识。 清末晋南发生了一场俗称"都洪蔡冤"的封建械斗，经过官府和民间调停，方得止息。 塔江刘氏祠堂厅壁嵌有碑刻一方，碑文劝导和亲族、睦乡人："勿因睚眦细故，旧怨复萌；勿因口角微嫌，前仇顿作；勿得弱肉强食，须知桑梓敬恭；勿得尔诈我虞，须念朱陈婚姻……相助相扶，兴仁兴让，化互乡为仁里，卖佩刀以买牛。"语词恳切，令人动容。在封建时代，人际和族际在自然资源配备和物质产品的占有上会发生冲突，学术界长期将这类冲突归结于宗族组织，十分片面。 如果没有宗族组织，这种冲突仍然会发生，而且可能在缺乏基本的民间组织因而缺乏制约力情况下，冲突将更混乱、更激烈。 具有排异性的宗族会被利用为进行冲突的组织工具，但宗族也会给地方社会提供有序的制约，减少和消解冲突。

　　装饰工艺是祠堂十分重要的组成部分，体现祠堂文化的艺术特点和审美情趣。 民间观念中，祠堂是有神灵意味和圣贤色彩的祖先居所，是庄严的宗族殿堂。 因此，人们竭其所力，用纷繁精美的装饰使祠堂彰显着神圣和肃穆的格调。 通过建筑的工艺技术形式，如雕刻、堆塑、贴面、彩绘等，对祠堂的墙面、窗棂、房梁、屋脊、门柱等进行精心装饰，表现出雍容华贵、富丽堂皇的艺术效果。 木雕工艺主要体现在梁栋、神龛、门柱、窗棂等，动植物形象生动，色彩金碧辉煌。 以惠安为代表的泉州石雕技艺，在祠堂建筑中表现得淋漓尽致。 廊柱、栏杆、台阶、石鼓、旗杆座、壁雕等，运用浮雕、镂雕和阴阳雕，使各种形象和书法成为艺术精品。 规模宏大与工艺精美的结合是晋江祠堂的突出特点。 例如：西滨林氏祠堂为砖石木构的仿古建筑，五开间三进，硬山顶，飞檐翘脊，脊角立着鸱吻，脊间堆塑剪瓷的彩色麟凤。 两侧建有庑廊，前面铺石埕，埕前竖立登科中举标志的旗杆。 埕角建有两座造型精巧的重檐石柱凉亭。 祠堂前有一口方池。 祠堂后，隔着一道水沟，建有一座比干祠，与祠堂同在一中轴线上。 占地总面积 2300 平方米，建筑面积 1280 平方米。 东石檗谷黄氏大宗祠规模更大。 该祠为砖、石、木结构，五开间两进的闽南古建筑，祠前有大埕 7 级，宽 24 米，深 221 米，称"七星埕"，第四级埕上建有宋式拜亭一座，题名"观澜"，第二级埕上建有砖砌照墙一堵，称"瑞屏"。 祠堂占地面积计 4.8 亩，规模之大，为泉南群祠之首。

侨、台是晋江的两大特色。"十户人家九户侨"的民谚反映了晋江华侨之盛。 本书所介绍的姓氏族人几乎都有移民南洋。 早期"叶落归根"的观念和践行，使海外宗亲与家乡的联系"天涯若比邻"。 即使南洋的华侨社会基本转型为华人社会，侨胞与祖家的联系仍然十分密切。 清代以来，晋江许许多多祠堂的修建，侨胞是捐资的主力。 今台湾闽南人祖籍漳泉者占大部分，其中，祖籍晋江的人数其可观。 本书所介绍的姓氏族人几乎都有移居台湾的宗亲。 其中，安海高氏族人尤为突出。 其族裔在台的宗亲竟有 15 万之众。 1992 年，闽台高氏族人携手合作，重修高氏祠堂，使之成为安海之一处大观。

族谱世系是宗族源流的历史记忆，使在祖地与异地的族裔不因远而疏。 清代，晋江不少的祖地族人修谱时，也将台湾的宗亲编入。 例如，东石西霞蔡氏族人自清康熙年间开始迁台，清咸丰二年（1852 年），西霞蔡氏修谱，派人渡台抄录分居台湾族人世系，并收丁钱以充修谱费用，录入谱系者，"丁数几于七百"。 1995 年，东石西霞蔡氏祠堂落成，族人共襄庆典，台湾的宗亲也前来参加。 其时，台湾新埔也刚建成一座西霞蔡氏宗祠，落成庆典日子与东石西霞蔡氏祠堂同一天。 于是，东石西霞蔡氏家族又增添了一段"海峡两岸两祠堂"的佳话。

祖祠是台胞对原乡眷念的核心象征和血缘情感的最终归依。 围头周氏族人当年去台时，从祖祠带去一件香炉，由族人轮流供奉于厅堂，订定每年农历十一月廿四为祭祖日，以山珍海味二十四品，由各"房柱"供奉祭祖。 清光绪二十六年（1900 年）族人周运贤特地渡海回围江祖里谒祖。 1995 年围江周氏宗祠重修，台湾伸港周氏族人亦热心捐资，共同修成祖祠。 1991 年，沙堤王氏族裔、曾任台湾高雄市市长的王玉云回乡谒祖，后又奉其父母神主进祀于沙堤王氏祠堂里。

祠堂的外显特征或成为认亲的线索。 20 世纪 80 年代，福全林氏在台的族亲曾派人来大陆寻祖认根，因人地生疏，未能认到祖。 1990 年，台湾的福全林氏根据族谱内所印的"开林太始祖殷太师比干公"遗像两旁的联对"忠孝有声天地老，古今无数子孙贤"，发现与福全林氏家庙门侧对联内容完全一样，从而对上号，进而通过检索族谱世系确认：迁台祖出自晋江福全林氏。

不少姓氏族人将族源远溯炎黄、舜帝。 科任吕氏宗祠大厅内隔，除了安放神主的神龛外，又在案桌上摆着一座神橱，内供炎帝与姜子牙的塑像。 因为炎帝为吕、卢、高、纪、许诸姓的共祖，科任的许氏与吕氏每年轮流奉祀着炎帝的神像。 新修的东石黄氏祠堂大厅、前厅皆用石柱，柱均镌联文及题款："祠宇重修，系出炎黄，俎豆馨香绵百世；宗支衍派，祥开闽晋，文章礼乐肇千秋。""旅台裔孙……黄明和拜撰。""黄帝显明，神州道统所在，根源稳兴旺；轩辕彰察，蓬莱连绵有滋，枝叶繁茂盛。""……旅台裔孙黄绵绵敬贺。"这些铭文体现了两岸族人的祖先认同和华夏认同。 闽南与台湾有一句相同的姓氏谚语："陈林半天下。"意即陈、林两姓在地方占的人口比例最大。 陈氏出自妫姓，是舜的后裔。 据有关史籍记载，舜的后裔有姚、妫、陈等 48 姓。 闽南地区以及华侨最多的东南亚地区，则以当地常见的陈、姚、虞、田、袁、胡、孙、王、陆、车 10 姓，或姚、陈、虞、胡、田 5 姓，互称宗亲，结为妫汭宗亲会。 1993 年，旅菲侨胞、世界陈氏宗亲总会永远名誉会长陈炎水倡议在泉州创建纪念舜帝祠，得到海内外宗亲的响应。 1996 年择址于晋江罗山社店，建造泉州重华舜帝纪念堂，耗资 1000 万元、占地 60 余亩。 据统计，台湾的舜裔多达 310 多万人，占总人数 13.5％，其中陈姓占总人数 1/10，是台湾的第一大姓。 台湾著名学者陈大络教授曾发表《天下无二日，华夏无二国》一文，说："两岸的中国人，都是手足兄弟，都是骨肉同胞。 我们应该义无反顾，同心同德，共同创造和平的气氛；矢诚矢勇，努力促进统一的大业。"

祠堂文化和宗族源流的追远，皆以华夏为统摄。 细读了本书稿，眼前幻现出千万条涓涓细流，它们汇成大河，滚滚东流。

2007 年春

（郭志超、林瑶棋：《闽南宗族社会》，福建人民出版社 2008 年版）

刺桐城与刺桐花

　　古港泉州是中世纪海上丝绸之路的主要端点，宋元时代世界最大的海港之一。　在这个城市的辉煌时期，泉州与刺桐城的别名联系在一起。

　　泉州因环植刺桐而得此名。　有关泉州栽植刺桐的最早记载，见于唐朝大中年间（847—860 年）陈陶的《泉州刺桐花咏兼呈赵使君》和唐朝乾宁五年（898 年）进士王毂的《刺桐花》诗。　陈陶咏道："海曲春深满郡霞，越人多种刺桐花。""海曲""越人"很准确地把握住地方的自然和人文特色。　从"猗猗小艳夹通衢"，可见当时已是刺桐花满刺桐城了。　泉州别称桐城，缘起于唐、宋交替之间的五代时期。　五代后晋开运元年（944 年），割据漳、泉的留从效在闽国衰败之时，归降南唐，南唐封其为"晋江王"。　南唐还升泉州为清源军，以留从效为节度使。　于是留从效重修泉州城，绕城植刺桐。《泉州府志》载："郡初筑城，环城皆植刺桐，有号'桐城'。"《福建通志》也载："泉郡绕城皆刺桐，号桐城，又曰温陵城。　留从效重加版筑，植刺桐环绕之。"

　　入宋，泉州港崛起，南宋时，泉州取代广州的地位，成为中国对外贸易的最大港口。　东来贸易的阿拉伯、波斯海商，主称泉州为刺桐，发音为"宰桐"（zaytun, zaiton）。　直至元代，中东、北非和地中海的外国海商和旅行家仍用刺桐称泉州。　在《马可·波罗游记》和《伊本·巴图泰游记》中，有称泉州为刺桐的文字。　厦门大学人类博物馆陈列的一方元代泉州"土生蕃客"（阿拉伯人、波斯人与中国妇女婚生的子女）墓碑，用波斯文铭刻："艾哈玛德·本·胡阿吉·哈吉姆·艾勒德死于艾哈玛德家族母亲的城市——刺桐城。"

　　刺桐之咏多佳句。　宋人丁谓访泉州赋诗云："闻得乡人说刺桐，叶先花发始年丰。 我今到此忧民切，只爱青青不爱红。"稍后，王十朋另辟蹊径，咏道："初见枝头万绿浓，忽惊火伞欲烧空。 花先花后年俱熟，莫道时人不爱红。"

似有灵性的刺桐花随着泉州古港的繁荣而灿烂，也因其衰落而黯然。泉州港在闭关锁国的明清时代衰落了。 到了民国时，刺桐树在泉州已相当罕见。 1962 年秋，郭沫若访泉州所留的诗句"刺桐花谢刺桐城"，应是怀古之咏叹。

在当今改革开放的年代，泉州重振雄风。 现在泉州东大路东北侧等处，一行行刺桐树挺拔而起，枝繁叶茂，夏初花发，殷红灿然，可谓：刺桐花艳刺桐城。

（《福建民族》1997 年第 5 期，署名"庄重"）

风潮对荷、郑和清、郑战争影响例析

海域气象水文对渡海登陆和海上作战影响极大，风潮又是海域气象水文中突出的因素。掌握风潮规律就可以为实施海上军事行动增加胜利的筹码。本文引证郑成功复台船队袭入台湾港、郑成功在厦门港击溃清军水师以及施琅率清军水师力克澎湖的著名战例，分析风潮对战争的重要影响。

一

顺治十八年（1661 年），郑成功船队从澎湖继续进发，乘北风，在大潮高涨时，从鹿耳门进入台湾港，避开了南面荷夷城堡的炮火。

300 多年前的台湾港（亦称大员港），北宽南狭，宽约 3 公里，长 15 公里，水深 3 至 4 米。港口有北线尾屿，分港道为二：在北线尾与鹿耳门屿之间为北航道，俗称鹿耳港，沙石浅淤，港道迂回，一向认为只能通行小舟；在北线尾与一鲲身之间为南航道，俗称大港，口狭水深，大船可以自由出入。荷兰殖民者在一鲲身沙丘上建有热兰遮（Zeelandia）城堡，又将许多旧船沉塞一部分港口，使整个南航道处在城堡上大炮的有效射程内。为了控制北航道，荷兰人曾于 1627 年在北线尾北端建筑一座小型堡垒，名为热堡（Zeeburg），后来大概为了节省经费，在 1656 年的一次台风中倒塌之后，就没有重修。

1661 年阴历三月二十三日，郑成功亲率首批复台大军 2.5 万人，分乘船舰 200 余只，从金门料罗湾开航，次日驶抵澎湖。因"阻风"滞留澎湖，三十日夜，续航东进，四月一日清晨，顺风驶抵鹿耳门外。进入台湾港的北航道——鹿耳港，一向被认为只能通行小舟，其实经过溪流和潮汐的长时间冲刷，港内逐渐形成一条曲折狭窄、勉强可航行大船的港道。这首先为当地渔民发现，何斌又进一步测绘成图，复台船队就是依据这一份航图，由何斌和澎湖渔民领航入港。当时正值月初大潮，水位加涨数尺，"午后，大䑸船齐进鹿耳门"[1]。

郑成功船队候得北风，由澎抵台；利用潮涨，袭入鹿耳港道，进入台湾港。这为驱逐荷夷、收复台湾拉开了胜利的序幕。

二

顺治十七年（1660 年），清军水师乘潮退从海澄进击厦门郑氏船舰。郑成功待潮平风起后，顺风迎击，继而又顺潮掩杀。

顺治十六年（1659 年）夏，郑成功远征南京，败回金、厦。清军欲趁郑氏"喘息未定"，攻取厦门。顺治十七年（1660 年）阴历五月十日，清军分兵二路，攻击厦门。一路是从同安用小船将陆兵越海运至厦门北部和西部滩头登陆，一路是从海澄发水师攻击厦门港郑氏船舰。后者是清军此役的重点。

阴历五月十日早八时许，驻海澄的清军水师发三百余只船，乘潮落顺流而下，向厦门港进击。郑军处于逆流迎战的不利局面。郑成功料定，落潮趋平后，厦门港口将起东南风，因此不急于迎战，而是待"流平"风起后才乘风迎击。开始，前哨海域的少量郑氏船只在清军突然出现时勉强应战。"倏忽间，满船乘风顺流蔽江而下，以数船攻一船，用铁链钉住，炮矢齐发，梯而登。"[2]郑军形势十分不利，被击沉一船，伤一船。"满船（清军船）乘潮直进，海船（郑军船）渐退走，直压厦门港。"[3]在清军"舟师云至"时，郑成功见水流已平，说："流平则潮转，潮转则风随之，连发火炮，俾诸船起碇迎敌！""遂发三炮。诸船得令尽起，各发斗头

---

① ［清］杨英撰，陈碧笙校注：《先王实录校注》，福建人民出版社 1981 年版，第 245～246 页。

② ［清］阮旻锡撰，厦门郑成功纪念馆校：《海上见闻录定本》，福建人民出版社 1982 年版，第 41 页。

③ ［清］阮旻锡撰，厦门郑成功纪念馆校：《海上见闻录定本》，福建人民出版社 1982 年版，第 42 页。

煩。　功嘱何义守坐驾，自下八浆快哨，来往摧战。　时近午，潮涌风发，四处齐进。　而郑泰又命水师镇蔡协吉，率赶缯船二十只，从浯屿继进，合马信、洪旭、林顺、周全斌等诸大船于鼓浪屿后象鼻前，横攻焚杀。"清军"船风不利，潮又逆，互相触坏……遂溃，僵尸满海"[①]。

郑成功水师迎战清军水师经历三个阶段：第一阶段是郑军前哨船舰仓促勉强应战，清军小胜。　第二阶段是潮平风起，郑军借顺风开始全面迎战，胜势不断扩大。　第三阶段是涨潮后，郑军乘潮合击掩杀。　清军"风不利，潮又逆"，全面溃败。

厦门港海战，郑军大获全胜的关键在于，郑成功充分细致考虑了风势海潮，并以此来决定战斗的步序节奏。　清军不仅海战大败，而且登陆也未遂。　此役后，"竟成功之世，无敢言复岛（厦门、金门）者"[②]。　郑成功得以无后顾之忧，开始实施收复台湾。

<h2 style="text-align:center">三</h2>

康熙二十二年（1683 年），施琅率清军水师征台，澎湖一役，采用"顺风坐浪"、由南而北的进剿方式。

康熙二十一年（1682 年）三月，施琅上疏陈征台战略事宜："臣日夜磨心熟筹，莫如就夏至南风成信，连旬盛发，从铜山开驾，顺风坐浪，船得联综〔艭〕齐进，兵无晕眩之患，深有得于天时、地利、人和之全备。逆贼纵有狡谋，斯时反居下风下流，贼进不得战，退不能守。澎湖一役，更知贼势虚实，直取台湾，便可克奏肤功。　倘逆孽退守台湾，死据要口，我师暂屯澎湖，扼其吭，拊其背，逼近巢穴，使其不战自溃，内谋自应。　不然，候至十月，乘小阳春时候大举进剿，立见荡平。"[③]翌年征台正是按照这一战略实施。

---

① ［清］江日昇：《台湾外记》，福建人民出版社 1983 年版，第 153、340 页。
② ［清］徐鼐：《小腆纪年》，台湾文献史料丛刊本，台湾大通书局 1987 年版，第 943 页。
③ 《施琅题为密陈征台战略师期并请专征事本》，康熙二十一年三月一日，厦门大学台湾研究所、中国第一历史档案馆编辑部编：《康熙统一台湾档案史料选辑》，福建人民出版社 1983 年版，第 242 页。

康熙二十二年（1683 年）阴历六月十四日晚，施琅统率舟师 2.1 万人从铜山（东山）出发，挥师澎湖。 翌日下午到达猫屿、花屿，晚上驻泊八罩水垵澳。 澎湖郑军 2 万余，其中陆军 5000 人，其余为水师。 十六日施琅率师与刘国轩所率的澎湖水师交锋。 刘国轩拒绝乘清军立足未稳，进行攻击的建议，认为"当此六月时候，一旦风起，则何所容身？ 此乃以逸待劳，不战而可收功"。 六月份台风开始兴起，七月尤盛。 但当年有闰六月，台风的发生要比常年迟。《台湾外记》记载："十九早，北面黑云滚滚而起，且风微北，浪声淹动。 众各怀疑。 ……忽然雷震。"语云："六月一雷止九飓，七月九飓从雷来。"①这年六月台湾海峡也的确无台风发生。

六月十七日清晨，施琅仍回八罩水垵澳湾驻泊。 十八日，施琅从八罩岛北上，力克虎井屿、桶盘屿，刘国轩负重创退守郑军在澎湖列岛的水师大本营——澎湖岛。 这时，移师虎井的清军与澎湖、渔翁和白沙三大岛围成的口朝南开的 U 字形口仅 5 公里，已构成瓮中捉鳖之势。 八罩岛，虎井、桶盘屿，澎湖、渔翁和白沙三大岛组成的澎湖列岛的中心岛群，自南而北呈纵向排列。 是时值六月南风盛起，清军依次由南而北推进，"顺风坐浪"，而郑军则居"下风下流"。

二十二日决战开始，"南风大发，南流涌起，（施琅）遂下令扬帆联进，风利舟快，瞬息飞驶，居上流上风之势，压攻挤击，一可当百；又用火器、火船，乘风纵发，烟焰弥天；海舟相沿，烧毁殆尽。 国轩见势蹙难支，遂乘小舟从北面吼门逸出，而全军覆没矣"②。

清军力克澎湖，消灭郑氏水师主力，为招降台湾郑氏政权奠下基础。

在以风帆为航海动力工具的条件下，风潮对海上军事行动影响甚大。 掌握风潮规律，就可以趋利避害，进而将这种自然因素转化为战斗力。 这正是上述战例的历史经验。

（许在全主编：《郑成功研究》，中国社会科学出版社 1999 年版，第 148～152 页）

---

① ［清］江日昇：《台湾外记》，福建人民出版社 1983 年版，第 153、340 页。
② ［清］阮旻锡撰，厦门郑成功纪念馆校：《海上见闻录定本》，福建人民出版社 1982 年版，第 77 页。

施琅史事二则考证

一、施琅攻澎的时节问题

施琅乘夏至后南风进攻澎湖的计策定下之后，那么确定具体的时间就是重中之重了。既要南风盛发以居上风上流，进击澎湖郑氏舟师，又要避免台风，在决战之前安然抛洋泊舟，还要使敌方出乎意料，攻其不备。为此，施琅确定阴历六月十四日为出征日期。六月，特别是六月十五日以后，台海飓风频发。然而，施琅抵澎十余日，海不扬波，得以从容审势调度，其因在于当年有六月之闰。有关施琅闰六月之前攻澎的时节问题，尚无论析，值得一探。

据《台湾府志》卷一《风信》，"六月十二日名为彭祖飓，十八日名为彭祖婆飓，二十四名为洗炊笼飓。自十二日起至二十四日止，皆系大飓旬"①。十八日"彭祖婆飓"，在下引的刘国轩语中，称"观音飓"。基于六月台海风信情况，李光地在康熙二十二年（1683 年）六月上旬与施琅有一次面晤，谈起施琅"时欲于六月十四日起兵，而群然以为不可"②。敌方的澎湖守将刘国轩也认为施琅不可能在这多飓的六月来攻，即便施琅船队已到眼前，仍错过以逸击劳的机会，而认定飓风必起，可不战而胜。

据《台湾外记》，"刘国轩虽各岛筑台提防，每与诸将论'六月风波不测，施琅是惯熟海务者，岂敢故犯突然兴师乎？不过虚张声势，如甲辰年出船，复请旨宽限做官而已'"。当六月十五日施琅船队抵达澎湖海

---

① ［清］蒋毓英撰，陈碧笙校注：《台湾府志》，厦门大学出版社 1985 年版，第 7 页。
② ［清］李光地：《榕村语录 榕村续语录》，中华书局 1995 年版，第 707 页。

域，刘国轩拒绝部下要求"半渡而击"的战术。"国轩曰：'炮台处处谨守，彼何处湾泊？ 当此六月时候，一旦风起，则彼何所容身？ 此乃以逸待劳，不战而可收功也。'"部下又要求："俟今晚潮落，冲艟攻击，自然溃散，不可使彼窥探形势！"轩笑曰："我自有成算。 施琅徒有虚名耳！今当此日日飓报之期，敢统舟师越海征战？"遂即发令驰告："各守把要提防！ 如夜半风起，则彼无噍类矣。"十六日，双方首战交战，施琅虽挥师力战，但从战斗的全过程看，先是被围攻，后是首先撤退，一直处于较被动的地位。 刘国轩的部将欲追击，他却止之。 部将邱辉又献计说："乘彼战北，军心必虚，辉与左虎今夜督煩船十只，直抵猫屿、花屿、八罩攻打，料彼必不自安，决然逃回。"刘国轩则重弹以逸待劳的老调，认定："彼船许多，所寄泊安屿，悉无遮拦之澳，咸是石浅礁浅，早晚风起，定不战而自溃。"又说："今日乃十六，明日十七，十八、九就是观音飓、洗蒸笼飓，安有无风之理？"①刘国轩为常规的六月风信所惑，致使一再错失机会，最终导致六月二十二日澎湖决战的大败。

上引的刘国轩之语："今日乃十六，明日十七，十八、九就是观音飓、洗蒸笼飓"，说明他确实没有注意到闰六月之前的六月风信非同常年。 刘国轩不知晓闰六月之奥妙，就是施琅部下亦然，随征的兴化镇总兵吴英在给姚启圣的报告中指出："当此台风坏船之际，一连数日风平浪静，致此大捷。"②

按农历二十四节气，大体说来，节应在月初，气应在月中，所以气又名"中气"。 譬如立春为阴历正月之节，雨水乃正月之气。 夏至为五月之气，一般在月中，而康熙二十二年（1683 年）夏至是阴历五月二十七日，后滞约 10 天。 造成这一现象的原因是当年有六月之闰。 这就意味着，康熙二十二年六月的风信日比《台湾府志》所记的六月风信日要推迟约 10 天。 如刘国轩所说的"（六月十八、九日）观音飓、洗蒸笼飓"，按理应迟至"廿八、廿九日"发生。

当然，施琅选择出征日期是根据常年的经验，海上风涛多变，要料事

---

① ［清］江日昇：《台湾外记》，福建人民出版社 1983 年版，第 335～338 页。

② 《姚启圣为攻克澎湖情形事本》，厦门大学台湾研究所、中国第一历史档案馆编辑部编：《康熙统一台湾档案史料选辑》，福建人民出版社 1983 年版，第 276 页。

如神，实不可能，这点施琅也有自知之明。他在出征前对李光地说："予适言九分可以成功者，其实可以十分把得定，那一分听之天，万一飓风作，则无可为力矣。"①有九分胜算，已颇难得。

康熙二十二年六月十四日施琅出征前夕曾私下告诉李光地说："十四日起兵，就是小弟秘诀。"在以上所揭示的时间挥师攻澎，既可使风信利于己方，特别是抛洋泊舟，可安然无恙，又可迷惑对方，出其不意，这是施琅的"秘诀"。

二、施琅会陈昂时间考

陈昂，原系海商，向施琅献策攻澎，被录用为机要参谋，从征澎湖，指点风潮海道、舟师进退。论者多认为施琅会陈昂并置麾下的时间是康熙二十年（1681 年），误，当以康熙二十二年为确。

"康熙二十年"说以《台湾外记》为据。《台湾外记》载："（康熙二十年）十月初六日，施琅抵闽视事，忽传闻有同安高浦人陈昂，其母在厦，迩日从台来。十三日，琅急召入密室，询问澎、台情节。……昂曰：'……大兵一临，澎湖可取。若得澎湖，则台湾自危矣。'又画澎地形势呈上。……琅曰：'宜用何风信？'昂曰：'澎坐东北，当用西南风可去。'琅见昂言语诚恪，颇有经济，遂为督理坐驾外委把总（昂字星华，平澎、台功，历任粤东碣石镇总兵，后转粤副都统）。昂举伙长曾福识认澎湖各港礁线翁尾。"②

如上说，施琅会陈昂是康熙二十年十月十三日。有的学者还认为施琅在康熙二十一年（1682 年）三月一日写的《密陈专征疏》中提出的乘南风从铜山开驾攻澎、再取台湾的意见是采自陈昂，如此，施琅会陈昂的时间在康熙二十年似乎显得更为合理。其实，施琅的乘南风从铜山进击澎湖、再取台湾的谋略，早在康熙五年（1666 年）就开始初步形成。康熙五年五月施琅上疏曰："候有南风讯息，即将约期复征。……飞渡澎湖，

---

① ［清］李光地：《榕村语录　榕村续语录》，中华书局 1995 年版，第 707 页。
② ［清］江日昇：《台湾外记》，福建人民出版社 1983 年版，第 319 页。

则将扼据咽喉，进逼巢穴。"①尽管如此，直至康熙二十一年底，施琅对乘何风攻澎仍无定见。 在这一年三月一日的上疏有乘南风之论，到了十月二十五日的上疏则有"顺风坐浪，直抵澎湖，占据上风上流，为制胜之要"②的乘北风之议了，并于十二月二度从兴化平海乘北风挥师向澎湖进发，结果阻风而返。 这与一般史料所载的陈昂为施琅"定计候南风以入澎湖"不符。 换言之，陈昂进见施琅所呈的这一定计，是在康熙二十一年十二月底以后发生的。

陈昂的长子陈伦炯在《海国闻见录》自序中谈先父陈昂的事迹云："先公少孤贫，废书学贾，往来外洋，见老于操舟者，仅知针盘风信，叩以形势则茫然。 间有能道一二事实者，而理莫能明。 先公所至，必察其面势，辨其风潮，触目会心，有非学力所能造者。 康熙壬戌，圣祖仁皇帝命征澎、台，遣靖海侯施公琅提督诸军，旁求习于海道者。 先公进见，聚米为山，指画形势，定计候南风以入澎湖，遂借神策庙算，应时戡定。"③陈伦炯将陈昂进见施琅的时间写为"康熙壬戌"（二十一年），系笔误。 为陈昂写墓志铭的方苞，与陈昂本人并不熟，是陈伦炯通过方苞的朋友杨千木请方苞撰铭的，有关材料当由陈伦炯提供。 因此，方苞在墓志铭所写的陈昂进见施琅的时间系"康熙癸亥"（二十二年）实际即陈伦炯所识记。 陈伦炯自"少长"后常"从先公"左右，"周咨明季"诸事。④ 有关该铭，详见下。

周凯《厦门志》参考了陈伦炯《海国闻见录》有关陈昂的事迹，并修正了"康熙壬戌"的笔误，说："（陈）昂，少孤贫，习贾，往来外洋，熟悉海上形势。 康熙二十二年，施琅征台湾，闻其名，召与计事，指划南北，风信、港澳、险夷，了如指掌。 置麾下，参密划，定计以南风攻澎湖。 及战，身自搏斗。"⑤

---

① 《施琅题为舟师进攻台湾途次被风飘散拟克期复征事本》，厦门大学台湾研究所、中国第一历史档案馆编辑部编：《康熙统一台湾档案史料选辑》，福建人民出版社1983年版，第51页。

② ［清］施琅：《舟师北上疏》，见《靖海纪事》卷上。

③ ［清］陈伦炯：《海国闻见录》，台湾文献史料丛刊本，台湾大通书局1987年版，第1页。

④ ［清］陈伦炯：《海国闻见录》，台湾文献史料丛刊本，台湾大通书局1987年版，第1页。

⑤ ［清］周凯：《厦门志》卷一二《列传上·武功》，鹭江出版社1996年版，第374页。

记载陈昴进见施琅的时与事，最权威的文献是方苞《广东副都统陈公墓志铭》。该墓志铭载："公姓陈氏，讳昴，泉州人，世居高浦。国初迁海滨居民，徙灌口。父兄相继没，以母寡艰生计，遂废书，贾海上，屡濒死。往来东西洋，尽识其风潮土俗、地形险易。康熙癸亥，上命浙闽总督姚启圣经略台湾，遣靖海侯施琅统诸军进战，求习于海道者。公入见。时制府以水战宜乘上风，公独谓北风剽劲，非人力可挽，船不得成艐，不若南风解散，可按队而进。施（琅）意合，遂参机密。"[①]墓志铭所记载的陈昴见施琅的时间是"康熙癸亥"。

（许在全、吴幼雄主编：《施琅研究》，中国社会科学出版社 2001 年版，第 137～142 页）

---

① ［清］周凯：《厦门志》卷九《艺文略·志铭》，鹭江出版社 1996 年版，第 264 页。

读吴英《行间纪遇》及《吴英纪略》

研究一位早清人物，缺乏一定的资料，尤其是文字材料，是不可想象的。李祖基搜寻、校注的《行间纪遇》是吴英研究最重大的成果，使吴英研究有了坚实的立基。较之《行间纪遇》，《吴英纪略》即《清威略将军吴英纪略》只是意义不大的参考本，尽管如此，李祖基仍重新编目并加校注，作为附本一并出版。

《行间纪遇》所记的是"恩遇"和"知遇"。《吴英纪略》，所记的还有"神遇"。从成功学的角度而观，《行间纪遇》反映的是，仁厚的性格特点与获得"恩遇""知遇"的必然性。而《吴英纪略》讲述的"神遇"是关于神明控制的宿命论。

一、《行间纪遇》的主旨和写作时间

尽管《行间纪遇》陈述的军旅生涯所经历的大小事件，但这些事件并不是流水式的际遇，而是让一系列的事件聚焦出情感的"恩遇"和"知遇"。或者说，"遇"的表层是"际遇"，"遇"的深层是"恩遇"和"知遇"。这样，纷繁的具体际遇烘托出情感的"遇"。

对此"遇"，作者"念而不敢忘恩"，"不禁感而思奋"（黄序）。刘序说得更贴切："公于是感眷顾之隆，循平生之迹，以暇日记忆成篇，题曰《行间纪遇》。"这说明，此书是"感眷顾之隆"而"循平生之迹"而秉笔，时间当在每隔年连续三次接见吴英的康熙四十二年至四十六年（1703—1707年）这一期间。李序写于康熙四十七年（1708年）二月，据此可知至康熙四十六年（1707年）末，书稿已成。

古时兵制，五人为伍，二十五人为行。 行，指军队、行伍。"感眷顾之隆，循平生之迹，以暇日记忆成篇。"李祖基校注所本的道光版的书名为《行闇纪遇》，"闇"有两个读音，既是"间"也是"闲"的繁体字。 窃以为，书名为《行闲纪遇》更妥帖。 如果是《行间纪遇》，那就是在军旅所记，一扫"感眷顾之隆，循平生之迹，以暇日记忆成篇"之意。 笔者此见不一定在理，附此一提而已。

二、"知遇""恩遇"缘于"仁"

吴英武运隆顺，刘光第说："公是时初佐戎耳，且以闽人之故，颇有谗构之者。 而能以忠勇自著，使王、将军、制府、提帅以下，皆推诚任之，无所疑猜。 公又所向摧锋，绩效验白，卒能批海道之窾。 以仙霞岭之师，用区区偏裨之职，而姓名功次浮闻于朝，大吏元戎，争先进达。 公之迈迹固已奇矣。"

在浙江，先遇塞提督，"一见大悦，恩遇特隆"，"解衣推食，如鱼得水"。 塞提督引英进见贝子王。 王一听是福建人，"默然无语"。 此后，吴英夜间单骑率数十人，杀入贼阵，手斩贼数十人，贼将脱走，英单骑追杀。 贝子王闻之，"赐并马入营"。 由浙入闽，献分兵计，解泉州之围。 姚提督视事漳州，提拔英为中军副将，翌年题请英为同安总兵。 施琅为人负议颇多，独欣赏吴英，通过禀告姚总督，调英作为征台副帅，言听计从。

康熙帝格外器重吴英，康熙四十二年（1703 年），康熙帝在杭州御书"作万人敌"赏赐。 康熙四十四年（1705 年）康熙帝在杭州御书"世锦堂"，又对联："国恩优渥褒成绩，臣职勤劳勉后昆。"显然是作为祠堂之用。 康熙四十六年（1707 年）在苏州加授"武略将军"，还问起家事妻儿。 吴英说："念昔时只身飘荡，今日得此遭遇，亘古未有。"

吴英所受的"知遇""恩遇"源于其"宽厚谨恪"。 这种性格的内核即"仁"。 跟随塞提督在浙江时，塞风闻宁海熊参将欲叛，令熊让随军家属移入宁波，熊以众言拒命，塞认为这可证实叛心，拟剿灭。 英认为应慎重核实，只身入见熊，熊表明并无二心，遵命"搬眷"，塞公大悦。 吴英在接受施琅平台之请的时候，要求：不挟报私仇、不杀降、不抢掠，并且全军发誓。这一"三不"政策有效推动了在澎湖大捷后，兵不血刃，完成统一大业。

吴英的仁厚性格与他自幼的家庭教育密切相关。《吴英纪略》的主要价值在于记叙了其十八岁以前的成长过程，父母的严格管教。

三、《吴英纪略》小考

李祖基早就指出《吴英纪略》中关于神迹的糟粕成分。按照《吴英纪略》所述，英母是"仙姑降世"，受天书感孕而生吴英，还有"水头神灯领路""扇蚊神人入梦""仙妪采药愈疾""普庵化示祭禳""溺海神人拯起"等等。在浙江塞提督麾下，吴英夜梦关公目视之曰："此将军也。"既然是命定，那么皇上的恩遇、同僚的知遇，充其量不过是为吴英"神话剧"跑跑龙套、做做注脚而已。由此而思，《吴英纪略》不可能写于《行间纪遇》之后，更不可能出版，否则将使《行间纪遇》的"遇"受到极大的损害。

（一）受到高人指点

《吴英纪略》应是撰写《行间纪遇》之前的自传简稿或草稿。可能受高人指点，舍弃前面的神话，集中写军旅生涯。此书立意，最妙的诚如李光地所说："公此篇不曰'纪功'，而曰'纪遇'。盖上以备述旷世遭逢之恩，而下以无忘当日群帅知待之意。"吴英在七岁多，仅在寄居的水头读了几个月的私塾，《行间纪遇》的立意乃受高人指点，这应是肯定的。《行间纪遇》出版后，《吴英纪略》继续记载家事。

（二）只是家谱资料

1."归诚"

《吴英纪略》只是作为家谱资料的手稿，在《行间纪遇》出版后更无出版意向，理由还有二。一是记载吴英最忌讳的"归诚"之事。在《行间纪遇》将幼年及壮，仅用"少习戎行"一语带过。吴英尚在襁褓即从祖家晋江浯塘移住南安水头，大约 8 岁（按《吴英纪略》所记的虚岁，下同）时再迁晋江安平，15 岁迁移至晋江东石白沙，16 岁远迁厦门岛，大约住了一年，迁居厦集海峡西岸的高浦。 18 岁时，母逝。 自此，吴英匿迹于自己的记述。 直到康熙二年（1663 年），吴英随部"归诚"。 这一年，吴英已 28 岁。 从 18 岁到 28 岁，整整十年，杳如黄鹤。

道光《重纂福建通志》卷二二七载："吴英……幼为海贼掠至岛上，更姓王，康熙二年投诚，给守备札，（康熙三年）从提督王进功征海贼郑锦，拔东山城，叙功加都司金书衔，寻授浙江提标都司。"

《吴英纪略》的《剑石瑞云恩雨》（李祖基校时编序为四七）才透露："吾祖晋江浯塘，少遭变乱，自双亲去世，即被掳赴海从戎。 至癸卯（康熙二年，一六六三）归诚，驻札兴化"。 由此可见，《吴英纪略》是作为私人手稿，才可能透露最忌讳的这段生涯。

2.府第田庄

《吴英纪略》作为私人手稿的第二个根据是：在篇末记录建庄、房产和田产。 康熙二年（1663 年），吴英驻扎兴化就有在此"择一阳居"的想法。 吴英任同安总兵期间（康熙十八年底至康熙二十年七月）的康熙十九年（1680 年），在莆田仙游的定庄"兴工建宇"，前后建了近二十年，所费"数万余金"。 至康熙三十六年（1697 年）吴英由四川提督转任福建陆路提督后，到定庄观"来龙与坐向，俱不相合"，"乃于己丑年（康熙四十八年，1709 年），尽拆卸，改向进，择日重新起盖庄府五座"（《改建定庄府第》）。 如此新建再推倒重建，单始建就"数万余金"，不可不谓奢靡。 吴英素好捐建宫庙，在兴化还修桥赈济，所费可观。 吴家是大家族，开销不菲。 他会这样轻易公开拆已费数万金的府第之事？ 不太可能。

《吴英纪略》最后的《再建界乡府第》记道："余于枫亭陡门先年购置一田庄，又置惠安界乡、秀溪二庄山地田产，年间三庄计收租粟三千余石。 余思即已立籍莆阳，而三庄远隔，似难照及，必须就近择一阳居，于诸子之中分房就业居住，以便掌管……乃于辛卯年（康熙五十年）（1711 年）起盖府第三座。"清代一石 180 斤，"租粟三千余石"，田亩至少 3000 亩。"起盖府第三座"，所费不少。 这类家族私事不会公之于众。因此，被后代冠名《清威略将军吴英纪略》一书历来就是手抄本，既用"清威略……"，说明当时厦门图书馆当"特觅抄藏"的原抄本，时间当属民国。

刘登翰的华文文学研究和《过番歌》

　　唯物辩证法是认识事物的不二法门，刘登翰将之化为文化观，化为海外华人文学暨台港澳文学研究的方法论，使其思维及其外化的语言呈现双翼之美，形成极具特色的研究艺术。

　　文化与历史齐飞，文学共文化一色。 刘登翰的海外华人文学暨台港澳文学研究，历史、文化是文学的题中之义。 由历史而文化而文学，是他的研究逻辑。 以辩证观驾驭文学观，使得其文学研究呈现思维的双翼形态。

　　在刘登翰的视野中，"台湾、香港、澳门与祖国大陆的文学分流，是奠定在共同文化基础上的文学，处于不同社会背景下的各自发展。 民族文化的同一性，是分流的前提，也是整合的基础。 分流是文学发展的'同'中之'异'，而整合时则是寻求文学发展的'异'中之'同'。'同'是基本的、基础的。 而'异'是在'同'的文化基础上呈现的不同形态和进程，而不是另一种新质的文化或文字。"台港澳都经历过殖民时期，这影响了这些地区文学进程，形塑了这些地区文学的特殊形态。"无论'同'中有'异'，还是'异'中有'同'，都表明一点，建立在民族文化同一性基础上的祖国文学与台港澳文学，无论其形态有多么不同，其面临的文化命题的挑战和困惑都是一样的。 民族文化的同一性，是它们各自发展的基础，也是它们得以整合的原因。"

　　甲午战败，马关割台，台湾所遭受的殖民灾难最为惨烈，心理创伤最为深重，即使在光复后仍绵延不断。 刘登翰指出："台湾移民社会的形成和后来的历史遭遇，带来了台湾社会普遍存在的漂泊心态和孤儿心绪，它赋予了台湾文学特殊的'移民性格'和'遗民性格'。"这一特殊的社会情状和情感形态，在两个向度上发展了台湾社会和台湾文学的感情取向和文化纽结。"一方面，以中原大陆为母体发展起来的台湾移民社会，越是在飘离的情况下，越加深它对母体社会和母体文化的体认和归依的感情。这种以'祖籍意识'为核心，以文化母体为归宗的移民心绪，在历史的发展中，逐渐升华为割舍不断的祖国情结和民族意识，亦即中国情结——中国意识。 另一面在长期与母体文化疏离的情况下，来自移民祖籍的中原文化，也经历着它在台湾播迁的本土化过程，形成了某些与母体文化迥异的本土属性和本土形态。 特别在异质文化进入的情况下，发生某些变异和新质。 它同时造就了一代代移民后裔知识分子对本土文化自我体认的社会情结。 这种认同本土的社会情结，便成为后来'台湾情结'或'台湾意识'的感情基础。"

这两个"结"是对台湾社会文化的准确而形象的概括，是理解台湾文学史的锁钥。 日据时期，中国意识中的爱与怨，既是冰炭两极，又同质于淬火，又在淬火后消长繁复，错综复杂。 感觉被遗弃固然内蕴归依，但酝酿的疏离情感，积蓄了本土对于母体的冷视和远视。 这种历史组结不因殖民结束而纾解，并在本土的社会环境变迁中持续发酵，成为触动"本土情结"异变的暗力。

香港文学是近代以后不断与外来文化和外来文学冲撞、融摄，经历了与内地文学的相互延伸到独立品格的追寻。 鸦片战争后，香港进入英国殖民时期，殖民者主导的西方文化的潮涨，与本土所传续的岭南文化的矜持并存，两者相互冲击又相互渗透。 东西文化层次分明又界限模糊。 刘登翰接着指出："这是香港文学所根植的文化土壤和存在与发展的文化环境。"他还指出："一个世纪以来，香港文学所历经的进程，既有着与中国内地文学互相叠合与印证的阶段，也有着逸出中国内地文学的轨迹而呈现出独特形态的发展。"

澳门文学宛若多彩的微型花园。"澳门处于中华文化的南部边缘，但其文化特质上的博大、自足和稳固仍然是澳门的华人所自持。 澳门政制虽为葡国文化所主导，但澳门社会却以中华文化为主体。 这一'主导'和'主体'的分离形成了澳门十分有趣的文化现象。 以葡国文化为代表的西方文化并不能完全进入澳门的华人社会。 它形成了与澳门上层的葡国文化社会相对峙的另一个华人社会自足的文化区。"两种文化，"相容并立"。 处于两种文化的边缘成长的葡语"土生"文学，则是澳门多元文学的一小元。

二元结构是刘登翰理论语言的突出特点，它像是对文化和文学勾勒的双钩技法。 对于海外华文文学的历史与现状，刘登翰采用"离散性"和"同一性"的表述。 离散性是由迁徙后的"散居"所形塑的，同一性则是中华文化作为共同的本源而决定的。 他指出："华文文学不管它们散居于世界哪个角落，都有许多共同的东西使它们具有某种同一性和形成彼此紧密的关系。"其同一性主要是"是以中华文化作为共同的文化基础和资源。 尽管不同区域的华文文学受到各自区域异质文化的影响，但这些影响并没有从根本上改变华文文学共同的中华文化基础"。

在刘登翰看来，文学既依附于文化也依附于历史，而文化和历史延续于当下乃至未来。"华侨和华人在进入所居国社会文化碰撞与融摄中，形成了华侨和华人既源自于母国文化，又一定程度迥异于母国文化的独特性，即所谓的华族文化；同时又将这种文化的世界性融入和体验，回馈原乡，成为推动中华文化和中国人感悟世界的现代性进程。 华侨和华人的这种世界性的生存和体验，是海外华文文学的发生学进程。 因此，研究华人文学不能不追溯中国的海外移民史，追寻华侨华人在海外的生存境况与体验。"

刘登翰认为："'离散'或曰'散居'，是华文文学特定的生存状态；而'聚合'或曰'整合'则是对这种'离散'状态想象的总体把握。"笔者赞同这一见解，但认为在研究策略的"聚合"之外，存在一种将"离散"整合的社会文化聚力。 近几十年来，以乡缘和宗缘为主的海外华人社团出现跨国趋势，并随着全球化的加剧而兴盛。 这种跨国，不仅存在于不同所居国之跨，而且存在于所居国与祖籍国之跨，以及若干所居国与祖籍国之跨。 这对于海外华侨的"离散"状态无疑具有聚合的作用。 在笔者所了解的东南亚，尤其如此。 可以探讨，海外华文文学是不是也存在现实的聚合？ 另外，游走于不同所居国的华文作家，以及作品的网络传播，是不是也在参与现实的聚合？

雅文与俚言，文献与田野，也是刘登翰研究路数的双翼。 司马迁写

《史记》，既用文献也用民间调访资料，成就"史家之绝唱"。

《过番歌》是 20 世纪初以后（或曰"19 世纪末 20 世纪初"）流传于闽南、中国台湾及东南亚华人社区的一部闽南方言长篇说唱诗。 20 世纪 60 年代荷兰汉学家施舟人在台湾发表《五百旧本歌仔册目录》一文，其中开列有《过番歌》，引起关注。《过番歌》全文 344 行，每行 7 字，用闽南方言撰写。 这部搜集自台湾的《过番歌》唱本，署名"南安江湖客辑"，出版者是"厦门会文堂发行"，未署版年。 它叙述清末南安县一个穷困农民漂洋过海到"番平"实叻（新加坡）谋生的艰难过程，是一部用闽南俚曲小调演唱，带有劝世意味的通俗唱本。 1989 年刘登翰在《过番歌》产生和流传的厦漳泉一带调查，寻访中发现与会文堂《过番歌》不同的另外几种刊本和抄本，对异本进行勘比考证。 出自台湾会文堂版的《过番歌》的辑者"南安江湖客"，是南安籍地方文人，搜辑流传于南安的唱词。 安溪《过番歌》的最后两句是"若问此歌谁人编，就是善坛钟鑫仙"，约于 20 世纪 80 年代油印的安溪《过番歌》干脆注明"安溪善坛钟鑫著"。 钟鑫生于 1879 年，死于 1933 年，1901 年"过番"。 对照《过番歌》，会文版"南安江湖客辑"的，其主人公的经历，出洋时沿途所经的路线、地名，都与钟鑫的经历十分相似，只是南安本出洋前的路线地名是南安到厦门，而安溪本则是从安溪到厦门（搭海轮）。《过番歌》为四大段落："辞乡别亲""过番途中""异邦谋生""返归唐山"。 南安本侧重"异邦谋生"，安溪本侧重"辞乡别亲"。 刘登翰认为："它们并非两部独立的作品，而只是流传过程中出现的异本。""钟鑫是不是《过番歌》的最初作者，目前尚缺乏更有力的证据。"

善坛钟姓是畲族，祖源闽西。 民国时期，"以歌为言"的畲区被汉族文人赞羡为"歌国"。 畲民擅长七字一句的畲歌，有简短的即编即唱和来自歌本或记忆的山歌，也有固定的几百句的长篇历史歌。 畲民钟鑫是民歌好手，还创作另外一些山歌唱本。 笔者曾听畲族学者蓝炯熹说：安溪畲民已经忘了《高皇歌》（祖公歌），却能唱《过番歌》。 钟鑫，字文玉，读过 6 年私塾，22 岁时迫于生计到实叻与槟榔屿谋生，历经艰辛，两三年后空手而归。 此后在家务农，常思过番时的辛酸，便编歌劝世。"每吟成一段，必向乡亲好友反复吟唱，不断修改。"刘登翰调查时，能唱《过番歌》的善坛乡亲还很多，他听过善坛十几位老人的传唱，最后以"若问此歌谁人编，就是善坛钟鑫仙"结尾。 据访，曾存的《过番歌》抄本之末，就有这句结尾。 可惜的是，未能找到这份抄本。 如果没有"若问此歌谁人编，就是善坛钟鑫仙"这一歌本唱尾，源自搜集的油印本的安溪《过番歌》就不会注明"安溪善坛钟鑫著"。 甚至，撇开抄本，善坛老人的唱词也可以证实"安溪善坛钟鑫著"无误。 因此，安溪善坛为《过番歌》的发祥地，钟鑫为《过番歌》的最初作者，当无疑问。 当然，继续寻找新证据更好。

顺便说，流传于闽台粤和东南亚华人社区社团以及关于北美华侨（"下西番"）的"过番歌"，正是华人文学聚合的现实呈现，其异本异文则是"离散"的反映，为前文关于"聚合"的补充。 考虑到"过番歌"主要是"番客"撰写于祖籍国，所居国主要是流传地或改编地，因此作为散居华侨华人的华文文学的现实"聚合"，缺乏说服力，权作讨论之引。 但如果将文本的阅读和传唱也包括在文学活动里，则另当别论。

到安溪调访之后的十余年里，刘登翰继续寻找和研究"过番歌"。 就他所收集，闽南的"过番歌"显然最多，包括泉州地区的晋江、石狮、惠安、南安、永春、安溪以及漳州地区的龙海、长泰、诏安、云霄等。 但同为侨乡的福州五区八县以及宁德的寿宁、屏南、古田等，闽西的龙岩、永定等，三明的永安等，闽北的光泽等，都有"过番歌"的流传。 各个地区的"过番歌"所反映的"过番"情况以及演唱的艺术风格也有明显的差异。 在广集的"过番歌"中，最引人注意的是流传于寿宁的《下西番》，内容是光绪辛丑年（1901 年）闽人被骗卖"猪仔"到美洲做劳工的事情，刘登翰感悟道："视野的扩展不仅是量的增加，重要的是它提供给了我们一份从 19 世纪中叶到 20 世纪中叶，一百年来中国人的世界性生存体验。""这些经验催生了中国人世界性生存的危机意识"，并激发"国家意识、民族意识、自强意识和乌托邦理想"。

搜集资料如种桑采桑，研究如吐丝织锦。 田野工作和资料搜集，是长于分析和理论思维的刘登翰的另一面，这种种桑采桑与吐丝织锦也是他双翼式的科研样态。 刘登翰关于"过番"唱本和版本的历史考证，没让我惊讶，历史与文化，文化与文学，都是他的双翼。

刘登翰对"过番歌"孜孜以求，让笔者想起其先人的故事。 刘登翰的家族在南安县诗山镇一个叫码头的乡下，至今还存有祖屋。 我见过刘登翰祖父一家的照片，大约在 20 世纪 20 年代初拍的。 祖父英武，目光坚定。 青少年的父亲清秀，一脸书卷气。 那时，祖父正在菲律宾棉兰老岛的纳卯"趁吃"（谋生）。

闽南移民去菲律宾，一般去吕宋岛，或再转宿务（属米沙鄢群岛），或继续南下到棉兰老岛。 1521 年麦哲伦探险队航海时抵达宿务，不久，西班牙殖民者占领菲律宾，在吕宋马尼拉建"王城"。 马尼拉、宿务所在的岛是天主教区。 西邻印尼的棉兰老岛是伊斯兰教区，此地伊斯兰教可溯至 13 世纪晚期。 菲律宾华人以吕宋岛居多。 我推想，刘登翰先人到"吕宋"应在祖父这一代之前。 刘氏家族差不多每个男子长到 16 岁成丁时，就要"过番"。 无论有无所成，都要回来娶妻生子，留下香火，再踏上漂泊之路，或数年一返，甚至终生未归。 他们最终都把骨殖埋在生前浸染血汗的异域土地，灵魂飘在异国天空。 闽南人的观念，灵魂是可分的。 于是，就有"叫魂"之俗。 父亲死后，由伯父料理后事。 他来信告知噩耗，夹寄父亲的一小片"衫仔裾角"，是从父亲生前贴身穿的衫衣前襟剪下的。 刘登翰回忆道："按照闽南华侨风俗，人死异域，必得持有这一小片衫仔裾角到海边为他引魂，才能使漂泊异乡的亲人，灵魂回到故土安息。"

思念是双向的。 古稀之年，刘登翰在马尼拉办书法展期间，通过华社的关照，越过千里碧波，踏上棉兰老岛，在纳卯找到父亲的墓地。 俯首坟头，万千诉说却哽咽无语。 这片掩埋刘氏家族十几口人的异乡土地，顿时不再生分而亲切起来。 那一刻，他不仅在情感而且在灵魂与远离的亲人相遇，进而与父亲感同身受，与异乡的土著民的精神世界遇合。 海外华侨华人的生存经验也是人类多元族群及其文化的碰撞、理解、和谐乃至走向大同世界的经验和向往。 我特喜欢早年刘登翰的报告文学，那些细腻的故事里总有诗意栖息。 阅读他的著述，依然有这样的感觉。 诗是情感和灵魂的声音，刘登翰的情与魂也蕴藉于海外华文文学的研究里。

史学大家陈寅恪说，研究历史就像了解一幅画，你要深入于画家的内心，体察所处的社会环境。 这就是亲近，这就是神入。 刘登翰追寻"过番歌"，除了由小见大的价值和意义在激励他，也有一种情愫萦绕着他。他的《追索中国海外移民的民间记忆——关于"过番歌"的研究》一文，结尾这么说："自童年时代便开始积累起来的那点情缘，激励我努力去接近它。"这种接近，何止"过番歌"。

　　中国诗歌是双桅结构，辩证法精髓是对立统一。　喜欢诗歌和哲学的刘登翰，有着思维的双翼之美。　凭借这一双翼，刘登翰的思想和文字是青云之上的翱翔，从而让人有视域的高度和广度，让人感受到科学之美。审美与科学应是联袂的，但极少人企及。　美应是那么自然，像逸出的体香，是心灵的瑰丽，是真善的云蒸霞蔚。

参考文献：

1.刘登翰：《华文文学的大同世界》，花城出版社 2012 年版。

2.刘登翰：《华文文学：跨域的建构》，福建人民出版社 2007 年版。

　　（刘小新主编：《他的天空博大恢宏——跨域与越界：刘登翰教授学术志业六十年研讨会文集》，江苏大学出版社 2017 年版）

评萧春雷《嫁给大海的女人》

斗笠黄灿如沙，宽裤藏青似海，腰间银链像是涌向柔软滩岸的排排浪花。 惠东女的穿戴，海一般明丽壮美；她们长住娘家习俗，像海的深处，奇异神秘……

开始，我只是漫不经心地浏览刚刚出版的《嫁给大海的女人》[①]（以下简称《嫁》书）这本摄影散文集，看着看着，我掂出了它的学术富含。人类学把某一群体的文化描述称为民族志。 介绍或调研惠东文化的文章和出版物，我差不多都读过，但最清晰展示惠东女主要习俗的，还是这本《嫁》书。 若将这本书作为人类学传统展示异文化的民族志，一点也不逊色。

生动准确的文化展示离不开情景物象的再现。 我在评述人类学家林惠祥早期之作《台湾番族之原始文化》的文章中谈道："人们在阅读众多民族志中，对以文字形式描述的器物及其使用方法的物质文化，常常是一头雾水，百思不得其解。 林氏'标本图说'法，堪称民族志再现物质文化的一种范式。"并且，精神文化总是外化为物质形式，因此文化展示的"图说"形式最佳。《嫁》书正是展示惠东文化最生动的图说民族志，在介绍纷杂的服饰方面，述繁不乱，尤其在描述百年服饰变迁时，更显有条不紊。

迄今为止，除了蒋炳钊、吴绵吉、唐杏煌合撰的《福建惠东婚俗、服饰和历史考察》这本民族志外，所有的惠东民族志几乎都没有类型学的说明，或泛泛而谈，或以偏概全，尽管后者，有的作者主观没有这种意图。

---

① 萧春雷著，曲利明摄影：《嫁给大海的女人》，海潮摄影艺术出版社 2003 年版。

所谓的惠东，指的是惠安东部沿海地区的七个乡镇：崇武、山霞、净峰、小岞、东岭、辋川、涂寨。其中，崇武（城内除外）、山霞、净峰、小岞这四个乡镇是惠东文化的中心区，东岭、辋川、涂寨是惠东文化的边缘区。惠东文化有其一般形态，还有两种主要的地方类型：南部型即崇武（含山霞）类型，北部型即小岞（含净峰）类型。你如果看了《嫁》书，就知道南北类型的特征，例如头巾，南蓝北红。

描述变迁体现了文化研究应具有的历史深度。文化总是承前启后并因时而变。惠东女服饰由来已久，虽然古代文献记载阙如。1935 年弘一法师李叔同曾到净峰寺驻锡弘法，就注意到当地的特异服饰，他在给友人的信中提道："净峰……民风古朴，犹存千年来之装饰。"然而有些研究者，甚至是资深学者，过于为解放初期服饰的跃变所迷惑，认为："（惠东女）特别服饰，都是在土改后才陆续改装的，与以前的衣饰不一。"《嫁》书以三个时段细描了服饰变化。这三个时段是：清末至 20 世纪 20 年代，30 年代至 40 年代，50 年代以后。书中还解释变化的整体和局部的原因，例如将惠东女袒露腹部的短衣的出现，解释为"（在于）炫耀银裤链"。这种基于服饰结构的整体观的洞见，是那些诸如所谓的"性压抑的宣泄"这种来自隔岸观火的信口开河所不可企及的。

较之明丽的服饰，惠东的长住娘家婚俗蒙着晦暗的色彩。结婚的第三天，天未亮新娘就回娘家。当晚回来，由小姑带去"探井"，熟悉环境，翌日天未亮又回娘家。自此，逢过节、农忙时，夫家派人来恳请，新妇才勉强前去，晚上去凌晨回。直到怀孕后快临产时，才匆匆住入夫家，从此结束长住娘家的生活。关于这种长住娘家婚俗，历来有好几种解释，诸如：母系婚姻制度残留说，或更具体为闽越族婚俗遗存说；在男子长期远海捕鱼这种社会环境下的男女分工说，或进一步糅入婚后妇女在夫家的逐步适应说；疍民与汉民通婚而产生异变的族群互动说。《嫁》书提出长住娘家检验妇女有无生育能力的新解释。长住娘家造成妇女生育迟，早婚也就伴随而来。有些研究者可能为猎奇所诱，夸大了惠东的早婚事实。其实，除了 20 世纪 80 年代早婚异于常态而较突出外，惠东的早婚并不离谱，甚至可以说惠东妇女相对是比较晚育的。《嫁》书以深入的调研揭示了这样的事实，并且注意到 90 年代以来长住娘家婚俗发生某些形同虚设的量变。

惠东长住娘家婚俗长期以来一直被视为"封建""落后"而受到抨击,《嫁》书却勇而不群地从婚后适应等社会功能,来肯定这种婚俗存在的合理性。 这种观点蕴含着文化相对论的思想。 所谓的文化相对论,主要是文化之间的相互尊重。 社会人类学家费孝通将之阐述为"美己之美,美人之美,美美与共"。 新中国的民族政策促进各兄弟民族之间对彼此文化的相互尊重。 各少数民族内部不同的地方文化也应彼此尊重,这个道理也没问题。 然而,汉族内部不同的地方文化是不是也应相互尊重呢? 过去人们很少考虑这个问题,而对这个问题的回答应该是肯定的。各种文化以及各种地方文化的移易,应该由文化的承担者自己来从事。过去,对惠东文化的缺乏尊重,如"封建头,民主肚"的讥讽,就隐藏着轻蔑的文化心理。 在当代全球经济一体化浪潮的冲击下,更应珍视文化的多样性。《嫁》书蕴含着的这种思想,在书的结尾喷薄出这样的赞叹:"惠东女创造了汉民族最有视觉冲击力的华美服饰;惠东女保存着汉民族最奇特的婚俗;惠东女最突出体现了汉民族女性坚忍与勤劳的美德。 想一想就会惊异:在十多亿人口的汉民族中间,惠东地区两个小小半岛上的数万名妇女,为汉民族的文化多样性做出了多么巨大的贡献。 她们的确是我们时代的神话。"

(《厦门晚报》2003 年 11 月 11 日)

评惠安《锦绣庄氏山腰宗谱》

　　姓氏群体是一地社会的组成部分。 谱牒亦即家族志或宗族志，属地方志的广义范畴。 对于谱牒的学术价值，特别是对方志撰修的重要参考价值，众识皆同，但对谱牒的今修却有异见，持否定论者强调传统谱牒续修的负面影响。 然而，若能对传统谱牒加以革新鼎故，减少其负面影响，增强其正面作用，那么对于当代修谱是不是应该加以重新估量呢? 读（福建惠安）《锦绣庄氏山腰宗谱》［科荣出版社（香港）有限公司 2002 年版，以下简称《山腰宗谱》］，我得出肯定的答案。

　　传统的谱牒除了世系这一主体外，较完备的体例有谱序、先世考、像赞、行状、规训、家礼、字辈、艺文、仕宦录、祠堂坟茔。 这些通常篇幅有限，文字简略，有的谱牒简略到除了谱序、先世考外，就是世系了。《山腰宗谱》共分六卷，依序为《祖墓宗祠》《世系谱图》《旧谱辑录》《文物事迹》《人物传记》《资料文选》，其体例，特别是思想和内容富有创新。

一、编撰与侨台有关的新旧资料

　　在华人华侨分布最集中的东南亚，宗亲会是最普遍的组织。 在台湾，与祖国大陆最割不断的联系是血缘宗亲纽带，血缘的认同延伸着两岸民族的认同和一个中国的认同。《山腰宗谱》的《旧谱辑录》辑录了宗亲移居我国台湾地区、海外的资料，《资料文选》以《山腰华侨》和《山腰台胞》两篇，记述了侨胞、台胞的移民史、创业史，以及对家乡的亲情和贡献。

　　山腰现有庄氏华侨华人 47000 余人，绝大多数分布于南洋诸国。《山腰华侨》追溯族人在海外艰辛的创业史，介绍海外宗亲会的组织和活动，如宗亲所参加的惠安公会和 1939 年 4 月在新加坡组织的庄姓宗亲会即庄氏公会，以及在庄氏公会基础上于 1990 年 11 月组织的世界庄严（联宗）宗亲总会。 这些地缘和血缘组织对散居的族人发挥了重要的凝聚作用。《山腰华侨》以较多的篇幅，介绍海外宗亲以"寸草心"回报唐山故园，仅最近 10 年，庄氏侨胞捐资家乡公益事业将近 1000 万元人民币，续写"南洋钱唐山福"的佳话。 对于有突出业绩和贡献的侨胞宗亲，以综述或专文做介绍。

山腰台胞有 800 多人，包括山腰庄姓在内的庄氏入闽一世祖派下的台胞现有 157144 人。《山腰宗谱》的《旧谱辑录》广收了山腰庄姓所从属的庄氏入闽一世祖派下的族人迁台的谱牒资料。 其中，出自山腰庄氏在台宗亲所编的《庄氏山腰家谱》资料，反映了族人在台湾西部平原的开发轨迹和移民社会的形成过程。《山腰台胞》还历述了山腰宗亲寻根谒祖的概况，体现了"海峡纵有千重浪，难断游子骨肉情"的血缘亲情。 从 1987年 11 月台湾当局开放台胞到大陆探亲以来，山腰庄氏台胞捐资家乡公益事业达 500 多万元新台币，另外还投资家乡建设金山商业街。

二、表现乡土文化的文物事迹

传统的修谱，也记载与本族有关的古迹，主要内容是坟墓，较之《山腰宗谱》那么详尽地呈现本族乃至本乡的文物事迹，大有荧月之别，特别是用数以百计图片的这种再现形式，用动态的民族学手法以激活静态的文物资料。 古厝民居、雕梁画栋、碑铭匾楹、井盂石臼、牛犁铁耙、鱼罾钓具，等等，这些经历岁月沧桑的民俗文物在至今仍有遗存的民俗生活的图片映衬下，散发着浓郁的乡土气息，回放着生动的历史图景。 即使是那些平淡无奇的劳动场景也都收录为《文物事迹》的《上山下海》部分。即使对这些事物十分稔熟的庄姓族人，在翻阅这些图片、说明时，也感到十分新鲜、亲切和自豪。《文物事迹》部分可以教育乡民懂得爱护身边的文物，他们通过了解乡土已经和正在发生的沧桑巨变，获得了参悟，进而更理性地对待历史、审视现在和前瞻未来。 我们从乡民阅览文物事迹的感受，可以领悟到：建设新时期的社会主义农村，不仅要有科技的投入，还要有情感的投入。这种情感就是对族人乡民的亲情，对乡土文化的眷念。从这个意义上来说，乡土文化涵养着农业生产力，并且可以转化为农业生产力。

三、扬弃旧传统，弘扬新文明

新修谱牒应反封建、倡民主。宋代理学家朱熹确立的"三纲五常"的伦理思想成为维系封建宗法制度的主要思想链条，它是反封建意识的主要对象。当今，封建宗法思想的残余影响如男尊女卑观念远未绝迹，应坚决破除。《山腰宗谱》的《世系谱图》，按世系辈示为坐标，以分房支派为次序，列成图表，用红线表明承继关系和血缘网络状况，将女儿名字列入表中，加括号注明性别。《人物传记》中，女性占8%，包括嫁出女和媳妇。《人物传记》的《大学生名录》中，庄氏女性占22%。

新修谱牒应扬弃传统的宗族法律文化，倡导社会主义精神文明，宣传和贯彻党和政府的政策法规。对于族规、训诫、禁示、祭典、祭仪以及谱序等旧谱内容，《山腰宗谱》将这些另类收入《旧谱辑录》。当然，上述内容也有的是属于优秀的传统文化。例如：戒酒、色、赌、斗和讲孝悌、和睦、安分勤业的"训言"；敦孝悌、敬祖宗、笃宗族、珍祠墓、端品行、谨职业、恤孤寡、立书田、清国课等"族规十戒"。谱中还收录诸如《祠堂文化活动守则》《文物保护通知》等精神文明建设的条文。《山腰宗谱》注意宣传党和政府的政策法规，例如：在《资料文选》的《侨务机构与侨务工作》部分介绍本县侨务机构的沿革和现状，介绍《中华人民共和国归侨侨眷权益保护法》及其在本地的贯彻落实情况。新时期统一战线的性质、内容发生了重要的变化，尤其是在爱国的旗帜下最大限度地体现其广泛性。对此，《山腰宗谱》也有所体现。在《人物传记》选入宗亲中有若干国民党军政人员或原国民党军政人员，特别是在抗日战争立下战功者，或在台湾建祠修谱、热爱大陆祖家这种有宗族懿行的人。

我们把炎黄当作中华民族先民源头的象征，各个姓氏源流都整合在这个神圣的符号下，各个地方性宗族又都整合在某一姓氏的流脉里。这种群体的象征体系，是古往今来中华民族凝聚力的重要源泉。 家族和宗族的认同，地域群体的认同，民族共同体的认同，国家的认同，是社会认同由漪心逐次推开的漪环。 谱牒编修是敦族睦亲的社会行为，也可以成为爱乡爱国的一种社会实践，两者是可以相协调的。 祖国大陆的东南地区与台湾乃至海外的血缘纽带非常密切，现实意义不可忽视。 中华民族的谱牒文化不应只是历史的冰河，它应该流动于现在，并流向未来。 当然，这种谱牒文化不是故步自封而是与时俱进的。 对传统谱牒的革故鼎新，是新修谱牒的基本原则。

（《闽台谱牒民俗研讨会论文集》,2002 年）

序粘良图《晋江碑刻集》

晋江的碑刻之多，八闽大地无出其右。 碑刻记录驳杂的历史，因镌刻而慎重，因众目而真实，因勒石而经久。 碑刻承载着文化，柔笔与坚石的亲合，表达着晋江民性的刚柔兼具。 文字承担着教化功能，当它们沐浴着清风雨露，就以最亲民的姿态，守望着民众的精神家园。 将分散的石刻收集整理成书，善甚大焉。

2002 年粘良图先生已出版《晋江碑刻选》，本书为增订本。 原本收录 108 篇，增订本扩充至 244 篇，焕然一新。 解放初，晋江县城和近郊划为泉州市，晋江县治才移置晋江南边的青阳。 所收碑刻以今县域为限，个别碑刻的地域昔是今非，但若事主故里在今县域，亦收录。 如池店人李英增高洛阳桥，将此重修碑记收录，甚宜。 原书录有河市人俞大猷修故里濠溪桥，今删去，则当。 因篇幅所限未收录的，列篇目于附录。 原书的碑刻分为榜书诗题、官规民约、水利桥道、馆祠亭塔、寺庙宫观、冢道墓志 6 个部分，增订依然，所增主要在水利桥道和官规民约，以及馆祠亭塔的祠堂碑记。

晋江人文荟萃，灿若一树繁花，奠定于农业这一根基，而农业又奠基于水利。 水利的整治又与桥梁建设紧密联系，更不用说农业发展促进了商品交流，尤其是为海上丝绸之路的物流所推进。 历史上晋江物质文化的建设，成就最大的是水利、桥梁。 此项原 23 篇增至 63 篇，水利碑记纪年始于南宋，较多出现于晚明至清中期。

晋江的水利建设，一是蓄水为塘，筑陂开圳，导流灌溉。 靠江的塘，造可开闭的斗门引流蓄水。 若堰海为田，也设斗门，涝时趁潮落时放水。 水塘日久还得疏浚和修岸。 道路遇河流海汊就得修桥。 有县令倡建、僧人肇建，有巨商独资，也有一人倡而众襄助，还有退休官员捐资督造。 工程大的水利桥梁，一般是官员倡导，命望重的士绅总理劝募、监造。 近年发现的《重修海岸长桥碑记》，正是有这样较详的介绍：捐资的有官员、士绅，还有富户和商号，董事和施工匠首也有标明。 从有的碑记的落款人为"陂首"，可知兴修的陂塘多设置陂首，通常由有公信力又有财力者担任，管理水利设施和水源分配。

中国封建社会，一直有农村基层自治的传统。 基层组织的负责人，是辅佐国家统治的"以民治民"的"民首"。 明代的里甲之长、清代的保甲之长，都不在国家的行政编制，不用国家经费开支。 尤其是明代晚期以后，民间宗族组织的普遍化使乡族社区自治更有保障。 但族际的强欺弱和利益纷争的制衡排解仍需官府介入。 据雍正《龙湖功德碑》记载，县令受理民告，亲到龙湖勘查，"示禁不许施姓仍前霸占横征，湖民照旧输纳捕采"，附近百姓共享其利。"明示勒石……永垂不朽。"在社会资源配置的调剂中，抑强扶弱是政府的常规行为。 审理此事的县令叶祖烈于雍正二年（1724年）知晋江县，后升任泉州知府，有"留心民瘼""执法诛害"的政声。 以其仅监生出身而晋升郡守，足显干才。 关于制止刘、蔡两姓连乡械斗的光绪《府宪》碑，记载泉州知府处理和消弭宗族乃至连乡械斗的情况，以做前车之鉴，并且晓理以治今后族斗于未然。

农村基层社会的治理，既靠官规，更靠民约。 乡村最重要的社会组织是宗族，其族规亦即族约。 族规通常载于族谱，不勒石于祠堂。 祠堂所见的碑铭，几乎都是肇建和重修的碑记。 除此之外，宗族碑刻还有祀田租额、族茔、葬规等。 原书有关宗族石刻仅有11篇，现增至38篇，是今本增幅最大的部分。 所录的族碑包含了宗族最核心的信息。

宗族首重建祠，祠堂是族人认同和凝聚的符号。"泉习俗尚礼让，厚宗族。""君子将营宫室，宗庙为先。"而"鸠族人捐赀共济"，是建祠筹资的主要形式。 有祠必有祭，而祭祀必有祭产。 祭产主要是祭田，另因地方性特点和社会经济发展，还有其他。 例如，衙口施氏大宗祠《租额碑记》载有租粟、草税、湖税、海税、店税五项。 祭田一般由某一层级的几个房支族人依年轮值管理，并提供当年祭费。 族蕃而支分，分出的某支族人适时建造的祠堂叫小宗祠。 迁出祖地的宗支在迁入地即为大宗，其祠为大宗祠，但相对祖地却是小宗和小宗祠。　这与"大宗"原本是指"嫡长子"的词义是不一样的。　例如，龟湖许氏，"乡族遂蕃，星罗棋布，几遍五邑，而皆以石龟为大宗"。　祠堂主祀本族或本支一世祖，前几世（一般为三世）祖作为附祀。　祖厝为人、神（主）共处的亦祠亦居之所，祖厅是家族供奉祖先牌位的公厅。　正规的大祠堂除中间神龛外，还有左右神龛（以右为崇），右龛供奉科名、入仕者，左龛供奉有功有德者。　宗族重视宣传祖先功德以光前裕后，重视营造本族亲和、族际修睦的氛围，提倡耕读、本分的生存方式。　例如，《碧溪陈公祠堂记》之联曰："寸地留耕胜似义田万顷，满室燕笑皆由忍字百余。"又如，《后洋杨氏大宗祠石刻》颇具代表性的联文："继祖宗一脉真传，曰清曰白；教子孙两行正路，惟读惟耕。"为了族内亲和有序，除了礼教还有法治，即定族规而约族人。　如《青阳蔡家公订规条》，其中对族人在坟山如何安葬以免妨碍他者，立下葬规。

　　社区治理的官规民约，突出地体现在乡约。　乡约是自治的一种体现，由乡民自动、自发地制定规约，处理众人生活中面临的治安、经济、社会、教育、礼俗等问题。　中国最早的成文乡约出现于北宋。　明代中期，个别官员在其辖区推行乡约。　由政府倡导的乡约制度始于明嘉靖年间。　宗族有规即族约，族际如果有约，那就是乡约。　共同地域的若干宗族即乡族，乡约即乡族之约。　乡族因有约而成为组织化的推行礼教和法治的农村基层组织。　其负责人由民选而官任。　据《青阳乡约记》："庄姓偕诸巨姓分董其事，务在相劝相规、相友相恤。　有善者与众扬之，虽微不弃；有犯者与众罚之，虽亲不贷。　抑强而扶弱，除奸而去盗，解纷而息争。　由是，凡子弟以礼相轨，童仆以法相检，乡族以睦相守。"

　　晋江的宫庙建筑始建于西晋。　对于泉州郡城即晋江县城，朱熹曾赞叹："此地古称佛国，满街皆是圣人。"尽管有文学的夸张，却道出宗教文化与道德风尚的关系。　在封建社会，宗教信仰是体现社会道德文明的一个标志。　宗教信仰使碌碌奔忙的众生有了一些宁静的精神栖息。　正因为宁静，哪怕短暂，可使缘于动荡的浊水得以澄清。　人文因这种宁静而可至于悠远，人心因这种宁静而濯清波。

　　以或宗教或民间信仰而将僧道住持的宏庙大观与乡间小型宫庙加以区

分，是生硬的政治分类。 事实上，宗教深入民间或衍生为非制度化的民间形式。 宗教的道德教化作用，恰恰是这类与农村社区浑然一体的小型宫庙能最经久不息地发挥作用。 因为亲近社区生活，小型宫庙的民间宗教的道德教化可以不受大统制约而更通俗浅出，为民间喜闻乐见。

宫庙石刻以文字形式诠释了宗教的道德教化。《福全天后宫石刻》道："世露风霜，吾人炼心之境也；世情冷暖，吾人忍性之地也。""自处超然，处人蔼然，无事澄然，有事斩然，净土安然。"《憨山大师醒世歌》曰："谨慎应酬无懊悔，耐烦作事好商量。 从来硬弩弦先断，每见刚刀口易伤。""吃些亏处原无损，让几分时也无妨。""人从巧计夸伶俐，天自从容定主张。 谄曲贪瞋真地狱，公平正直是天堂。"由宗教或在宗教环境宣扬的道德教育，因有信仰的肃然氛围从而产生较强的感召力。 甚至，这类碑刻的传播面对的不仅是信众而且是地方民众或社区人群。 它们所引导的向善取向具有普适意义。

本书收入不少墓志铭，甚得益于晋江博物馆。 十年前，我参观位于晋江文化局旁边的县博物馆。 当时尚未建新馆，旧馆狭窄。 尽管如此，单墓志铭就有一间陈列室。 此为全省所仅见。 据唐大中十一年（857年）《许氏故陈夫人墓志》："其先颍川人……曾祖僖（自福唐）……浮海……遁于清源之南界，海之中洲，曰新城，即今之嘉禾里是也。"尽管当时的厦门岛"人所罕到"，但并非荒无人烟，否则怎么会称"新城"？正是这方墓志，纠正了宋代才有"嘉禾里"的陈说，也纠正了中唐开基鹭岛的陈氏来自漳州南院派（陈邕子裔）的误传，并使有文献记录的厦门历史始于中唐得以坐实，甚至透露汉人开发鹭岛远在中唐之前。 许氏是陈元达的夫人，陈元达的曾祖是陈僖，即陈氏从长乐（福唐）迁入厦门岛的开基祖。 厦门陈姓与晋江许姓的联姻，反映早在开发的早期，厦门与晋江就有社会联系。 这种联系越来越密切。 民国时，晋江县城至安海镇修筑了全省第一条民办公路，并有汽车公司经营，连接厦门到安海的海上通道。 地方历史脉连他地，尤其是作为"文献之邦"的晋江，其历史信息具有广域的辐射性，并富有贯通古今的穿透力。

石刻中历久弥新的理念，尤为人和自然环境的和谐。 安海灵源山《泉州府告示》崖刻，为禁伐风水林的文告，使包括不少古木在内的"植荫数千"的林木得到保护。 还有"不许远近民人戕挖乌云、铜钵等处山石"的《乌云山示禁崖刻》等。 海边礁石可御波护岸,"不许……打屿石"的深沪《东坡公禁崖刻》,旨在保护海洋环境。 青阳《浯里裕后铭》曰:"无树则寒,有树则温。 戕树者如戕其手足,培树者自培其子孙。"情理并茂,令人铭心。

晋江多石山,不少题刻点缀其间,平添文物古雅之美。 崖刻纪年最早为南宋。 紫帽山、金粟洞、铁灶山、灵源山、南天寺、福全城等处摩崖石刻,皆有名声。"望江石""步云关""灵壶天""宝藏""海山深处""山海大观"诸题刻,字径约半米。"泉南佛国""崧岳降神",字径近二米。 笔触雄秀遒劲,更因镌于石崖而气势磅礴。 林壑因之更俊美,山海因之倍精神,自然环境因之含蕴高雅的文化气质,受到景仰和保护。

荟萃于本书的石刻,展示"海滨邹鲁"的一个侧面,使我们加深了对这一历史文化名县(今为县级市)的了解,更加珍惜这一宝贵的历史文化遗产。 今年夏,我又一次到晋江深沪湾,看到新建的楼房竟和那镌刻着"璧山"的岩石砌为一体。 看来,严禁破坏石刻文物并非危言耸听。 行走在璧山的临海高崖石栈道,沐天风却不能观海涛。 原来,璧山高崖下的港澳,在推土机隆隆的巨响中,大量土方筑成的公路正在把弧形的港澳拦腰截断,被拦堵的港澳顿成臭水塘。 原本,天然的石壁海岸和水下全石为砥的天造地设,由此而形成惊涛拍岸的奇观已经不再。 端详着"璧山"崖刻附近的保护港澳环境的"三乡公禁"石刻,感叹不已。 看来,本书的现实意义并非虚言。

读了本书,更加眷恋这片土地。 它不仅使我们丰富对历史晋江、文化晋江的认识,而且激发着审美晋江的情感和思考。 这种审美,不仅有历史之美、文化之美,还有环境之美。

(粘良图、陈聪艺编注:《晋江碑刻集》,九州出版社 2012 年版)

世界视野中的晋江现象

——《晋江文化丛书》第五辑出版的感言

晋江市委和市政府早就提出："不仅要有经济的繁荣，而且要有繁荣的文化。"出版《晋江文化丛书》就是其中一个大制作。 从 1998 年至 2010 年，该丛书已出版 5 辑计 32 本，因分门别类而使诸书各得其所，举凡歌谣、戏曲、木偶、名伶、名丑等各有侧重，碑刻、楹联、诗词、谱牒、契约等皆有专攻，卓有成效地对乡土文化研究进行精耕细作。 这是晋江市在社会经济持续高速发展的同时，重视乡土文化的标志性成果。 2010 年出版的《晋江文化丛书》第五辑，仍采用原策划的专题方式继续拓进。

晋江本地人口 103 万，侨胞和港澳台同胞 200 多万人，仅此即知晋台关系之密。《东石源利族人徙台货殖书契》是难得之作。 它以书信、契约等文献的整理和解释，再现清代晋江东石一支蔡姓家族在两岸的工商业经营，尤其在台湾的商贸、垦殖和滩涂围堰生产，以及经济纠纷的呈告诉讼等，反映大陆移民以渔农工商方式在台湾的发展史。"源利"是这支蔡氏族人的商号，也是族人的别称。 东石源利蔡姓迁台肇基于当时诸罗县（后改）濒海的布袋嘴。 后来从布袋嘴析出东石一乡，可见源利蔡氏等晋江东石原乡的移民及其后裔在那里的扎根程度。

建筑是文化的脸谱。 白石墙基、红砖墙、红屋顶，是民居建筑中特异的"闽南红"风格，尤以晋江为典型。 而河海的石梁桥则是晋江古代建筑的杰出代表。 宋代，闽中石桥甲天下，晋江石桥甲闽中。 跨越晋江入海口的洛阳桥，长桥卧波。 晋江安海镇的安平桥，"天下无桥长此桥"。 这些石梁桥是古代海上丝绸之路的延伸，吟诵着晋江历史上经济的繁盛，激发着当今位列全国百强县前茅的晋江的经济雄浑交响。 曹春平在《晋江古建筑》中为读者纷呈出一系列古建筑的大观细描。

晋江人以海为田，因港兴盛。 海有着田园牧歌，也有凄风惨雨；有惯习掌故，也有英雄遗迹。 这些汇集在《晋江海港琐记》里。 其中，深沪等晋江沿海乡村的"掷石"游戏，编著者将主要解释溯因于以石为武器的抗倭历史，还联系到沿海的惠安、同安、石码、仙游、莆田等地的同一遗习。 既对一俗深究，又不囿于一地而能广见。 这种深钻而触及脉络的乡土文化研究方法，值得广为借鉴。 这种研究方法，还可以使本地与他地亲切起来，并促进他地的风俗研究。 毕竟，花开各色，品种则同。 不仅中华民族文化多元一体，就是区域文化、地方文化也是多元一体。 同风俗异，或俗同略别，文化的多样性让我们感受同一又有差异的丰富性，感受他乡亦故乡。《晋江民间风俗录》则将各类风俗尽详尽细地加以述议，即使是篇幅很短的"水上捉鸭"词条，也有深钻广见之功力。 该俗即在岸边船头固定一根涂上油脂的杉木，缘木走至末端，手触竹笼，可得一鸭。 此俗可远溯至湘西竞渡中的"鸭标"古俗。 编撰者还告诉我们，此俗在闽南最早见于安海，而后流传到沿海乡镇。 据笔者所知，陈嘉庚先生小时候在集美就喜欢这一端午游戏。 集美学村建完后，陈老先生在龙舟池观看"飞龙船"前，尤喜看"捉鸭"，乐呵呵的，笑得特开心。 正是一个个习俗像千丝万线将人们与家乡联系在一起，正是一个个习俗让游子远行千里，仍梦回在故园的明月光里。

晋代中原汉族的南迁，成就了晋江这条母亲河之名。 不过，考古所发现的西晋初年的汉墓，证明汉族在晋江的开发史更早就开始了。 晋江人的重情义，就像晋江那么绵长，像所注入的大海那么广阔。《晋江当代著名文艺家述评》让人们关注到艺术家的成就虽有高下之分，但他们的家乡情感的河长海深却是最感人，也是最有启发意义的。 改革开放之初，诗人蔡其矫就应邀参加晋江文艺界新春茶话会，并朗诵《波浪》《祈求》等诗作。 晚年的他，还在家乡修筑公共花园。 今天，我们仍能看到其所题"绿色家园"的镌刻。 画家洪世清也是晋江人，他给家乡留下许多画作，并在比邻家乡的惠安崇武海边，将艺术加工与天造地设融合在礁岸岩雕的巨作中。 晚晴重故乡的还有南洋的书家颜绿、小说家姚紫。 这些文艺家留在家乡的晚晴辉光，映照出那远去而又亲近的春晖。 贤惠的母亲一定善于培育才子和孝子。 从晋江的人杰地灵的不断延续，可以看出游子的春晖之报。 文艺如此，其他何尝不也是这样呢？

国史、方志、族谱，这是由来已久的历史"三叠泉"。 重视国史方志的传统，迄今仍在弘扬，偏偏就族谱，不理也就罢了，还曾有斩草除根之心神错乱。《晋江族谱类钞》不仅让不易阅得的族谱得以广见，而且分门别类，便于检索。 这本族谱类钞的意义还在于以事实胜于雄辩的方式，进一步涤清某些人的浊眼，彰显出蕴藏于谱牒中的优秀文化传统。 例如，过去或以为族规家训是封建糟粕，其实不然。 从该书中可举二例：万历《青阳庄氏族谱》的"四戒"言简意赅：戒酒、戒色、戒赌、戒斗（每条均有展开训导）。 乾隆《锦里陈氏族谱》的"家政"有：祭祀丰洁，用度俭节……官长必敬，桑梓必恭，有无互通，凶荒相济，患难相恤，疾病相持，丧葬相哀，喜庆相贺，临财必苟。 除了有的不合时宜，大多今天依然适用。 建设社会主义新农村不是另起炉灶，其中的道德建设应根植于传统，并与时俱进。 没有传统根基的新建设，与沙上建筑无别。 当今，族谱的寻根功能已受重视，但如果不近视而能远观，族谱就不应是高山冰川，而应是流淌之河。 这本类钞的编者是刚参加工作三五年的两位年轻人，在深孚众望的长者、执行主编李灿煌的策划组织下，他们的才学得到发挥和提高。 由此而思，《晋江文化丛书》既出成果也培养人才，具有可持续性。

晋江"爱拼敢赢"的经济崛起发力于固有的既文且野的文化精神，这种文化精神根植于乡土，即使在城市成为在文化浩劫的重灾区时，它仍在广袤的乡村顽强地延续着。 早在20世纪80年代，很多地方还在扭扭捏捏地恢复乡土传统时，晋江的重建力度就一马当先。 仅以宫庙、祠堂的修建而观，恰似"千树万树梨花开"，90年代仍勃兴未艾。 有关建筑只是皮表，晋江的传统礼俗、节庆、戏曲犹如满园春色。 1986年我受厦门大学人类学系系主任陈国强老师的嘱托，带美国华盛顿大学人类学博士生，也是中央民族学院留学生杜磊去考察回民社区，受到泉州民委的劝止，但晋江陈埭回民却热情地接待我们。 当时参观的陈埭丁氏祠堂已增设陈埭丁姓回族陈列室。 这个陈列室最早是由几个回民文化骨干策划创建的，也得到厦门大学庄景辉教授的具体指导。 陈埭回族文化的重建，最早是以回族乡贤丁桐志先生刻印《陈埭回族谱牒资料选编》（1979 年）开始的，这一工作得到泉州海外交通史博物馆的支持，并作为该馆的文献丛刊之一。 此事一叶知秋地显示：民间的文化重建或文化维系的基本动力在于民众。

20 世纪 90 年代初以后，我多次到晋江参加民俗等内容的学术研讨会，晋江市领导无一例外地出席每一次会议，体现出对文化工作，包括民间文化的重视。 在民间文体活动的推动下和在市委、市政府、政协及其下属的统战部、侨台办、文体局等有关部门的扶持下，晋江市的民间文化等社团竞相成立，已有百余个之多。 深沪、安海、东石等乡镇的民间文化社团尤多，其中深沪镇就有 20 多个。 许多文化学会的活动开展得有声有色。 例如，市谱牒研究会自 1997 年成立以来，已出版通讯 159 期，期刊 26 期，召开研讨会 5 次，晋台谱牒文化交流活动卓有成绩。 省社科联原党组书记、副主席吕良弼同志对晋江市谱牒研究会出色的工作给予很高的评价。 这些说明：晋江市各级领导对于文化建设的重视、支持和引导是民间文化活动蓬勃发展的重要动力。

《晋江文化丛书》五辑的陆续出版，正是在这一基础和这一背景下继续簇新的鲜丽花团。

文化也有季节。 以世界的眼光来看，跟历史上经济与文化的形影相随大不相同，当代的经济与文化在发展上出现背离：经济获得丰获，文化却在凋落。 如同自然物种大量的消失和衰微，文化及其亚文化也在急剧流失，这是令人关注的"文化衰落"。 面对世界性的这种现象，西方一些学者惊呼为"文明的衰落"。 晋江乡土文化的根深叶茂，以及在此之上的民间文化社团活动的活跃，展示了晋江在经济高速发展的同时，文化的勃勃生机。 而《晋江文化丛书》则是在这一文化生态中夺目的成果。 这就是令人注目的"晋江现象"。

当今世界，犹如金刚巨人在经济上锐不可当，而在文化却呈现出衰落的趋势。 这让我联想起沙漠化的颜色。 而晋江现象却是那么富有绿意，它是我构想中文化家园的绿洲。 在全球化的背景下，经济的繁荣是不是必然导致文明或文化的衰落？"晋江现象"值得思考和深究。

评陈桂炳《泉州民间风俗》

从民族和世界的角度而观，泉州民俗所经历的历史过程特别引人注目。 汉晋时代，中原汉族移民开始入闽择居晋江。 唐初以后，泉州业已形成的闽南民俗更有力地波及九龙江以南地区。 至迟在宋代，泉州人徙居澎湖。 明清时期，闽南民俗逐渐风靡台湾本岛。 闽南民俗还因华侨而远播南洋诸国。 唐宋元时代的海上丝路联系着东西亚，作为海上丝路的重要端点，泉州接纳和吸收了阿拉伯、波斯以及印度的文化；观今顾古，泉州凸显其历史的大气和现实的大观。 泉州民俗研究的重要性不言自明。

早在中国民俗学发轫之初，泉州民俗丰富的蕴藏就吸引了一些学者的目光。 1926 年冬，历史学兼民俗学家顾颉刚先生来到泉州，考察泉州古迹，调查泉州风俗。 泉州之行给他留下深刻印象，他说："晋江自晋朝南渡之后，成为中国南部文化的中心。 从唐宋到元朝为与外国接触最盛时期，国外事物的介绍，国内文化的传播为书本所不载而留存在民众的口耳间的，政治方面如南宋幼主的播迁，留、陈两氏的立业，宗教方面如佛教、回教、摩尼教的神迹，交通方面如阿拉伯人、南岛国人的居留，建筑方面如东西塔、洛阳桥的工程，以及名人的逸闻，如李卓吾、施琅等辈，当不知多少。"他呼吁要努力于这方面的工作，"使得泉州的这所宝藏有完全暴露的一天"。 顾先生离开泉州后，于 1926 年 12 月 26 日写成《泉州的土地神：泉州风俗调查记之一》，此文为泉州民俗研究的开先河之作。民俗学家钟敬文、人类学家林惠祥、本地民俗学家吴藻汀等先生也对泉州民俗研究有所贡献。 20 世纪 70 年代末以后，泉州民俗研究在拨乱反正后，渐次蔚起。 中国文联出版社 2001 年出版的泉州师范学院陈桂炳先生撰写的《泉州民间风俗》，是泉州民俗综合研究的标志性成果。 这本学术专著的作者以其卓尔不群的匠心使该著充满学术灵气和思想张力。 其匠心突出地体现在对泉州民俗特性和流变的准确把握上。

一个民族的风俗既表现为普同的一体化，又表现为差异的多样化。研究区域性民俗当以普同为基本参照系，深掘当地的特性。 若淡化了对特性把握的意识，区域民俗研究的意义就大打折扣。 区域民俗的特点缘于其历史渊源、社会历史过程以及生态环境。 海洋民俗、侨乡民俗等是作者视为泉州民俗特性的深描事象。 在"生产习俗"部分的"造作渔船""海上捕鱼""特色习俗""民俗信仰"等内容，都对涉海民俗予以充分的关注。 对于已经消逝的海洋民俗，《泉州民间风俗》仍有存记。 泉州祈风以宋代为盛，"其灵著为泉第一"，这与当时泉州海上贸易的发达有密切的联系。 民间与官方的祈风，时间和地点有所差别。 作者还稽考了司海运之神的通远王原系永春乐山王这一司河运之神，这也反映了河流在沟通山海民俗上的作用。 即使在对这一信仰习俗进行叙述和解析的有限的两个段落里，也贯穿着民俗特性探因的上述取向。 对于与比邻区域共同的民俗，作者也着意揭示其特点。 例如，泉州与漳州、闽西同有土楼，"而像定楼那种位于沿海地区，且皆由条石砌筑的'土楼'，在福建其他地方是较为罕见的"。 正是运用了异域同俗的比照，一些与他域大同却有小异的泉州民俗特点才得以显现。 正因为用心于民俗之"特"，《泉州民间风俗》远离了一般和平庸的民俗著述。

区域民俗与其域内的地方民俗同样也存在共性与个性的关系。 对于区域民俗的研究，迷失域内个性的描述往往被默认为通规。《泉州民间风俗》则不然，对区域民俗，既有普同性的总述，又有差异性的分述，这种分合的处理，丰富了所揭示的区域民俗的内涵。 作者曾在闽南三市十几个县（区、市）进行实地调查，获得了大量的第一手民俗资料，对于泉州各地民俗的差异有了较深入的了解。 例如，"行业神祇"一节指出：泉州的木、土、石、瓦等工匠，都尊祀鲁班，尊为"祖师公"，但有的地方有所不同，如安溪的瓦匠则信奉九天先师；泉州陶瓷业、冶铸业及首饰业的祖师神为太上老君，而德化奉祀的窑神，则是尊称为"窑坊公"的林炳和黄封这两位历史人物。 在"岁时节俗"的"清明节"一节介绍了泉州清明节的概况后，指出：南安石井一带的清明节，改在农历三月初三日的上巳节（俗称"三月节"）。 相传是因郑成功（石井人）起兵反清复明，忌"清"字置于"明"字之上；安溪人过清明节，各家门旁皆插大麦穗和榕叶枝，取长青丰足之意。

对于民俗流变的准确把握，使得泉州民间风俗呈现出历史的流动感。民俗一旦形成之后，虽具有相对的民族和地域的稳定性，但其变动性却是绝对的。 社会曲折的历史过程和生态环境的变化是民俗变量的因变量。即使确认民俗的流动性，但脱离了具体的社会环境，民俗的变动就成为不可思议的自在之物。 在《泉州民间风俗》作者的思想中，时间范畴是至关重要的概念。 他指出："泉州民间风俗，其主体部分都形成于过去，通过民众以口耳相传、行为示范和心理影响等方式，传承到当今。 其时间范畴的上限，视具体民俗事象而定，如史料允许，我们尽可能对其历史演变作个简要的交代。 其下限则延伸到当代。 对于当今新的民俗现象，我们也有选择地加以介绍。"有了这一时间范畴的设定，民俗的历史流动感才成为可能。 关于有时间流程的民俗叙述，"民俗信仰"等章节堪为典范。 当我们读了大量的有如"不知天上宫阙，今夕是何年"的民俗之叙，更觉这种有时间流程的叙述方法之可贵。 把握住社会对民俗制约的历史观，民俗流变的社会原因才得以提示。 例如，作者对"东西佛"争斗做出这一深入的分析："道光以降，因资本主义的侵略和不平等条约的签订，清政府的卖国和腐败，泉州的地方封建势力抬头，他们以铺为势力范围，控制了铺、境的祀神祭鬼活动的指挥权。 这些地方封建把头往往为了私人的恩怨，蓄意挑起铺、境间的械斗……"

民俗在流变中，有的萎缩、消失，有的丰满、充实，而每一民俗的新质，都可能在一定条件下，实现其量的扩张。"石构民居"一节正是说明某一民俗由微而盛的佳构。 泉州石结构民居以惠安为典型。 惠安有丰富的花岗岩资源，民居使用石料的历史十分悠久，但石构民居的普遍兴建，始于20世纪70年代。 其时人口迅增，户均人口数多，扩建住房不容再缓，而凭票供应的木材日益紧缺，石构民居之建因此蔚然成风。 作者还运用了惠安县1949—1989年户口、人口统计数字，增强了对该民俗事象分析的科学性和说服力。

譬如叠压的文化层，一个区域的民俗史也有这种叠相，特别是族群构成或成分发生了变化，这种叠相就更加明显。 较早的文化层的成分也会部分地延续或变异性地延续至较迟的文化层。 泉州民俗的底层的主人是古越人。 汉晋时代以后，土著越人因逐渐融入南迁的汉族移民而消失了，但某些越俗被汉族吸收而保留下来，随着时间的流程，这种历史残留虽越来越少，仍隐约可见。 比如，与造船和航海有关的"木龙"崇拜，就是越人崇蛇的余绪，吃"血蛤"、镶金牙习俗也是越俗之遗韵，等等。 尽管《泉州民间习俗》的绪论有注意到越人遗俗问题，但在正文中却忽略了。 当然，这一问题的资料收集和解析的难度很大，但这个问题牵涉到晋江流域闽南文化的最早生成，牵涉到闽南与周边区域民俗最早的历史联系，值得探讨。

（《泉州师范学院学报》2002 年第 1 期）

璧山沪海思民俗

深沪湾，闽南最美的海湾。 东西三公里、南北八公里的海域，形如修长又规整的椭圆。 朝北的深沪半岛，南望的永宁半岛，像两扇向东半掩的"海门"。 深沪半岛内侧是著名的渔港，这里有闽南最庞大的渔船集群。 出海，百舸争流；回港，群船簇集。 狮山雄踞于深沪半岛，海湾北面的永宁至祥芝的将军山、宝盖山、双髻山、香山、白石山，隔海与狮山遥望，俗称"五虎朝金狮"。

狮山美名"璧山"，它是大海的杰作。 涨潮时，涌入海湾的潮水朝椭圆形深沪湾南部的"弧底"奔去，撞击在狮山脚下，千万年的反复，竟造出奇妙的璧山沪海。 璧山原名"石壁山"，省称"壁山"，既然经过如玉之雕琢，便雅化为"璧山"。 悬崖愈陡，海浪拍岸的力度愈大。 至今，人们对厦门鼓浪屿之名的缘起仍存争议，因为鼓浪屿西南隅的那块"镂空"的"鼓浪石"，在涨潮时不见得有"如鼓的浪声"。 鼓浪屿周环沙滩，海浪经过沙滩的缓解，拍打崖岸已疲软无力。 而身处璧山，鼓浪声声贯耳。 鼓浪屿日光岩美在挺拔，如果论体量论雄浑，磅礴的璧山会让日光岩成为"小朋友"。 璧山下的沪海还有一奇，那就是千万年的海潮将原本是坡状入海的山岩，雕琢为千米长的危岩石壁，也削出一片像磨刀石的海底。 当潮平以后，水波不惊，静影澄碧。 柳宗元描写的"水尤清冽"的小石潭，最妙的是"全石以为砥"。 璧山潮静时的碧海，正是小石潭的宏阔放大。 我曾想，"养在深闺人未识"的璧山，俨然胜似鼓浪屿的山海景致。

其实，至晚在明代，璧山已是晋江名胜。 明代何乔远《闽书》记载："石壁山，一名狮山，地名深沪。 陆鲁望曰：'列竹海澨曰沪。 盖设以取鱼，故鱼跃出者谓之跋扈。'石刻'深扈'二字，画白不昧，如画马石迹，亦传罗隐所书。 有崇真寺，祀玄武神，旁有井，岁旱不竭，底有石眼，俗传'复井'云。 左有弥陀山，下有天竺井，水甘，旱不枯。 右为青山，有市心保，中有井，深可丈余，足一保汲，名'宝泉'。 旁有宝泉庵，庵左畔无蚊蝇，亦传罗隐所识。 皇朝安溪詹仰庇诗：层崖分五澳，叠屋耸孤冈。 风土鱼虾薮，丘园粟麦乡。 璧山乔木石，玉井细泉香。"在何乔远笔下，璧山是人文深厚的渔乡，不仅壮丽而且神奇。

2000 年 11 月，我第一次来到深沪，参加台湾学甲慈济宫保生大帝分灵深沪宝泉庵 140 周年纪念活动。 会前，我观览璧山，碧浪白涛，摩崖石刻，陡岩栈道，让人一见倾心。 五六年前，浑圆的璧山顶上矗立起几栋修长的高楼，犹如在雄狮的脊梁上打上钢钉，大煞风景。 3 年前，在镌刻着"璧山"的岩石旁，茂盛的绿树被斩尽杀绝，建起贴着瓷砖的楼房，与列为市文物保护单位的"璧山"奇石砌连一体。 如此破坏，肆无忌惮。

2011 年 6 月，我又一次到晋江深沪湾，行走在璧山临海的高崖石栈道，沐天风却不能观海涛。 原来，璧山高崖下的港澳，在推土机隆隆的巨响中，大量土方筑成的公路正在把弧形的港澳拦腰截断，被拦堵的港澳顿成臭水塘。 原本，石壁海岸和水下如砥的天造地设而形成惊涛拍岸的奇观已经不再。 璧下海已死，狮山在窒息。

端详着"璧山"崖刻附近的保护港澳环境的清代石刻《三乡公禁》，感叹不已。 保护生态环境，不仅深沪，整个晋江历史上富有传统。 安海灵源山《泉州府禁伐植荫告示》崖刻，是禁伐风水林的文告，保护了包括不少古木在内的"植荫数千"的林木。 还有，"不许远近民人戕挖乌云、铜钵等处山石"的《乌云山示禁崖刻》，保护了大片的灵秀山石。 青阳《浯里裕后铭》刻着："无树则寒，有树则温。 戕树者如戕其手足，培树者自培其子孙。"将环境与人的一体关系，说得极为直白透彻。 我在晋江采访中听说，晋江男阳刚、女柔美乃山川之孕育，深沪女子尤为典型。无论此说的可信度如何，我想，林壑添俊美，山海增精神，受到护养的自然环境含蕴高雅的文化气质给人以浸润，这是毋庸置疑的。

我的好友连心豪教授曾到深沪考察古俗。 他告诉我，清代在深沪璧山往海里扔一块石头，就要被罚出钱演戏给众人看。可见，民俗是多么珍惜这片雄山秀海。我曾小看民俗，以为不过衣食住行、节庆仪式，没什么思想。璧山沪海毁容式的变迁，给我很深的触动。经久传承的民俗，其思想和智慧之光，也能映照当代，让今人少一些蒙昧，多一些明智。

序周仪扬《谱牒民俗探微》

　　科学研究方法，没有比见微知著一语更能说明其真谛。 见微而知著，就是要细微观察，细微描述，进而深细分析，做出概括，从而显明事物的本质。 科学研究的价值，一是事实的发现，二是理论的发现。 由此而观，事实是科学研究的奠基石。 文化人类学的田野地点，并非都在乡村。 文化人类学者对调查社区的田野描述编纂的调查报告，叫民族志，也就是社区社会文化志。 早期文化人类学研究的对象是民族，后研究对象也有社区，仍沿用民族志这一名称。 志，就是记。 记，不仅仅是记耳闻，还要记目睹。 调查者要在参与社区活动中亲睹，也就是参与观察。观察，才能眼见为实。 古人所谓"读万卷书，行万里路"，正是深知实地观察耳闻的重要性。 晋江籍（20 世纪 50 年代初以前，晋江包括泉州城）的台湾人类学家李亦园于 1963 年到南洋，就是带着"南洋华侨是研究中国文化的实验室"这一向往而在马来西亚柔佛州麻坡镇做调查。 人类学田野就是"实验室"这一说法，可以说明社会科学研究方法对自然科学的继承和借鉴。 需要说明的是，人文学科采用的是诠释方法。 文化人类学和地方文史的研究兼用这两大学科的方法。

　　若不以文化人类学严格的学科要求，实地调查的成果即报告或研究报告。 后者是在事实报告的基础上又有一定程度的分析概括。 即使是单纯的调查报告，只要有某些别于已有文献的新事实，就具有科学价值。 应当说明的是，分类是为了阐明得清晰。 实际上，事物之间，概念之间，绝不是非此即彼。 依此，调查和研究没有截然分开。 在调查时，调查者是带着一定的研究目的而进行调查的，并且在调查过程中也进行研究，在撰写报告中也有研究的参与。 一定程度的研究只是在形成的文字表述上，隐形于其中。 何况，文化调查过程中，还会有其他学科研究的参与，表现出综合研究的特征。

费这些笔墨，意在说明：地方学者以及文史爱好者，有着本人就身处田野或亲近田野的优势。 比如许多民俗，他们从小耳闻目染，如数家珍。 他们了解谱牒等民间文献，取阅轻车熟路。 如果知道地方文史调研绝非望若云山，而是亲若家园，地方文史学人或爱好者，肯下功夫，必能有所成就。 周仪扬就是这样的一个典范。

我好奇的是，几十年来，周仪扬一直是个大忙人，人又豪爽肯帮人，他哪有那么多精力？ 著作连续出，水准够专业。 他少时对诗文感兴趣，及长为文学青年。 年轻时担任公社干部期间，曾随深沪渔船出海，写下细致生动的海上日记。 或许有人会说，其父就是深沪渔民，采访采访不就可以嘛。 在我看来，其亲身观察体验的兴趣，是后来沐风卓立之树的胚芽。

我感兴趣的是，能否从这本著作洞察出一点研究路数？ 西方与东方在传统建筑上的差异，突出体现在神庙宫殿，前者逐层叠高，后者拓地展开。 遗憾的是，在思维和言说上，中西竟有与建筑形态对应的风格。1990 年我有幸聆听美国人类学家武雅士（Arthur Wolf）关于人类学调研的系列讲座。 课后，我向武教授请教时，他提到不少中国学者研究的选题较大甚至很大，而西方学者的研究，在整体观的前提下是钻探式的。 我想，科学方法是没有国界的，但传统方法的惯性还会起作用。

曾在哈佛大学受教的李亦园于 1963 年夏、1966 年秋至 1967 年春，前后共半年多，在麻坡镇进行深入调查，后出版《一个移殖的市镇》一书，对英国人类学家英华德（Barbara Ward）关于华人在族群互动环境中的理论做出修正，提出华人方言群的动态心理范式。 这就是以小见大，也是见微知著。 其研究方法也可以说是钻探式。 所谓钻探，即点状纵深，探知多层地脉，从而得出普遍性的认识。

地方学者做文化人类学的深度调查，既罕见也较难臻至专业水准。然而，若把文化人类学见微知著或以小见大的方法泛化为科研取向，或者作为借鉴，形成适合自己的研究方法，那么其探索之旅就不是随意的浪行，而是有旨归的跋涉。 此外，事理的洞察，也是步入理论的边缘。 通读这本书，周仪扬的研究方法在我的印象里，若击石于湖，深沉于底，漪环及远。湖即谱牒、民俗。石击漪展，即深探晋邑，远及中原、台岛以及南洋。

从书中篇名，也可感知这种"石击"与"漪展"：《闽南修谱礼仪习俗——以晋江修谱习俗为例》《浅谈周文化与闽中周氏家训的现实意义》《唐山过台湾：从同名同村看地缘内涵》《十五世纪吕宋总督许柴佬及其祖地初探》《从闽南侨乡"寄房"婚俗成因看"唐山人"根的民族性》《侨乡民俗基本特征及对外传播》。我特别喜读《晋台两地风信符号同出一辙——以晋江深沪渔区为个案》一文。如果仅以晋台两处来比较，也是佳作。然作者独具匠心，更介入深沪的比较。文中不厌其烦地列出三地的时序风信名称，具有"见微"意识。风信名，晋江与台湾的相同度高于深沪与晋江的对比，可谓天涯相同胜比邻。谁说科研没有趣味？文中还谈到历史掌故、谱牒记录、渔民经验，还有深沪某村海边的"百公庙"，读之兴味盎然。谁说学术论文味如嚼蜡？介绍深沪崇真殿，从静态摹写跃然而出，由"成鱼石"和"赤头渡"引出玄天上帝及其龟蛇二将，搏击、斩杀鱼怪的民间传说，生动的文字宛若掀起碧涛血浪。作者关于年节习俗的文章，也能注意对细节的关注从而写出地域特点。除夕"跳火群"，作者注意到燃料是干燥的"番薯藤"；还注意到："跳完火群后，家庭主妇要将仍还火红的余烬即'薯藤灰'装入烘炉，分置于各房间，口中还要念念有词：'拾钱拾银，拾阿落灶下群。'"清明节习俗，作者注意到"第一炷香应先敬土地公"。冬至节俗，作者注意到闽台吃"冬至丸"的谚语，还描写"搓'千米丸'"和"搓薯粉丸"的深沪特异习俗。在《吃过冬节丸多一岁》一文中，将深沪"冬节丸"与福建比，与晋江比，体现出殊慧的比较观。其中，细察而深描的深沪妇女搓丸、晾丸、煮丸，堪称看似平素却深蕴功力的珠玑文字。"在咱厝……还有什么习俗？"这句话不时回响在作者耳畔，这是很可贵的家园观念和特色意识，也是民俗探微的问题意识。此书如果说有何明显不足的话，那就是注释粗疏。

冷峻是科研的风骨，抒感评论也宜采用类似格调。如果读者能从这本著作得到方法论的启发和借鉴，则慰我写序之期盼。

（周仪扬:《谱牒民俗探微》，中国经典文化出版社 2017 年版）

序谢汉扬《未完成的自传》

在电视上看过一期关于考古发现的节目：战国晚期秦篆墨书的木牍家书。 在纸发明使用之前，书写用竹简、木牍和绢帛。 木牍就是薄木片，比竹简宽得多。 这一家书木牍，共数枚，两兄弟合写给家里，急盼寄衣寄钱，还提及"城空""盗多"。 战国穷兵黩武、哀鸿遍野，跃然于牍。一家两丁在前方作战，有的基本供需还得靠家里，我读历史本科，却也闻所未闻。 不过，我和兄妹下乡武平，家里得不时寄衣寄钱寄面茶，与这两位秦国兄弟感同身受。

二十四史是帝王将相、改朝换代的历史，中国传统的历史研究正是尾随着这蜿蜒的龙脉爬行。 直至清末，中国历史研究才意识到应跟上世界历史研究的潮流，继而逐渐汇入社会史这历史研究的主流。 犹如涓滴成流，社会史是社会群体的生存进程。 个人置身于社会，家事关联着国事。 偏重于微型研究的历史人类学的目光投向，正是由个人的小历史而社区史、地方史乃至大历史的由小见大。 宏大起于渺小，历史积跬行进。 在舒婷的诗歌世界里，个人陪伴着祖国在历史的隧道里摸索，个人是十亿分之一也是九百六十万平方千米的总和。 正因如此，个人的各类记述，哪怕是"寄三角裤"的下乡家书，也值得关注。 它们让历史触手可及，让人们见微知著。

谢汉扬先生的自传没有完成，有的记述散见于"交代材料"。 本序的第一部分，总览摘要。 进而，在第二部分对个人经历与社会、历史或文化的结合处，做若干述议。 最后，在第三部分神入传主的精神世界，阐微感思。

一

马来半岛像是从泰缅接合部下垂的象鼻，东面是暹罗湾、南海，西面是安达曼海、马六甲海峡。 其北部即泰国南部，南部即马来亚（今称马来西亚）。 吡叻州在马来亚西北隅，吡叻埠为吡叻州所辖。 埠，指有河、海码头的县市。 吡叻（Perak）又音译霹雳，马来语的意思是银，缘于本地主要产品锡的银色。 吡叻州所辖主要是霹雳河流域。 1993 年我应邀考察泰国橡胶主干企业德美行，其总部在泰南的北大年市。 沿着北大年河溯流而上，终点就是泰马边境的勿洞镇。 北大年河与霹雳河各位于两国境内，两河近源头的河段平行逆向，相距仅 20 多公里。 在勿洞镇，接待我的是同安同乡会。 主人告诉我，往南同安籍多，往北潮州籍多。

传主谢汉扬先生（以下省称），三四岁随父母从同安大嶝岛顶洪壁村下南洋（东南亚），那时大约是 1924 年。 谢家旅居马来亚吡叻州时，就住在吡叻埠市郊的采锡场附近，一住就是 12 年。 采锡是露天作业，深挖出广阔的矿坑，用水枪将锡矿土冲击成锡泥浆，而后吸上长长的斜槽，较重的锡末在斜槽流动时逐次沉淀而与泥浆分离。 锡呈砂粒状，俗称"锡米"。 水枪是最重要的采矿设备，水枪操作时就像从喉咙喷水，故采锡企业俗称"水喉公司"。 谢父在这家公司当会计，住房由公司提供。 小汉扬在家由父亲在晚上教读小学课本，后入校读中学。 少年时期的他活泼好奇，留意见闻。

巫来由族（Orang Melayu），也称马来人（Malay），是马来亚主要土著族，中国古籍记为"末罗瑜"。 其文化深受西来的伊斯兰文化的影响，遗存的一种原始文化特质叫"贡头"（巫术）。 巫来由人不分男女都穿着圆筒裙（纱笼）。 他们喜欢在屋外蓄养猴子，让它们爬上椰子树梢采摘椰果。 巫来由族住在平原和低缓的山地，往腹地的森林边缘地带住着沙盖族（Sakai），沙盖族精于用箭筒吹箭。 吡叻州是沙盖族在马来亚的主要聚居地。 与谢家交上朋友的"熟番"就是沙盖族。 住在更内山的，是俗称"生番"的塞芒族（Semang）。 唐人（华侨）将"熟番""生番"都叫作"蚌蚄人"。 在英国殖民者的眼中，躲在暗处用"吹箭"抵御他们入侵的沙盖人是阴险的。 而因避雨受到谢母招待的十多位沙盖族男女，给小汉扬的印象却是率真的笑容。 雨歇后，他们临行赠送蛇胆和猴枣，不收还生气呢。 友好真诚确是人类的共同价值观。

每逢春节前和暑期，小汉扬和弟妹跟母亲到本州的太平埠所辖的双礼佛渔村舅舅家做客。 即使在学划船、钓鱼、钓螃蟹的悠闲日子，小汉扬也留意那里的风土民情，包括信仰传说。 在谢家附近的树林草地，小汉扬看见有草蛙那么大的蚂蚱，有一寸多长的黑蚂蚁，有拇指粗、全身白绒毛的蜘蛛。 有一次，小汉扬和小伙伴在沼泽边采撷黑色浆果时，发现一巨龟。 谢父找人把巨龟运回来，本来要杀龟聚餐，后不忍而放生。 可谓：好生之德，天意人心。 积善之家，必有余庆。

平静的日子终于被打破，水喉公司老板郑友兰病重往新加坡住院治疗，其"番婆"所养的"土生子"（"峇峇"，即华、"番"混血子）掌管大权，辞退老员工，谢父也在内。 谢家遂于 1936 年初返国回到大嶝岛顶洪壁村（顶洪壁村和下洪壁村，又合称为洪壁村），谢父教私塾，汉扬务农、做面线。

当年底，已经十五六岁的谢汉扬又随父下南洋，因生活艰难，1938 年初又返国回顶洪壁村。 第二次下南洋时间虽短，先后逗留和居住的地方却很多：太平埠—双礼佛—怡保埠—监光巴央镇—新加坡—吉隆埠（吉隆坡）—吧双埠—东吴镇—槟城。 谢氏父子这次在马来亚漂泊的行程，至少一千公里。 在吉隆坡的出入口港叫吧双埠的市镇，他们旅居最久，父亲在戏院门口摆烟摊，汉扬在陈嘉庚旗下的菠萝罐头厂做学徒。 最后他们到槟城（槟榔屿）找谢氏宗亲会寻求帮助，随后乘船回国，结束了南洋生涯。

南洋漂泊多，回国亦流离，甚至还被投入监狱，这是谢汉扬始料不及的。

谢氏父子回国是 1938 年初，金门刚沦陷几个月，难民大批内迁，金门县政府和警察局移驻大嶝田墘村。 福建警官学校一批学生分配到大嶝，这些学生气未脱的警察博得民众好感。 谢汉扬因帮誊抄户籍而与一位来本村做户籍登记的莆田籍林警士相识。 警察待遇还可以，经林警士介绍，他参加短期培训后成为户籍警士。当时还为此职可以练毛笔字而高兴，没想到却"误入歧路"。1938年厦门沦陷，翌年先前移驻大嶝的金门县和警察局归并南安县，警士划归同安。谢到城南派出所，管理"金厦难民所"、牛圩和查路条，后调马巷分驻所。当时纸币贬值，物价飞涨，月薪16元，伙食费由4元涨到12元，没钱寄回家，时值七月天，谢母来马巷区新圩探望，返回数日中暑热病故。谢汉扬回家治丧后病倒，自动离职，当乡警察不到一年。又因恶势力威胁索命，他逃离大嶝加入马巷警备队，成为乡兵，后调往官山乡。1943年在该乡何厝村结识来访房东的纪姓女，通过进贡向纪姓族长说项，谢、纪结为伉俪。

1944年为谋新的生路到漳浦，厄运从天降。尽管工作地点频繁调动，到过官浔、佛昙、古镇、六鳌，但谢汉扬仍抽空撰文，向《漳浦民报》投稿，诸如旧体诗、杂文，特别是抨击奸商和衙门腐败的小评论。其中有篇《漳浦县的四大天地》，说的是："贪官富豪花天酒地，军队警察无天无地，老百姓哀天怨地，物价飞腾、纸币贬值，整个县城昏天黑地。"此文惊动国民党县党部。谢又因朋友被捕受牵连，被怀疑是"政治犯，且是要犯"。龙岩兵役培训结业回同安探亲，随即被拘禁半年，再押解漳州某师政治部，关进龙溪监狱。人在牢笼中，骨性仍不减。狱中他画漫画讽刺看守所所长。画中：一个胖秃子胸挂国民党徽，左手拿着念珠，右手端着一碗血在喝，画贴在监狱大门的照壁上。对于出口"格骨"（桀骜不驯）的吐槽挑衅，他脱口回击："肉没粘骨人怎么活？"老囚逼凶顽，他四两拨千斤。经礼拜堂出面保释，谢回同安顶溪村种田，再到妻子娘家的布厝宅村务农，兼当保干事。1947年"后麝纪"村落群中同保的布厝宅等村同族不同房的争斗使他左右两难。在"敬酒不吃吃罚酒"的威胁下，谢汉扬逃到厦门，在第一码头做搬运工，从此定居厦门。

二

个人史紧连着社会史。文化是社会历史的河水，事件的波浪和趋向的水流是社会历史长河的样态。个人就像鱼儿，游于水中，更被社会波涛和时代潮流裹挟着前行。谢汉扬传述令我感想较深的是：南洋华侨对于精神世界的文化构建，血缘在社会生活的二重性；中国乡村历史传统在民国社会的存续，以及以妇女解放为聚焦的民国风气变迁。

（一）南洋华侨对于精神世界的文化构建

华侨在南洋这片陌生的环境里营造出亲切的精神家园。 传主所忆的马来亚霹雳州有关郑和信俗的记述，不逊那些华侨民俗学家。 我所经眼的南洋郑和信仰民俗，差不多是庙啊，井啊，孤立、点状的。 我在阅读谢传中惊奇地发现，哪怕是不着意的记述，也组成体系。 在南洋，华侨用熟稔的历史文化元素发酵出来的信仰传说，像故园的气息散发在去国离乡的异域水土，使他乡亦故乡。 南洋华侨对于精神世界的文化构建，促使华侨既扎根于南洋又延续着故国文脉，既保持着文化自我又融入当地社会。

明代七下西洋的郑和，称作"三保太监"，"三宝公"是南洋唐人所操的特有俗称。 传主谈到的有关三宝公传说，简略转引如此：榴梿甜蜜却湿热，初到南洋的唐山新客吃了容易生热病。 他们闻到榴梿味很臭，这是三宝公有意护佑新侨而使然，此称为"三宝公谶"。 椰树追肥用木柴堆在树干边烧，然后挖一小坑搁些盐，此谓三宝公所教的"肥土法"。 海滨滩涂长着成片的"五脚驴"树，树根亦茎，滩涂有浅海沟让船穿行，"五脚驴"的根茎、树冠覆盖海沟。 为了便于通行，就造出一种梭子船，称为"三宝底"船。 华侨居住的渔村敬畏三宝公和"三宝公鱼"。 鳄鱼在渔村是神圣而又讨厌的，传云是三宝公从唐山带来南洋的，故叫"三宝公鱼"。 三宝公要回唐山时，鳄鱼也要跟随。 三宝公要它留下守港，并告诉它：有朝一日有只土锅为船身、蚊帐做风帆的船会来，就可以随船回唐山。 唐人笃信三宝公，如同国内信妈祖婆、观音菩萨那样普遍。 水畔和林间常有三宝公的"佛龛"。 小汉扬看到一种很普遍的"树龛"：一株数人合抱的大树，主干在不到一人高处开叉，树杈处稍下有一树瘤。 树瘤的上面修平，摆上"三宝公神位"牌，以及香炉、烛台，上面绿荫如盖，这就是"树龛"了。 祭拜在中国农历初一、十五日。 小汉扬获知：舅舅一次半夜要出港打鱼，船却搁浅了，料想是"镇港鱼"不让出港，就在船舱烧香祷告。"三宝公鱼"不让水族兴风作浪，故又称"镇港鱼"。 舅舅认为不让他出港，终归是三宝公的主意。 读此，我猜想"三宝公鱼"属魔灵，象征着三宝公对"番地"邪灵的征服。 它既保护海港又伤害人，就好像《西游记》里被神仙收服的坐骑或宠物，亦正亦邪。 这里将散见的文字缩略并集中转述，居然就是颇成体系的以双礼佛渔村为中心的霹雳州唐人三宝公信俗。 借助想象，历史的郑和演绎为信仰的郑和，袅袅香缕宛若故乡温馨的晨烟暮霭。

还有，海上一处礁石上隐约有书卷状，据说是唐僧师徒西天取得经书，返回时因失信于驮载他们的大龟，大龟心一沉就没入水中，落水的部分经书未收走的留在礁石上。 据传，唐僧带回中国的是经，留在暹罗（泰国）并传入马来亚的是谶，也就是"贡头"。 这里，经、谶是对立的又是统一的，它们同源于唐僧去西天所取。 传说虽荒诞，本质却准确。 东亚的中国及其在日韩所传的是大乘佛教（"度众"），东南亚的泰、缅、老、柬诸国则是小乘佛教（"度己"）。 唐人鲜见皈依小乘，例如今泰国华侨华人社会内的佛教即大乘法，称作汉传佛教，俗称"华宗"，建有三十余座寺庙。 一个取经分流的传说把东亚和东南亚文化的重要异同表述得如此简要，让唐人既有文化的认同和识异，又有对异文化包容的海洋情怀。 历史人文，华南人与马来人可溯同源。 属于马来人的古越人是华南人的远系祖先。 马来语的"巴"（pung）和保留在汉语方言的古越语"坂"（ban）乃同源语音，皆为乡村之义。 谢传中的"山巴"则是汉、马双语合成词。 由此扩大视角，还可以洞悉华南与南洋历史人文一些远古关联，两者关系可谓源远流长。

（二）血缘在社会生活的二重性

血缘是人类天然的社会关系，其重要性在中国社会和海外华人圈尤甚。 由家庭而家族、宗族是血缘组织的扩展。 与血缘密不可分的是地缘。 血缘对置身其中的成员既加以保护又予以束缚，并存着认同和排异的二重性。 地缘也是如此。

在海外，异己的土著社会的存在，使血缘以及地缘在华人社会内部的排他性显著收敛，而使认同和保护功能高度彰显，进而产生凝聚和共生效果。 谢父之所以到马来亚吡叻州锡矿场谋生，缘于该场的老板郑友兰系谢母的族弟。　暑假和春节前，小汉扬和母亲、弟妹一起去双礼佛渔村探望舅舅。　双礼佛居民都来自闽南沿海一带，同安籍最多，大嶝田墘村有四户居住在那里，还有一户是小汉扬的堂姑姑家，一户是其远房舅妗家。谢汉扬进中学由同乡介绍，毓华中学是福建会馆所办，谢为免费生，还有补助金。　由小汉扬并没住校的情形得以管见，马来亚华文学校的密度是相当高的。　情况确然。　据有关资料，马来西亚过去迄今，华文学校数量在东南亚诸国一骑绝尘。　当今，厦门大学在马来西亚所建的分校，是中国大学海外办学的首创，这基于深厚的地缘渊源和华校传统。　厦大校长朱崇实指出，这也是对原为马来亚同安籍华侨陈嘉庚先生创办厦门大学的回报。　在马来亚、泰国等南洋国家，闽南话俗称"福建话"，福建会馆即闽南会馆。　在谢传里，不同方言群的会馆所办的中小学，分别使用闽南话、广府（广州）话、客家话、福州话等不同方言。

　　第二次下南洋在马来亚期间，谢氏父子曾在吉隆坡附近的吧双埠居住，接待他们的三兄弟在原乡与谢家是前后厝的邻居。　大嶝谢氏族人住在蟳窟、红壁、坑尾三个邻近的村子。　1925年中共福建地下组织在厦门成功劫狱后，人员在厦门港打石字码头乘帆船撤至大嶝岛，就隐蔽在谢氏宗祠，其一就是考虑谢氏所住是单姓村，比较团结，不易走漏风声。　在吧双埠，接待谢氏父子的三兄弟即为同村族亲。　在一个叫东吴的"山巴"（农村）小镇，接待者是与谢父结为虚拟血缘的结义兄弟。　谢氏父子第二次回国之前，到马来亚槟城投奔谢氏宗亲会寻求帮助而后踏上返国旅途。　血缘以及地缘是海外华侨生存发展的重要凭借。　迄今，宗亲会和同乡会仍是海外华侨华人基本的社会组织，并出现跨国化趋势。

　　在国内，血缘对于异己的排斥则很张扬。　异己不仅指异姓，就是本家族特别是本宗族内部，房份（房支）之别即异。　概念上，每一世代就有若干房，宗亲内部分异，纷繁杂芜。　对此，本人有铭心的体会。　我的祖家在惠安东园"白奇铺"，白奇铺至少有九个自然村，几乎是清一色郭姓，号称"九乡郭"。　白奇郭分四大房，家父所在的田吟小村属二房。他少时到大房的白奇村卖蚝，秤杆被折，并受呵斥。　我叔公起新厝，邻近的同属二房的里村人前来用锄头把墙头铲低，只许矮屋低檐。　不同房份强凌弱，司空见惯。　谢汉扬与纪淑勤要结婚，得向族长进贡恳准。　婚后移住县城附近的顶溪头，后来谢随妻迁回布厝宅村，被卷入准备"拼房"（房际争斗至对抗性的状态）的暗流。 某纪酝酿选掉非本"房头"（房份）的保长，企图取而代之，遂召集埔后、下墩、新厝后、布厝宅、和尚山等村部分骨干和户长，聚会盟誓：本保大多数是四房的人，"大家要为房头争地位，谁对房头不忠，就得受祖宗的惩罚"。 准备竞选保长者和现任保长都在拉拢保干事谢汉扬而软硬兼施，直到他避居厦门后还威胁纠缠不休。 谢逃离同安正是纪氏宗族内斗所致。

个体的生命历程，被宗族犹如蚕丝也似蛛网缠绕着。 在符号世界里，宗族总汇为民族。 炎黄子孙那些剪不断的事因，都藏匿在宗族和类宗族的二重性里。

（三）中国乡村历史传统在民国社会的存续

1938 年初，十六七岁的谢汉扬第二次回到阔别的家乡大嶝岛顶洪壁村。 对于一个自幼在南洋长大的侨生仔，乡土既亲切却又陌生。 他种田、讨小海，特别是抓章鱼以维持生计，然而乡村社会表面的单纯掩盖着危及生存的险恶。 辛亥革命推翻了帝制，但反封建的任务还没有完成，农村社会的封建体制基本一脉相承。 最折磨人的是，豪强地痞横行肆虐乡里长期以来从未绝迹。

中国古代农村地区的行政系统，是以县管乡，以乡管里，里管村（社）。 秦汉时，乡长（"三老"）管教化、监察，另有几个副手管税收、诉讼、治安。 百家为里，里有里长。 十里一亭，亭长掌治安、邮政以及县衙下达的事务，直接隶属县"吏掾"（县政府办公室主任）。 乡长、里长是民选官任，没有薪俸，但有豁免徭役等特权。 亭长相当派出所所长，着"皂衣"，有津贴。 乡、里、社，是古代农村的三个层级。 就管理系统而言，实为乡、里两级，因此明清之际的历史学家顾炎武说："以县统乡，以乡统里。"至今，乡里、社里仍是我们耳熟能详的词汇。前者指较大的乡区，后者指较小的社区。 以鹭岛而言，宋代为同安县绥德乡嘉禾里。 到了清代，人口大增，鹭岛仍是同安县绥德乡嘉禾里。 据道光《厦门志》，嘉禾里包括：城内和附城的 18 保，以及农村的 22 保。清代的户口编制为：牌（10 户）、甲（10 牌）、保（10 甲）。 这就是说，一保有 1000 户，鹭岛计有 40 保，即 4 万户，每户若以 5 人计，当时鹭岛人口约有 20 万人。 一里的人这么多？ 因厦门是省水师提督驻地，是兴泉永道衙门所在，有点像军政特区。

到了民国，牌、甲、保简政为甲（10 户）、保（10 甲），这样，一保即 100 户。 民国县以下行政系统就是区、乡（保甲非行政层级）。 乡有乡公所、派出所，并有警备人员负责兵役、军训。 保、甲是国家行政系统管控的民间自治组织，鉴于地域的人口差异以及需兼容家族、宗族和村社，一保为 6 甲至 15 甲，这样，一保就不是齐刷刷的 100 户，而是 60 户至 150 户。

保甲组织包裹着血缘的宗族和地缘的村社。 宗族有着与异姓族际以及同族异房的紧张关系。 村社有豪强和地痞的恶势力。 族房和豪痞又跟乡、保政治势力，相生相克地纠缠着。 谢汉扬先后从顶洪壁村和布厝宅村的两次逃亡，皆缘于豪痞和族房之故。 明清的里甲、保甲之长，乃至民国保甲长，皆民选官任，虽有杂捐、徭役等豁免优惠，但皆无薪俸亦无津贴。 谢汉扬在布厝宅务农兼任保干事，只是免交保甲费、壮丁费和免出民伕（徭役），其贫穷到参加纪姓数村酝酿推选保长的"吃桌"要交的份子钱还是借的。 此前未被关押时，他也兼任过保干事，但每月可领取属于警备编制的兵役干员的津贴。

几千年来，豪强地痞像猛兽蛇蝎横行肆虐乡里。 更糟糕的是，他们还有保护伞，跟宗族、乡里保甲纠结在一起。 大嶝后保（今东埕）村有个叫陈金汉的，曾走私盐被抓，无端怀疑是谢汉扬告发，衔恨扬言索命。 他不仅有个在南安当中统特务的陈天云罩着，还混了个壮丁中队长。 其帮凶谢天助曾是烈屿（小金门）海匪谢乌手下的悍将先锋。 遭到打断两支扁担的痛打后，谢汉扬要出岛疗伤，保长不肯出路条，只因顾虑强悍的陈金汉、谢乌。 看家护院的猫狗畏惧狸鼠，甚至狸鼠混为猫狗，家园哪有安宁？ 为了活命，谢从浅滩涉海，在隔海遥对大嶝的蔡厝大姑家养伤。 痊愈后投奔军界当乡兵，总算找到庇护所。 兵役训练班培训毕业后，才正式编入警备部队。 豪强地痞若上山落草，转身就是土匪。 谢汉扬在见习兵役人员时还参加七十五师所部在同安莲花乡并深入长泰的剿匪行动。 厦门沦陷前，守军就是七十五师所部。 说是正规军但菜得很，没剿到匪却自己人连对营交了火。

（四）以妇女解放为聚焦的民国风气变迁

声称"祖上有多阔"的落魄阿Q，还能拿小尼姑这软柿子捏。 由此管窥，民国倡导男女平权的妇女解放运动的必要和必然，也的确取得显著效果。

人类基点，"饮食男女"。 乡民大事，"娶媳起厝"。 男女宏喻，阴阳乾坤。 不用说人，就是一朵花，还有雄蕊、雌蕊呢。 先秦的儒家尚可坦然说男女，随着汉承暴秦的封建专制，儒学开始出现僵化的趋势，到了宋明叫理学，竟要"存天理，灭人欲"。 明清时期，理学被奉为国家意识形态的圭臬，民间观念形态是国家意识形态的奴仆或草根表现，"男女之大防"强化至极。 晚清外国传教士诧异的是，即使是夫妻，在公开场合也丝毫看不出来，他们关系冷漠，绝无亲近之态。

辛亥革命是几千年来中国封建体制脱胎换骨之始，社会民风随之变更。"男女之大防"虽没有那么快就寿终正寝，但自由恋爱已是早春气象。 谢汉扬关于爱情的坦述，让我们看到告别帝制的民国年代那撕开铁幕的耀眼阳光。

传述中一个爱情背景的剪影，出现在 1945 年盛夏六月天，时值谢从同安县城途次灌口。 由五名警员持枪押送、缚手于前的谢汉扬远远望见郑风鸣，以草帽遮脸，但还是被相识多年的女友认出。 郑风鸣是同安警察局的老邻居，在灌口一所小学任教。 她双手搭在谢的肩上放声大哭，将一个月薪金给他。 谢只取够六人吃午餐的钱，随即告别。 这一叙事虽短却耐人寻味，它反映了民国时期妇女掀掉"黑盖头"的社会觉醒。

这种觉醒之风起于晚清的青••之末。 从清末开始，尤其是民国初期，中国妇女觉醒的动力来自报刊宣传和妇女教育。 一些期刊宣传妇女解放、性别平权，提倡妇女教育。 这种进步思潮的宣传鼓励，倡导妇女的解放和教育。 这种新气象始于西风东渐。 从厦门来看，1846 年英国伦敦会养为霖牧师夫妇在其住宅开设女学。 1865 年竹树教堂办女学堂，后迁鼓浪屿为毓德女学（学生包括漳泉籍），1921 年升格为毓德女中。 同安教育后发却恢宏。 陈嘉庚于清光绪二十年（1894 年）在集美大社创办惕斋学塾，民国初年创办集美高、初两等小学校，继而创办女子小学、女子师范、师范学校、中学和专科学校。 教育，尤其是女子教育，推进社会移风易俗和妇女解放。

任教于灌口的郑风鸣，其行为举止反映女子教育和女权运动的卓有成效，彰显巾帼情义凛然、不逊须眉的崭新风貌。 文中提到郑风鸣"和火棍离后再嫁给一个商人"，而和火棍结而离婚的正是吴惠芳，郑风鸣就是吴惠芳。 吴惠芳改名郑风鸣可能是因婚变而改姓名，也可能是进入教育界后想撇清此前与军界关系。

谢汉扬曾挚爱的女友吴惠芳是民国教育熏陶出来的知识女性。 她在1942年春到同安县兵役训练班受训时与谢相识，纯真率直的汉扬引起她的好感。 惠芳又名金钗，石浔人，爱读新诗使他们走在一起。 仅就他们读诗时对"彷徨"一词的争论来看，金钗的文字理解力还略胜汉扬。 金钗母亲对女儿这一男友也很认可。 然而，汉扬觉得出身富贵家庭的金钗是吃不了苦的娇小姐，自己生活拮据，不敢想和她进一步发展关系，而选择妥协同意给其母做义子。

如果说吴惠芳这位新型女性是教育效果的缩影，那么从1943年谢汉扬在官山兼任保干事而借住一老太家后所出现的男女交往，则反映出乡间民风习尚的变化。 谢汉扬只抽点草烟，不会喝酒、饮茶、赌博，也不会猜拳行令，是个胸有墨水的"先生人"，颇得人缘（"后麇纪"不同房的族人争取任保干事的谢也可见）。 一些少妇少女有事没事都喜欢到老太家坐坐站站，或者在大厅里做女红。 从其中也有接近谢的意思来看，当时即使落后的乡间已是风气初开，这在清代简直不可想象。 民国的妇女解放运动无疑是富有成效的。 辛亥革命废除帝制，在剪弃辫子这旧朝象征的背后，封建的社会形态和观念习俗面临的是摧枯拉朽的大趋势。 不过，封建这百足之虫，垂死却很能苟活。 它修炼数千年已成精怪，就是到死还阴魂不散呢。 保持对这一精怪的警惕，会使人有一双慧眼。 最终把这一精怪封入瓶中，是国家和民族之幸。

三

传主谢汉扬先生提起当年父亲买来做家教的小学课本,有《图文》《修身》《珠算》。 其中,《图文》教材对他深有影响。 诗如画,文也如画。 陆续写传稿时,南洋岁月已遥远,居住环境、采锡矿场、风土民情等却历历在目。 将情景回放,以文字绘画,可谓文笔即画笔。 工笔是再现性的写实,写意是表现性的浪漫。 谢氏的工笔描写,不厌细微。 传中关于猴鳄争斗有这样的图景:"潮水一退猴子也要抓海鲜吃,有时就会和鳄鱼争食……猴子抓食物是利用'五脚驴'(树)的枝条柔软有弹性的特点……利用这弹性来弹上弹下。 和鳄鱼打架也是……利用反弹力来打击鳄鱼……这样做也很危险,有时会被鳄鱼的尾巴打中而做了鳄鱼的美餐。"关于猴子还有这样的描写:"可用饼干、香蕉或小蟹等去喂猴子。为了得到吃的,它们就会主动为人们表演杂技。 也常有一批游客……去游港汉看猴子。 这些猴子看到有游客来就会老的、少的、公的、母的都来,母猴一般怀里都有一只猴囝,它们聚拢在停船的上空树枝上,等候抓食物。 在抛东西时不要向猴子身上抛,要向两只猴子的中间抛,它们会很准确地互相穿梭跳跃而过,或一肢攀着树枝晃往食物地方去抓……有的猴子也会主动表演。"阅读写作,神入为上。 景物入画,灵动方神。 谢氏的描绘,是人猴通感,还是吴带当风? 人类学民族志强调"深描",所谓深描就是将所观察对象之间的行为互动视若连续的"对话"。 这种"对话"构成一定的"剧情"。 谢氏的描写,是无师自通,还是殊途同归?

作者对生存环境内容的编排富有逻辑层次:住居、矿场、学校、土著、沼泽生物、南洋果子、渔村习俗、番仔"贡头"、唐人三宝公。 就是让我这个人类学老江湖来处理,也只能如此。 这着实让我惊讶。 要是他能深造读人类学,一定会是个了不起的人类学家。 时也,命也! 这是人间千百年无数次的喟叹。 芸芸众生几乎皆蹒跚于命运道途。 没有一定的条件和机遇,耐心苦行的蜗牛爬上葡萄架都难。 即便美质如田黄,泥下不过庸顽石,一旦见天光,方才惊煞人。

文学之妙,繁复而至简。《红楼梦》第一回有一首作者自题诗:"满纸荒唐言，一把辛酸泪。 都云作者痴，谁解其中味？"这首诗虽然直白，却和"女娲石上的偈语"一样，是开启红楼的钥匙。 传主返国后漂泊兼风雨，比起异国经历更错综复杂。 他在题记诗叹道："回忆当年事，未书泪先飞。 写到伤心处，肝肠已寸碎。 谁言寸草心，能报三春晖。 杜鹃声声啼，有家却难归。"其写作提纲的最后部分的标题是"解放了"，可惜来不及写。 但从他当工会小组长，任厦门日报社通讯员，参加工人文化宫美术组，发表画作、通讯文章，可以深感"解放了"三字，一语明心，如诗如歌。

然而，这之后发生了多次政治运动。 其从南洋回国当乡警乡兵的履历，够他受的。 为警家如洗，慈母暑劳逝。 命残悬一线，虎狼啸乡里。 入伍被下狱，（保）干事遁鹭屿。 检查交代时的频频回首，虽也做过错事，但多是苦水淋淋。 传记附录的反复交代材料背后的心境，该有多煎熬啊！

频频回首也有人间温暖。 他铭记着：漂泊南洋时接待他们父子的招过、红兴、倭圆，母亲来新圩探望时慷慨资助的叶警长，被打伤而走投无路时接纳他的余幸勋，介绍他到漳浦工作的宜兄陈瑞昭，从同安逃到厦门后帮助他安顿下来的洪添丁，等等。 结识的朋友和熟人在传记和附录里出现的姓名或小名无数。 好记性固然是一个原因，更重要的缘于珍惜相识和结交的缘分和情谊。 如果只有事业和饭碗而无友情，这个世界将禽兽化、沙漠化。 早在先秦时就有"衣莫若新，人莫若故，故旧不可轻弃"的古训。 念旧和宽容滋养着友情，持续的友情是双向循环的暖流。 谢传的附录里提道：其子1969年6月下乡前夕，"来探访的亲戚邻居和他的同学络绎不断，很多人是冒雨而来"，黄厝的春火也赶来送别。 插队后，初一到禾山高林参加秋收而结识的旺仔曾来探寻，还带来蕹菜、豆芽等。这些让我品味到惜友重情的家风延续，更不用说那山海百回穿梭的飞鸿传奇。

他喜爱书法，早在17岁参加短期培训后成为户籍警士，就为此职可以练毛笔字而欣喜。 时隔30年后的1968年春，他将临摹小篆的《归去来兮辞》《小石山房印谱序》《千字文》，以及零星收集的一些篆体单字，合编成集，还加了前言，其中说明："三种文体封建'毒素'甚深，本应打乱重排，以弃其文而留其字，因时间关系，并照顾到找字的简捷，因此略书数言，免引误会为有意'留毒'也。"珍爱国粹而又忧虑"流毒"，这反映了"文革"期间"知识反动论"淫威下好学人士的精神分裂。

谢汉扬先生实际只在马来亚吡叻埠毓华中学正规读过几年书，连同在家"读小学"，"学历"不过七八年，15 岁回国就告别了学堂。 他好学，尤爱诗文、美术。 在马巷区金山乡竹山民校当军训教员时，还担任国文课的教学。 我钦佩他在民国后期揭露黑暗的文笔画笔，钦佩他身陷牢笼的强筋傲骨。 我看过他 1954 年在《福建工人》（半月刊）发表的有点像丰子恺那种风格的毛笔绘画作品《赶车路上》，看过他绘制的美术体《毛主席语录》和临摹的篆书册子，还看过他自己编辑的宋词手抄本。 志缘于恒求光明，即使卑微若萤，也可如星闪烁；美缘于美心懿行，即使贫贱劳碌，仍有异彩纷呈。

无数个体差异的性格和命运所汇聚的人类星云黑洞，却为因果方程和代偿机制所照亮。 小慧无深智，清潭潜蛟龙。 曲巧虽苟存，直材却好用。 谢先生本是侨生，率真执着又"番仔直"。 率直的人固然容易吃亏，却能使社会多一份真诚，多一份生气，多一份担当，多一份进步，多一份精彩！ 上苍弥补了其饱受的亏待。 他蒙尘的美质，草莽的才华，获得的友情，正是苍穹之惠予，高天之垂青。 鸟虽饥瘦，羽洁翎亮，翔于天际！ 鸡鸭饱肥，翼粘泥尘，谈何云栖？ 有幸先读传稿，感悟良多，共鸣悠远。 我想起生长在贫瘠乡野的芦苇：秋风摧之，朔风虐之，但它依然摇曳多姿，穗花高洁如雪。 那历艰而不堕的生命史志，宛若芦絮撒向广宇，云飞气荡；宛若芦籽播在大地，深情永续；也在我心田挺起坚韧苍翠的芦丛。

安溪多卿庆典往返散记

闽南人及其邻近族群：郭志超教授人类学随笔

2011年10月30日中午，我们从厦大乘车前往安溪参加"詹敦仁与中华文化学术研讨会"。 翌日，先往多卿参加"第五届中华詹氏经济文化节暨安溪灵惠庙、开先县令文化广场落成庆典"。 赴庆典的代表近五百人，如长龙的车队沿着安溪南线公路向西蜿蜒行进。

一、话说茶史解茶诗

安溪地处戴云山东南坡，戴云山支脉从漳平延伸境内，地貌自西北向东南倾斜。 境内多山，千米以上高山有2461座。 安溪很早就有内外之分，以湖头盆地西缘的五阆山至龙门跌死虎岭西缘为天然分界线。 以东称外安溪，以西称内安溪。 外安溪地势较低，平均海拔300～400米；内安溪地势高峻，平均海拔600～700米。 溪茶主产于内安溪，愈内愈佳。

早上七时半出发，车过官桥镇不久就开始进入内安溪了。 西坪镇地处内安溪的外缘，从官桥到西坪，山势和缓。 作为铁观音的发祥地，西坪名气很大。 福建省茶叶学会茶文化研究分会编写的《漫话福建茶文化》写道："清雍正时，铁观音发源于安溪西坪……其叶形椭圆，叶肉肥厚，嫩芽紫红，青翠欲滴，异于他种。"铁观音因嫩芽紫红、叶形椭圆、叶尖略偏，俗云"红芽歪尾桃"。 铁观音是茶树品种，都制为乌龙茶，因而铁观音习惯上成为乌龙茶的代名词。 其实并不准确。 如果说：安溪铁观音制成的乌龙茶，简称安溪铁观音，是闽南乌龙茶中的极品，就准确了。 乌龙茶介于绿茶和红茶之间，属于半发酵茶类。 全国高等农业院校统编教材《制茶学》写道："青茶（即乌龙茶）起源：福建安溪劳动人民在清雍正三年至十三年（1725—1735）创制发明了青茶，首先传入闽北后传入台湾省。"若此，安溪铁观音这一新茶叶品种的发现和推广，与乌龙茶制作技术的出现同在雍正年间（1723—1735 年）。 这不大可能。 将铁观音这一茶叶品种与乌龙茶这一半发酵茶类混淆，早在清代就出现了。 当时就将铁观音茶种叫"乌龙种"，或省称"乌龙"。

尽管西坪名气大，但最好的铁观音产于祥华（旧时属崇信里）、感德二乡。 祥华就是佛耳山以北方圆二十多里之地。 乾隆《安溪县志》载："茶……龙涓、崇信出者多。"五代后周显德三年（956 年），詹敦仁隐居佛耳山北麓。 他与僧行钦（号介庵）交情甚厚，在题为《与道人介庵游览佛耳，煮茶待月而归》这首诗里写道："活火新烹涧底泉，与君竟日款谈玄。 酒须径醉方成饮，茶不容烹却是禅。"当时，制茶技术很简单，只是将茶青"焙"干而已。 那时还没有泡茶，而是"烹茶"。

不是有茶就有植茶。 安溪的野生茶非常丰富，直到近几十年，还发现一些野生古茶树，有的已上千年。 当时，詹敦仁所居的佛耳山北麓一带的村落是否已有植茶还有待考证。 或有学人说：詹敦仁居佛耳山后，"植麻种茶"。 此乃纯粹想象。 但早在唐末五代，安溪已有植茶却是没有疑问的。 唐代著名诗人、兵部侍郎、翰林学士韩偓晚年辞官南下，在南安归隐期间，与隐居于小溪场的廖俨结为茶友，其"石崖觅芝叟，乡俗采茶歌"，描述的是在小溪（安溪）的见闻。 野生茶皆零星散布，采摘不会多人一起。 唯有植茶成园，多人一起采摘，才会出现此起彼伏、互相应和的采茶歌。

况且，茶叶一经焙制后，即使不是商品也可流动了。 詹敦仁在佛耳山"煮"的茶不见得就出自当地。 詹敦仁在安溪上任伊始，踏勘访察，行至龙门岩（今称青林岩），接受长老惠赠茶叶。 事后写下题为《龙安悟长老惠茶，作此代简》的诗，回谢长老："泼乳浮花满盏倾，余香绕齿袭人清。 宿醒未解惊窗午，战退降魔不用兵。"可见，当时已将茶作为礼品赠送。

詹敦仁诗作的特点是非常生活化，一如明净澄碧的诗心，真切地映照着生活。 这就使其诗作具有较高的史料价值，其中包括茶史价值。

值得一提的是，将铁观音和乌龙茶制作技术传到闽北的是詹氏后裔。

《福建之茶》指出："崇安之乌龙于清道光年间由安溪人詹金圃先移建瓯而再移往者。"《崇安新志》道："至于乌龙、水仙虽亦出本山，然近代始由建瓯移植，非原种也。"

二、遥望佛耳思敦仁

车过西坪镇不久，山势陡然险峻，险道蛇行。 道路多是右边依山，而左边多是幽深的林壑或略开阔的山谷盆地。 尽管植被多是杂树灌木林，但只要看到山林郁绿，就有苍山如湖如海的感觉。 任何物种，没有不亲近水，亲近绿色植物的。 在接近多卿时，不少山丘都剃了光头，估计是要辟为茶园的。 有的已种上茶苗，但远未长旺，仍是褐红山色。 回来走北线时，在长坑乡（按：2020 年恢复长卿镇名）一带，差不多每座山都辟为茶园，但视觉上还是童山濯濯。

近年，我从电视上听说安溪茶园在推广一种"头戴帽、腰系带"的茶山营造样式。 这种样式就是在开茶山时，顶部留成片树林，山腰留一条林带。 或者改造已垦成的茶山，在山的顶部和山腰地带植树造林。 过去畲族在闽东、浙南的垦山方式便类似。 他们从低处往上砍倒灌木，到山腰便停止，再清理出火路，由上点火，向下燃烧。 此谓"坐山火"。 田园垦成了，青山依在，山泉仍得以涵养。"头戴腰缠"的茶山样式可营造较好的生态环境。 然而这种样貌，去多卿和回来时皆未见。 当然，其他地方应有。 营造这种新茶山样式固然好，但我更在意不要有新破坏。 第一天来安溪，车过龙门隧道不久，就先给你来个"破相"的下马威。 在龙门附近路边东侧的一座雄伟高峻的青山，因采石而大面积"毁容"。 毁山毁林，不必掩人耳目，而是堂而皇之地暴露在"面前堂"，说明问题的严重性，暴露公共事务管理的盲目和麻木。 安溪建县前叫小溪，五代十国末年，詹敦仁"监小溪场"后，很快就申报批准升场建县。"清溪"就是他取的县名。 山清水秀，人仁世睦，如水缓河清。 这个县名，蕴含着他对自然和社会的理想。

詹敦仁爱水也爱山，更爱巍峨的山。 山高水流长，山水原本就是一体的。 乾隆《安溪县志》记载："敦仁爱佛耳山峭绝高大，可耕可庐，卜筑其上，号所居曰'清隐'。"据乾隆《安溪县志》，崇信里多卿乡"离县一百二十里"。 今天我们乘车驰骋于柏油路，还得 3 小时。 当年詹敦仁从县城来到佛耳山北麓的多卿，不可能朝发夕至，山路蜿蜒崎岖，不知要走几天。 詹敦仁对隐居是真诚的，对佛耳山是挚爱的。 佛耳山高 1535米，南麓现在就是华安县的仙都镇。 在这边鄙山野，他过起自耕自食、艰苦俭朴的生活。

耕读生活，詹敦仁乐在其中。"秉耒就耕，书横牛角，锄且带经，或偃息于繁阴之下，开卷自得，悠然而乐。"山林野地，什么都不方便，就是砍柴便利。 詹敦仁的《樵》诗描述了乐在其中的山野生活："樵径崎岖背负薪，放歌且笑不妨贫。 归来饭后闭门睡，鼻息齁齁撼四邻。"即使有砍柴之便，詹敦仁还是"插柳百余株"，为的是"柳可爨庖厨"，而且"息末柳荫下，读书稻田隅。 以乐尧舜道，同是耕莘夫"。"仁者乐山"所蕴含的心性与自然的关系，是很有道理的。 詹敦仁《行山吟》曰："一片青山值万钱，牧童笑指有牛眠。 我来多种松杉木，绿荫苍苍不计年。"詹敦仁对青山是那么痴情，不仅爱山，还护山、养山。 青山蕴有人文内涵，如果今人不为冷冰冰的科学主义所惑，定然能以人文情怀与自然处如亲人或好友。

远处看山山朗然，身在山中不见山。 佛耳山位于多卿灵惠庙的西南，以形象得名，一定很好识别。 在多卿的文化广场，向南望去，哪有佛耳山？ 原来是近处的山丘挡住了视线。 热情的村民领我走出文化广场，在公路上我终于看到了！ 但只露出圆圆的似耳垂的部分，其他都为近山所遮掩。 多卿的灵惠庙，就是在詹敦仁故居"清隐堂"遗址建的。据北宋詹铠《清隐先生传》，詹敦仁"以所居'清隐堂'与佛耳山相背，卜迁于侯洋，乃以故堂命僧行钦居之，榜曰'介庵'，时与往来答问"。"后从效施旧宅，以养僧徒，是为封崇院，有诗见寄，因和之，亦遂拓'介庵'为清禅院。 劝化里人林氏等，家田资以给僧徒衣钵之用。"侯洋（后洋）位于敦仁故居"清隐堂"以北十里。 詹敦仁北迁到侯洋，佛耳山就容易遥望了。 这样，他就可以不时"举杯邀佛耳"，也仍方便"与山重往返"。

有些学人以为"隐"非道莫属，既然崇儒的詹敦仁隐居山林，那就是

"由儒入道"，或"亦儒亦道"了。 尽管言论滔滔，然而举证虚无。 也有学人认为詹敦仁"儒学为宗，兼容佛老"，甚至还有"潜心佛学"之论。 詹敦仁固然用"清禅"等字词表达其人生感悟，但不宜见"禅"即如见禅宗。 隐居佛耳山后，詹敦仁与僧人交往，只是"谈玄"。 他写了题为《或劝余念佛作此答之》的诗："不耽经佛不参禅，兀兀无营度几年。 饥即饭餐渴即饮，健时静坐困时眠。"对此，不知"兼容佛（家）"说者，如何解之？

"隐士"就是隐居不仕之士，尤其是品清学高者，他们多遁迹山林。孔子曰："邦有道则仕，邦无道则可卷而怀之。"这是大体之论。 不是邦无道却也隐，也有这种情况或类型。 隐逸者多与佛道无关。《易经·蛊》曰："不事王侯，高尚其事。"这可能是对隐士最早的表述。 隐士也被称为"高士"，他们远离红尘，卓尔不群，追求高处不胜寒的精神高度。 犹如矗立的冰峰，看似规避、消极，与世无关，但对浊世却有净化的象征意义和启示作用。 可能这也是一种"立德"吧，因而古代地方志几乎都有"隐逸"篇章来为他们立传留芳。

科研是需要借助想象力的，但这是过程。 成诸文字，那些想象力的飞鸟都将敛翅栖息于事实的枝头，不能没有证据的归依。 这是我阅读《纪念安溪开先令詹敦仁论文集》（2004 年）数篇论文以及本次研讨会个别论文的感想。

三、千年祠庙问古今

从"多卿灵惠庙"可知，灵惠庙所在地叫多卿。 我向村民询问此处村名，他们告诉我叫"美西"。 美西既是自然村名也是行政村名。 多卿是地名，是美西、新寨、白玉、石狮、美仑、白坂、仙门这七个詹姓自然村的总称。 据传，美西古时叫坑里。 坑里之名很形象地体现此地的高山盆地地貌。 村民颇为得意地对我透露，此地叫"花心穴"。 灵惠庙右侧（西侧）为卓坑圩，亦即多卿圩，五天一圩，有一条约二百米长的街，是多卿周围十多个村落集市之地。 该圩地处安溪西部边缘，旧时与邻近的华安、漳平诸县有来往，逐渐成为此地以及邻近地区的商业中心。

尽管詹敦仁由此处迁往侯洋，但后来其裔仍有返居这一吉祥的开基地。正因为重返聚居，撰于明宣德元年（1426年）的《詹清隐先生家传序》才会说："（灵惠祠）……子孙环居之，世奉祠事惟谨。"也可以说，北宋以来，詹氏族人一直"环居"于多卿的詹公祠（庙）。于是，多卿成为今祥华乡詹氏族人的核心地域。

北宋初年，詹敦仁祠有三座。后来，侯洋的詹公祠成为詹姓宗祠，清禅院的詹公祠演变为灵惠庙，而县城的詹公祠则几经荣枯，沉寂于清。明嘉靖《安溪县志》已载："有灵惠庙在崇信里，宋咸淳八年敕赐。"因此，清乾隆《安溪县志》所谓的"灵惠祠……今称'灵惠庙'"，指的应是：在明嘉靖以前的某一时期，也就是在詹公祠到灵惠庙之间的时段，还曾叫"灵惠祠"。

作为专祀詹敦仁的祠庙，唯有多卿的灵惠庙（前身为清禅院、灵惠祠）千年香火弗绝。"子孙环居之，世奉祠事惟谨。"这句话，可以用来理解县城的詹公祠终废，而佛耳山下的詹公祠香火却延续千年。

《詹清隐先生家传序》还记载，"宋咸淳中封'靖惠侯'，赐庙额曰'灵惠'，夫人子妇皆膺封爵"。然而，县城从未有灵惠庙，也从未将县邑的詹公祠改为"灵惠祠"。南宋咸淳八年（1272年），此时距南宋败亡（1279年）仅七年。王朝风雨飘摇，地方心神不定，何能顾及落实敕封？而接下来在改朝后的元代，更不敢理会前朝所赐。如果南宋对詹公及其祠封侯爵、赐庙额不是在王朝将亡之秋，詹公祠能及时升格为灵惠庙，县邑的詹敦仁信仰应是另一种走势。毕竟，在封建社会中不同规格的崇拜，命运是不一样的。祠祭人鬼，庙祀神明。未闻乡贤祠、名宦祠的乡贤名宦为神。关羽因祠升格为庙而成神明，而孔明神位止步于祠而为人鬼，就很说明问题。

"子孙环居之，世奉祠事惟谨。"这说明多卿灵惠庙有着坚固的本族信众基础。但既然是宫庙而非族祠，那也是地缘性的信仰。至少在当地，信众除了詹姓还有陈姓等。但这次重建，在灵惠庙加建一个文化广场，广场入口是一个石牌坊，上刻"詹氏大宗祠"，实为添足。

四、焕然一新灵惠庙

　　灵惠庙，前身为詹敦仁肇基佛耳山下的故居清隐堂，后改为介庵、清禅院、灵惠祠，香火千载，1985 年列入县首批文物保护单位。 该庙在此次重建之前的建筑为 1927 年重建，木石结构，面宽五间，进深五间。2006 年，詹公敦仁派下徙居台湾第三十三世裔孙詹记德倡导重建灵惠庙，合族裔孙响应云涌，共襄是举。 宗祠理事监事会精心筹划，同心协力。 拓地而广，增其旧制，但主殿中轴线及石阶沿位置仍不变。 2008 年12 月开工，2011 年 10 月告竣。 庙貌绚美，规制宏伟。 工程总占地面积约 7200 平方米，建筑面积 1700 多平方米，文化广场面积 3800 多平方米，总投资 1200 多万元人民币。

　　灵惠庙面南，大殿和院门在同一中轴线。 院门外为开先县令文化广场，周边围以石栏，石牌坊门朝西向开。 进门后，左侧即灵惠庙院墙，数十米的白色石墙嵌着几十屏淡绿的磨光石板，一部分镌刻着詹敦仁及其子詹琲的诗作，另一部分是詹敦仁毕生重要剪影组成的连环画。 诗刻隶书，刻工精美。 连环画系影雕，生动逼真，仍用隶书镌刻文字说明。 美诗美画含蕴着很高的文化艺术品位，文化广场实至名归。

　　灵惠庙院门，石柱石梁，复以斗拱、木梁与琉璃瓦构成的门顶，10 个人可以并排走进。 走过宽阔的方形石板铺成的大院，径直迈向主殿。 主殿外廊，由 8 根巨大的青石龙柱擎起，盘龙采用浮雕和透雕，灵动欲出。主殿原面积 242 平方米，重建后为 450 平方米。 通高 10 多米，甚为宏敞。 殿内正中供奉詹敦仁公和妣林氏神像，东侧供詹敦仁父母神像，西侧供詹琲祖妣神像。 詹敦仁祖妣神龛上横匾所刻的"……享通"，系"亨通"之误。

　　殿内的圆石柱皆刻着联文，两侧墙体嵌满磨光的玄武岩石板，镌刻着诗文。 所有的联对、诗文刻字全烫金，醒目易读。 在正中神龛两旁的联文是："报国丹心赤，传家黄卷新。"此联采自詹敦仁晚年的《勉儿》诗。此联的外侧前面的圆柱联文为："浩歌发清风，胸怀天宇大。"此联采自詹敦仁《经营吟》，那时他刚定居佛耳山。 仅这两联，就足以提醒我们：不要低估了詹公的隐士心性和理想。

　　联句和诗文的翰墨应出自名家。不知是好美文还是羡书法，我在殿内徘徊良久，又一次驻足于入殿东侧的《安溪多卿灵惠庙重建记》前。记文由《尚书》《国语》之考释，赞多卿之灵杰；慕詹公之高风，砺后辈之奋志；铭今贤之懿行，歌两岸之携手。记文骈散兼糅，韵律优美。追思詹公隐居佛耳，竟是如诗如画："乐而登佛耳之山，择而居多卿之境。其时也，麋鹿成群，蹄声响彻于山野；百鸟齐集，妙韵婉转于长空。吾祖感格于天，应律于地，于是遂构朴堂，名曰清隐，隐居其间，清静淡泊。"我们常以历史的心态回望文化传统，其实文化传统延伸到现在，发展于将来。对于优秀文化传统，我们不仅是赞赏者，更是承前启后的建构者。我欣赏这篇记文的作者詹石窗教授热忱参与民间文化维护和创建的态度和作为。

五、凤山詹公纪念馆

　　返回走北线，先北上祥华，再折东经长坑、湖头返回县城，已是下午五时，暮霭正待弥漫，仍按计划赶紧参观詹敦仁纪念馆。

　　詹敦仁纪念馆可溯源至千余年前的"开先祠"。詹敦仁的祖父詹缵于唐末随王审知兄弟入闽，不久偕子世隆隐居于仙游植德山。闽国乾化四年（914年）敦仁出生于此山，及壮，云游泉山（清源山），结庐而居。留从效据漳泉为节度使，征其为属，敦仁力辞未果，乃求监小溪场。既至，度可升场为县，报可，遂为清溪县首令，时为后周显德二年（955年）。经年，县事就绪，遂辞官隐居佛耳山。邑人德之，为立生祠。詹公殁于北宋太平兴国四年（979年），祠额"开先"。祠凡几兴废，香火遂绝，遗址于新中国成立后被征用建起银行大楼。

　　纪念馆位于县城北缘的凤山之麓的东南坡大石垵。朝东的侧向馆门，由方形石柱擎起仿木构的水泥顶，门顶覆以黄琉璃瓦，呈三川式。门楣"詹敦仁纪念馆"，为书法大家沈鹏所书。纪念馆依山而筑，巍峨高峻，从正面上第一层台阶，在"九龙壁"石雕前，分道左右，上第二层台阶后，就登上主殿前的石埕。石埕前围以石栏。凭栏远望，县城尽收眼底。 主殿的附属建筑有东西凉亭、东西楼舍、金炉。 纪念馆占地面积5600多平方米，建筑面积1670多平方米，总投资1025万元人民币。

走进主殿，正中是詹敦仁夫妇神像，詹敦仁生平事迹及图解环列于壁。 殿内石柱镌刻联文二十多对，有三对采自詹敦仁诗作："报国丹心赤，传家黄卷新"；"未师陶令好栽菊，且学召公初种棠"；"一篇大学先诚意，二字中庸在反身"。 其他联文皆今人所撰，多有佳作："忧社稷几番陈志，佑漳泉一表呕心"；"清则自清世俗冠冕皆无意，隐而未隐国计民生总萦怀"；"来馆仰人杰治行正肃怀先令，入门瞻楷模德政清廉启后贤"；"置县清溪仁德千秋永在，兴文安邑儒风百世浩然"。

殿内两侧还有詹敦仁及其子詹琲诗词十八屏、詹敦仁撰写的《新建清溪县记》、明万历年间礼部尚书黄凤翔撰写的《重修开先令祠记》。 殿外竖立高大的仿"乌头柱"的石柱两根。"乌头柱"，乃圆柱顶端雕有"三足乌"（太阳鸟）。 据北宋陈永弼《清隐祠堂记》，敦仁隐居佛耳山时，"继公为令者，即所居之地建里立名，是曰'崇信里'，竖乌头二柱，以表其居"。 馆新却有沧桑意，看得出设计者的匠心。

纪念馆创建可溯至1998年，其时成立"安溪开先县令詹敦仁纪念馆"筹建理事会。 历时六载，于2004年11月举行落成庆典。 詹记德贡献尤巨。 他坚守工地，监造工程。 当詹敦仁纪念馆即将竣工时，他又开始策划重建多卿灵惠庙。 他先后为这两项工程捐资近千万元。 仅2000年之前，他就为安溪的教育等公益事业捐资百万元。

詹记德是敦仁公派下第三十三世裔孙、台湾著名建筑师、建筑业巨子。 海峡两岸关系解冻后，1990年他欣归故里，寻根祭祖，了解祖功宗德，深为詹氏始祖詹敦仁公的丰功伟绩所感动。 自此，他恋上了故乡这方热土，以年迈之躯穿梭于海峡两岸。 遥想敦仁晚年不仅有"禄荣须及亲"的夙愿，还有"报国丹心赤"的情怀，深感詹公之风山高水长。 继光前而裕后，因常青而绵长。 中华文化的聚力和动力，犹如江河川流不息。

次日召开"詹敦仁与中华文化学术研讨会"。 会上，复旦大学谢金良教授指出："詹记德十年磨一剑，倡建、设计詹敦仁纪念馆和多卿灵惠庙。 其文化艺术内涵、价值以及背后的故事应很好进行发掘和整理。"这种当下文化意识的敏感给研讨会送来一阵清风，也促成笔者写就此文。

序何丙仲《厦门墓志铭汇粹》

　　国际上的学科分类，一般不把历史学划入社会科学，而与宗教、文学艺术等同归入人文学科。　原因是：科学首先是研究的表征对象的资料内容应该是真实的，而历史学所研究的资料，是与真实的历史若即若离的。这些历史文本，或因隐恶扬善，或因结构性失忆，因而有了伪造、增减以及变形的历史叙述。　历史学陷入这种缺乏真实的泥沼之窘境，于是有了风靡当代的后现代史学新潮：无所谓事实，重在读出意义。

　　在众多类型的史料里，墓志铭恰恰是异类。　作为亡者的履历和重要事迹的墓志铭，一般是掩埋于墓穴里，不是公之于众的，故而平实是其基本特点。　因此，这种史料中的异类，在真实性上，却很"正港"。

　　历史文献多为隔时的遥记，即使记述者能够秉笔直书，却缈远不清。如果间隔时段很长，竟会规律性地出现时间愈后、记载愈详的现象。　疑古的历史学家顾颉刚，据此提出历史记述的"层垒说"，令世人大吃一惊。　墓志则是当事人记当时事，因近看而清晰，不必因缈远而创作。　事实及其解释是科学的两种发现，前者为奠基，后者即建构。　时人多躁进，甚或梦幻于雨后春笋之神速，视艰苦的根基工作为畏途。　由此而观这部墓志汇编，价值明矣！

　　墓志铭一般由志和铭组成，或只志无铭。　记叙死者世系、籍贯、科名、爵位及生平事略称为"志"；文末即"铭"，多用韵文，表达对死者的悼念和称颂。　墓志铭言简意赅，如唐《故奉义郎前歙州婺源县令陈公墓志铭并序》，志计416字，铭计42字。

　　墓志铭材质一般多为黑色页岩，高、宽各约一至二尺，高多长于宽，或有宽长于高者，厚度两厘米许，或单方，或多方组合。　一般为篆额、楷题，正文楷书，阴刻。 少数为砖质墨书，或砖坯阴刻，烧制而成。 偶尔也有很个性的，像书家吕世宜，其墓志微刻于砚背。 本汇编也收录墓道碑和墓表之文，作为墓地构件的亡人简介，内容可归入墓志类。 至于个别的买地券，则是为死者在阴间所虚拟的买地契约，也权且收录，以增见识。

本书所收的墓志铭：出土地域为现今厦门市所辖（包括历史上同安县所辖）；墓主曾居住本地，尽管卒葬他乡；墓主虽不曾居住本地，但其墓志涉及厦门历史人文。 出土时间、地点尽量标明。 由此看来，何君辑录此集不是画地为牢，仅就墓志做井中观，而是在意于厦门历史上的社会文化状况。 本书墓志撰者有张瑞图、何乔远、黄道周、蔡复一、郑芝龙、曾樱、李光地、周凯等文武名人，他们挟裹的时代风云及其与墓主的关系扩展着墓志的资讯。

墓志确可管窥地方史，而且较之辗转传抄的文献，堪称权威。 据唐《许氏故陈夫人墓志》，"其先颍川人……曾祖僖（自福唐）……浮海……遁于清源之南界，海之中洲，曰新城，即今之嘉禾里是也"。 尽管当时的厦门岛"人所罕到"，但并非荒无人烟，否则怎么会称"新城"？ 正是这方墓志，纠正了宋代才有"嘉禾里"的长期谬说，也纠正了中唐开基鹭岛的陈氏来自漳州南院派（陈邕后裔）的误传，并使有文献记录的厦门历史始于中唐得以坐实，甚至透露汉人开发嘉禾远在中唐之前。

据唐《故陈府君汪夫人墓志》，"厝于宅东三里之原，祔府君之茔"，说明陈氏家族的聚落是在墓地西向三里处，也就是在狐尾山南麓、筼筜港北畔。 与陈氏避居新城几乎同时的开基薛岭之北的薛姓，两者的空间格局，不是洪济山下比邻的"南陈北薛"，而是隔港遥望的"西陈东薛"。

在所辑的墓志里，多源自光州固始，中经建州、福清、莆田、晋江而同安或鹭岛。 由岛外的同安迁入鹭岛，也有突出的比例。 这是对所辑的墓志所涉迁徙的由点而线的勾勒。 其中，由晋江而同（安）、鹭（岛）的记载具有最高的出现频率，而由龙溪、海澄北上同、鹭极罕见，至于漳州他邑则未见。 当然，有限的墓志所反映的情况，不可能等同于对历史的一览无余，但却能以概率反映普遍性程度。 由于有墓志者，皆为官宦、书香之家，因而这种反映偏倚于上流社会。 唐代福建的人口尚稀。 唐末，王氏率领的以来自光州固始为主的数万军民由赣入闽，是福建移民史上最大的一次，并以浪卷沙淘之势，对当时闽人的历史记忆进行一次广泛的覆盖。 尽管以河南固始作为移民溯源的高度认同，其真实性程度有待探讨，但对闽人，特别是闽南人的心态史研究具有重要价值。

作为个人生命史的记述，墓志所涉的文史风物生动翔实。 例如：写晚明鼓浪屿，"（黄氏）宗人世居鼓浪，环海而戴石"，历史与景观，一语朗然；写明初即筑城的高浦，"相传，戚继光御倭寇，驻军高浦"，时隔百年的高浦人墓志写嘉靖晚期戚将军抗倭驻扎于本地，相当可信。

闽台一体，厦台尤密，所辑墓志还有涉台故事。 例如：高浦人陈昴，"贾海上"，"往来东西洋"，"尽识其风潮"，正是他的献策促成施琅攻台改乘北风为南风，果得大捷；总纂修《厦门志》的福建分巡兴泉永海防兵备道的周凯，他在厦卸任、旋履新于台湾，卒前三个月还不畏边鄙，考察噶玛兰"番地"；还有涉及台南郡学及其科名事迹等。

除非考古发掘所得，博物馆有意收集的墓志藏品极少。 墓志铭出自墓圹，或以为晦气极重，人们下意识避之恐不及。 然而，此阴气之物竟因阳光性格而得以焕发学术气息。 何君闻得有关墓志的风声，就急切前往。 他在乡村收集墓志资料，不是来去匆匆，而是喜欢同村民闲聊，继续获取新的线索。 村民也喜欢这一性格亦庄亦谐的实在人，一有线索就会告知。 作为专业人士，而且人品可靠，密藏墓志者希望请他鉴定，何君也得以顺势墨拓、摄影。 或有借转手墓志盈利者，何君也能取得他们的信任而获取有关资讯。

才学对于成功固然重要，但若缺乏人格魅力而形成畅通的人脉，迈向成功的行走就较艰难。 得道多助，岂止国家，个人亦然。 在何君看来，治学科研只是为稻粱谋，为沽名钓誉，便会患得患失，行之不远，甚至有辱斯文。唯怀有敬畏之心，才能持久热爱并为之奉献，也在其中得到无穷快乐。

在这一来之不易的墓志铭资料集成之上，升腾着科学求真的吉光翼影，令人产生欲轻盈离地而翱翔的向往。 在这种摈弃俗念、执着求真的感召中，我领悟着做人做事的真谛，并展望我所热爱的这座海岛兼海湾的花园城市，将会更重视在文史领域做好基础工作的未来。

（何丙仲、吴鹤立编纂：《厦门墓志铭汇粹》，厦门大学出版社 2011 年版）

厦门玉屏书院创办年代辨正

闽
南
人
及
其
邻
近
族
群
：
郭
志
超
教
授
人
类
学
随
笔

　　厦门文史学界相当一致地认定，玉屏书院的"创办"时间是"乾隆十六年（1751年）"。其实不然。

　　据李启宇《厦门书院史话》综述，乾隆十六年（1751年）兴泉永道道台白瀛在玉屏山麓重修庙宇、学舍，"当时厦门城东南角原吴英、雅奇等人所建文昌殿、集德堂、翠文阁等建筑已被侵占，沦为僧庙。白瀛等逐僧徒，迁佛像，修旧建新"。白瀛主持所建的书院是将鸠占鹊巢的状况恢复到原状基础上的"修旧建新"的，那么原状如何呢？

　　玉屏书院原址在明代是义学之所。明清的社学，是启蒙和教化的基础教育，官办、官私合办，更多是私立或乡族设立。义学的教学与社学同，与社学以及私塾不同在于，它以招收"孤寒生童"为主，不收费用。义学往往以宗族为单位设立，限于接纳本族、本乡子弟。

　　吴英驻厦门始任福建水师提督是康熙三十七年（1698年），康熙五十一年（1712年）卒于任上，文昌殿是他在此期间所建。雅奇，满人，是康熙五十八年至五十九年（1719—1720年）户部派驻厦门闽海关的首长，司"监督"之职。他"构集德堂，增置学舍"，恢复义学，并以集德堂作为"士子会文"之所。"会文"指相互传观、研讨所作的文章，这是书院教学的一项重要内容，也就是说，此处恢复了义学，同时也露出书院的端倪。此后，先前雅奇所增置的学舍"为士子课文所"（乾隆《鹭江志·书院》）。"课文"，即每月举行结合所学的作文考核。一般书院每月两课，定在初二、十六，或初五、二十五举行，这是书院基本的教学制度。书院学生才称"士子"，义学学生则叫"生童"。义学或社学只是进行启蒙教育，较好的义学或社学还传授一些经解、诗赋，虽然也有考查，但既不

"会文"也不"课文"。可见，"课文"制度的确立标志着此时书院已形成，时间在康熙末至乾隆初年。据刘海峰《福建教育史》（第五章），明清，尤其是清前期，义学与书院的互换，并不少见，甚至粗具规模的书院也叫义学。

乾隆十六年（1751年）南澳总兵、晋江人倪鸿范移驻厦门代理福建水师提督，见书院废而沦为寺僧诵经之所，他到兴泉永道衙找道台白瀛，"欲继先志重兴（书院）"，得到积极回应。白瀛主持了重建和重设书院的事务。《玉屏书院记》所述的这次"重兴"，今人却附会为"创办"，于是，便有玉屏书院始于"乾隆十六年"的误说。

正本清源，是保护地方文史根脉之要。对玉屏书院创办的继续深入研究，还将促使厦门一中、五中对于校史溯源的慎笔修正。

晋江人移住厦门的历史考察

闽南人及其邻近族群：郭志超教授人类学随笔

研读史料，产生这一看法：厦门是泉州海上丝路传统的嫡传者。 任何一种文化传统，其承载者和传播者即人。 本文对晋江人移住厦门的历史考察是"嫡传说"的初步论证之一。

关于晋江移民对厦门影响的研究，源于对风俗和海上贸易的感察。厦门风习近晋江而远同安。 这是否仅是尚商所致？ 急公好义之风在闽南方志的记载，唯见晋、厦。 道光《晋江县志》卷七二《风俗志》载："人多好义，凡邑中兴建大事，及寻常施舍，家非富饶，亦耻于人后。"《厦门志》卷一五《风俗记》载："岛中风俗，好义者多，凡遇义举、公事，众力易擎。"风俗同一，应是传播之效，但晋、厦并不比邻。 可解释的途径，那就是移民而造成的风俗传布。 本文中，厦门即鹭岛，古时同安的嘉禾里；古代晋江县包括泉州城及郊区，以及今晋江市。

厦门在明初建立所城后，才从一个默默无闻的里级农渔之地，开始城市之旅。 不是有军事所城就有城市，而是驻军会刺激手工业、商业的发展，促进人口的集中。 作为得天独厚的深水良港，是四方辐辏、海舶云集之地。 当海上丝绸之路的泉州港隐没于明代海禁的云锁雾障里，海上贸易的民间力量不会烟消云散，只是转化为隐秘或污名的角色，继续海涛营生。 明代中后期，泉州港支港安海，私人海商延续着海外贸易传统；九龙江出海口的厦门湾，逐渐成为宋元泉州港海上贸易传统继承者新的基地。

明初开始的长期海禁对海洋贸易是严重的禁锢，但海上走私也悄然进行，到明中期，被打压的私商武装纷纷变身为"倭寇"（别于"真倭"的"假倭"），嘉靖倭患最炽。 作为疏导之策，隆庆元年（1567年）开放漳州月港。 这样，月港成为当时中国万里海疆除澳门以外的唯一对外贸易港。 据成书于万历四十五年（1617 年）的张燮《东西洋考》，月港的港口港浅，船只在月港靠岸完税后，通常便在厦门港停泊。 明代天启年间（1621—1627 年）月港急剧衰弱之后，郑芝龙开始以厦门作为贩洋港口，尽管是不公开的。 据《巴达维亚城日志》：1636—1638 荷兰东印度公司与厦门的贸易（中介包括郑芝龙）。 从大陆沿岸到大员的商船 334 艘，来自厦门的有 159 艘；从大员到大陆的商船 229 艘，去厦门的 134 艘。 另外，来自厦门和烈屿的渔船，占台湾南部沿海大陆渔船的 1/3。 这些渔船或转载商品，兼做贸易。 据江日昇《台湾外记》，南明永历四年（1650 年），郑成功将袭占厦门时，武装船只就混迹于水仙宫码头。 这些显示厦门商港的孕育已几近成熟。 郑成功、郑经据厦期间，也延续着海上贸易，尤其在郑成功复台前到达鼎盛。

由晋江迁入厦门，是厦门移民史的突出现象。 基于明清晋江与厦门的联系，直接由晋江迁入厦门的有相当部分经由海路。 晋江与厦门的联系，最重要的是晋江安海与厦门的联系。 宋元泉州港的海上丝绸之路的贸易臻至鼎盛。 明代伊始就闭关锁国，禁止海外贸易，只准官方的朝贡贸易。 泉州港的海外贸易就转为走私，郡城眼皮底下不行，安海港倒很理想。 但这不意味着安海港一直是安海海商的主要基地。 商业资本避害逐利而移。 明代东南海上贸易，厦门湾乃最大渊薮。 除了漳籍，以安海为主的泉籍海商也群集于此。 当然，他们不能公然进行外贸，洋舶也不敢入港，于是就在可以下碇停泊的海上交接。 浯屿等岛屿附近，就是这样的地点。 到了月港"开港"，漳泉海商除了循官府规定"贩洋"，遂巧立名目或瞒天过海的海上走私继续进行。 厦门港在明末月港衰弱后取而代之。 郑成功继承其父海商遗产，以厦门为基地，安海港贸易之运转移厦门。

顺治十七年（1660 年）九月，清政府开始小规模的迁界，康熙元年（1662 年）实施大规模的迁界、海禁。 康熙二十二年（1683 年）台湾归清，翌年全面解除海禁，厦门设立闽海关，拉开了东南大港的序幕。 泉州港的历史地位正式（全面）被厦门港取代。

移民迁移，涓滴成流。 探讨晋江向厦门的移民史历来未见。 徙自同安的是厦门人的重要来源，由此而观同安族姓来源，也可以推测厦门情况。何况同安族姓谱牒，有的也会记载分支厦门的情况。

据 2000 年出版的《同安文史资料·同安姓氏专辑》，人口数前 20 名的姓氏入迁情况为：

1.陈姓：(1)唐玄宗时入闽—福州—仙游—惠安—漳州(南山)—同安(马巷)；(2)……(同左)漳州—嘉禾屿(厦门)—同安(丙洲)；(3)唐末随王审知入闽—同安；(4)五代时由光州固始入闽—浯洲(金门)—同安(阳翟)；(5)泉州—同安(莲花)；(6)唐末随王审知由光州固始入闽—晋邑(晋江)—浯岛(浯洲，即金门)—温陵(即泉州)—同安。

2.林姓：(1)东晋入闽—福州—莆田—同安；(2)……(同左)—福州—福唐(福清)—永春—安溪—同安；(3)……(同左)—福州—福唐(福清)—莆田—泉州—安溪—同安。

3.叶姓：唐末由光州固始从王审知入闽—同安(后裔分迁厦门莲坂、安溪、龙溪、潮州)。

4.洪姓：唐末随王审知入闽—晋江—南安—同安。

5.黄姓：汉末因黄巾之乱入闽—泉州(紫云派)—同安(唐时)。

6.蔡姓：(1)隋末由河南陈留入闽—龙溪(唐贞观)—同安(西柯，唐时)；(2)……(同左)—龙溪(唐贞观)—金门—同安(新店、马巷)；(3)晋江(东石)—同安(新圩，明初)；(4)晋江(青阳)—南安(南宋)—同安(明洪武，灌口、内厝)。

7.李姓：南安(南宋)—同安(南宋，仙店、兑山)；(2)南安(南宋)—海澄(南宋)—南靖(南宋)；(3)泉州(北宋末)—安溪—同安(淡溪)。

8.许姓：西汉时由河南许州入闽—同安(西汉，葫芦山)；(2)唐末入闽—晋江(唐末，石龟)—同安(五代)。

9.王姓：唐光启由光州固始入闽—泉州—同安(五代)；(2)河南大名府(北宋)—同安(南宋末)；(3)福清—同安(明洪武，浯洲)—同安(西门外)；(4)晋江—同安(宋代)。(5)晋江—嘉禾屿(南宋末，五通、外清)。

10.张姓：(1)由光州入闽—南平—南安—同安(西塘)；(2)随王潮

入闽—福州（北宋）—晋江（南宋）—同安（后溪）—同安（金门青屿）—同安（东园、马巷）—安溪、漳州、云霄。

11.郭姓：(1)唐代入闽—同安；(2)入闽—德化—南安—厦门（明代，石仓）—同安（石澳）。

12.吴姓：(1)唐末由河南光州随王审知入闽—莆田—晋江—同安；(2)福清—同安（明永乐，石浔）；(2)晋江—厦门（埭头）—同安（西山、马巷）；(3)泉州—南安—同安（新圩）。

13.苏姓：唐末随王潮入闽—泉州—同安（芦山）。

14.杨姓：(1)唐末入闽—建宁—福州—仙游—泉州—南安—同安（元末明初）；(2)……（同左）—南安—金门—同安（下柑岭）；(3)元末由固始入闽—同安（后溪）。

15.吕姓：五代由河南入闽—泉州—南安—金门（宋时）—同安（卿朴）—金门（吕厝）—同安（吕厝）。

16.纪姓：南宋由山东入闽—晋江（南宋）—惠安—同安（明洪武，后麝）—潮州、厦门。

17.郑姓：(1)侯官（南宋）—莆田—龙溪（南宋，榜山）—同安（马巷）；(2)唐仪凤由光州固始入闽—海澄—同安—同安（大嶝）—厦门（五通）；(3)唐光启由光州固始从王潮入闽—长乐—泉州（永宁）—同安（明永乐，高浦）；(3)唐光启由京兆入闽—三山（福州）—泉州（北宋末）—南安（石井）—同安（澳溪、马巷）；(4)……（同左）—南安（石井）—泉州—南安—同安；(5)温陵（即泉州，宋末元初）—同安（明正统，碧溪）。

18.彭姓：江西—潮州（北宋）—浯洲（金门）—同安（彭厝）。

19.柯姓：(1)唐光启由河南光州固始入闽—泉州—漳州（北宋）—海澄、长泰、漳浦、龙岩；(2)……（同左）—漳州（北宋）—晋江（南宋，安平）—同安（后柯、西柯）—漳州长屿（海沧东屿）—晋江—安溪。

20.邵姓：南宋绍兴南渡至杭—晋江（南宋乾道，邵厝）—同安（明永乐）。

以上20姓，除了叶、郭、彭三姓未载迁自晋江，其他都徙自晋江。

何丙仲、吴鹤立编纂的《厦门墓志铭汇粹》一书中，明代墓志铭几乎都是同安的，厦门岛绝少。 因此，据此书为例来检测厦门（岛）居民祖籍地，只以清代为例。 以下墓志文未载明墓主祖籍何至，即加注"不详"。

1.《赖尔枢墓志铭》："始祖从军中左，遂居焉。"（不详）

2.《陈昴墓志铭》："公姓陈氏，讳昴，泉州人，世居高浦（后徙居厦门）。"

3.《吴英墓志铭》："公讳英……世居福建泉州之黄陵，后徙大浯塘……（公）随大军克金厦（后住厦门）。"

4.《许门陈太君墓志》："宜人姓陈氏，出浯洲望族。"（不详）

5.《叶恕堂夫妻合葬墓志铭》："……恕堂其别号也……系出佛岭，分居莲花山下。"（不详）

6.《蓝可斋墓志铭》："公姓蓝氏……世居漳之金浦长卿乡（公后迁往厦门）。"

7.《吴时亭墓志》："始祖由固始迁来，居晋江县十九都之关锁塔山下坑东乡……外曾祖挈眷移居之厦，大父赘于厦，遂卜厦之鼓浪屿，迨府君又徙居厦之外清社。"

8.《陈代渊墓志铭》："别字代渊，先世以甲第开先，居（海）澄凤头……寓居鹭岛。"

9.《黄门陈孺人墓志》："庄惠陈孺人……系出颍川望族德彰公之次女。"（不详）

10.《陈容斋夫妻合葬墓志铭》："公……资生之计俱在厦门。"（不详）

11.《李敦化墓志铭》："自始祖载溪公居嘉禾上李，父基哲公卜迁于前园社，继而又徙城内。"（不详）

12.《苏门叶太宜人墓志铭》："吾宗叶太宜人，谥恭顺，莲坂名族媛也。"（不详）

13.《黄植圃墓志铭》："公……派出金柄，原籍石浔，今居鼓浪屿。"

14.《钟如川夫妻合葬墓志铭》："公漳州本邑海澄人……自曾祖考乡宾怀仁公始居厦门鹭门，历今五世，而户籍仍系海澄。"

15.《陈从周墓志铭》："祖籍漳州龙溪石码塔社，侨居厦岛。"

16.《林门张孺人墓志铭》:"孺人出自烈屿……葬于(厦)洪济(山)。"

17.《黄廉明墓志铭》:"君讳登第,字廉明,同安金柄乡人,自其祖迁厦文灶社。"

18.《陈雪航墓志铭》:"君……世为同安嘉禾人。"(不详)

19.《曾允福墓志铭》:"公……同之嘉禾里美头山人也。其先自泉之龙山徙居银城南溪边社……公……投水(师)提标,任正舵事(而家于厦门)……葬于厦金鸡亭后石鼓山。"

20.《王辉山墓志铭》:"夫子……辉山号也。世居泉州之杏墩乡,曾祖始迁厦门外清……夫子……与叶孺人合葬于厦门之狮山。"

21.《林长清墓志铭》:"世居海澄黄亭乡,系出隋开皇时泉州刺史孝宝……三十一传至拔萃,迁厦岛……(君乃拔萃孙),海舶为业,曰商行……黄亭乡宗祠圮,君虽移居,岁时必归祭,纠族人新之……(归)葬于海澄之某山。"

22.《蒲立勋墓志铭》:"(祖上由侯官于明洪武三年)徙居泉州。传七世曰毓升,为公曾祖,徙厦门……(公)以叔伯俱水师官,悉知水师事……补外委……葬于(厦)潘宅斑鸠山之麓。"

23.《李府刘安人墓志铭》:"兹以安人祖姑王太君……卜葬于(厦)东边社前八仙围棋之尾园,遂以安人附焉。"(不详)

24.《吴母王太宜人墓志铭》:"诸昆则延名儒为之师,太宜人时加策勉,不徇姑息,故学业日进,鹭门玉屏、紫阳两书院试,每拔录……厝本嘉禾里东山之埔林。"(不详)

25.《吴门黄宜人墓志铭》:"宜人……今获吉于厦东山社之埔林。"(不详)

26.《陈化成墓志铭》:"葬公于厦门金榜山之阳……公世居同安丙洲(任水师提督后,购屋住厦门桥亭草埔埕)。"

27.《黄宜轩墓志铭》:"黄姓世居嘉禾里麟山之麓,值海氛迁界,徙泉州。迨康熙间复界,仍返旧居。"(不详)

28.《黄昆石墓志》:"自昌庆公肇基浔阳……(至)祖有山公……始胥宇于嘉禾里鼓浪屿居焉。"

29.《耿室王恭人于贞墓碑》:"恭人王氏,父向欣,皖南人……(夫君）驻（厦）磐石炮台，遂就居营侧家焉……今葬于厦门港之东边社高明宫后山。"

30.《黄母陈太宜人墓志铭》："太宜人陈氏，籍禾山坂上乡……翁贾于吕宋。"

31.《陈有文墓志铭》："君讳有文……同安人，世为马巷官山巨族。……君从厦门贾人航海……继至台北……甲午之役……归至厦门……始创英华学院，继创同文学院……葬君于（厦）内官乡东边社。"

32.《林维源圹志》："先世由漳州龙溪迁台淡水之枋桥。甲午……（府君）遵旨内渡……养疴于鼓浪屿。（卒后二年归）葬于漳州龙溪白石堡。"

33.《陈宗凯夫妻合葬墓志铭》："公讳宗凯……同安厦门人也……公以名家世胄，谙熟水师营务，初袭职，随吴公鸿源攻捕艇匪。"（不详）

综上所引，从晋江（含"泉州"或"泉"）徙居厦门（岛），基本上是直接的，计有 7 例；从同安徙居厦门，计有 6 例。此外，徙自海澄 3 例，徙自龙溪 2 例，徙自漳浦 1 例，徙自小金门 1 例，徙自外省 1 例。徙出地不详，计有 12 例。33 扣除 12 等于 21 为基数，由晋江徙居厦门的占 33%。当然，以一书所收的墓志铭来统计移民所自的状况，是管窥而已。何况有墓志铭者，至少是殷实之家。以之为对象，相当于社会学的聚类抽样，反映的主要是社会某群体的状况。尽管有这些研究缺陷，但仍可透露清代由晋江移民厦门的信息。如果联系到前面同安族姓徙自地多有晋江的情况，祖籍（包括远祖）是晋江的，在清代厦门是绝对优势。

晋南地处厦门湾外缘北侧。以安海为首的晋南人，明清时期一直活跃于厦门湾从事海上贸易。从经济地缘来说，晋南人与漳、厦海商一起主导着明清厦门湾经济。晋南与厦门湾的经济关系发展出晋南与厦门的文化关系。晋、厦的密切关系在明清以后仍然延续着。1922 年福建第一条公路——泉（州）安（海）建成，这条公交主要用于承接厦门至安海的轮渡。顺此提及的是，直至改革开放前，厦岛的"博状元"习俗，在原泉州府地区的，唯有安海才有（《安海志》卷三四《风俗》），由此也可见晋厦两地风俗、交通、移民的密切关系。

"沉东京" 传说的考释

　　"沉东京"的传说自清代以来在闽南地区相当普遍地流传着。说是闽南东面原有个"东京"城，后沉没于海。由于在闽南以及粤东潮汕以东海域常打捞起表面附有海生软体动物外壳的人类活动遗物，从闽南的惠安，南至东山的滨海处，曾存有十多处"（往）东京大路"碑刻，碑刻处或有入海的石砌斜道，这就使"沉东京"的传说显得凿凿有据。

　　闽南的惠安至诏安沿海曾存或残存19处"东京大路"（个别刻"往东京大路"）碑刻，字为楷书。此外，在毗邻闽南滨海南端的粤东汕头广澳、饶平柘林风吹岭、南澳县青澳，也有"东京大路"碑。在闽南以及潮汕以东海域打捞上的人类活动遗物有陶片、瓦片、石臼、三合土块等。台湾海峡的海底地形显示，海峡中南部有一浅滩横亘于海峡。浅滩南北最大宽约100公里，一般水深不超过40米，有的地方只有10米。地质学家称这为"闽台陆桥"或"东山陆桥"。在第四纪（二三百万年前至今），全球性海平面下降超过40米有7个时期，最后一次在2.3万—1.2万年前，而在距今1.5万年前的海平面低今海平面130米左右，当时整个台湾海峡均为陆地。即使到了距今8500年前，台湾海峡大部分地带被海水浸没，台湾海峡浅滩仍处于陆地状态，此后才逐渐消失。台湾海峡、特别是台湾海峡浅滩的海陆变迁，是"沉东京"传说的基础。

　　"东京"何指？当然不是指日本的东京，因为日本的江户在1868年才改名东京，远在"（往）东京大路"碑刻出现之后。陈允敦《"沉东京、浮福建"考辨》认为：东京指北宋的都城开封。"'（往）东京大路碑'多面向海洋，可以说这些碑分明在昭示舶来的商旅从此陆行，可抵东京。"如果说北宋时代，主要来自阿拉伯、波斯的蕃商沿海上丝绸之路来华往东京，要舍易就难取道闽南而陆行北上，那么对他们来说，标明闽南的政治经济中心和交通枢纽的泉州才有意义。并且，"（往）东京大路"碑不应多出现于上述的那些偏僻的小港澳。虽然"（往）东京大路"石刻无标明年代，但墨书"（往）东京大路"的古雷城堡（1969年尚存）建于明初，所书当然是在建城以后，此时再说是往（北宋）东京的路标已毫无意义。

"东京"在台湾。韩振华《沉东京、浮福建》精辟指出："东京"即台湾。福建人施琅率军征服台湾郑氏政权，"沉东京、浮福建"是这一事件的暗喻。"沉"指郑氏政权的败亡，"浮"（闽南方言，为得意之义）指施琅平台获胜的神态。此释前一句还在理，后句则牵强。此释也未能对有连带关系的"（往）东京大路"的碑刻进行有说服力的解释。"浮福建"之说在明代或明代以前就已有之。明代何乔远《闽书》对"闽在海中"释为："谓之海中者，今闽中地，有穿井辟地，多得螺蚌壳、败槎，知洪荒之世，山尽在海中，后人乃先后填筑之也。"清代始有"沉东京"说后，"沉东京"才与较早就有的"浮福建"之说并合。

郑氏政权的户部官杨英记述的《从征实录》记载：郑成功收复台湾后，"改赤嵌地方为东都明京，设一府二县"。赤嵌在今台南近海处。从康熙二十三年（1684年）到光绪元年（1875年），清政府在近200年间实行不同程度地禁止移民偷渡入台和禁止携眷入台的法令，但偷渡者仍然源源不绝。"（往）东京大路"石刻大多在偏僻小港澳，正是移民偷渡入台的上船地点。康熙二十二年（1683年），台湾归清，"东都明京"作为"伪都"之名已废，"（往）东京大路"石刻起着隐约的渡台地点的标志作用。清末《安平县杂记》记载："台……民人五方杂处，漳、泉流寓者为多，广东之嘉应、潮州次之……"据1928年"台湾总督官房调查课"《台湾在籍汉民乡贯调查》，漳、泉两府籍的闽南人占台湾汉民的79.9%，清代台湾的大陆汉族移民主要是来自泉州、漳州两府的闽南人，这正与"（往）东京大路"碑刻绝大多数出现于闽南沿海的现象契合。

劳动人民立碑起渡台的标示作用，有反清复明意识的文人墨客则赋碑以凭吊曾与清朝抗衡而最终灭亡的郑氏政权。在清朝的意识形态高压政策下，他们偶成的诗作以元喻清，以"东京"指郑氏政权。徐起浩《关于

"沉东京"传说的史学、社会学和地学的综合考辨》却认为：东京路碑的设立是宋皇族后裔用来凭吊在广东崖山败亡的南宋王朝。 其实不然。 南宋皇室国戚后裔聚居于今漳浦县佛昙镇和邻近的位于丘陵盆地的湖西乡，但滨海的佛昙一带却从无"东京大路"碑刻。 康熙二十二年（1683 年）台湾归清之前，尚无"沉东京"传说，也没有以"沉东京"凭吊南宋败亡的诗文。 如果说，元朝时还怯于此为，那么到明代应合时宜了，但却没有以东京喻南宋的凭吊文字，直到台湾归清后才有"沉东京"说和相关的凭吊诗作。 可见，"沉东京"说也与台湾郑氏政权有关。

台湾海峡，特别是起于闽南东至台湾西部的台湾海峡浅滩的沧海桑田变迁，和闽南乃至粤东潮汕以东海域常捞起的人类活动遗物，同与清代移民渡台有关的"往东京大路"碑刻和部分碑刻旁的倾斜入海的石砌古渡，以及对郑氏政权的凭吊，糅合起来形成了流传至今的"沉东京"传说。

（《福建民族》1998 年第 1 期）

"中秋博状元"与"状元筹"不是传衍而是嫁接

刘海峰教授从科举文化的视角，洞见了明清"状元筹"习俗与"中秋博状元"习俗的渊源关系，这一重要发现让人们大开眼界。 然而，"中秋博状元"习俗是不是"状元筹"习俗的传衍呢？

"状元筹"是明清时期流行的博弈方式，据刘教授所示，全副"状元筹"由 63 条长短大小不一的筹条组成，每支筹条刻有从状元到秀才的不同科名和注，除了榜眼、探花的骰子点数不详，看起来不像会饼的对堂的骰子点数外，"状元饼"的博法与"状元筹"相同。 据此，"中秋博状元"是"状元筹"的传衍，看似毋庸置疑。

然而，"中秋博状元"从萌生到形成的历史过程并非单线的传衍说可通解。 蒋毓英修的《台湾府志》卷六《岁时》载："中秋，祀当境土神，习俗与二月同，盖春祈秋报之意。 是夜，士子递为燕饮赏月，制大面饼一块，中以红朱涂一'元'字，用骰子掷以夺之，有秋闱夺元之想。"高拱乾修的《台湾府志》卷七《风土志·岁时》的"中秋"所载，与蒋志几同，但补说这种饼为"中秋饼"。 蒋毓英《台湾府志》修于康熙二十四年（1685 年），台湾归清才两年，此前台湾从未有过科举，博"中秋饼"当在郑氏据台期间萌生。 士人怀才不遇，遂以"中秋饼"抒发"秋闱夺元之想"。 康熙二十五年（1686 年）道台周昌有台湾府"应照内地事例"，选拔生员"赴本省应试"的"详请开科考试"之请（高拱乾《台湾府志》卷十《艺文志·公移》）。 礼部议复："应如所请。"（《清圣祖仁宗实录》卷一三〇）康熙二十六年（1687 年）台湾府开始实施科举制度。 于是，康熙三十四年（1695 年）高拱乾修的《台湾府志》的"中秋"士人博饼，则有"取秋闱夺元之义"；到了乾隆十二年（1747 年）范咸修的《台湾府志》的"中秋"士人博饼，更彰显"取秋闱夺元之兆"，而不仅仅是"有秋闱夺元之（空）想"了。 上引《台湾府志》的"中秋饼"的博法是：骰子仅四颗，饼唯一块，得饼的"四红"，即四个红彩的四点。 这种中秋博饼的原始形态，说是从已经相当精致的"状元筹"传衍而来，存有疑问。"以饼代签（筹条）"的传衍说，略有欠缺。

处于并非衰微期的习俗的演变，不会突然从精致倒退至简陋。 同样，如果说"中秋博状元"习俗由郑成功部下发明，并随郑军东征驱荷而传到台湾，那么此后台湾的中秋所博的，怎么会是单一的"中秋饼"而不是繁复的"状元饼"？ 看来，"中秋博状元"不仅与这一传说没有真实关系，而且出现的时间也晚得多。 康熙早期，当台湾士人已在中秋博饼时，厦门还没有动静。 就是到了道光时，厦门仍无踪影。 清代厦门二志并非漏载中秋博饼习俗，尤其是《鹭江志》。《鹭江志》虽是私人修纂，但修纂者皆为鹭岛名流，其中的主纂者薛起凤，海澄人，后迁居鹭岛，他们皆熟谙厦门风物。 乾隆《鹭江志》卷三《风俗·岁时》载："中秋。 先一日，官府以礼物相馈赠，世庶亦有之，生徒置酒馆中请其先生。 是月，街市及乡村皆演戏，祀土地之神。"道光《厦门志》卷一五《风俗记·岁时》载："中秋，街市乡村演戏，祀土地之神，与二月同。 春祈而秋报也。 夜荐月饼、芋魁祀神及先。 亲友相馈赠。 妇人拈香墙壁间，窃谛人语，以占休咎，俗谓之听香。"可见，厦门采借台湾的中秋博饼习俗，是晚清以后的事。

从中秋博单一的"中秋饼"到博繁复的"状元饼"，是一个重大的演变，这是单一的"中秋饼"嫁接了"状元筹"的结果，而非"中秋博状元"习俗是"状元筹"习俗的传衍，因为"中秋博状元"有其独立的原生形态。 至于这种嫁接是在台湾还是在厦门完成的，还值得探讨。 从"中秋博状元"习俗在闽南素以厦门为盛而观，中秋博单一的"中秋饼"习俗对"状元筹"博法的嫁接，在厦门完成的可能性较大。 正因为这一关键的过程很可能是在厦门完成的，厦门的"中秋博状元"习俗才极其凸显，而泉州等地的这一习俗，则因厦门的"月明"而有"星稀"之叹了。 如果嫁接过程是完成于台湾，继而西传闽南，厦门就不大可能独领中秋博状元之风。

泉州仙公山梦释类析

仙公山的祈梦传说，宛如云浮雾漫，使灵山秀峰平添瑰丽的梦幻。清道光《晋江县志》卷四《山川》云："丰山（即仙公山）仙神极灵，祈梦者无不符验，亦多风趣解颐。"泉州仙公山风景区管理处、泉州市鲤城区建设志编委会出版，李佳福主编的《双髻仙山志》，收集了一些仙公山梦释的民间传说，本文加以类析。

通读仙公山祈梦所示，多为隐语，既是隐语就不可一听即明。 人与神仙之隔犹如天壤，仙话与人语是不可能畅通的，因此人们要领悟神仙的语言文字符号或非语言文字的象征符号，就要经过特殊的破译程序。 然而，神仙所示绝大多数就像锦囊妙计那样，不到时候不抖出来，因而破译还要等到某个场景出现，其意才得以恍然大悟。 就好像破译密码那样，祈梦的破解大抵分为编码和解码，解码需要有经验参照，因此即使是很有经验的职业释梦者，若无经验参照，也无济于事，而且要等到当事人"经历"而检验了，梦的密码才柳暗花明，豁然开朗。 仙公山祈梦的破解主要是对信息的关键词进行释义。 依笔者浅见，这种关键词释义大致有：重构法、转换法、相似法、代言法、情景法、行动指示法以及代梦明喻法。

一、重构法梦释

对于神仙托梦中的核心信息词，可用拼字法、拆字法以及会意，对字形进行重构。 其中，核心信息词的释义必须有经验参照。《真神仙也》主要就是采用重构法。

《真神仙也》叙道：李光地，安溪湖头人，生于明崇祯十四年（1641年），卒于清康熙五十七年（1718年）。相传清顺治十五年（1658年）岁次戊戌，李光地时年18岁，赴省城应试前与学友一起到泉州仙公山"运梦"，以求测功名前途。当晚与诸友睡于仙公案桌下，朦胧中梦见一仙人来到他身边对他说："你去应考，是'功名无心想，富贵两不成'。"李光地醒后告知诸友，学友们劝说他不要去应考。光地素有抱负，决不因相信"运梦"而放弃自己的理想，于是坚持上省应考，不料竟于是年中举。康熙九年（1670年）中进士，后来当了文渊阁大学士，担任首辅阁臣。有一年他回乡休假，寓居泉州，与诸友再访仙公山。道人讲："相公以前运梦的'功名无心想'，'想'字去掉'心'字，说明你的功名是无'心'的'想'，就是'相'，可以当到相国；而'富贵两不成'，指你参加省试是戊戌年，这是仙人为激发你奋发上进，勉励你刻苦学习的激将法。"道人接着说："若非这样，恐怕你难求得今日功名。"众人异口同声称赞："仙公真神仙也。"第二天，李光地带领诸学友上山酬谢，李道人早已在"仙排格"等候。李光地于是捐献了许多银两修建仙公寺庙，而且当场题了"真神仙也"匾额。李光地卒于康熙五十七年（1718年），其岁次戊戌。至此成应了仙公"富贵两不成"的隐语，即荣华富贵从戊戌开始，到戊戌年结束。至今，仙公山丰山洞内悬挂着一块清大学士李光地所书"真神仙也"的匾额。

李光地实际中举时间不是顺治十五（戊戌）年（1658年）而是康熙五（丙午）年（1666年）。这说明，正像历史文本在时间流逝过程的叠加模式，传说也是这样，既进行附加又进行附会。

上述通过对字加以重构，即用"无心"拆去"想"的"心"，又用"两不成"会意为"戊戌"。

二、转换法梦释

语言文字符号与非语言文字符号是相互转换的，通过这种转换，并加以重组，梦中的隐语就得以解释。

《海里捞针》叙道：明代万历年间，惠安城内有个秀才，姓刘名会，字逢甲。 他虽然潜心苦读，但时运不济，考了几次，皆名落孙山。 后来他听说双髻山九仙灵验，于是前往仙山占梦，预卜今科是否可中。 仙公在梦中说了四个字："海里捞针。"刘会听了大失所望，回到家里长吁短叹。他妻子知道了劝他："你整天读书，不务经济，几次赴省不中，仙公既出此梦，认命吧！ 还是去开个馆，收几个学生糊糊口。"刘会心想，按我的学问，绝不在常人之下，就此放弃功名，实不甘心。 乡试又已临近了，他决定最后再拼一次。 妻子再三劝阻无效，赌气不理他。 临出发前，刘会翻出旧长衫，发现破了一个洞，妻子不替他补，他只好自己动手，可是找了半天，找不着针。 几次询问妻子，妻子气恼不回答，后见刘会急得满头大汗，才说："针插在厅柱上。"刘会快步走到厅里，只见针正好插在柱联的"海"字上面，他忽有所悟，欢喜若狂，大声喊道："妙哉！ 我'海'里捞出针了，仙公真灵，今科必中无疑。"是科，刘会果中了举人。 旋即上京参加会试，又报捷南宫，中了万历十一年（1583 年）进士。 为纪念仙梦灵验，刘会便自号"盟海"，人称"刘盟海"，后官至监察御史。

这一仙梦的释义，即把"针"字转换为非语言符号的针，然而让针插在"海"字上。 本来"大海捞针"的成功概率是微乎其微，但插在"海"字上，即捞到"针"了，从难成顿然转化为妙成。

三、相似法梦释

相似律是巫术的一条重要通则，就是对相似或指代事物的符号进行操作，以其对符号所指代的事物发生相似的效果。 民俗中的吉言或咒语即有这种巫术的痕迹。

《神仙专管凡间事》叙道：明朝时，江西有一个举子，慕何氏九仙至灵验，特地到仙公山求梦问前程。 他在丰山洞一连住了九天九夜，却一梦无成。 第十天清晨，他决心离寺而归，当向寺僧借来文房四宝，在洞壁上题了一首诗。 诗曰："千里路途来求梦，九霄无梦是无缘。 神仙不管凡间事，回去江西中状元。"题完掷笔而去，仓促间忘了带伞。 当举子返身回洞府时，突然发现他题的诗中有两个字被更改了，"无"改为

"有","不"改为"专",这样"无缘"变"有缘","不管"变"专管"。他见墨迹未干,更为惊诧,急跪祈求神仙恩恕佑福。 后来,这个举子返回江西,上京赴考果然中了状元。 为了酬谢神仙,他捐献了巨资,从江西铺了一条石板路直达仙公山,这条路就叫"江西路"。

尽管这个举子题诗中有"回去江西中状元"的吉祥预言,但与佑福人的神仙"无缘",并断定神仙"不管",这将使"中状元"成泡影。 于是冥冥中的神仙对这首诗的文字符号加以改动操作,"无缘"变"有缘","不管"变"专管","中状元"梦想成真。

有时不是由神仙来进行巫术性操作,而是经神仙指示由人来操作。下面的这个例子,就是以花作为子女的指代符号,中年无子女的夫妇通过栽种花草,造成生子这一相似效果。

《栽花种草得贵子》叙道:此前,泉州金鱼巷有家富户,百事如意,万项不缺,就是夫妇近四十,还没有生育。 夫妇唯恐绝后,便焚香沐浴,带上酬神供品,上仙公山求嗣。 仙公托梦给他俩,要他们积德行善,多种花草,造福他人。 从此夫妻俩便在房前屋后栽花种草,有人讨花他们就慷慨赠送,并在巷尾的一些空地里种上花木,美化街巷。 一年后,妻子果然怀孕了,生下了一个又白又胖的孩子。 时至今日,历史文化名城——泉州依旧留存家家户户喜爱栽花种草的习俗。 庭院里、楼台上、街巷间,奇花异草,香飘四季。

四、代言法梦释

代言法即在仙梦中,神仙不直接暗喻,而由人语为其代言,此称为"下山梦"。 所谓"下山梦",即求梦者在下山途中向与之相遇的第一个人所言之意,对方随口回答的第一句话,即为"下山梦"的"仙示",求梦者据此占测推断,但要等到某一结果发生后,才令人恍然大悟。

《嫂嫂金言成谶语》叙道:骆日升,字启新,号台晋,惠安张坂埕人,生于书香门第,自幼聪颖豪放,胸怀大志。 弱冠时,将赴乡试,循到双髻山仙公庙求问仕途。 当夜梦仙公来告:"若要知前程,回家问嫂嫂。"其嫂平日对他不拘小节的行为看不惯,因此嫂叔关系不洽,平时绝少言语。 他回家后，见嫂嫂在下厅簸麦，想要发问，左右为难，不敢启齿，反反复复在厅上厅下走来走去，无意中顶撞嫂嫂手中的簸箕。 嫂嫂厉声责问曰："你是八座行吗？"日升闻此，认为自己将来可登八人抬的大轿官阶，喜得连声向其嫂说："多谢阿嫂好金言！"岂料其嫂竟答以："好、好什么，好你的'刨头言'！"日升听后疑惑不安，但也无可奈何。 不久乡试，骆日升中了万历十九年（1591 年）举人第三名，万历二十三年（1595 年）中进士。 后官至四川参政，不久又任监军。 他不顾个人安危，被保保族土酋奢崇明所执，不屈而死。 至此，其嫂所语，句句言中。

五、情景法梦释

仙梦中的示言即使简白，但一词多义，唯有在某种情景中，才能选定一义。 如"掌中"可解为成功在握，也可能解为在手掌中。

《功名在掌中》叙道：明代嘉靖年间，泉州有个秀才叫梁炳麟，几次应考不第。 有一天，他和朋友到双髻山仙公庙去占卦。 恍惚之中，觉得仙公拉着他的手，在掌心里写了五个字："功名在掌中。"梁秀才梦醒后认为这是一考必中的意思，于是又欣然赴考。 等到发榜，仍旧名落孙山。他怅然而归。 途中感到无颜再见"江东父老"，于是改变主意，流落街头当说书艺人。 一个秀才在大街上抛头露面说大书，面子下不来，于是就想出"隔帘表古"的方式，让观众只听其声，不见其人。 这样他也自得其乐，借以糊口度日。 后来，有一位木偶师傅在帘外听说书，觉得表演者言语表达很生动，就建议他手托木偶，边说边演。 这样一来，他所表达的故事内容更形象更生动更传神，听说书的人也越来越多。 这种让观众一边看布袋木偶表演，一边听故事的新表演形式，使梁炳麟名声大振，被称为"戏状元"。 这时他才领悟当年仙公所写的"功名在掌中"的含义，原来是预言他将来是掌中表演木偶戏的"戏状元"。

六、行动指示法梦释

有时仙公并不都是给定一个坐享其成的预言，而是提示祈梦者遵照仙人指示，自然会渐入佳境，具体结果不详。

《梅花深处在深处》叙道：孙经世，惠安坂埔塘人，自幼聪慧过人，10 岁能文，25 岁中秀才，是清代著名的经学家，著作近 80 种，如《十三经正读定本》80 卷、《春秋例辨》8 卷、《释文辩证》14 卷、《说文会通》16 卷、《经传释词续编》8 卷、《四书集解》12 卷、《周易本义发明》13 卷等。他虽然学问渊博，却屡试不中。 后来他听说双髻山仙公卜谶或圆梦很灵验，就特地上山祈祷，卜问前程。 仙公梦中告诉他："梅花深处在深处。"孙经世虽是学富五车的大学问家，对此谶语也一时摸不着头绪，不知如何破解。 道光十一年（1831 年），孙经世又参加乡试，他的试卷虽然做得很满意，可是发榜之日依旧是名落孙山，心绪十分烦闷，漫无目的到处乱走，不知不觉走入一条巷里，站在一个半掩的小门前，仰望门顶有题匾曰"梅花深处"。 他突然为之一振，想到梦中谶语，于是侧身入内，要探出"在深处"的究竟。 只见梅林一片，假山背后露出楼台一角，他一时为眼前优雅景色所迷住，把心中愁烦忘得一干二净。 突然他被"抓贼"的声音所惊醒，原来是个丫头，发现有生人闯入小姐后花园而惊喊起来。 孙经世随即被几个如狼似虎的家丁抓到厅堂上，厅堂上坐着一位官老爷，厉声问孙经世："看你像个读书人，为何做贼？"孙答曰："我是赴考之秀才，因迷路，想入内宅探问，非盗也。"老爷问："姓甚名谁？ 是否中式？"孙报了姓名，并说"命骞未中"。 你知道这位官老爷是谁？ 他就是该科主考官、礼部侍郎陈用光。 原来陈老爷也曾读过孙经世的著作，知道他是饱学之士，当即调阅孙的试卷，道歉曰："今科君未中试，实在太委屈了。"于是邀请孙经世随他入京，参加第二年的优贡考试，果中优贡第一名，入国子监深造。 孙经世后因脚气病复发，病逝京都。 终其一生虽然没有中过举人、进士，但他的学生陈庆镛高中进士，学生陈金城、孙文圻及其子孙振声也中举人。

七、代梦明喻法梦释

祈梦者几乎都要亲自向神仙祈求赐梦，但也有例外，可由他人代为得梦，这种梦要中经他转，自然晦暗程度低，甚至直截了当。

《"半天子"游山》叙道：清顺治年间（1644—1661年），下南安石井村有位英雄郑成功。他在未出仕之前，耳闻双髻山仙公灵圣，欲去拜谒。有一日他前往仙公庙，走了二十多里崎岖山路，却不觉劳累，直至来到仙公山脚。但仙公事前已知道郑成功要来仙公山，于是托梦给山中和尚说："明天有一位白衣秀才前来问签，你们赶快把山下坪埔打扫清洁，备办清茶好好迎接贵客。同时要对他说'半天子勿来吵神仙。不必劳驾到寺，回去好好练武习文'。"既有"半天子"之称，所料不言自明。当和尚向郑成功转达仙公的话时，郑成功非常感激。坐下休息片刻，观看四周，崇山峻岭，古树参天，高耸入云，草木苍郁，风光迷人，来往香客男女老幼络绎不绝，热闹非常，实在是人间仙境。郑成功返家后，更加用功练武，熟读兵书。后来举兵反清，收复台湾，打败荷兰侵略者。后人在仙公山麓，修建了一座石亭，名曰"洗心亭"，永做纪念。此亭目前尚存。

惠安青山王与城隍的关系

惠安县青山王原本与城隍无关，北宋时曾合祀于县之城隍庙，南宋之前另立庙于县南滨海的青山之麓。 这座青山王庙的设置和有关活动，类似城隍庙。 与青山王庙近邻的崇武城建于明代，将供奉青山王的诚应庙改为城隍庙，前厅祀城隍，后殿祀青山王。 青山王并没有被认定为城隍，但具有城隍的特点。

1939 年日本学者福田增太郎著《台湾之宗教》，提到惠安青山王祖庙的灵安尊王是何神时，其中一说为城隍爷，但无说明。 厦门大学朱天顺在《惠安青山王和台湾的关系》（《厦门大学学报》1989 年第 2 期）一文中提道："'城隍说'并非无缘由。 因为惠安人称张悃为青山公，视为惠安境主。 神像两侧有文武判官。 有的地方如崇武镇，把他奉祀在城隍庙里。"

青山王张悃，五代闽国将领，率兵驻扎于惠安青山，以防御海寇，殁后，葬于后为县衙之地，并在县城立庙奉祀。 张悃生前驻扎在依山滨海的青山，后立庙也在此地，故俗称"青山王"。

惠安于北宋太平兴国六年（981 年）建县，天圣年间（1023—1031年）建城隍庙。 城隍庙就建在供奉张悃的灵岳庙旧址，而将灵岳庙迁建于乾峰寺前。 后乾峰寺废，青山王就迁入城隍庙，奉于后殿。 嘉靖《惠安县志》卷十《典祠》载："城隍庙在县治东，宋天圣中，邑令李畋之母贤而知书，且精相宅之术，谓县白虎，山高不利人，故增筑是祠，以壮青龙之势，题曰'城隍'。 国朝洪武二年封'监察司民城隍显佑伯'。 六年正山川岳渎诸神封号，题曰'惠安县城隍之神'。 庙之后殿有神像二，其一旧为灵岳尊神，宋累封灵惠王，其一即青山张侯，宋累至灵安王，其妻皆为妃。 初，未置县时已有灵岳庙，即今之城隍也。 及李令建城隍，乃迁其庙于乾峰寺前，与青山王神同日受封，故乡人合而祀之。 其后乾峰寺废，复移像城隍后殿，仍合祀之。"灵岳庙即青山王庙，青山王先封为"灵惠侯"，继而加封为"灵安王"（见以下《惠安县志》引）。 嘉靖《惠安县志》是惠安首部县志，编撰者不察，将不同名号的两尊神像视为"合祀"的两神（灵岳神、灵安王）。 其实，封为"灵惠王"的灵岳神和封为"灵安王"的"青山张侯"，都是青山王。

嘉靖《惠安县志》卷十《典祀》载："青山诚应庙，在二十六都，神姓张讳梱，闽时，尝营青山下，以御海寇。 宋建炎间，海寇作，神有阴助功，邑人蔡义可闻于朝，赐庙额'诚应'，封'灵惠侯'，妻华氏封'昭顺夫人'。 景炎元年进封'灵安王'，夫人封'显庆妃'。 至今有司岁一致祭。"

据上述，神张梱于南宋初建炎年间（1127—1130年）显灵，但赐名和敕封之年含糊。《宋会要辑稿》礼二十之一〇七载："青山神祠，在泉州府惠安县守节里。 绍兴五年十二月赐庙额诚应，绍兴十九年八月封灵惠侯。"

青山宫至今仍存有镌于明洪武年间的《重建青山庙寝宫记》碑刻，其中载："庙曰诚应。 初，合祀于邑之城隍。"这就是说，青山王原合祀于城隍庙，后来才建庙专祀于青山。 建庙时间应为北宋天圣年间（1023—1031年）之后。 具体是：天圣年间，神张梱迁祀于乾峰寺前，后因寺废才"合祀于邑之城隍"，再后才在青山建庙专祀。 如此，青山宫到了南宋初，即显灵的建炎年间（1127—1130年），还只是新庙。"邑人蔡义可闻于朝"，"青山神祠"才于绍兴五年（1135年）得赐"庙额诚应"。 据嘉靖《惠安县志》卷一《建置》，南宋时守节里在县西南的崇武及其附近（含青山一带）。 据《宋会要辑稿》就更明确了，青山就在守节里。 反之，守节里辖青山。

青山神祠分灵自县邑城隍庙，故青山王沁入了城隍神的特质。 从青山宫的配祀之神和祭日等，也可以看出青山王近乎城隍神。 各地城隍皆有判官和手执刑杖、镣铐的衙役，青山宫后殿的青山王两侧就有文武判官，中殿的两侧壁画有面目狰狞的衙役等。 城隍多附祀有十殿阎王。 青山宫之氛围和通常的城隍庙一样阴森可怖，青山王的主要神职与城隍神一样是"鉴察司民"。城隍之祭，每年按例大祭若干，一般在清明、七月十五日和十月初一日。青山宫一年的主要祭日有：正月上半月的添香日、清明节和七月半的春秋二祭、六月十五日皇母诞、九月二十九日青山妈（二妈）诞、十月十五日夫人（大妈）诞、十月二十三日青山王诞。与青山王直接有关的是清明和七月半的春秋二祭和十月二十三日的神诞，除神诞日略有差别外，青山王的主要祭日与城隍之祭日同。

崇武与青山近邻，早在明洪武二十年（1387年）崇武建城前，就有一座分灵自青山宫的宫庙，也叫"诚应庙"。崇武建城后，崇武诚应庙改为城隍庙，仍祀青山王于后殿，祀城隍于前厅。《崇武所城志》始修于明嘉靖二十一年（1542年），增修于崇祯七年（1634年），清康熙时又有续修。其中《庙祀》载："城隍庙，在所兴贤境员通铺，宋时为诚应庙，其神姓张名梱。建炎间，海寇作，有阴御功。初封灵惠侯，景炎元年进封灵安王。妻辛氏，初封昭顺夫人，进封显庆妃。后改为城隍庙，祀王、妃于后殿，祀城隍于前厅。宾海朱公肜金书'城隍之神'四字。鼎山祖公继芳塑其像，而以风、云、雷、雨、军、牙六纛诸神并立牌附焉。至万历二十八年庚子，靖川胡公、熊劝首、张文盛等募众重建。其庙内旁祀田元帅、嘉应侯诸神。"城隍最早的功能是护城池，一县一城，故城隍庙自然建于城中，城外郊区无城隍庙。崇武有建城，故拥有城隍庙。崇城建城后，不另建城隍庙，而是以供奉青山王的诚应庙为城隍庙，这也说明青山王近乎城隍。

崇武古城的灵安尊王神系及其宫庙

　　山脉走向与海岸平行的惠安县山霞镇的青山之东南麓，坐落着灵安尊王庙，又称青山宫。　该庙闻名遐迩，分香而建的子庙广布闽台，远至东南亚。　庙主祀之神为三国吴将张梱（一说五代闽将）。　北宋初，因建县衙，迁张梱墓于青山。　南宋初，神张梱显灵御海寇，受封为"灵惠侯"，得赐庙额"诚应"。　南宋末，进封"灵安尊王"。　高峻整肃的青山宫凡三进，后殿正中供奉灵安尊王，左右侍立文武判官，后殿两侧为庆安尊妃和昭顺夫人，皇母（王母娘娘）也配祀于后殿。　中殿供奉"代天巡狩四大总巡"。　庙之右前侧附建英烈祠，供英烈侯。　除了虽属配祀但等级甚高的皇母之外，以上诸神组成了灵安尊王神系。

　　崇武城，泉、惠之藩篱。　北宋置巡检寨，元设巡检司，明初城始建，置千户所，青山一带，古时属崇武城边防地域，曾设有海防墩台，隶崇武所城。　青山王张梱神的发生、发展直接与崇武之地的防御海寇相系，因而青山王即灵安尊王的崇拜盛于崇武。　崇武城西南十里许的山霞青山宫奉祀的灵安尊王神系诸神，皆可见于崇武城内和近城：有主祀灵安尊王的庙三座，主祀英烈侯的庙两座，主祀四大总巡的庙一座。　此外，灵安尊王、妃也配祀于其他宫庙。

　　在崇武城中略近西门有原诚应庙，后改庙名为城隍庙。　始修于明嘉靖、清代和民国又有补修的《崇武所城志·庙祀》记载："城隍庙，在所兴贤境员通铺，宋时为诚应庙，其神姓张名梱。　建炎间，海寇作，有阴御功。　初封灵惠侯，景炎元年进封灵安王。　妻辛氏，初封昭顺夫人，进封显庆妃。　后改为城隍庙，祀王、妃于后殿，祀城隍于前厅。　宾海朱公彤金书'城隍之神'四字。　鼎山祖公继芳塑其像，而以风、云、雷、雨、军、牙六纛诸神并立牌附焉。 至万历二十八年庚子，靖川胡公、熊劝首、张文盛等募众重建。 其庙内旁祀田元帅、嘉应侯诸神。 庙外东旁置龙舟，西旁原为民房，庙前照墙内外可通东西径路。 至天启辛酉岁，实吾何君夫恪移居庙之右，捐资铺设前径后庭。 迨康熙辛丑迁移，而后民居虽毁，庙貌犹存。"《崇武所城志·碑记》载《重修城隍庙序》云："崇自明建筑以来，城竣之日，安集民居，爰择中土兴贤铺建庙一座。 前殿祀显佑伯城隍爷尊神，后殿祀灵安王、显庆妃宝像。 庙像壮观，神光赫奕，晋庙祈祷，有叩必应。 且荷神庥，万户老少，享安怀之福；肆业士子，登书开之庆；至于梯帆出入，商旅往来，获丰利而安旋者，全赖神光之帲幪而保护。"

宋为诚应庙，明初建城后改为城隍庙，不过改庙名之后，只增设前厅为祀城隍，后殿仍为诚应殿，主祀灵安尊王，配祀王妃。 上引所云的配祀的六纛诸神和田都元帅、嘉应侯应是置于庙之前厅。 该庙于抗日战争期间遭日寇烧毁，后又重建。 今诚应殿依旧制于中供灵安尊王，左供显庆妃，右供李娘娘，一联文的横批为"威灵丕振"，左右联为"威镇海邦护福地，灵扬莲岛庇万民"；又一联的横批为"灵扬海邦"，左右联为"永护海疆，万古馨香"。 联文突出了防卫海疆的神职功能。 山霞青山宫的后殿所供的灵安尊王神像为"武身"（武将形象），而崇武城隍庙的诚应殿的灵安尊王则为文身（文官形象）。 据《惠安县志》和《崇武所城志》所载，神张梱妻，或云叶氏，或云华氏，或云辛氏，张梱妻初封昭顺夫人，再封显庆妃，昭顺夫人、显庆妃同为一人。 李娘娘系紧邻青山宫的东坑村李姓女，传云未婚时坐化于青山宫为张梱妻。 崇武城隍诚应殿左右分别为显庆妃和李娘娘，显然为确。 而青山宫王之左右分列昭顺夫人和庆安尊妃则误。 东坑等村之民云昭顺夫人为大妈，庆安尊妃为二妈即李氏女，显然是为了提高声望之目的而将同为一人的昭顺夫人和显庆妃一分为二，再将显庆妃名号冠于李氏女。

城隍庙的灵安尊王的主要祭日有：清明节、五月二十三日、七月十五日和十月二十三日。

城隍庙诚应殿的石柱联文有"青峰分镇壮海滨"，这透露了该殿的前身即建于北宋的庆应庙由青山宫分香而建。 但据访，传云：该诚应庙之建早于青山诚应庙（青山宫），因而历来从未到青山宫进行子庙神谒祖神的"过炉"仪式。 鉴于崇武诚应庙和青山诚应庙皆建于宋，此说不见得毫无道理。

在距该庙不远处的西门外约三十米处有一辛侯宫，又名崇山宫。《崇武所城志》载："崇山宫，在西门外近城兜。 神姓辛，伪闽时为张梱部将，宋封梱为王，并封辛将为英烈侯。 后因海寇掠小兜，神有阴护功绩，土人立庙祀。 嘉靖三十七年，被倭烧毁，复葺复圮。 近因沙压，只就前廊再葺一宫，并祀'仙姑妈'。 其旧宫已被人请为产为园地矣。"据崇武镇文化站陈学其先生介绍："崇山宫始建成于宋代。"今庙重建灿然，庙檐横着绣宇绸布"辛府英烈侯"，主祀英烈侯辛，配祀仙姑妈。 神座联文横批为"功卫社稷"，左右联为"英雄胸具屠鲸策，烈士身经汗马功"。又有一联文为"抗倭卫边城十里沙滩凝碧血，流芳荣大地万世香火慰英魂"。 联文表达了张梱部将辛氏的事迹或神迹，特别是神佑"卫边""卫社稷"的突出功能。 崇山宫的英烈侯为武身，而青山宫的英烈侯为文身。

崇武城内的诚应庙还有另一座，位于近城北处，有尼姑看守，规模可观，宽约 15 米，深约 25 米。 庙亦称后营宫、王公宫。 据《崇武所城志》载："后营宫，在所治西北偏，祀一王二妃，旁有大使，甚灵。 后落付庙祝居住。 今因迁移烧毁，只有遗址，后再修用［再］废，不知凡几。至道光二十二年，监住何琼玖出白金三百余员倡修，庙貌灿然称壮观焉。其糜白金七百余员，即何君琼玖功居半焉。"1990 年里人何瑜、陈朝其合撰的《三修后营碑》记："王公宫原名后营宫，建成于明代，奉祀五代宋忠将恽将军之神。 初建时寥寥数椽。 迨清道光年间，双益国学生何琼玖独资扩建，方成今之规模，年久风坏，栋椽破。 民（国）庚辰一度巨修。然浩劫期间，宫遭封闭，神像被毁，不成庙宇。 戊午恢复重光，再塑神像，逐年兴修，至庚午春全面改观，并扩建莲祇堂，其二、三楼乃住持斋姑骆淑美、黄叶自力手建，作为佛堂及宿舍，除四方善信及旅外乡亲虔诚捐助之力而鼎成也。"

重修的后营宫之神像仍从旧制，前落无设神像，后殿正中供灵安尊王，王之前侧左右分别为"韩单公"（记音）和"空王"（记音），稍再前侧左右分别为文判、武判。 文判为左手持卷右手秉笔的文官,武判为青面持刑杖的衙役头目,与今之县城城隍庙显佑伯城隍爷左右的文武判官神貌酷似,与青山宫文武判官略似。 王之供桌两侧有"肃静""回避"之牌,宛如县堂。 殿右为皇母神像,殿左供一神主和一"吃饼公"神像。"吃饼公"何神不详。 神主牌竖刻"庐江国学生何琼公泊头妣蒋安人及列祖考妣禄位"。"何琼公"即《崇武所城志》所记的捐修该庙的何琼玖。 庙中有联文:"崇武遗诗晓县令,青峰分派镇莲城。""遗诗"即初置惠安县时,建县堂开基掘得的牌上诗。《崇武所城志·山水》载"城筑如荷花穴,山顶头如蒂然,大海环绕",故崇武雅称"莲城"。"青峰分派镇莲城",指该庙由青山宫分香而建。

后营宫一年的主要祭日除六月十五日为夫人生(即皇母诞)外,有清明、五月二十三日、七月半、十月二十三日,与城隍庙诚应殿灵安尊王的主要祭日同,亦同于青山宫灵安尊王的主要祭日。

在崇武城外的前坂村海边有一座建于清代的灵安王庙。

祀英烈侯的庙除了西门的崇山宫外,在城内也有一座。《崇武所城志·庙祀》载:"护龙宫,在所口东边,近建祀英列侯。 其地原盖有亭,竖戚南塘公破贼功绩碑记。 万历间,风雨推倒,亭废碑碎,方建是宫。"

灵安王、妃也配祀于其他宫庙。 例如《崇武所城志·庙祀》载:"所东岳庙,在城东门外……中殿祀青帝,殿后祀地藏大士,殿左为地祇司,祀前代忠臣,殿右祀灵安王、妃。"

在崇武城西南向数百米的海沙滩上有一残破、今略维修的"护寮宫"古庙,昔时供有"四大总巡"神像。 而青山宫四大总巡(王爷神)从无设神像,以四把交椅为象征。 崇武老太陈担、蔡荫带笔者踏勘护寮宫,告诉笔者:解放前,每年有一次"送王船",纸糊的王船就是在护寮宫前下海的。 送王船即请四大总巡王爷将妖邪鬼怪集中于王船,鬼邪乘上王船而去,合境可保平安。 慈眉善眼的陈担还告诉笔者:陈朽的四大总巡神龛后有崇武詹姓建此庙的碑记。 因虑移动而损坏神龛,笔者未见此碑。

除上述的先为诚应庙后改为城隍庙的灵安尊王、妃和李娘娘从未到过青山宫"过炉"外,上述诸庙的灵安尊王神系诸神:灵安尊王、妃,英烈侯,文武判官,四大总巡,解放前皆到青山宫"过炉",一年一度,去时以庙为单位。"过炉"即表示对神灵由来的祖庙的承认和维系，乡民认为从祖庙分香而置之神，通过"过炉"仪式才得以充实灵力。

距崇武城十里的青山宫所在地，古时属崇武边防地域，明时更明确为崇武所辖境。《崇武所城志·边围墩台》指出："洪武初，倭寇叵测，扰害乡落，制惠安县疆里设有墩台二十三座，皆用民夫守瞭。 中建望楼，以便起居饮食。 置烟堠，夜遇寇至则举火，昼遇寇至则竖旗，使数十里之地顷刻见知而为之备。 正统十二年五月，奉都察院卯字二百二号勘合，委官会勘，定崇武所管辖地方，上至惠安县二十七都护海宫为界，下至二十六都青山宫炉内为界。 内设墩台四座：大乍、赤山、古雷、青山是也。拨军守之。"崇武自古为泉惠海防要塞，至晚在北宋即立寨设兵，灵安尊王神张梱的成神始初和传播与卫边御海寇密切相系。 作为卫边的重地崇武城必与灵安尊王联系至密。 探讨灵安尊王的缘起、发展、传播和功能，决不可离开崇武寨、城历史。 本文整理、提供的资料及偶发的肤浅见识，意在将青山宫的研究延伸到崇武古城来。

（林祖慰主编：《惠安青山考》，中国统计出版社 1994 年版）

金门风狮爷的历史渊源

司镇风煞的风狮爷，是金门极具特色的民俗景观。 现在金门 163 个自然村里，48 个村落有风狮爷，总计 56 尊。 大多数风狮爷立在村落路口，面朝北或东北。 风狮爷高度一般在 1 米左右，多为面朝正前方，张口直立状。① 金门岛多风灾是风狮爷产生的原因。 然而，为什么金门的风狮多为直立，而不是通见的蹲踞形态？ 风狮是金门土产，抑或是传自他地？ 这两个疑问，至今未解。

在题解水落石出之前，应全面了解金门风狮爷的概况。 金门岛中间的南北部窄如蜂腰，较宽阔的东西两部像蝴蝶张开的两翅。 其西北部是金宁乡，西南部是金城镇，东南部是金湖镇，东北部是金沙镇。

金宁乡有风狮爷 7 尊，皆为直立式，1 尊石质，6 尊砖泥质。

金城镇有风狮爷 5 尊，皆为直立式，2 尊石质，3 尊砖泥质。

金湖镇有风狮爷 11 尊（另有 1 尊石狮为镇墓煞，1 尊石狮为镇路煞），2 尊为蹲踞式，其余为直立式，1 尊砖泥质，1 尊红木质，9 尊石质。

金沙镇有风狮爷 33 尊（另有 2 尊石狮为镇水煞，2 尊石狮为镇墓煞），9 尊为蹲踞式，其余为直立式，1 尊砖泥质，1 尊水泥质，31 尊石质。

质料为砖泥或水泥的风狮爷较石质风狮爷较为晚近，它是传统的镇制风煞的石狮的变异。 在金门西部的金宁乡和金城镇，风狮爷皆为直立式且多为砖泥质。 由此可以推断，直立式的风狮爷较之蹲踞式的风狮爷较为晚近。 换言之，蹲踞式是金门风狮爷的最早形态。

---

① 参见许维民：《金门风狮爷》，台湾设计家文化出版事业有限公司 1995 年版。许氏统计金门风狮爷为 62 尊，其实，扣除 6 尊镇水煞、路煞和镇墓，应为 56 尊。

那么金门的风狮爷为何由蹲踞变为直立的呢？ 风沙是金门最常遭遇的自然灾害。 金门地处海中，四面无高山屏蔽，中间有丘陵起伏，"故东北风三时不绝，飓风所发，甚于内地"。① 明代金门人洪受在《沧海纪遗》一书中曾记述风沙破坏农田、飓风危害渔业等情，其文道："论至艰苦者，惟十八都为甚。 盖此都遍地飞沙积压。 下户之民无尺寸之田地者，十有八九也。 其生计所赖者，专在于渔。 ……万一飓风骤发怒涛汹涌，群舟飞扬竟如飘叶，性命覆没在指顾间而莫知所之矣。"②金门县立社会教育馆编印的《金门县志》（1992 年版）谓："浯地（引者注：金门古称梧洲）苦风，村落多在藏风处。 其当风路口每见有石刻巨兽，作猿狻张口人立状，俗称风狮，云可挡风。 有风患者，村落每致改迁，如李洋、西洪，昔为村落今渐荒芜。"又谓："（风狮）为镇制风煞之神。 后浦节孝坊外向第一狮，髹漆斑斓，俗传因其张口受日月精华云有灵异，居民于八月中秋日以酒果祝狮王千秋。"③

汪毅夫先生在《金门：自然灾害的历史纪录与民间信仰的特异情结》④文中对风狮爷的产生与风沙灾害的内在关系引证周详。 然而，为什么风狮爷多为直立形态？ 至今，金门 56 尊风狮爷中蹲踞式有 11 尊。 直立式是金门风狮爷的普遍形态，这是对自然环境较佳的适应性选择。 清人林焜熿《金门志》（1882 年）记道："隆冬海风飙骤，飞沙滚尘。 东方滨海村家，沙压于室埒，夜栖宿房庐。 且已闭塞，辟除之，始得出入。"⑤这段文字极具启发性。 早期蹲踞式风狮易于被风沙掩埋，直立式风狮是避免被风沙掩埋的选择。 林焜熿《金门志》指出："风烈莫如东方，料罗以上荒埔茫茫，飞沙镇压。"⑥作为镇制风煞的风狮爷必先产生

---

① 刘敬：《金门县志》，1921 年修，福建师范大学图书馆 1959 年油印本，转引自汪毅夫：《中国文化与闽台社会》，海峡文艺出版社 1997 年版，第 138 页。

② 转引自汪毅夫：《中国文化与闽台社会》，海峡文艺出版社 1997 年版，第 138～139 页。

③ 转引自汪毅夫：《中国文化与闽台社会》，海峡文艺出版社 1997 年版，第 138～139 页。

④ 见汪毅夫：《中国文化与闽台社会》，海峡文艺出版社 1997 年版。

⑤ ［清］林焜熿：《金门志》，台湾文献丛刊本，第 394 页。

⑥ ［清］林焜熿：《金门志》，台湾文献丛刊本，第 394 页。

于金门岛的东部，特别首当东北风的东北部，金门的风狮爷 59％ 即分布于东北部的金沙镇。 风沙远无金门岛东部强烈的西部，风狮爷较之东部的风狮爷，出现时间较为晚近。 在金门岛的东部，风狮爷的质料几乎全为石头，而西部的风狮爷绝大多数为砖泥质。 砖泥质的风狮是较晚近出现的，而岛西的风狮皆为直立，岛东的风狮则有 25％ 为蹲踞，这说明蹲踞风狮早于直立风狮。 当人们悟出风狮直立可避免被风沙掩埋，风狮的蹲与立就此消彼长，使得直立状成为金门风狮的普遍样式。

关于金门风狮爷产生的年代，许维民在其摄影集《金门风狮爷》序言中指出："从地方的家族谱牒来探讨。 现今金门的血缘聚落，其先祖甚多是宋、元、明时迁徙定居的。 而证之方志，金门生存环境遭受大规模的破坏，当是明末清初以后，彼时郑成功大量砍伐岛上的樟树，造舟东渡台湾（1661 年），以及清康熙二年（1663 年），清兵在岛上厉行坚壁清野战略，扫荡郑家军的立足之地。 如此重大的人为灾害，必定使地表水土流失，生态改变，才会兴起筹建风狮爷的念头。"许维民先生轻信刘敬《金门县志》（1921 年），亦谓：郑成功伐树造舟以东渡，实属不确。① 然而，明末清初，金门的重兵之屯所造成的林木之伐，迁界之酷所造成的田园之荒，致使水土流失明显恶化，却是没有疑问的。 许维民先生认为，建造风狮爷应在康熙二十二年（1683 年）清政府废迁界禁令，居民重返故里之后。 他还引述金门欧阳氏族谱所载："吾村有风狮爷，背而东向，高约二公尺……乃清道光年间所建，建镇风神物。 昔时东临海，地势低，海风直逼，沙砾常没农田，先人乃建石狮以制之。"②然而，从"先人"和"高约二公尺"的文字，可见这段文字系晚近续修族谱时所追述的文字。 当然，欧阳姓族人所居村落在清道光时雕立风狮爷，应有所据。

那么，直立的风狮爷是不是金门本地所创？ 汪毅夫先生《金门：自然灾害的历史纪录与民间信仰的特异情结》一文中，提到了一条重要线索：晋江县安海镇霁云殿（又名吴云寺）前的一对石头狮子亦作人立之状。 这对直立石狮，至今尚存。

---

① 邓孔昭：《郑成功与明郑台湾史研究》，台海出版社 2000 年版，第 58 页。
② 许维民：《金门风狮爷》，台湾设计家文化出版事业有限公司 1995 年版，序言。

据道光《晋江县志》载，安海霁云殿，又名霁云寺，古名佑圣宫，明永乐年间，增奉"真武上帝"，庙额为"江南第一灵官"。 嘉靖倭乱，庙毁。 隆庆时重建，改称"霁云殿"。 清顺治十八年（1661 年）迁界，庙又毁。 康熙二十三年（1684 年）复界，康熙二十六年（1687 年）重建。① 霁云殿前的这对直立石狮至晚在最后一次重建时雕立。

据已故泉州文史学家陈泗东先生考证，泉州的石狮分为两类：第一类是司守卫的"守门狮"，一对两只，雄狮右顾，雌狮左盼，二狮不一定张口；第二类为镇风煞的"风狮"，单只而立，张口，头部向前直看。 清初泉州提督衙前蹲踞的单立巨型石狮即为"风狮"。 清初泉州提督衙之所即威远楼，该楼建于唐，宋、元、明三度重修。 陈泗东先生对这尊风狮的造型工艺进行分析，认为其雕刻于明代。 新中国成立前，古城泉州城内常见街头巷口踞立着单只的小型石狮，至今尚有一些遗存。② 以石狮镇风镇煞镇冲，是泉州城以及泉州府辖县民间古来的风俗。

金门自北宋至清末隶属泉州府同安县，移民亦迁自泉州府地。 金门的风俗传自泉州，包括府辖诸县是很自然的事。 风狮信仰及其直立形态，可在泉州府晋江县安海镇和泉州府城找到其本源，就是金门"风狮"称"爷"，也非金门当地所创。 明代闽人谢肇淛《五杂俎·人部》，就有"石狮无言而称爷"的记载。

总之，金门的风狮爷，其镇风的信仰观念和直立的别致形态皆传自泉州。 其形态是为避免被风沙掩埋而由蹲踞改为直立，并成为本地风狮的普遍样式。

（《福建民族》2001 年第 2 期）

---

① （道光）《晋江县志》卷六九《寺观志》，福建人民出版社 1990 年版，第 1661 页。
② 陈泗东：《泉州海外交通若干问题小考》，《泉南文化》1990 年第 1 期；李玉昆：《泉州的石狮子崇拜》，《泉州民间信仰》1998 年总第 15 期。

清水祖师崇拜在马来半岛

　　海外的清水祖师信仰圈主要在东南亚，泰国、马来西亚、新加坡、印尼、菲律宾、缅甸、越南的华侨华人社区都建有清水祖师庙，而包括泰南和马来西亚的马来半岛，是清水祖师在东南亚最有影响的区域。 移民迁徙像飞鸟似的，很自然地把祖籍地的文化传播于新居地。 这就使华侨华人在所在国仍与其传统文化一脉相承，增强了华侨华人的文化认同和群体的凝聚力，也使所在国人民得以逐渐分享新引入的文化，进而成为华侨华人与所在国人民友好的文化纽带。 笔者利用 1995 年春在马来半岛考察积累的零散资料，对泰国、马来西亚华侨华人的清水祖师崇拜做简略的介绍。

　　马来半岛临太平洋，西濒印度洋。 半岛的北段即泰国的南部，南段是马来西亚。 清水祖师崇拜在马来半岛华侨华人社区甚流行，并有不少清水祖师庙。

　　位于泰国南部东侧的北大年市，有供奉清水祖师的"灵慈宫"。 明代海外华侨社会开始初步形成，华侨开始有自己的聚居地。 明代中期以后，北大年是东南亚华侨的一个重要聚居点。 北大年有一方明代墓碑，上刻"皇明显妣淑勤陈氏墓，万历壬辰夏吉日立"。 这是当时北大年华侨聚居点的重要遗物遗存。 晋江安海《颜氏族谱》记载其族祖于明正德丙寅年（1506 年）到暹罗谋生，卒葬该地。《北大年纪年》记述泉州人于明万历初年到北大年定居。 从 16 世纪后半期开始，有漳、泉籍华侨在北大年及其邻近的宋卡任地方官吏。 可见，北大年是闽南籍华侨在泰国的最早开发地和聚居地。 灵慈宫建于明代万历二年（1574 年），原名"祖师公祠"，暹罗曼谷王朝的拉玛五世（1853—1910 年）时，该祠增供林府姑娘后，遂改名灵慈宫。 当地传说：清水祖师早年"旅居"槟榔屿时，"破除当地土著以婴祭蛇暴俗"。 所传虚虚实实，但透露了北大年所供的清水祖师与马来西亚槟榔屿的清水祖师有分灵关系。

泰国南部西侧的普吉市西临安达曼海，大约在明后期，有华侨开始移居，19世纪普吉是泰南锡矿开采的主要地点之一。 大批华工被吸纳到此，后来的橡胶种植和加工进一步推动了普吉的开发。 泰国的橡胶最早是由龙溪人在普吉种植的。 该市有供奉清水祖师的"福元宫"，该庙重建于1874年。 与泰国多数华侨华人宫庙一样，"福元宫"匾额还配上泰文。 该宫装修时红漆用量大，壁红、柱红，整体非常红艳，一如热带花卉的鲜红主色。 这也是泰国华侨华人宫庙色彩的基调。 庙内神龛前左右两根大柱挂着这一楹联："保我黎民老少咸歌德化事千古，佑尔赤子夏夷竟祝馨香极万年。"到庙祭祷的除了华侨华人，还有暹罗人，因而"夏夷竟祝"非常贴切。

紧邻马来半岛东北隅的曼谷，有供奉清水祖师的"顺兴宫"，建于1872年。 曼谷福建会馆附置的福建山庄（闽籍华侨华人墓园）也建有清水祖师宫。

槟榔屿又叫槟城，在马来西亚西侧，槟榔屿在1786年开辟以前，是个荒岛，只有几十名中国渔民和土著渔民居住。 经招引华工后，槟榔屿才得以开发，故华侨称槟榔屿为"新埠"。 这里有一座建于1850年的"清水庙"，亦别称"蛇庙"，供奉清水祖师。 槟城福建会馆在该庙撰刻了一对楹联："修道岩山一旦化身成祖，分炉屿岛万家生佛真师。"传说：自从槟城的这座清水庙建后，此地毒蛇就不敢咬人作恶了。 至今，清水庙里有群蛇栖息，在清水祖师的"监视"下进行"潜修"，温顺不伤人。

槟城还有另一座供奉清水祖师的"大普公坛祖师庙"。 吉隆坡也有座"云顶清水祖师庙"。 19世纪中叶，吉隆坡尚是一片沼泽地，直到19世纪60年代，华工在这里开采锡矿，一座繁华的都市才开始崛起。 吉隆坡"云顶清水祖师庙"是20世纪上半叶才建的，比起上述诸庙，时间要晚近得多。

早在明代以前，闽南人就移居马来半岛中部东侧的宋卡及其毗邻的北大年，并在明代中后期形成华侨聚居点。 马来半岛最早的清水祖师庙在北大年，正和这一历史状况契合。　首先，在马来半岛，闽南籍华侨华人占华侨华人总数的三四成，其他祖籍的还有潮汕、广府、海南、客属等。闽南籍华侨华人占有较高的比例，这是闽南重要的地方神清水祖师崇拜在马来半岛甚流行的重要原因。　至于清水祖师是马来半岛闽南籍华侨华人最主要的神明，很可能是传来的时间最早，在整个马来半岛，至今还未发现有华侨华人创建的宫庙有早于北大年"灵慈宫"的。　其次，马来半岛的闽南籍华侨华人以泉州籍为主，其中安溪籍又占有较高的比例。

华侨华人寺庙的建立是早期华侨社区形成的重要标志。　中国的海外移民以血缘和地缘为纽带，寺庙多由同一祖籍地的华侨华人创建。　这样，华侨华人寺庙也就成为共同祖籍地缘的华侨华人联系接触的最早公共场所，并由此导致华侨地缘社团的建立。　反之，华侨华人地缘社团也管辖这些寺庙，并以其中某一庙作为地缘社团的核心寺庙，而核心寺庙的主祀神也就成为地缘社团成员认同的一种象征，并增强了凝聚力。　泰国福建会馆与清水祖师的关系正是典型之例。

曼谷主祀清水祖师的"顺兴宫"建于 1872 年，1911 年曼谷的福建公所改组为福建会馆，该馆即接手管理、重建顺兴宫，并以之为本会馆的核心宫庙。　曼谷福建会馆附属的福建山庄（闽籍华侨华人墓园）也建有清水祖师宫。　泰国福建会馆属下的 34 个分馆主要分布于泰南，这些分馆多以供奉清水祖师作为标志，如果没有宫庙，则在会馆设一清水祖师神像供奉。　祖籍闽南的华侨华人是福建会馆的主体，这样，清水祖师成为福建会馆的主祀神是顺理成章之事。

东南亚清水祖师庙还有：印尼椰城丹绒加乙祖师庙，雅加达市郊的丹绒加赫海滨的祖师庙；缅甸仰光近郊的高解福山寺；菲律宾马尼拉的祖师庙，亚庇的碧南堂，沙巴州的腾南堂；新加坡的汤申路蓬莱寺和镇南庙，等等。

（陈国强、陈育伦主编：《闽台清水祖师文化研究文集》，香港闽南人出版有限公司 1999 年版，第 178～180 页）

唐山在海外最早的城隍庙

泰国宋卡是中国史籍《隋书》所载的赤土国。明朝《武备志》谈到了宋卡近海的猫岛和鼠岛。站在宋卡海边，一大一小的海岛，如猫追鼠，非常逼真。宋卡位于马来半岛的中段，东濒太平洋，风光旖旎。2001 年春，笔者游览了这座美丽的滨海城市。在市区中心地带的华人居住区的美人街，有一座城隍庙，庙貌呈闽南庙宇特色，庙内楹联是："承中国历史传统建隍庙显灵于此，忆宋卡先贤设下施善炉参拜不休。""宋卡先贤"指的是侨居宋卡的福建海澄人吴让的后裔，他们于道光二十三年（1843 年）之前，将祖籍地海澄县城隍庙的香火传到宋卡，创建了这座唐山在海外最早的城隍庙。

元明之际，华侨就开始开发马来半岛。明朝万历六年（1578 年），潮汕澄海人林道乾率为扬帆，抵达与宋卡比邻的北大年。自此，潮汕人和闽南人大量迁来。清朝乾隆十五年（1750 年），福建漳州海澄县山塘乡西兴村人吴让，又名吴阳，来到宋卡。他初以捕鱼为生，后经营燕窝外销，富甲一方，为暹罗国王郑信所器重，于 1755 年被封为宋卡城主。所谓"城主"相当于拥有"边蕃"权力的统治该城的世袭诸侯。吴让逝世后，其位续传七世。宋卡城隍庙有一传世匾额，刻着"永镇宋邦"。这透露了当年吴让家族统治宋卡城，拥有高度的权力，也表明了城隍庙在宋卡庙宇群中的突出地位。

宋卡城隍庙有一方 1962 年镌立的《宋卡城隍庙奠基史迹》碑刻，追记 1843 年该庙奠基的盛况：

　　宋卡城隍庙建于清道光二十三年癸卯，佛历 2385 年，时值暹罗第三世王朝。皇上御赐檀香木柱,圣烛一杆,并各种祭祀品,同时派颂绿拍灵隆毗笃僧皇及八位高僧主持佛教仪式,另派拍丘亚沙拉曾等八位婆罗门教士主持婆罗门仪式。披耶宋卡遂聘技工人员于宋卡城市中心兴建巍峨宏伟之礼坛。同年三月七日,披耶宋卡将皇上御赐之檀香木及圣烛恭奉游行,泰人士亦皆热烈参加。当檀香木及圣烛安奉于礼坛后,由暹罗高僧及婆罗门教士诵经说偈。十日晨,披耶宋卡及拍丘亚沙拉曾主持奠基典礼,将檀香木竖于城中心点,亦即城隍庙之基地。披耶宋卡举行五昼夜盛会,上演洛坤差知即泰歌舞剧。经年庙成。披耶宋卡创城隍庙之功永垂不朽。福建庙产管理委员会谨识。

"披耶"即公爵,"披耶宋卡"即宋卡城主。 建城隍庙时,距吴让始任宋卡城主已有 88 年,时为吴氏城主第五世。 上引碑铭记载了 3 个重要事实:一是泰皇高度重视宋卡华人道教庙宇的兴建,专门赐物并派僧庆贺;一是佛教和婆罗门教参与道教庙宇奠基典礼,说明在泰国,来自中国的道教受到当地宗教的尊重,佛教、道教和婆罗门教和平共处;一是参加典礼的除了华人华侨,泰人也参加,反映泰、华人民的友好关系及其文化的相互交融。 今天,宋卡城隍庙风采依然,香火兴旺,泰华善信,参拜不休。

(《世界日报》台湾版,2003 年 9 月 7 日)

评陈衍德《现代中的传统：菲律宾华人社会研究》

　　长期以来，我国大陆学术界对海外华侨华人的研究特征是基于文献的遥研且偏重于历史学倾向。 1992 年 3 月至 1993 年 3 月，厦门大学的陈衍德先生在菲律宾对当地的华人社会进行了一年的调查研究，这是我国大陆学者较少进行过的对海外华人社会长期的全方位的实地调研。 大量采访的口述和直接观察的记录材料，像不断汇聚、激荡的云层，终于迸发出一道亮闪的思想：源于祖籍地的海外华人社会文化传统在现代社会中不断进行调适、整合与变异，从而获得生机，在保持基质的同时汇入所在国的社会中。 从学术史的角度来看，陈氏在实地调研的基础上完成的《现代中的传统：菲律宾华人社会研究》一书，确系独步蹊径，别开洞天。

　　在华人社会的各种关系中，中心是个人，血缘、姻缘、地缘、业缘、神缘等社会关系就是一层层向外扩展的圆环，形成由亲而疏的差序格局及其相应的伦理道德。 在这种格局的文化事象中，还显示出代际的文化差异，由此可综观族群的文化变迁。 作者别致地从个人行为和生活史切入，追寻众多个人散布在血缘、姻缘、地缘、业缘、社团等差序格局的无数生活轨迹，从纵横交错的社会组织，理出菲律宾华人社会的架构和网络。 这种由叶而枝、由树及林的逐序延伸的方法，大别于忽略微观的单纯的宏观研究惯习，也使读者对海外华人社会的了解有一种贴近感和鲜活感。

　　把握了以血缘为核心的差序格局，依此而洞察菲律宾华人企业的转型、扩展、分蘖、组合及其组织结构、管理模式和企业互动，就有一种通透感。 以血缘为核心的社会组织和结构的传统与变迁，体现在企业的内部联系和外部关系上，而企业在现代经济日新月异的变化下不断做出的调整，也引起社会组织和结构的变化。作者提出"家族（家庭）企业—个人化管理是网络—信用模式的内在动因；市场经济架构—传统人际格局则是这一模式的外部环境"这一理论模型，指出："只有将传统的民族智慧与现代企业制度结合起来，华人企业才会走向成功。"可谓真知灼见。

作者还考察了华人乡土神信仰文化在菲律宾现代社会的变异。菲律宾华人的祖籍90％是在闽南，其普遍信仰是基于地缘的闽南乡土神。神庙往往有宗亲会或同乡会的支持。乡土神是宗亲、乡亲乃至族亲的联谊纽带，也是继承和弘扬传统文化的象征。不少神庙主奉某一乡土神，还从奉佛、道乃至天主教、基督教等各种宗教之神，这反映了华人社会与菲律宾现代社会的交融。

（陈衍德：《现代中的传统：菲律宾华人社会研究》，厦门大学出版社1998年版）

序曾五岳《土楼起源史研究》

　　曾五岳先生这本土楼研究新著对闽西南土楼及其研究，进行系列典型的探讨和辨析，最后聚焦于漳州圆土楼成因这一核心难题的求解。

　　漳州土楼缘起于土堡。土堡至晚出现于明代中期。堡，小城之义。官建为城，民建为堡。堡还细分为堡、土堡。土堡的墙垣，石基夯土；堡的墙垣，主要是条石砌筑。即使是条石砌筑，也常附带夯土。土堡是堡的主流形式。在家族、宗族或乡族村落，围筑几米高、数百米长的墙垣，即为堡或土堡，这是外围墙垣与平房村落的结合。当平房依堡墙而筑，就出现堡墙与平房合二为一，继而演进为二层以上的依墙楼房。有的土堡建设，干脆不筑村落状的平房，墙、楼一体，这时，土楼就出现了。土堡平面，或为方形，或为由弧、曲、直的线段组成不规则圈状，也可以说是近乎不规则圆形。方形堡与楼房的结合最快，这正是"一德楼"等方土楼最早出现的原因。土楼出现后，或在土楼和一些平房外仍围筑墙垣，这是由土堡变异为土楼后的混合样式。

　　比嘉靖方土楼"一德楼"迟些，圆土楼在万历年间出现在典型丘陵地带的华安。山丘上的齐云楼，削巅而建。晚明的圆土楼很少，但随着时间的推移，土楼方、圆，此消彼长，其动因就是黄汉民先生所指出的圆土楼八大优点。"圆楼的根在漳州"，是黄汉民先生关于土楼历史研究最重要的发现。谦虚的黄先生不时提起，是借助曾五岳先生对于华安等县土楼的地方知识，他才拓宽视野，并激发理论建树。

　　新近，曾先生发现促使土楼由方变圆的伊斯兰因素这一前所未知的文化介质。万历齐云楼的主人是郭姓回族，齐云楼的建筑有穆斯林云月崇拜的蕴意。该楼所建的削巅基面，使原应为圆形的基线受限为椭圆形。

十年后，在建齐云楼的山丘附近的平地，郭氏族人续建的升平楼就是圆形土楼了。 作为在华安圆土楼演进中的杰作，二宜楼的尖券木窗，其无可争辩的伊斯兰风格，给我极深刻的印象。 对于圆土楼的伊斯兰文化因素驱动的解释，研究难度系数极大，尽管未臻完善，但论之有据，为我们拓新见识。

科学的解释奠定于科学事实的基础上。 科学研究在于事实的收集和对事实的分析概括。 科学工作者的创造性思维主要体现在对于事实的分析概括，而体现于事实收集的创造性思维是有严格限度的。 如果对事实进行篡改或伪造，进而提出所谓"创新观点"，那只是插着科学标签的废品或废物。 曾先生所痛心疾首的正是此类"学术"垃圾。 曾著的揭露批伪，不是学术争鸣而是学术清污。 尽早加以揭露、驳斥和制止，是对玷污土楼研究的荡涤，是对世界文化遗产蒙羞的减免。 世欲重者无深机。对于土楼研究的随意和作假及其揭露，或不以为然，或轻盈转身，这暴露了社会主义市场经济条件下出现的利令智昏和弱视浅见。

像日西晚云的殷红炽热，年逾古稀的曾五岳先生更有事业执着的纵情，更有科学使命的守望。 正如孔子仁爱的思想在得到孟子关于义的规范后，儒学才获得完整，科研的热爱必须有科学约束，才能完美而修得正果，才能求真务实而不至于走火入魔。 在这本著作里，我看到远离浅尝辄止的深邃，也感受到科学良心的脉动。

（曾五岳：《土楼起源史研究》，海潮摄影艺术出版社 2011 年版）

评《厦门晚报·寻找老厦门》专栏

　　厦门，地灵人杰，历史人文粲然可观。　本人系土著，亦略涉文史。然而，几年来阅读《厦门晚报》的《寻找老厦门》（以下简称"寻找栏目"），竟有返少再读的感觉。　栏目的提示语"权威·原创·深度"，果然不虚。　这是如何做到的呢？

　　历史的探寻，首先依赖于新材料的获得。　孜孜不倦于搜集新材料，使寻找栏目的文章一扫平庸的老生常谈，令人耳目一新。　兴泉永道署建于厦门城北门外魁星岩南麓。　厦门市文管会于 1991 年镌刻的《修复〈重建兴泉永道署碑记〉记事》所说的"强占道署"，"改建洋楼"，其实不然。　第一次鸦片战争期间，英军占领厦门，不久撤出，留下少部分兵力驻扎鼓浪屿，主力继续北上。　中方战败后，被迫签订《南京条约》，同意五口通商，并在通商口岸设英国领事馆。　清廷欲收复被英军和英国领事所占据的鼓浪屿，便催促英方在厦门租屋设馆。　道光皇帝允准。　英方"感悦"，愿重金租房。　于是，双方共勘后，在"兴泉永旧署余地一端"建楼。　1863 年，在中方的催促下，英国人将租作"夷馆"的洋楼归还。当时的道台向各界募银，"削平洋楼"，起建更宏大的兴泉永道署衙。

　　寻找栏目的《兴泉永道署》一文，用的是朱批奏折的新材料，揭示了内幕。《修复〈重建兴泉永道署碑记〉记事》所误，情有可原，因为建楼作"夷馆"，当时民间文士就有非议，并被当今不少学者沿用，认为英国人强占道署设馆，甚是荒谬。

　　近代厦门是中外文明的碰撞和交融之地，探寻涉外历史，尤其是外国人生活史，寻找栏目的作者，力图采用或兼用外文图书资料。　关于为厦门女学鞠躬尽瘁、死而后已的仁力西（仁姑娘）的故事，文章作者用的是从英国专程寄来的 1907 年英文版的仁力西传记。 仁力西来华之前，参加为期半年的传教士培训班，接受了从语言到唱歌、从护理到急救、从烹饪到缝纫等一系列训练。 1885 年她来到鼓浪屿，接手乌埭女学，办成寄宿学校。 这样，生源就可以扩及闽南，尤其是漳州。 她和毕业生仍保持联系，还访问毕业多年的学生家庭，跟他们的宝宝玩，热盼叫她"姑娘嬷"。 许多感人的细节，正是撷取英文版传记，才那么令人难忘。

寻找栏目一直保持图文并茂的风格，所用的图片亦属新材料，甚至稀见。 这类图片由撰稿人或者在网上搜索自南加州大学等美国高校图书馆，或者翻拍自古旧的外文图书。 慨然提供者，主要有厦门民间收藏家陈亚元、紫日、白桦，还有洪卜仁、美籍学者潘威廉等。 美国康奈尔大学收藏的厦门老照片，是当时鼓浪屿一家"照相写真馆"拍摄的，时间大约是 1880 年，全套近百张。 年代之早、质量之高，令人啧啧惊叹。 寻找栏目分鼓浪屿和厦门两辑刊出，让读者大饱眼福。

在照相术发明和普及之前，图片多是用铅笔速写、水粉彩画的木刻版画和铜版画。 在记述第一次鸦片战争，1841 年英军对厦门入侵的事件中，有一张图片选自 1844 年英文版的奥特隆尼《对华作战记》，图片是现场速写。 画面中，右侧是厦门"大炮台"（磐石炮台），左侧是屿仔尾炮台。 英舰有二桅风帆，但船的中部是矗立的烟囱，表明已用蒸汽动力。当时还未发明安装在船尾的螺旋桨，只用设在船两侧的明轮（桨轮，像水车）。 尽管如此，风帆和蒸汽机混合动力的船舰，在兵贵神速的战争中占据绝对优势。 在中学乃至大学历史教科书还在沿用晚清所谓的"外夷""船坚炮利"时，寻找栏目用生动的现场图片显明：第一次英国侵华的鸦片战争，是"蒸汽机"时代对"手推磨"时代的战争，天朝溃败已经注定。

不仅用文献而且用田野方法，是拓展新材料的途径。 寻找栏目的作者就像要写专题报道的记者，深入现场观察采访，继而进入时间隧道，在想象情景中叩问历史，寻求答案。 如此结合而写出的文章，有往返于古今之妙。 在《厦门的古道》专题中，陆道除了有莲坂铺到高崎铺，越海上接浔尾（集美）等铺到同安，主要有莲坂到金鸡亭再到五通，越海上接刘五店，再往水头、泉州、福州这一条。 海道有东渡或洪本部与漳州嵩屿的对渡。 今天，在东渡附近与嵩屿通了海沧大桥，高崎与集美海峡三桥飞架，五通到刘五店有海底隧道贯通。 历史有沧桑巨变，又有万变不离其宗之妙。

田野工作也可网上虚拟操作。 在霍普学院网页的搜索中，一连串熟悉的姓名跃出，他们曾是厦门救世医院的医护人员。 霍普学院所在地是一个叫"荷兰"的小镇，因为荷兰裔聚居，小镇因此得名。 创办救世医院的美籍荷兰人郁约翰就成长于此。 荷兰镇及其霍普学院竟有那么多的学生结缘厦门。 寻找栏目作者还在网上"访得"今天荷兰镇的民俗风情。 郁约翰救世医院，厦门人尤其是鼓浪屿人耳熟能详，但用通古今之变的方法，让历史鲜活于今天，天涯诚若比邻。

面临着丰富的史料，也须有史德的驾驭。"不虚美、不隐恶"是中国优秀的传统史德，用当代精神进行诠释即实事求是。 萧春雷是寻找栏目编辑，他除了为每一专题的系列文章写提纲挈领的导言，有时也参与撰文。 他看到白桦收藏的《耶尔森医生在厦门接种鼠疫疫苗，1897年2月7日》（法国《小巴黎》画报的封面）的版画，才知道寻找栏目过去做过的鼠疫专题存在一个重大的遗漏，居然没有提及此事。 他向读者表示歉意后，运用《〈点石斋画报·医疫奇效〉释解》一文，找到耶尔森来厦踪迹，写出白桦收藏画报封面的画中故事。

他在追寻屿仔尾南炮台（属海军部队）击伤日军"若竹"舰的故事时，查阅了《星光日报》记者赵家欣《屿仔尾劳军记》和当时驻厦司令官一五七师师长黄涛的回忆录《第一五七师驻厦期间之防务》一文，以及驻守屿仔尾的海军文职人员郑奇云写于抗战胜利后的文章《厦门要塞战前后》。 三文皆称屿仔尾炮台击中或击伤日舰"若竹"号。 按一般做法，也就可以撰文了。 但他继续查询，了解到国民党抗战史诸如《国民党政府海军抗战纪事》等四本书，均无"若竹"舰被击伤的记载。 萧春雷颇感遗憾，尽管他深爱曾发出怒吼的南炮台，但不为之虚美。

寻找栏目文章已超出预期，如此撰文，怎么能不引人入胜？

泉州回族

泉州伊斯兰史迹研究的先行者张星烺

　　泉州伊斯兰史迹不仅是珍贵的历史文化遗产，而且是当地回族认同，以及伊斯兰世界与泉州回族乃至中国回族认同的文化象征。研究和保护泉州伊斯兰史迹，具有重要的现实意义和深远的历史意义。泉州是中世纪海上丝绸之路重要的东端。早在伊斯兰教创立初期，就有西亚海商到此经商，穆斯林教士也就借着远洋的商船之便，来泉州传教。与泉州俱荣俱损的伊斯兰教，自元末明初以后一蹶莫振，有些史迹陆续灰飞湮没。张星烺的调查报告《泉州访古记》，启开中国学界调研泉州伊斯兰史迹的先河，成为众多学者一再引用的传世之作，他是我国研究泉州伊斯兰史迹的先行者。

　　张星烺于1926年9月开始在厦门大学任教，随即于当年10月31日至11月2日在泉州调访伊斯兰史迹，同行者有陈万里和德国学者艾锷风（Ecke）。他们的泉州之行得到泉州天主教堂神父任道远（Seraphin Moya）周到的接洽和安排。任氏是西班牙人，在泉州已住了20年，熟悉当地历史风情，善操泉州方言，颇识华文，态极和蔼，对张星烺一行帮助很大。他们考察了清净寺、灵山圣墓，顺便也看了开元寺、府学大成殿。张星烺把这次调查所得写成《泉州访古记》（《史学与地学》1928年第4期）。该文有珍贵的调查资料，还有可供开发的思想残片。

　　走在泉州古城的街巷，偶见脚下的铺路板石竟刻有阿拉伯文，张星烺惊叹："此等发现，亦犹地质学家探矿于荒山芜草之中，发现矿苗一块，即以测定山中之蕴藏也。"受到这一启发，泉州的吴文良从20世纪30年代开始收集研究伊斯兰教和其他宗教石刻，到了20世纪50年代共收集这类石刻约100多方，于1957年出版《泉州宗教石刻》一书，受到中国科学院考古研究所夏鼐所长的高度评价。 1984 年泉州海外交通史博物馆又出版《泉州伊斯兰教石刻》一书，收录已发现的伊斯兰教石刻 200 余方。这两部专著对于伊斯兰教在泉州的传播史和泉州回族史的研究具有重要的参考价值。 思此，人们不能不钦佩张星烺见微知著的眼光。

泉州涂门街清净寺，阿拉伯文的中文音译是"艾苏哈卜寺"，中文意译是"圣友寺"，而中文名"清净寺"是因立有元代人吴鉴《清净寺记》而得名。 张星烺在该寺考察时，任神父说，该寺系仿叙利亚大马色克城（Damascus）大清真寺而建造的。 在门墙上有阿拉伯文石刻，译文为："此寺为居留此邦回教徒之第一圣寺，最大最真，众所崇仰，故其名为'圣友寺'。 建于回教纪元四百年……"铭文为阿拉伯文，由西班牙神父阿奈资（Arnaiz）译为法文，1911 年由艾锷风将法文译为英文。 张星烺此次考察后，将英文译为中文。 该寺的建筑年代载明为回历 400 年，即 1009 年，亦即北宋大中祥符二年。 据元代吴鉴《清净寺记》，清净寺建于南宋绍兴元年（1131 年）。 张星烺指出："此说与阿拉伯文石刻不符。"正是"不符"这两个字，引发了学术界后来对这一问题的探讨和争论。 1938 年白寿彝《泉州清净寺的创建年代及创建人》倾向南宋说，1957 年吴文良《泉州宗教石刻》确认北宋说，并指出吴鉴《清净寺记》原立于另一座清净寺（在泉州南门），后因寺毁而将碑移于现在的清净寺；1963 年庄为玑《泉州清净寺的历史问题》虽同意北宋说，但否认南门清净寺的曾存，认为阿文碑和中文碑所载内容可整合为一。 时隔 20 年，庄为玑《泉州清真寺史迹新考》终于同意吴文良的观点，并将吴鉴碑记原立于另一座清净寺的说法，进一步修正为：明正德二年（1507 年）涂门街清净寺将载于《泉州府志》的吴鉴《清净寺记》，抄刻立碑，造成张冠李戴。至此，这一悬案水落石出，并进而发现宋元时代另外四座清真寺遗址和遗物。 没有问题的发现就没有问题的解决，正是张星烺当年敏锐的问题意识，才引发了这一连串学术思考的花朵。

最后张星烺一行考察灵山圣墓。 同行的陈万里拓下阿文和中文的石刻，后皆译出，收录于《泉州访古记》。

张星烺泉州之行的主要目的是访古，但他也注意察今，以便古今互证。 他特别留意宋元泉州回民望族蒲姓后裔的下落。 经访问得知：泉州仍有蒲姓后裔，但已改为吴姓，当时人口 200 余，住南门外。 永春蒲姓以制香为业，人口众多，云有千家。 正是这一重要线索后来启发了厦门大学的庄为玑和庄景辉，他们于 1976 年调查永春、德化的蒲姓制香业，并于 1978 年发表《泉州宋船香料与蒲家香业》这篇重要论文。

[《福建民族》2002 年第 2 期，署名"马驰（回族）"]

评吴文良、吴幼雄《泉州宗教石刻》

《泉州宗教石刻》一书的原著与增订，历经吴文良、吴幼雄父子两代人77年的艰苦探索，终于接力合成这部皇皇巨制。增订本关于石刻收集的种类和数量显著增加；单个遗物以及某一类遗物的历史阐微、辨析和概括，极大地提高了原以资料见长的此书的理论品质；其纠错、释疑、解难、辨误突出地体现了推陈出新。《泉州宗教石刻》增订本既保存了大量中外文化交流珍贵的历史信息，又是宋元时期泉州乃至闽南多元宗教和谐共处的历史见证。

凝聚着两代人的艰苦探索，承蒙中国科学院考古研究所两代学人的举荐和指导，《泉州宗教石刻》增订本于2005年问世。其重要的学术价值，既是中国的也是世界的。

一、艰苦探索的历程

泉州是海上丝绸之路的重要端点，宋元时期跃居为东方第一大港，蕴藏着中外经济文化交流史的丰富遗存。20世纪50年代初期以前，有一位孤独的特行者，默默地收集、研究以古代海上中外交通史为背景的外国宗教石刻，他就是吴文良先生。他的成果引起了中国科学院、苏联科学院的重视，引发了科技史大师李约瑟的赞叹。一个普通的中学教员，一个业余的考古工作者，竟取得了填补空白的重大科研成果。

吴文良先生于1903年出生于泉州城一个贫苦手工业者家庭，在厦门大学生物系毕业后回泉任中学教员。从1928年开始，他留意搜集宗教石刻，传奇的"石头记"故事翻开了第一页。他经常利用课余时间，走遍泉州罗城各城门的城基挖掘工地。 1946年他在南城门发现一方伊斯兰教碑刻，因要价太高，无力购买，随即告知清净寺葛笃庆出资购买，收藏于该寺，保留至今。 一次，他在泉州南门外亭店村道南中学附近，发现一方伊斯兰教碑刻，随即放置于自行车后架，推车10多里返回。 在旧社会，收集墓碑，为士人所不齿，但吴先生却孜孜不倦。 每当他搜集到宗教石刻，就尽快刷洗，做文字记录。 他微薄的教员薪水，除了维持一大家口的生活外，还得紧缩家庭开支，用于购买石刻。 1946年，他在一石匠店发现一方天主教的安德肋·佩鲁亚斯主教的拉丁文墓碑，当时墓碑尖拱顶已被凿去，碑面飞天和十字架也大部分被琢，店家见来者求购心切，趁机敲竹杠，吴先生高价购下。

吴文良先生之竭力，也只是宗教开始损毁中可怜的挣扎。 特别在民国后期，城垣拆除，致使许多有价值的石刻多被卖掉，改为建筑石材及其他用途。 例如，泉州东门城兜一家石店就破坏160多方外国宗教石刻，南岳及南门厂口街的两家店所破坏之数，分别也有100多方。 他很痛心地说："我所收藏的石刻，可以说是残存的很少的一部分。"

1949年11月，泉州刚解放，有人趁机拆毁灵山圣墓一带的阿拉伯人石墓去筑屋，吴文良先生当即向晋江行署专员许集美同志报告，及时制止破坏，保护了灵山圣墓。

1954年，吴文良先生把数十年含辛茹苦搜集的宗教石刻154方捐献给国家，中央文化部副部长郑振铎亲自书写"褒奖状"给吴先生。 1959年，他又捐献给国家20多方宗教石刻。 吴文良先生还鼎力支持厦门大学人类博物馆增列泉州宗教石刻，从1953年至1956年捐献宗教石刻数十件。 其中有一件是他刚收集到的刻有波斯文和汉字的元代墓碑，波斯文字是："艾哈玛德·本·胡阿吉·哈吉姆·艾勒德死于艾哈玛德家族母亲的城市——刺桐城。"这为泉州回族形成的研究，提供重要的实物资料。

吴文良《泉州宗教石刻》于1957年由科学出版社出版，该书收集的石刻共186号（少量为建筑物的局部，其他为单件石刻），每号石刻都附有精详的说明、考证。 所属的宗教包括伊斯兰教、基督教、摩尼教、婆罗门教（印度教）。 当时任中国科学院考古研究所编辑室主任的陈梦家先生，在《泉州宗教石刻》的编辑后记说："吴先生数十年来，在教课之余关心本地桑梓为人所疏忽的古物遗存，并以一己之力调查、搜集、累积成了一群很重要的资料。 我愿意在此提出二点值得我钦佩之处。 一是从事地方考古关心乡梓文献遗物，以一人一手之力孜孜不息地作此寂寞之学，这种精神是极可贵的……二是吴文良先生乃业余的考古工作者……刻苦自学，愈久愈勤……这种毅力是极为可贵的。 倘若有许多人能从事业余考古，那么中国考古学前途更可观了。"

吴文良先生热爱祖国，热爱家乡，对祖国丰富的文化遗产怀着一颗拳拳之心。 正是这颗爱心，激励他在长达40年的考古生涯中，克服重重困难，使一批珍贵文物避免湮灭和毁坏的厄运，成为研究中外交流史的传世珍品。 吴先生在"文革"期间，受极左路线冲击，于1969年被迫害致死。 1978年9月，中共泉州市委为他举行隆重的追悼大会。

科学的痴迷者，往往也是忘我者、奉公者甚至是殉道者。 在我们的眼里，家境清寒、薪金微薄的吴文良从事石刻收藏，有节衣缩食的无奈，也有难言的辛酸。 这些石刻，成为他生命的一部分，而当社会需要时，他便无私地把各类石刻二百多方捐献出来，为国家保存了一批十分珍贵的文化遗产。 正是他的奉献，成就了泉州海外交通史博物馆的创建和厦门大学人类博物馆碑廊的陈列。

1957年《泉州宗教石刻》出版，受到国内外学者的重视。 1965年经夏鼐先生建议，吴文良先生着手《泉州宗教石刻》的增订，因"文革"动乱，工作中断。 早在20世纪50年代末，国内一著名学者就对《泉州宗教石刻》无视清净寺内中文碑刻（后证实原不是该寺的），而根据清净寺甬道北墙的阿拉伯文字石刻对建寺的断代，提出强烈的批评，甚至责骂吴先生是"帝国主义的走狗"。 幸当时法度尚在，否则秀林之木必遭摧折。《泉州宗教石刻》出版后，国外学者来信询问或切磋，郭沫若先生就将日本学者的来信转给吴文良先生。 这些信件在"文革"中，竟成为吴先生"里通外国"的罪证。 他被关押于异地的"学习班"受尽折磨，被迫害致死。

吴文良先生对石刻收集研究的兴趣深深地影响了其子。 吴幼雄少时即好文史，福建师范学院历史系毕业后，先后在中学和大学从事历史学的教学科研，后任泉州师范学院教授、系主任和泉州学研究所所长。 其父在时，他即襄助研治宗教石刻及海外交通史。 即使在其父关在"牛棚"

日子，他仍在从事石刻的田野工作。 其父故后，他以继承遗业为己任，用心更加刻苦，谨严求实，修炼日深。 1975 年夏鼐先生重新主持中国社会科学院考古研究所工作，派黄展岳先生南下了解此书的增订工作，得知吴文良先生后继有人，即对其哲嗣吴幼雄随时指导，增订工作紧张进行。书中古阿拉伯文的释读破译，由夏鼐先生推荐古阿拉伯文专家华维卿先生担任，取得圆满成果。 到 1981 年春，增订本的编撰工作基本完成。 在需要补拍石刻照片时，遭到获吴先生捐献石刻的博物馆某些人的阻挠，增订本因功亏一篑而搁置。 经 20 世纪 90 年代联合国教科文组织的"海上丝绸之路"学术考察活动和 21 世纪初申报世界文化遗产"海上丝绸之路"项目的推动，蒙福建省和泉州市领导的关心、支持和资助，万事备而又东风，增订本于 2005 年仍由科学出版社付梓问世。

《泉州宗教石刻》远不是写出来的，它历经数十年田野采集的血汗而凝聚，历经郑振铎、夏鼐、陈梦家等学术前辈的举荐而促成。 从 1928 年吴文良先生开始搜集第一方石刻起，至 2005 年初止，历经 77 年吴氏父子接力合成了这部皇皇巨制，含蕴着辛酸苦涩和艰苦探索。 对历史的热衷与对现实的关注是互渗的，正是保护家乡文化遗产的社会责任感和洞见石刻所蕴藉的中外交流历史记忆的科学敏锐感，使吴氏父子相继走上石刻收集研究的探索之旅。 这一田野和研究的意义犹如微弱的烛亮，逐渐地焕发为昭世的霞光，那就是：泉州多元的宗教石刻所保存的中外文化交流的历史信息昭示着世界诸宗教的和谐共存不是神话，中世纪泉州就是典范展示，而多元宗教乃至多元文化的兼容和谐，昭示着经济全球化中世界文化演变的前景。

二、《泉州宗教石刻》增订本的创新

创新是科学进步的显著特征，16 开本、645 页的《泉州宗教石刻》增订本堪称创新的巨著。 石刻收集的种类显著增加，图片由原有的 186 幅增至 598 幅，说明和论述的文字增加 4 倍多。 单件遗物和某一类遗物的历史阐微、辨析和概括，极大地提高了原以资料见长的此书的理论品质，而纠错、解难、辨误更突出地体现了科研创新。

（一）宗教石刻收集种类和数量的显著增加

《泉州宗教石刻》原著的目录为：绪言；一、泉州古伊斯兰教石刻；二、泉州古基督教石刻；三、泉州古摩尼教石刻；四、泉州古婆罗门教石刻；五、附录。

《泉州宗教石刻》增订本新著目录为：序；绪言；第一部分：泉州古伊斯兰教；第二部分：泉州古基督教；第三部分：泉州古摩尼教（明教）；第四部分：泉州古印度教（婆罗门教）；第五部分：泉州古佛教；第六部分：泉州古道教；第七部分：泉州古民间信仰；第八部分：纪功、贞操牌坊及其他。

增订本增加四部分：泉州古佛教，泉州古道教，泉州古民间信仰，以及纪功、贞操牌坊及其他。 将古民间信仰列入，确当。 作为大传统与小传统，宗教与民间信仰相互流动、渗透。 美国社会学家彼得·伯格（Peter L. Berger）就将东亚的民间信仰称为"民俗宗教"，李亦园等台湾地区学者则采用"民间宗教"一名。 李亦园认为：民间信仰属于"普化宗教"（diffused religion），与"制度化宗教"（institutional religion）相对应。 的确，民间信仰与宗教并非截然隔离，有些民间信仰包含宗教成分，并可转变为宗教，宗教也会转化为民间信仰。 而宗教庙宇也会转变或局部转化为民间信仰神庙。 据"凤山《第一山重修地祇忠义庙记》碑"（G13），该庙在宋代为道教庙，明时增殿奉祀民间信仰的忠君神明，甚至还请进观音菩萨。 此庙已具有儒、道、释混杂的某类民间信仰神庙的特征。

把纪功、贞操牌坊列入宗教石刻的一部分，似欠妥，宜另列为本书的附录部分。 当然，牌坊与宗教石刻并非没有联系，因为种类繁多、数量巨大的宗教石刻营造了泉州城市建设的特色氛围，是促成了举世罕见的石牌坊营造的重要原因。"纪功、贞操牌坊及其他"的"其他"是：以明代僧人墓为近景的"东郊灵山圣墓和明代僧人墓"（H5）和"元代奉使波斯使者的墓碑"（H6）。 其实，可分别列入"古佛教"和"古伊斯兰教"部分。"东郊灵山圣墓和明代僧人墓"以僧人墓为主景、灵山圣墓为背景，反映了佛教与伊斯兰教在教徒冥世的符号世界中的共存关系。"元代奉使波斯使者的墓碑"是须弥座祭坛式石墓的构件，墓主于元大德三年（1297 年）奉命出使波斯湾的"火鲁没思"（忽鲁谟厮）这个伊斯兰教国家，故墓主当为穆斯林，其墓碑若收入古伊斯兰教石刻部分，几无疑义。

原著的泉州古伊斯兰教石刻图片 70 幅，无分节。 增订本 340 幅，分 17 节：一、泉州伊斯兰教寺和"拱拜儿"石刻，二、泉州东郊伊斯兰教灵山圣墓，三、泉州古伊斯兰教墓碑，四、泉州古伊斯兰教须弥座祭坛式墓垛石，五、泉州古伊斯兰教须弥座式石墓构件，六、泉州明代抱鼓石和云月形墓碑，七、泉州古伊斯兰教须弥座式墓墓顶石，八、惠安百奇回族郭氏和东园回族郭氏须弥座式石墓，十、洛江区杏宅村回族郭氏须弥座式石墓和石碑，十一、泉州德济门城基出土须弥座式墓墓顶石，十二、泉州闽南建筑博物馆保存的须弥座式墓墓顶石，十三、泉州津淮街拓改工程出土的须弥座式石墓，十四、石狮市博物馆保存的须弥座式石墓，十五、泉州通淮街清净教寺保存的须弥座式石墓和寺内考古发掘现场，十六、新增古伊斯兰教清净寺（及其他地点所掘）石墓和墓碑，十七、泉州古代外国人石墓种类简介。 此外有专题资料和研究附录：十八、泉州古伊斯兰教史料和回族史料摘抄，十九、泉州古伊斯兰教论丛。 所增节目使较为庞杂的古伊斯兰教石刻形成清晰谱系并辅以背景。

增订本对于石刻的出土地点，一般都有交代，有些还叙述了相关故事，甚至进行历史解读。《泉州宗教石刻》原著有一节介绍古伊斯兰教、古基督教和古天主教宗教石刻出土的分布区。 增订本在原有基础上，更详尽，甚至有附录的综论，这就有力地加强了各类石刻展示和分析的整体感。

考古兼参考文献，是中国考古学的重要特点。 增订本所增加的史料附录和相关研究，便于读者的理解，为宗教石刻的继续深入研究，提供文献参考的方便。

（二）以历史真实为追求的学术创新

历史真实是历史学和考古学的基本追求，考古遗物科学的描述和整理以及通过科学分析所释放的历史信息，正是考古学追求历史真实的精细工作。

增订本综论文字近 10 万字（不包括许多单件石刻的阐释文字），或阐微，或辨析，或概括，极大地提高了原以资料见长的此书的理论品质。增订本不仅修正原著个别的失误，而且纠正学术界一些误见，提出一系列新识。

1.对于失误的修正

科学探索总是在穷究对象近真度的过程中不断进步。《泉州宗教石刻》原著收入的"元代帖迷苔扫马等立的墓碑石"（图 108）、"摩尼教墓碑石"（图 109）、"摩尼教墓碑石"（图 110），增订本改收在"泉州古基督教石刻"部分（B37）。 吴文良先生说"元代帖迷苔扫马等立的墓碑石"（图108），"碑刻两行直书的聂士脱里叙利亚文字，左边有两行汉字"，"是一方元代管领江南诸路各派宗教的一个特设高级僧侣的墓碑……碑刻中有汉字二行，共五十三字：管领江南诸路明教、秦教等"，"碑上的'也里可温'，可能是教长的名称"。 吴文良的推测是对头的，也就是他认为墓主是也里可温（蒙古人对景教之称）教长。 他可能认为摩尼教石刻罕见，此碑墓主所管领的宗教有"明教（摩尼教）"，故将之收在摩尼教石刻部分。 此外，泉州所发现的宋元古基督教墓碑，皆有十字架雕刻，而这方墓碑独无，这会不会是立碑的"帖迷苔扫马等"既有摩尼教徒也有基督教徒的身份呢？ 从汉字碑刻的"管领江南诸路明教、秦教（景教）等"，从将明教列为首来看，这种怀疑是有所据的，甚至更可能的是：帖迷苔扫马等立碑者，主要是摩尼教徒。 因此，曾将此碑列入摩尼教部分，亦不离谱。 日本学者村山七郎根据碑刻的叙利亚文字指出，（经标点的）墓碑汉字的"管领江南诸路明教、秦教等"之后的"也里可温马里失里，门阿必思古八，马里哈昔牙"的正确句读应是"也里可温、马里、失里门、阿必思古八、马里哈昔牙"，直译是"基督教徒（聂士脱里派教徒）师 Silemun 主教师僧"。 从碑文可知：在 1313 年，聂士脱里教主教西雷蒙师，死于泉州。 日本学者村山七郎给郭沫若的信（1963 年 6 月 10 日）做了以上陈述后说："吴文良氏在文中的这些讹误之处，若和其出版这一重要文献的伟大贡献来比，几乎是微不足道的。"村山七郎治学精微，气度高雅，他对于元代帖迷苔扫马等立的墓碑石的释读蕴含着重要信息：元代泉州有古基督教教主，就会有基督教堂，而且这个基督教堂在江南具有重要地位，而有关石刻（B13 等）分析判断可与这一推断相参证。

　　"摩尼教墓碑石"（图 110），青石雕成，周围刻有一种简单的图案纹，碑的上部浮雕一个"华盖"，其左右还有四条结绶状的璎珞下垂。　华盖的下面，浮雕一个十字架，十字架下，还有一朵小型的莲花，莲花的下面左右两侧，浮雕着两幅"幡幢"，幡幢下部各刻一朵莲花，幡幢上部阴刻八个字"大德黄公，年玖叁岁"。　吴文良未予断定，只是说："此碑可能是摩尼教徒的墓碑。"此碑也由村山七郎断明，他认为："'大德'是 episkupude 的译文，其本意为聂斯脱利教的主教。"村山氏此见正确。　增订本将此碑改收入古基督教石刻部分（B39）。

　　"摩尼教墓碑石"（图 109），吴文良并没有断定，只是疑为摩尼教徒遗物，指出：碑饰采借了"聂士脱里教（古基督教教派）及佛教"。　此碑在增订本改入古基督教石刻部分（B38）。

　　2.对散见石刻的综合整理研究

　　《泉州宗教石刻》增订本对散见石刻进行了综合整理研究。《泉州宗教石刻》原著对泉州古代外国人石墓分布区域做了详细的描述。　增订本在这一基础上，在可能的情况下，注意以出土地点介绍石刻，使石刻之间的内在联系不致消解。　在这方面，伊斯兰教石刻部分尤为突出。　既有单件石刻的精细描述，又有同类石刻的综合整理研究，甚至有深入的分析而延伸于历史脉络，这就使石刻蕴含的历史信息不会因为资料的散碎而消散。　增订本对印度教寺的分布的研究也是如此。　根据吴幼雄先生的整理和分析，印度教寺在泉州有二处：（1）城东南隅肯定有一座印度教寺，而且规模非常宏大。《泉州宗教石刻》原著的有关印度教石刻 37 方，其中出自通淮门一带的就有 14 方，而且通淮门城垣掘得几十方雕有莲瓣及其他图案的青冈石，这类印度教石刻在城东南隅城垣和城基多达千方以上。（2）城北小山丛竹亭原有印度教寺，这既有遗物证据又有文献佐证。　此外，根据吴幼雄的整理和推测，还可能有另外的两处：其中一处在城西北。　城西北的建筑工地发现一批印度教石刻，这应是一处印度教寺的提示；另一处在城南，这里也发现不少印度教石刻，其中有一方断折的泰米尔文碑刻，内容是 1281 年修建湿婆神庙的记载。　这方白花岗岩质的泰米尔碑的形制甚粗陋，与城东南发现的规模恢宏的印度教寺石构件均为辉绿岩且加工精致形成云泥之别，这暗示还有另一处形制简陋的印度教寺。这些论析是关于泉州印度教遗存研究的崭新观点。

3.历史天空下特殊石刻的解释

某种类别遗物的发现有较多数量，有助于了解历史现象的普遍性。而特殊遗物的发现所反映的历史现象，可能纯属偶然，也可能反映某种事物的萌生。 在历史天空的观照下，特殊石刻的分析就显示应有的深度和广度。 据悉，清末民初灵山圣墓发现一方刻有十字架与阿拉伯文字的石刻残段，但年代不详。 2001年德济门城基出土的须弥座墓顶石中，有一方墓顶石（A261），一端截面雕刻伊斯兰教的云月图案，另一端截面却雕刻莲花和十字架。 同批出土的有一方古基督教墓顶石（B66），前端截面浮雕一朵盛开的莲花，两侧各有叶片陪衬，花上承托一个剑形叶片的十字架；后端截面浮刻伊斯兰教的"云月"标志。 或认为是"两教混合"，吴幼雄先生则另有其见。 他查阅资料，了解到蒙古统治者尊重各种宗教。忽必烈信奉佛教，但对于基督教、伊斯兰教、犹太教亦尊重。 忽必烈弟旭烈兀的子孙既有信伊斯兰教也有信基督教，甚至有的先后信奉伊斯兰教、基督教。 由此而观，他认为：泉州出土的基督教和伊斯兰教的标志共存于一方墓顶石上，不足为奇。 然而，若视此为两教混合，则失当，况且，个人的"回耶兼奉"与异教混合是两码事。 此墓顶石的墓主是一位信奉基督教和伊斯兰教的蒙古人。 他指出："元统治者对佛教、基督教和伊斯兰教等宗教的态度，与宋元时期泉州海上丝绸之路多元文化的文明，与对各门外来宗教的兼容态度，有许多共通之处。"不是孤立研究中古泉州文化现象，而是观照到宏阔的大历史及其脉络，这是拓新泉州学研究应有的登高望远的视野。

4.对石刻及其所涉历史疑难的考析辨误

历史研究中有的错误是缘于浮躁者的虚妄，而有的错误是资料缺乏而造成的认识残障。 科学事实及其通过分析所释放的科学信息，具有驳妄纠谬的绝对力量。

（1）法石乡发现郭氏墓碑（A78），或以为是墓碑的外文是波斯文，墓主名是波斯人的名字。 进而认为：郭姓祖籍波斯，属伊斯兰教什叶派，与金吉、赛甫丁、阿迷里丁同派，与敬奉灵山圣墓的蒲寿庚、那兀纳的逊尼派对立，进而发生教派战争，长篇大论，想象而已。 吴幼雄先生精辟地考出所谓的郭氏墓碑的波斯文字，实际上是用阿拉伯字母拼写的"消经"（后音变为"小儿锦"）文字。 所谓的墓碑"波斯文"说不攻自破，郭氏为波斯人乃至什叶派穆斯林之说也就烟消云散。 他进而论述了宋末及元代泉州不可能有穆斯林两大教派的杀戮和战争。

（2）学术界普遍认为泉州的古基督教是随蒙古势力南下而传入的，并且只流行于社会上层（蒙古人、色目人）。 吴幼雄先生根据"戴舍王氏十二小娘为故妣二亲立墓碑"（B47），推翻此说，指出：南宋中后期，泉州就有古基督教的传播，而且出现了汉人基督教徒。

（3）"法石云麓村三翁宫石刻"（F3），石面雕刻一条宽5厘米、深2.5厘米的蜿蜒曲沟，左右各有一出口，石刻的两头似联有小水池，石刻左下方阴刻"天地"两字。 此石刻为吴幼雄先生和傅祖顺先生于1968年秋在白鹿洞前山坡的梯田里发现。 或认为是伊斯兰教石刻，或认为是"曲水流觞"，吴幼雄先生辨明为道教石刻。 据《云麓禅寺暨三翁宫记》，云麓禅寺"东有……右上有白鹿洞，洞之前有庵，昔青霞道士居焉"。 道教认为："地祇，天地位矣，五岳四渎脉络之相贯也，精神之相系也。 坤维也，间生忠臣烈士。 金百炼而愈坚也，水百折而愈东也。"此石刻"天地"两字，象征道教对大地山川的解释，表明此石是道教遗物。 可能是三翁宫以此象征"五岳四渎脉络之相贯也，精神之相系也。 坤维也，间生忠臣烈士"。 这一精辟的辨析提示我们：判断不可只凭感悟，探明了"所以然"才能正确认识"所然"的属性。

（4）《淳祐三年颜颐仲等祈风石刻》（G7），碑文有"祷回泊南风，遵彝典也"，有人认为："彝"即"夷"，"遵彝典"即"遵照外国人的典例"。 学者多赞成此说。 吴幼雄先生指出："彝"字除了作彝器解外，一般作"常"字用。"彝"与"夷"音同，笔画简，故有时"彝"写作"夷"，但反过来，"夷"不写作"彝"。 建州女真被明朝称作"建夷""辽夷"，他们入主中原后，正式下令，将"夷"一律改为"彝"字，"彝"遂有"夷"之义。 清代刻本即遵此例。 然而，宋代泉州官员无须，也不可能避讳"夷"而作"彝"，故不能将"遵彝典"作"遵夷典"解，而应该作"遵常典"为番舶祈风。 此外，有"华夷之辨"意识的士大夫阶层轻视夷风，他们的祈风活动不可能"遵夷典"。至于"邀集外国商人，共同举行祈风"的说法，也是没有根据的。这是祈风石刻文化研究的精辟辨正。

（5）"淳祐七年赵师耕祈风石刻"（G8）仅有："淳祐丁未仲冬二十有一日，古卜赵师耕以郡兼舶祈风遂游。"吴幼雄先生的考辨多达 7500 多字。他以赵师耕知泉州兼领提举市舶司为依托点，对泉州市舶司历经郡守兼领、转运司兼管、茶盐司兼管，又返由"以郡兼舶"的职管变化，做了清晰的梳理，并纠正《泉州府志·文职官》中的刊误。这是以史释碑、以碑证史的范例。

5.以古籍碑文补衬实物碑刻

增订本还将散见于古籍的重要碑文作为附录收入，作为实物碑刻的补衬。例如，唐乾宁四年（897 年）黄滔《泉州开元寺佛殿碑记》，这方碑刻记载泉州开元寺始建、修建和原建筑状貌的重要资料，其中载："垂拱二年，郡儒黄守恭宅，桑树吐白莲花，舍为莲花道场。后三年，升为兴教寺。逮元宗之流圣仪也，卜胜无以甲兹，遂为开元寺焉。"又如，文献录有宋人曾会《修延福寺碑铭》，这方碑刻记载延福寺始建、变迁和通远王传说，以及中外海交史的资料，其中载："造寺也，始于晋太康九年，在县西南（距九日山二里）。至唐大历三年，移建于斯（九日山），会昌废之，大中复之……其大殿者，唐咸通中，将取山材，先斋祷，次忽遇人指其处，果梗、楠、杞、梓者。是夕，又梦许与护送。既而，一日江水暴涨，其筏自至，了无遗失……古金刚经者，昔天竺三藏拘那罗陀，梁普通中，泛大海来中国，途经兹寺，因取梵文，译正了义，传授至今。"这些附录提示我们，尽管许多宗教石刻已经湮没，但其中存于文献的铭文，它们与存世实物组成了较为完整的泉州宗教石刻的图景。泉州各种宗教石刻的丰富程度，应为中国所仅见，也为世界所仅见。

6.古伊斯兰教碑铭的权威翻译

古伊斯兰教石刻是《泉州宗教石刻》增订本诸宗教石刻中的主要部分，主要由夏鼐推荐的古阿拉伯文专家华维卿进行释读破译，成就了权威成果。《泉州宗教石刻》原著出版后，华维卿发现其中伊斯兰石刻的译文，有诸多值得商榷之处。1979 年至 1980 年，他除对原书的 25 方阿文石刻译文进行核校、补充外，还释读了未经考释的几乎全部阿文石刻。

"清净寺大门甬道后石墙上元代阿拉伯文字修寺石刻"（A7）应是泉州古伊斯兰教最珍贵的碑刻。 该碑铭在 20 世纪初由西班牙人阿奈资（Arnaiz）译为法文，再由德国人艾锷风将法文译为英文，后由张星烺将英文译为中文，1956 年马坚再次翻译。 华维卿在其译文后，还附有 2000 余字的说明，介绍张氏和马氏的译文，对若干歧义和难点做出说明，并根据阿文的"拱顶"一字来源于波斯文，提出：此可作为修寺人来自波斯的旁证。

7.最近发现的石刻和早期照片

"竭泽而渔"的资料收集，为《泉州宗教石刻》增订本所重。 书中有 1980 年以后发现 20 多方伊斯兰教碑刻，以及数十座完整或残缺的伊斯兰教须弥座石墓。 其中，1997 年在清净寺明善堂重修时发掘的碑刻有 7 方。 还有 2000 年在明代顾珀故宅后院发现的"圆柱形十字架石刻"（B13），2001 年德济门城基出土的一批须弥座式墓墓顶石（A259、A260、A261、A262、B66），2002 年在文庙前民居庭院发现的"圆柱形十字架石刻"（B14），等等。

如同文献的早期版本更具有历史价值，早期照片保存了珍贵的历史信息。 增订本的图片尽可能用早年所摄，保留着历史风貌和今已不存的珍贵资料。 例如：（1）"20 世纪 20 年代的泉州东郊灵山圣墓及碑记"，图片上有一前两后成品字形的三座石墓（1959 年修复后，没了前面的石墓）和木石结构墓亭的残架，四根梭形石亭柱格外引人注意。 这是迄今能见到的最早的灵山圣墓照片。（2）石湖村金钗山东岳庙牌坊（F5），顶层两边雕有石狮，地层两旁各雕一武士门神，照片摄于 1953 年，今已无牌坊，唯存门神。（3）"开元寺门口的石牌坊"（H4）照片，由德国学者艾锷风于 1930 年拍摄，于 1935 年收入他和戴密微合著的《刺桐双塔》（The Twin Pagodas of Zayton）。

人们以"十年磨一剑"来比喻学术精品的形成过程，《泉州宗教石刻》增订本何止这般。 回味着这部厚重学术著作的故事和创新，联想到学术界一些浮躁研究的花开花落，我们更景慕刻苦求真的科学探索，也更懂得人品对学品的支撑作用。

（《泉州师范学院学报》2012 年第 3 期）

序粘良图《晋江草庵研究》

中国宗教史上，摩尼教最跌宕起伏，像云遮雾蒙的远山，时隐时现，其余脉逶迤于历史迷雾里。

粘良图的这本著作，对摩尼教在华史，尤其在晋江的晚期史，进行了钩沉考证和变迁勾勒。更重要的是，他发现了具有摩尼教遗存的民间宗教仍然鲜活的事实。

产生于古波斯的摩尼教在唐初入华后，在长安、洛阳等地立寺，开始扎根中土。中唐敕建寺院于福州等州。晚唐遭禁，福州的摩尼教大云寺"例废"。呼禄法师应是此前"授侣三山（福州）"，禁教废寺后，才"游方泉郡"。此为晋江摩尼教之始。从泉州郡城没有摩尼教寺的记载和遗迹，而五代时晋江紫帽山出现摩尼教徒的集体宗教活动，透露呼禄法师的游方传教活动主要在晋江山野僻处。至晚在北宋早期，紫帽山东南 20 里的万石岭山麓出现"敦尚素风，丈室萧然"的"草堂庵"。考古发现的"明教会"碗证实北宋时期草庵摩尼教之盛，明教结社已有一定规模。尽管南宋再次禁除摩尼教，但万石岭僻处的草庵及其宗教活动依然续存。厉行民族压迫的元代，却实行开放的宗教政策。也正是此时，结草为寺的草庵依山改建为"石室"，仍称草庵。"石室"乃三石墙、一石壁，顶以梁、椽为架，复以瓦，石壁刻摩尼神像。明初，摩尼教又遭禁，但不久朝廷转为"置之不问"。明中期草庵"住山弟子"在庵前大石所刻的摩尼教偈语，是摩尼教在草庵的绝响。明晚期"飘瓦颓垣"的景象标示草庵摩尼教的终结。

对于一个数度隐蔽于民间的宗教，主要留痕于民间文献。识此，作者致力于民间文献的寻觅。元代尽管诸教兼容，但泉州方志只字未提，勤于乡间搜阅文献的作者，借重族谱资料来作为摩尼教的历史显影。 明晚期，草庵颓废，无人能解。 作者通过族谱资料获悉嘉靖年间县令钱楩"废四方庙宇"等事，建构了废草庵而建书院的历史。

在民间收集文献是田野的一项重要工作，而访谈观察则是田野的另一项更重要的工作。 在草庵附近的村落，作者发现民间宗教的摩尼教遗存。 离草庵最近的苏内村的境主宫，供有摩尼光佛以及以前所不知的原属摩尼教神谱的都天灵相、秦皎明使。 有的村民家还供奉摩尼光佛雕像。 苏内村历来有乩师传承，村人欲禳解、问事、问病（主要是精神病）等，均可通过奉"摩尼公"的乩师答疑。"清净光明，大力智慧，无上至真，摩尼光佛"为明代摩尼教偈语，一些村民相信念此语可以定心祛邪，而乩师念此语作法以祛鬼邪，并有一套世传的"催咒"手势。

上述民间宗教的摩尼教遗存与原本的摩尼教相去甚远，不过，即使是中国历史上的摩尼教也不断本土化。 宋代摩尼教称为"明教"。 晚明学者何乔远说："（明教）盖合释老而一之。"当代宗教学家林悟殊指出："摩尼教易名明教，实际标志着来自波斯的摩尼教已嬗变为华化摩尼教。"在摩尼教本土化的主流中，出现以"行咒驱鬼邪"为突出特征的转型为民间宗教的支流。 这一支流最早出现于五代时期。 明万历《闽书·华表山（草庵）》载："今民间习其术者，行符咒，名师氏，法不甚显云。"上述民间宗教的摩尼教遗存正是始于五代、载于明代万历《闽书》的民间华化摩尼教"行符咒"的传承和演变。

从北宋到明中期，当摩尼教在其他地方陆续凋零之后，草庵摩尼教依存，成为摩尼教在中国最后的孤岛。 至今，草庵成为摩尼教在中国唯一的遗址。 此非偶然，说明本地富有多元宗教并存的传统，这种传统展示晋江文化兼容开放的性格。 这种性格极具乡土性，以致至今我们仍然可以看到鲜活于民间宗教的摩尼教遗存。 这种文化性格具有的普遍价值，是不言而喻的。 在重视闽南文化生态保护的当今，对于草庵一带村落民间宗教的摩尼教遗存的保护，应有所重视。

著者粘良图，从博物馆临时工正式转入文博工作时间不长，至今还是个助理馆员，但勤业乐业的他，近年来年年都有著作论文问世，依据历来有破格晋升的规定，申报中级职称，却因年限不够而被冷落。 这发生于素有宽阔胸襟的文化环境，是不是个案性的性格退化？ 欣慰的是，粘良图并未耿介于怀，他的心思依然是在田野中历史和文化的发现。

（粘良图：《晋江草庵研究》，厦门大学出版社 2008 年版）

草庵附近村社的摩尼教变异遗存

　　晋江是摩尼教在中国最后的消亡地，也是该教在世界最后的消亡地。摩尼教最后一所庙宇就是晋江草庵。　清末草庵已"废圮"[1]，民国十二年（1923 年）草庵寺重建，但已蜕变为佛教寺院，摩尼石佛被视为佛教神明。　就在人们认为摩尼教及其变异唯存有遗址、遗物后，今在草庵附近村社发现仍鲜活着摩尼教变异而来的民间信仰。　对此的历史追溯让我们认识到，在摩尼教本土化的主流中，出现该教的民间信仰转型的支流。

一、草庵附近村社摩尼教变异遗存的发现

　　1923 年历史学家陈垣先生的文献发现，以及 20 世纪 40 年代泉州宗教（考古）学家吴文良先生的考古勘察，草庵寺被识别为摩尼教寺遗址。自此以后，学术界一致认为：摩尼教及其变异形态，迄今仅有遗址、遗物。　近年，晋江文史专家粘良图先生在草庵附近的苏内村发现了由摩尼教变异而来的民间信仰。[2] 2007 年 1 月笔者在粘先生的导引下，做了实地考察。

　　现在苏内村的境主宫，居中是摩尼光佛，其左一为"都天灵相"，左二为"境主公"；其右一为"秦皎明使"，右二为"十八真人"。　乡民称这五神为"菜佛"，供品须用素菜、水果、蜜饯。《道藏》存有摩尼教资料，其中南宋道士白玉蟾与彭耜谈道："昔苏邻国……其教中，一曰天王，二

---

① 　弘一法师：《重兴草庵碑》，粘良图：《晋江碑刻选》，厦门大学出版社 2002 年版，第
　　271 页。
② 　粘良图：《摩尼教信仰在晋江》，《福建宗教》2005 年第 4 期。

曰明使，三曰灵相土地。""天王"是摩尼教的至尊天神，创立摩尼教的摩尼自称是天神的使者，即"明使"。"明使"不止一个，故摩尼又被称为"具智大明使"①。 据上述的南宋道士所云，苏内村供奉的"都天灵相"和"秦皎明使"，确有来由。 明万历《闽书》在专述草庵摩尼教的"华表山（草庵）"条，提到"民间习其（摩尼教）术"。 所谓习摩尼教的"民间"当然首指草庵一带村社。 这一带村社的善信应将草庵寺里的神明移植于本村。 这就意味着当时草庵寺已有"摩尼光佛"以及"都天灵相"和"秦皎明使"，否则后来草庵附近的苏内村境主宫就不会有"摩尼光佛"以及"都天灵相"和"秦皎明使"的传承。

明万历《闽书》所说的"今民间习其术者，行符咒"②，至今仍在草庵附近的苏内村延续着。 苏内村现有乩童数人，有的家中供奉"摩尼光佛"神像。 乩童使用符法，为人驱鬼驱邪。 其活动范围远至安海镇东石一带乡村。 他们念的"咒语"是："清净光明，大力智慧，无上至真，摩尼光佛。"而"清净光明，大力智慧，无上至真"曾是摩尼教的核心教义。 乩童念咒语时，双手有动作，即：左臂伸直，手掌向前，右手在胸前，掌面与左手掌面成直角，拇指与食指弯曲，另三指朝上。 作为摩尼光佛的灵媒乩童，其最突出的功能是以"驱鬼邪"而治精神病患者为能事。

二、摩尼教变异为民间信仰的历史追溯

苏内村民间信仰中的摩尼教变异性的遗存主要是：奉摩尼光佛、都天灵相和秦皎明使为民间信仰的神明，念咒驱鬼。 然而，"念咒驱鬼"却不能视为明晚期以后草庵摩尼教逐渐衰败过程中，才开始出现于民间信仰中的摩尼教变异。

唐初传入中土后的摩尼教，在晚唐时被取缔而遭重创。 自此，失去

---

① ［明］何乔远：《闽书》卷二《方域志·泉州府·晋江县》"华表山（草庵）"条，福建人民出版社 1994 年版，第 171 页。
② ［明］何乔远：《闽书》卷二《方域志·泉州府·晋江县》"华表山（草庵）"条，福建人民出版社 1994 年版，第 172 页。

与中亚、西亚摩尼教教会联系的中国摩尼教，开始了本土化的历程。　受到打压的摩尼教潜形于社会基层，必然迅速地衍生出民间信仰类型。　果然，唐朝以后的五代时期，泉州摩尼教就出现"念咒驱鬼"的法术。　五代时徐铉撰《稽神录》，记录了有关神鬼的异闻。　其中有《清源都将》一文，记录了此事：五代时，清源（泉州）人杨某家闹鬼，请了巫师设坛作法驱鬼，但鬼之术更高一筹，巫师惊惧而遁。"后又善作法者，名曰明教，请为持经一宿，鬼乃唾骂某而去，因而遂绝。"[①]可见，五代时摩尼教已与深受道教影响的民间信仰法术结合，衍生出一种"念咒驱鬼"的摩尼教民间信仰。

摩尼教在经历了北宋较宽松的宗教环境后，在南宋又受到取缔。　元代诸教皆受宽待，摩尼教民间信仰很活跃，公开造坛祭拜。　据晋江《青阳庄氏族谱》载，元朝晚期晋江主簿欧阳贤为庄惠龙撰墓志铭，说：庄惠龙（1281—1349），"晚年厌倦世谛，托以苏邻法，构摩萨坛于其里之右……乡人有化之者"[②]。"世谛"即世俗佛教，"苏邻"即摩尼教产生地的波斯，"苏邻法"即摩尼教。

这类"念咒驱鬼"的摩尼教变异的民间信仰，在明万历时又见于何乔远《闽书》的记载："今民间习其术者，行符咒。"当时，草庵附近的村社是摩尼教民间信仰较兴盛的地方。　这一摩尼教民间信仰一脉相承，又进一步变异为一般的民间信仰。

（《福建文史》2008 年第 1 期）

---

① 　[宋]徐铉：《稽神录》，中华书局 1996 年版，第 45 页。
② 　转引自粘良图：《从族谱看明初晋江摩尼教活动》，《福建宗教》2006 年第 2 期。

陈埭回族史研究的奠基者丁桐志

我国回族就其族源而言，大致可分为以西北地区为主的陆路回族和以东南沿海地区为主的海路回族。 20 世纪 80 年代以前，海路回族史通常被忽略或淡化。 加强海路回族史研究显得迫切。 1980 年以后，泉州回族史研究成果纷呈，陈埭回族史研究更是出墙红杏。 1996 年被福建省人民政府授予全省民族团结进步模范个人的丁桐志先生，正是陈埭回族史研究的一位奠基者。

1978 年 12 月党的十一届三中全会进行一系列的拨乱反正，民族政策重新得到贯彻落实。 1979 年 1 月晋江县革委会颁发《关于重申陈埭公社七个大队丁姓回族问题》的文件，重申陈埭丁姓为回族。 当时陈埭回族的历史和文化研究几乎是一片空白。 科研的基础是资料，整理陈埭回族史的原始资料是从事陈埭回族史研究的重要前提。 1979 年春，陈埭丁姓回族与泉州历史学会联系，希望编印丁氏谱牒资料，并提出可以承担刻印工作。 丁桐志先生试刻二张，效果很好。 泉州历史学会很有远见地支持这项工作。 丁桐志参加选编后，即开始义务刻蜡版。 当时他还在陈埭防保院工作，每天夜晚刻写不舍。 半年后刻写出《泉州回族谱牒资料选编》（陈埭丁姓回族部分），全书 64000 字。 字体仿宋，工整娟秀，见者称绝。 经泉州历史学会编选，丁桐志紧接着又刻写出泉州李氏、金氏、苏氏部分回族谱牒资料，并与精选的丁姓谱牒资料合编为另一本《泉州回族谱牒资料选编》（《泉州文献丛刊》第三种），全书 61000 字。 这两本谱牒资料于 1979 年 12 月印出。 当时任泉州历史学会副秘书长的王连茂先生后来回忆说："当时极左路线虽然已经终结，但人们仍心有余悸。 倡议和刻印族谱资料，没有强烈的事业心、足够的勇气和科学精神是不可能做到的。"他对丁桐志等先生至今深怀钦敬。

《泉州回族谱牒资料选编》（陈埭丁姓回族部分）和《泉州回族谱牒资料选编》（《泉州文献丛刊》第三种）的印行，引起了国内外学者的关注，北京大学马松亭教授等知名学者给予很高评价。《泉州回族谱牒资料选编》对于推动泉州回族史，特别是丁姓回族史的研究，起着扬波掀澜的作用，从此以后一系列事件，人们可以看得出其波起涛涌：1985 年 3 月在陈埭丁氏宗祠内设立"陈埭回族史馆"；1989 年 12 月在陈埭举办"陈埭回族历史学术研讨会"，结集出版《陈埭回族史研究》，当时的全国政协副主席杨静仁同志欣然题写书名。该论文集共收入 32 篇论文，其中有 20 篇多处引用了《泉州回族谱牒资料选编》；1991 年 2 月联合国教科文组织"海上丝绸之路"综合考察队到陈埭考察；1994 年 2 月，"海上丝绸之路与伊斯兰文化国际学术讨论会"在泉州召开，18 个国家的与会代表再次考察陈埭；1997 年 1 月《陈埭丁氏回族宗谱》首发式在陈埭举行。该宗谱由厦门大学庄景辉副教授根据清代至民国的 20 多部丁氏谱牒资料整合编校而成，香港新绿教育出版社正式出版，为泉州回族，特别是海峡两岸丁氏回族的发展史保存和整理了随时可能丧失的旧谱牒资料，为丁氏回族的深入研究奠下新的基础。

"积土成山，风雨兴焉。"开始的奠基培土可能并不十分起眼，然而，山皆从平地之基而起。许许多多为中国少数民族历史研究保存和传播资料的人，人们将永远铭感他们的贡献。

（《福建民族》1997 年第 4 期，署名"白廓"）

序丁维灿《文山集》

宋元时期的海上丝绸之路贸易，蕃舶来多，华船往少。"涨潮声中万国商"，"船至城添外国人"，正是来自波斯、阿拉伯、印度等"蕃客"扬帆到泉州的写照。 明清长时期的闭关锁国，几乎凝固了夏来冬去的海上丝路季风。 尽管如此，栽种的树、播下的籽，并没有随历史的过往而湮灭。 抚摸着清净寺古老的石墙，徜徉于陈埭的回民社区，你会感到历史的鲜活、现实的沧桑。 1991年联合国教科文组织的考察团前来泉州时，为泉州的丝路遗存而惊叹，为陈埭的回民社区而好奇。 当年考察团贵宾、中东使节同中方主人，在陈埭清真寺前共同种下的常青榕，已经绿荫如盖。 在中国与世界密切互动的今天，回眸海上丝路的风帆海涛、古城泉州的外贸盛况以及自然发生的异族融合，知古今之变，是很有意义的。丁维灿先生长期研究本族丁氏历史的《文山集》值得一读。

中国回族究其外来族源，乃海、陆两路。 作为海上丝绸之路东端的泉州，回族来源先海后陆，元代海陆交汇，渊源难辨。 至今为止，人们通识惠安百崎回民为阿拉伯或波斯海商后裔，其实有待甄别。 不少学者认定的陈埭丁姓回民的来路是：洛阳—苏州—泉州。 主要根据有二：一谱牒资料，二是节斋墓碑。 丁氏族谱记载："始祖节斋公……家世洛阳，因官于苏州而家焉……节斋公自苏货贾于闽泉，卜居泉城。"二是汉字镌刻的"大元""泰定四年"的"节斋丁公"墓碑。 然而，上引的这条族谱材料，所记非实。 直至明中期的正德年间，始祖丁节斋如何来泉，据八世丁仪这位当时最谙熟丁氏族谱资料者所知，也只不过是"相传"，且不知原籍。 他在《谱叙》说："仪家世系莫详矣，相传有始祖讳谨，往贾泉中，因而城南居。"丁氏族谱首修于弘治七年（1494年），由七世丁养静大略编修；正德十年（1515 年）拟二修，编修者八世丁仪感叹家世缘起"莫详"。他叹曰："仪偿病世之为谱者，往往徇私而失实，或谬制名字，加以不可考之世，或旁引显贵，以冠诸谱系之首。若此者，非仪之所能也。"然而，后来的族谱居然载明"始祖节斋公……家世洛阳，因官于苏州而家焉……节斋公自苏货贾于闽泉，卜居泉城"，这些明确的文字实乃追加，所谓的"家世洛阳""官于苏州""自苏货贾于闽泉"，杜撰而已。

丁氏谱牒关于愈来愈详的先世史踪，正是历史学家顾颉刚所揭示的关于早期历史的"层垒"衍史。在"层垒"的底层，往往是信史。比丁氏开始修谱早得多，也是最早的先世来源记载，是六世丁敏（毅斋）的"手书表褚"。丁敏是陈埭开基祖丁仁庵之孙、丁观保之子。这一"手书表褚"，十世丁衍夏曾见过。丁衍夏有志续修族谱，其"从伯父讳博，字遵厚者，嘉予之有斯志也，出所藏毅祖手书表褚一幅，高尺许，长几二尺，草书寸余大，百余字，纪吾家由来之系"，"其起句曰'由赛典赤回回瞻思丁'云云"。早在七世首修族谱时，编修者就"过听曾（钦仁）社师""舍毅斋公之言"，"援（宋名儒）丁度而祖之"，目的是"以昭（'昭'或写作'明'）其裔不出于回回也"。二修族谱的丁衍夏以"过听曾社师"的"过"，来表示对这种杜撰族史的不满和批评。他又不甘于"手书表褚"的族史被湮没，故"漫录而示我后人，有四方之志者，博采而考之"。遗憾的是，丁衍夏对这幅珍贵的"手书表褚"，仅只是"漫录"而无"实录"，从"其起句曰'由赛典赤回回瞻思丁'云云"，可以断定丁衍夏仅"漫录"这份手书的开头一句，之所以这样处理，应是丁衍夏顾虑这一本族色目人先史对族人有隐患。丁衍夏是丁氏族谱编修史中的奠定者，像他这么有见识和善修谱的人，居然对"手书表褚"小露而大隐，如果色目人先世仅仅是蕃商，也没什么大隐的必要。尽管丁衍夏读到这份手书是"方弱冠"时，但他当时已有修谱之志，不至于没记住主要内容以致后来修谱时淡忘而仅提到"起句"。欲说还止，恰恰说明元代的丁氏先人应不是从商而是从政，而且家世显赫。这让我们想起《谱叙》记载丁姓从泉城文山里徙居陈埭，用的是"隐伏耕读"，若仅仅是蕃商，又何必"隐"要"伏"呢？丁衍夏似有让李贽《因果录》中所介绍的咸阳王赛典赤·瞻思丁的事迹来为"手书表褚"代言之意，并说："当毅斋公记载之日，去瞻思丁罗槃之抚，仅百余年，未必无据也。"显然，丁衍夏是倾向于认咸阳王赛典赤·瞻思丁为祖的，并以赛典赤·瞻思丁抚降云南罗槃王而直露地颂扬"列祖世载宽仁"。

学者或认为，所谓祖为赛典赤·瞻思丁，无非"希望本族血统高贵些"。谬矣！明代早期，丁氏四世丁善（仁庵）、五世丁观保，父子二人曾被反诬染白莲教而押解南京入狱；明代中期，丁姓又被诬告"姓撒脱……河南彭（彰）德卫戍……（与报籍）不符"，举族惊魂不定，直至丁养静首修祖谱时，尚有"栗栗"之悸。况且，明代时声称回民出身有患无益，故修谱力图"以昭其裔不出于回回也"。真事隐去，假语求存，致有疑窦之遗。同不少学者一样，对陈埭丁族源探讨做过综述的范可博士，根据"大元""泰定四年"的丁节斋墓碑，认为：这"否定丁节斋即杜安沙"，陈埭丁与乌马儿家族无关。并且，墓碑汉刻显示"（至元代）丁氏先民已来华相当时间了"。然而，这方墓碑却是后来补刻的，原碑已于弘治年间（1488—1505年）被图谋墓地者匿弃。

历史的远山会隐没在迷雾里，但仍会透露它的轮廓。丁谨，字慎思，"慎思"为"瞻思"之谐音。如果此说仍有推测的意味，那么建造于明万历的丁氏祠堂就有明确的隐义。丁氏祠堂俯视如"回"字，回形外墙的东北端内缩一角，如书写"回"字折角之顿笔；中堂匾额"百代瞻依"，后堂匾额"绥我思成"。"瞻""思"，再加上大门额书"丁氏宗祠"的"丁"，"瞻思丁"之合成表达着忌讳显露而求隐伏的血缘认同。

上述的陈述逻辑和不少内容可见于丁维灿先生的论述。丁先生还通过对丁氏谱牒资料与云南《赛典赤家谱》的比照分析，进一步论证咸阳王赛典赤·瞻思丁—纳速拉丁—乌马儿—杜安沙这一世系与陈埭丁的脉承。这一论证还有待进一步完善。丁维灿认为"赛典赤·乌马儿即丁姓一世祖丁节斋"。他根据族谱所载"始祖讳谨，字慎思，号节斋，生于宋淳祐十一年辛亥八月十五日，卒于元大德二年戊戌七月二十五日，享年六十八"，认为"享年六十八，则应是元延祐五年（引者注：乌马儿卒于延祐年）"，从而否定大德卒年。此可备一说。但若以大德卒年为确，丁节斋与赛典赤·乌马儿之子杜安沙更可能重合而为同一人。据杜安沙碑中的回历换算，卒年是元大德六年（1302年），而补立的丁节斋墓碑的卒年是大德四年（1300年），族谱记载的卒年是大德二年（1298年），甚至有泰定四年（1327年）之载，这说明族谱中的丁节斋卒年系追记而出现误差。补立的墓碑尽管也是追记，但相对较准确。 杜安沙碑是否足以证实墓主就是陈埭丁姓先人等有关问题研究，远未终结。 幽暗深邃的历史探寻就像侦探小说那样具有诱人的魅力。

陈埭丁系咸阳王赛典赤·瞻思丁后裔的求证，虽非丁维灿先生首先独辟蹊径，但较系统、深入的研究者却是他，这也是本书的特质所在。 尽管陈埭丁与咸阳王赛典赤·瞻思丁的血缘连接尚有模糊之处，但这种连接的清晰度毕竟已有明显的提高。 科学研究不宜以简单的对错判断加以肯定或否定，历史科学研究的价值在于对历史真实的不断趋近，在趋近的过程中不断校正方向、修正偏误。 由此而观，《文山集》的价值就易彰显。

遥想1989年12月，福建省历史学会和陈埭回族事务委员会在陈埭召开"陈埭回族历史学术研讨会"，丁维灿先生《〈丁氏族谱〉证误三题》引起与会学者的刮目相看。 因故未能与会的我，在中国社会科学出版社出版这次会议论文集《陈埭回族史研究》后，才读到此文，顿有水落石出的印象。 历史研究作为科学的首要特征，就在于奠定在科学事实之上。唯有经过鉴别，文献的史料才可以进入科学事实的范畴。 丁先生治史的路数，让我敬叹这位乡土"野翰林"的雅方法。 1998年10月，福建省民俗学会与晋江市谱牒研究会联合召开"谱牒研究与闽台源流"研讨会，我才拜识了丁老。 他鼻挺目烁，有较典型的中东血统的遗传特征。 他做事执着，热心公益，深孚众望而被推举为晋江市谱牒研究会副会长。 耄耋之年的他在即将出版本著之际，让我联想起"霜叶红于二月花"的沧桑之美。

（丁维灿：《文山集》，陈埭回族史研究会，2006年）

台湾白奇郭回族及其与大陆祖家的交往

台湾白奇郭氏回族的祖家在福建省惠安县百崎乡。 1989 年成立的百崎回族乡是福建省唯一的回族民族乡，现有人口 12000 多人，其中回民有 9000 多人，系郭姓。 据《白奇郭氏族谱》，郭姓回民将白奇（或称"百奇""白崎""百崎"）地名兼作族号，素称"白奇郭"。

白奇回族可追溯的始迁祖郭德广是阿拉伯或波斯人（一说是阿拉伯或波斯人后裔），约于元中期入泉，先居泉州行春门外，后移住蕃商聚集的商埠法石。 郭德广次孙郭仲远于明洪武初年迁到与法石隔海可望的白奇①。

白奇是伸入洛阳江口的泉州湾的小海脚，西、南、北三面环海，地貌以丘陵剥蚀台地为主，可垦地很少，但有海湾，可为船港。 白奇的地理环境限制了郭姓回民的农业生产，但为其海上经济活动提供很好的地理条件。 撰于明万历元年（1573 年）的《惠安政书》有描述当时白奇郭所居九个自然村环境和生计的文字："县之为都，匿扼莫过于此矣。 东自梁山，折入高坑，循梁墓，抵白崎。 越大山，乃僧岩，为碣石、云头诸区。要皆西倾，以临晋江。 浔头港侧其北，臭泥澳浥其南，故食海者什之六七。"明代白奇郭已拥有海船从事商、渔，到了清中晚期，白奇郭有海船20 多艘，载重量一般在 50 吨左右，最大到 230 吨。 船的型制有船舨、黑艚、艚船、开角等福建著名海船，航线通往国内南北各大港岸和台湾，外

---

① 郭志超：《白奇回族的来源和发展》，陈国强主编：《福建省惠安县白奇回族调查报告》，1983 年油印本。

至东南亚诸国。①

数百年来，善于航海的白奇郭凭借熟悉的海道，移居闽浙沿海各地，东迁台湾，南徙东南亚。在祖国宝岛台湾，白奇郭先后的移居地有鹿港、基隆、台北，以及彰化、台中、新竹、高雄、台南、屏东，共有7000多人。

白奇回族在郑成功收复台湾前后就到台湾捕鱼经商。白奇郭住鹿港郭厝已有很长的历史，他们仍自称是"白奇郭"。和家乡祖籍地"贮天经""建礼拜寺""尊重清真之教"一样，鹿港郭厝的白奇郭曾在当地建有清真寺。据台湾学者调访，一百多年前，郭厝族人又分出一个"明湖"支派。台湾出版的《台湾风物》刊载的《回教在鹿港》一文还指出："郑成功来台的时候，他的麾下有一支回教徒部队，骁勇善战，在鹿港上陆以后，就驻防下来，这支回教徒部队就是鹿港郭厝族人的祖先。"②此说何据？不详。

白奇埭上《智房四支三分支家谱》记载："十二世朝虔公，生于康熙四十二年……卒于台湾鹿港，何年何月不详待记。……朝虔公年当廿四岁时，于雍正四年丙午六月十七日同弟朝阳二十三岁，以及内村表兄德祥搭'苦浮里'（原注：石湖边，社名）施阿顺之船，一共八人要开去北仔山寻头路（工作）趁食（谋生）。到大海中受台风，桅舵尽折，漂流到台湾竹堑后砻梧栖港口沙线（船）打破，幸遇山上乡亲救活八条人命，平安。因为官厅禁止船只出入，又无船可搭回唐山，连批信（书信）亦难通知家中，兄弟同表兄只好在后砻觅食讨趁（谋生）。二年后三人再搬到嘉义、彰化。九个月（后）又再去鹿港庄脚沟墘搭间草寮宿风雨，替人种田、做挑夫、贩仔生理，有七年之久。到雍正十年壬子塔窟（獭窟，惠安县南滨海处）曾法伯讨渔船来鹿港，即托法伯代为报说吾三人平安。家中听到报说，亲像（好像）天上落月。后来因为不能回家，即就鹿港建置家业，不回唐山祖家。但在顶埭祖地……发妻江氏去世后，幼子清瑜皆

① 参见福建省泉州海外交通史博物馆调查组：《白奇郭姓不是郭子仪的后裔而是回族人》，《泉州伊斯兰教研究论文选》，福建人民出版社1983年版，第213页。
② 《台湾风物》1980年第30卷第1期。

是阿伯、阿兄共为养饲长大，今虽父早已离世，尚幸兄嫂长寿在堂，心中甚然欣喜。 此帮回到祖家住过十日，即将幼子清瑜带去鹿港与家人共聚，他日再图重见。 临别时草略自述雍正四年兄弟同遇海难安危之情状，以记之也。 清雍正十一年癸丑五月初十回家自述代为笔记。 朝虔口述。"

这则族谱中的纪实短文是关于白奇郭移居台湾肇基鹿港的珍贵资料。 如果《台湾风物》刊载的《回族在鹿港》斫引述的白奇郭回教徒部队开基鹿港是当地传说且属实，那么白奇郭四房十二世郭朝虔、郭朝阳在鹿港四五年之久，不至不知晓、不接触先朝住居此地的宗亲。 因此，"回教徒部队"开基鹿港之说不足信，而白奇郭四房十二世郭朝虔等肇基鹿港则为信史，这应是白奇郭移居台湾的最早源头。

继郭朝虔于雍正年间开基鹿港之后，白奇郭姓族人相继移台。 晚清以前，白奇郭移居台湾唯鹿港一处，因而族谱无注明相继移居台湾的具体地点的当为鹿港。《埭上郭氏四房族谱》记载："十二世祖郭朝观于清乾隆廿五年往台湾居住"；"十三世祖郭清时""在乾隆三十五年，夫妇同往台湾"，等等。

鹿港郭厝族人了解与大陆祖家的关系。 民国年间，白奇郭二房族人、家住白奇村近年新故的百岁老人郭有明先生曾二次到鹿港郭厝探亲访友，白奇郭四房族人、家住埭上村的郭国波先生曾多次乘船贩货到鹿港，认亲交朋，每次在鹿港郭厝宗亲家居住不少时日。 民国年间，鹿港郭厝族人亦到白奇祖地探亲访友，郭国波等人就曾接待过他们。[1]

20 世纪 30 年代末，白奇回族第二次移居台湾。 抗战时期，白奇郭有数十艘海船被日寇焚毁、击沉。 许多船民失去了生业，加以鼠疫流行，一些郭氏回民浪迹台湾。 抗日战争胜利后，又有数百人前往台湾，多在基隆、台北谋生，彰化、台中、新竹、高雄、台南、屏东等地也有白奇回民。[2]

1949 年开始，海峡两岸关系阻隔，白奇郭台胞乡愁日重。 1976 年台

---

① 1994 年 5 月笔者访问郭国波先生记录。

② 1994 年 12 月笔者访问台胞郭德安先生记录。

北白奇郭宗贤、郭德安先生撰写的《台北市白奇宗祠落成特刊》文章讲道："我们的故乡白奇，在福建省惠安县南。""自从我们始祖仲远公开基白奇，已传二十余世，共有十三村，长房白奇，二房里春、后海、田岑、斗门头、加坑、后塘，三房山兜，四房埭上、贺厝、大山、吉圃、下埭，五房里春的良墓。""我们族人很早就已迁居台湾，初期都集居在鹿港，现在鹿港宗亲有千余户，并已建立郭氏宗祠。至台光复后，白奇族人有为商工等事业来台，现居台北计有三四百户（笔者注：含基隆）。应建宗祠一所，以奉祀祖先，追溯本源，联系宗谊。"思乡是促成台胞在本地建祠的原因之一。台北的郭氏宗祠还冠以"白奇"两字，深蕴思念大陆祖家之意。稍后，基隆的白奇郭也建立"白奇郭氏宗祠"。鹿港、台北、基隆的白奇郭分别都有宗祠并有宗亲会，彰化、高雄、新竹、台中、台南、屏东的白奇郭唯有宗亲会而无宗祠。台北、基隆的郭氏宗祠，神主牌唯有一个，即"开基白奇一世祖郭公仲远"。一年有春冬二祭，春祭在清明，冬祭在冬至。祭品禁猪油、猪肉，主祭牛、羊肉。《台北市白奇宗祠落成特刊》（1976 年）简介台北白奇郭的风习："先祖遗传，信奉回教，遵守教义。每逢春冬二季祭祀祖先，或家庭忌辰，严禁猪肉。如有丧事，亦禁食猪肉百日，在出殡前须礼请回教主事阿訇莅场，诵念《古兰经》。"基隆郭氏宗亲会还加入"（台湾）回教协会鸡笼分会"。

两岸白奇回族中断的往来终于逐步恢复。1982 年经旅居新加坡宗亲的牵线，台胞郭秋明来白奇村探亲，次年受台北、基隆白奇郭宗亲的委托再次回乡，将集资款 23 万元港币捐献白奇村，用于架设电线等公益事业。1987 年 11 月，台湾当局对台湾民众到大陆探亲弛禁，白奇郭台胞回乡数量明显增多。1989 年鹿港白奇郭宗亲郭龙泉等人回白奇莲埭村谒祖，还向白奇村老人会和南音社捐赠基金。1990 年原住里春村的台胞郭德安、郭秋和等回乡探亲，捐资 20 多万元建里春中小学图书楼。

同年郭炳祥、郭秋明等捐 28 万元建乡台胞招待所，捐 12 万元建白奇小学礼堂。1991 年以台胞为主，包括港胞和旅居新加坡、马来西亚的华侨宗亲捐资 6 万元参与建设乡民族中学校舍。1992 年台北、基隆、鹿港台胞集资 10 多万元捐修白奇郭氏大宗祠。1993 年 4 月组团 10 多人回来参加白奇郭氏家庙重修庆典。① 1994 年 3 月白奇村老人会会长郭秋杰先生应台北、基隆、鹿港宗亲联合邀请，赴台回访。

族谱是追源溯远、敦亲睦族的依据，台湾白奇郭极珍族谱。 20 世纪 80 年代初台胞郭德安在香港发现《白奇郭氏族谱》，"视为至宝"，回台北与鹿港郭富贵先生合资于 1987 年重刊。《重刊白奇郭氏家谱序》叙："今居福建泉州惠安县白奇郭氏……仲远公……是白奇始祖。 ……支分仁、义、礼、智、信（五房），繁衍至众。 查先后迁台于基隆、台北、彰化、台中、高雄、屏东等地郭氏，派属白奇者甚多。 一般量之，播迁例多因催烽火，或经商工随遇而居，谱牒不全。 一俟定籍，时境已易，欲考其绪而难指先世之详。"凭借族谱，查阅方便。 1994 年，台湾白奇郭委托祖家宗亲编修较全的族谱。

台湾白奇郭还回祖家投资办企业。 自 1990 年以来，他们在百崎乡投资于织造、航运和房地产业，累计投资 4000 多万元。② 海峡两岸的白奇回族盼望人为的阻隔尽快成通途，两岸可直航，彼此往来就较为便利也更密切，盼望早日实现祖国统一大业。

（《回族研究》1996 年第 2 期）

---

① 1994 年 12 月笔者访问百崎回族乡乡长郭献辉同志记录,访问白奇村老人会郭秋杰等先生记录。
② 1994 年 12 月笔者访问百崎回族乡乡长郭献辉同志记录,访问白奇村老人会郭秋杰等先生记录。

鹿港郭非郑成功回教徒部队后裔

血缘关系是海峡两岸牢不可破的纽带。查考两岸的姓氏源流无疑是一项意义重大的工作，台湾省各姓渊源研究学会主编的《台湾源流》杂志在这方面贡献尤巨。当两岸的寻源探流热初起时期，由于资料不足，询查乏详，对某些姓氏族源、迁徙历史查考的失误在所难免，因而两岸学者对这些研究的再研究也就很有必要。本文依据谱牒资料，对鹿港郭系郑成功的回教徒部队后裔之误说，略作引证考辨。

台湾鹿港郭厝聚居着清一色的郭姓居民，他们曾建有清真寺，仍有回族遗俗，故特别引人注意其族源。台湾出版的《台湾风物》第 30 卷第 1 期（1980 年 3 月出版）刊载《回族在鹿港》一文。该文初步确认："郑成功来台湾的时候，他的麾下有一支回教徒部队，骁勇善战，在鹿港上陆以后，就驻防下来，这一支回教徒部队就是鹿港郭厝族人的祖先。"

陈国强先生对《回族在鹿港》一文中提到的鹿港郭姓不知道他们来自大陆何处的问题，写了《台湾鹿港回族同胞的根》（《台声》1985 年第 1 期），指出"台湾鹿港回族同胞的'根'是在祖国大陆福建省的惠安县白奇（回族乡）"，论证的关键资料出于（白奇）《埭上郭氏四房族谱》：十二世郭朝观"于清朝乾隆廿五年往台湾居住，其后裔往来隔绝更改，无法查考"；十三世郭清时"在乾隆三十五年，夫妇同往台湾，不知存亡"；十六世郭国缴"葬台湾"；十七世郭建基"逝世于台湾，葬于台湾省台北市外之虎仔山"。陈文的观点还只是推测性的，所引的族谱资料也以"往台湾"就是迁鹿港处理。此外，对于鹿港郭厝族人，系郑成功的回教徒部队后裔之说，暂予搁置。

1993 年台湾"中研院"民族学研究所出版余光弘先生主编的《鹿港暑

写的长篇论文《北头渔村渔民生活方式的变迁》，该文指出："郭厝的郭姓居民依其源流在鹿港分成六支，分别为二房长支、二房三支、二房四支、二房五支、四房与五房以及日湖，其中四房与五房因来台的人数较少而合为一支。 前五支主要是来自泉州惠安的白奇乡，有'白奇郭'之称，属白奇郭仲远派系；而日湖则是来自泉州晋江县石湖（又称日湖），属郭子仪六子郭暖派系。 六支中最早渡台的是二房三支及日湖，前者渡台祖为十一世的郭顺直，最早居鹿港的沟墘里，后再迁居郭厝；后者为十三世郭通观于康熙末叶渡台，先居于郭厝的渔寮（花坛乡），其子再迁入郭厝。"颜秀玲女士的调研提供了一条重要的信息：鹿港郭厝的郭姓居民祖先最早渡台的是白奇二房三支十一世的郭顺直和石湖十三世郭通观，郭通观于康熙末叶渡台，但郭顺直渡台时间不详。 探讨郭顺直渡台时间成为最集中的难点。 附带说，《白奇郭氏族谱》载明：石湖郭是白奇郭四房衍派。

应台湾省各姓渊源研究学会的邀请，厦门大学人类学研究所石奕龙先生于 1995 年 6 月赴台学术访问，在该研究学会林瑶棋理事长亲自陪同下，调访了鹿港郭厝，后在《台湾源流》1996 年冬季刊发表《鹿港郭厝郭顺直派的渊源关系》一文。 该文精确地辨明郭顺直不是十一世而是十二世，顺直是谥号，名讳朝阳，他不属二房三支而属四房。

那么，郭朝阳何因何时入台的呢？ 白奇埭上《智房四支三分支家谱》（白奇郭五房序称仁、义、礼、智、信，智房即四房）载：

十一世，本支属新大厝，由十一世起。

天云公之长子定科公，谥其昌，生顺治，十八年辛丑四月廿四日寅时，卒雍正六年戊甲三月廿七日，六十八岁。

姒陈氏……

生二男，长朝虞，守祖；次朝虔，出祖，与弟朝阳公因幸免于海难而兄弟于台湾台中鹿港东畔沟墘成家立业。

天云公之次子定甲公，谥永昌，生康熙七年戊甲三月廿五时辰时，卒于雍正四年丙年三月初八戌时，五十九岁。

妣丁氏……

子一朝阳，生于清朝雍正四年，同兄朝虔幸免于海难，而兄弟遂居台湾台中鹿港东畔沟墘成家立业。

……

十二世朝虔公，生于康熙四十二年……卒于台湾鹿港，何年何月不详待记。……朝虔公年当廿四岁时，于雍正四年丙午六月十七日同弟朝阳二十三岁，以及内村表兄德祥搭"苦浮里"（原注：石湖边，社名）施阿顺之船，一共八人要开去北仔山寻头路（工作）趁食（谋生）。到大海中受台风，桅舵尽折，漂流到台湾竹堑后砻梧栖港口沙线（船）打破，幸遇山上乡亲救活八条人命，平安。因为官厅禁止船只出入，又无船可搭回唐山，连批信（书信）亦难通知家中，兄弟同表兄只好在后砻觅食讨趁（谋生）。二年后三人再搬到嘉义、彰化。九个月（后）又再去鹿港庄脚沟墘搭间草寮宿风雨，替人种田、做挑夫、贩仔生理，有七年之久。到雍正十年壬子塔窟（獭窟，惠安县南滨海处）曾法伯讨渔船来鹿港，即托法伯代为报说吾三人平安。家中听到报告说，亲像（好像）天上落月。后来因为不能回家，即就鹿港建置家业，不回唐山祖家。但在顶埭祖地……发妻江氏去世后，幼子清瑜皆是阿伯、阿兄共为养饲长大，今虽父早已离世，尚幸兄嫂长寿在堂，心中甚然欣喜。此帮回到祖家住过十日，即将幼子清瑜带去鹿港与家人共聚，他日再图重见。临别时草略自述雍正四年兄弟同遇海难安危之情状，以记之也。清雍正十一年癸丑五月初十回家自述代为笔记。朝虔口述。

引述的族谱文字可简括为：雍正四年（1726年）白奇郭的郭朝阳与其堂兄郭朝虔因海上遇风至台，开基鹿港庄脚沟墘。

这则族谱中的纪实短文是关于白奇郭移居台湾肇基鹿港的珍贵资料。如果《台湾风物》刊载的《回族在鹿港》所引述的白奇郭回教徒部队开基鹿港属实，那么到了雍正年间，开基鹿港的白奇郭回教徒部队的后裔族人，也有一定的数量。白奇郭四房十二世郭朝虔、郭朝阳在鹿港四五年之久，不至不知晓，不接触先期住居此地的宗亲。因此，郑成功的郭姓"回教徒部队"开基鹿港郭厝之说属误，而白奇郭四房十二世郭朝虔、郭朝阳肇基鹿港则为信史，他们与石湖郭通观渡台肇基鹿港，同为大陆白奇郭移居台湾的最早源头。 他们分别在雍正四年（1726 年）和康熙末年渡台肇基鹿港，与郑成功于顺治十八年（1661 年）渡台驱荷，时间相隔已半个多世纪了。

（《福建民族》1998 年第 6 期，署名"郭志超　邓晓华"）

明代白奇回族伊斯兰式石墓型制的变化

　　泉州百崎回族乡白奇回族伊斯兰式石墓有 17 座，伊斯兰式三合土墓有 3 座，时间上至元代，下至清末。 元代的伊斯兰式石墓是没有汉式墓围的。 明代有汉式墓围的伊斯兰式石墓的上下限是永乐二十年至成化十六年（1422—1480 年）；明代简易的伊斯兰教石墓上下限是天顺元年至嘉靖五年（1457—1526 年）；明清伊斯兰式三合土墓上下限是成化二十三年到光绪十一年（1487—1885 年）。 无汉式墓围的石墓、有汉式墓围的石墓、整石雕成的简易石墓、三合土墓，大抵组成了白奇回族伊斯兰式墓型的一个逐渐退化的系列。 当然，各种型制的伊斯兰式墓在时间上不是绝对前后衔接，而是有部分重叠的。 清代、民国和现代的伊斯兰式葬法的"内回外汉"墓式，是白奇回族伊斯兰式墓嬗变的最后结果，故列入考察范围。

　　白奇回族伊斯兰式石墓型制在明代发生了三个突出的变化。 第一个变化是出现了汉式墓围。 永乐年间三世郭仲远墓首次出现了汉式墓围，但仍包含伊斯兰文化的特质，那就是墓围后部正中嵌有上下卷云拱圆月浮雕，这是伊斯兰教的一种象征。 宋元时期泉州的伊斯兰式石墓的顶石前端截面多见卷云拱圆月（个别为上弦月）浮雕，郭仲远夫妇双墓则将传统的刻于墓顶石前端截面的卷云拱月浮雕分解性地移置于墓围嵌石。 直至五世郭孟俊夫妇双墓的清乾隆重修的墓围后部正中的嵌碑上部也有卷云拱圆月浮雕，这与三世郭仲远夫妇双墓类同。 郭仕源墓除了其墓顶石前端截面阴刻卷云拱月纹外，全为素面，对墓的雕饰兴趣转移到汉式墓围；所嵌的青石有精美的鹤、鹿、花草浮雕，墓前分立一尊石狮。 位于"鸟树墓"的六座石墓没有汉式墓围，这些先后修建而组成的四代家族墓群应是象征着不分彼此的亲密关系，也比较容易处理墓的位际涉及家族内部的横向和纵向关系，另外也说明了明代永乐出现的汉式墓围，在此后的一段时间里，在白奇回民的意识中并非根深蒂固。

第二个变化是石墓表面雕饰的变化。三世郭仲远夫妇双墓分五个层级，逐级收缩，底层雕卷云纹，第二层雕折枝花纹，第三层为素面，第四层雕莲瓣纹，右墓（妻墓）第五层雕花卉，左墓（夫墓）第五层刻阿拉伯文《古兰经》句，各层雕刻皆阳雕、周刻，顶石素面。这与常见的宋元泉州伊斯兰式石墓型制和雕饰没有任何差别。宋元泉州伊斯兰式墓一般分为三至五个层级，底座底层通常是卷云纹，上一层是莲花瓣纹，再上一层是阿拉伯文《古兰经》句，各层皆周刻。如果不止三层，那么其他层面则雕花卉或只是素面。纹饰皆阳雕，文字多阳刻，少数为阴刻。卷云纹可能象征死者升天归真，莲花瓣纹应象征伊斯兰教的清净之意。三世郭仲远夫妇双墓的墓表雕饰至其后代墓很快就几乎全消逝了，唯有四世郭仕源墓的顶石前截面阴刻卷云拱圆月纹，以及五世郭孟俊夫妇双墓的墓座阳雕有卷云纹，除此之外，再没有见到墓表有雕饰的了。四世郭仕源基顶石前端截面阴刻卷云拱月纹，这在白奇是首次出现，在白奇是看不出与此前的继承关系。其继承关系只能上溯到宋元泉州的伊斯兰式墓顶石前端多见卷云拱圆月浮雕的这一传统特质。值得一提的是，光绪年间的郭淑献父子双墓前的墓桌后横碑镌刻穆斯林"总信言"，是宋元时期泉州伊斯兰石墓和墓碑镌刻有阿拉伯文《古兰经》句这个传统的流风。这种形态在白奇很孤立，考虑到郭淑献是虔诚的穆斯林，其先辈曾担任过白奇埭上清真寺的阿訇，这种碑铭形态可能是通过宗教联系渠道，借鉴泉州的伊斯兰式墓的碑铭遗存，加以适当变新而产生的。

第三个变化是墓座、墓顶构造的变化。三世郭仲远夫妇双墓的墓座是整石雕成，镂空，上复墓顶石，墓顶石截面是三弧拱形。宋元泉州伊斯兰式石墓的墓座多是整石雕成，多数镂空，少数实心，上复墓顶石，顶石截面或是尖拱形，或是三弧拱形，或是单弧拱形。三世郭仲远夫妇双墓承袭了宋元泉州伊斯兰式石墓的构造，五世郭孟俊夫妇双墓、五世郭孟伟夫妇双墓也是如此。然而，四世郭仕源石墓的墓座却是由条石围砌而成的，"鸟树墓"的四世至七世的石墓群的墓座连同墓顶由整石雕成，当然更不可能镂空了。　至于石墓通高差不多比郭仲远夫妇双墓矮了半截，由于体积较小便于整石雕成。　此外，墓的质料也出现变化。　五世郭谏评墓改用三合土夯成，用三合土建造可能是受汉族的影响，也可能借鉴当时尚遗存于泉州的伊斯兰式三合土墓，这种三合土墓在清代光绪时又有出现。

　　白奇回族伊斯兰式墓渊源于宋元泉州伊斯兰式墓。　泉州已发现近百方宋元时期伊斯兰式墓碑，这种墓碑是前置（贴）于三合土夯成的拱状长形墓前，较之泉州已发现的数以百计的伊斯兰式墓，它是泉州伊斯兰式墓的早期形态。　借助于宋代泉州高度发达的石雕工艺和当地丰富的石材，这种石碑土墓发展为石墓这种晚期形态，石墓的层次和雕饰演变到相当繁复的程度。　宋元时期泉州伊斯兰式墓正是循着质料由土到石、雕饰由简到繁这一进化程序。　白奇明代早期的郭仲远夫妻双墓正是元代泉州高度成熟状态的伊斯兰式石墓的延续。　……而明初以后白奇回族的伊斯兰式墓原有的一系列特质则是循着由繁到简的逻辑而解构的。　解构过程中出现的诸形态当然不可能是解构过程中出现的诸形态的逆向呈现，解构过程中发生的社会文化变动和介入的汉文化因素使之发生了种种变异。

　　（《福建民族》1999 年第 1 期）

泉州回族徙居菲律宾的清真五姓

菲律宾是我国移民海外的最早国域之一，移民的主流源于泉州，徙菲律宾的泉州籍移民也包括了泉州地区回民。本文主要根据笔者 1988 年至 1989 年马尼拉雅典耀大学进修余暇的察访资料，介绍源于泉州回族的旅菲清真五姓的联宗组织及其活动。

"五姓"是金、丁、马、白、郭。"清真"就是"清真教"亦即伊斯兰教，在泉州回族的传统观念中系作为回文化的代名词。在"旅菲清真五姓联宗会"创立之前，"晋江陈埭同乡会""汾阳郭氏宗亲会"先后于 1948 年、1950 年在马尼拉成立，某见多识广的丁姓者根据泉州回族的金、丁、夏、马、郭等姓有过联宗的传说，提议成立金、丁、马、白、郭联亲会，丁文及、马文禄、郭国钯等作为深孚众望的发起人于 1950 年 2 月开始筹建，1951 年在马尼拉王彬街宣告成立旅菲清真五姓联宗会。五姓联宗会的成立反过来又促进了五姓内单宗会的组建，马氏宗亲会、聚书丁氏宗亲会不久相继成立，白、金两姓因人数少而无成立宗亲会。丁、郭、马三姓的单宗会成为清真五姓联宗会的三大支柱，1989 年菲律宾南部的棉兰老岛的三宝颜清真五姓分会成立，设在马尼拉的清真五姓联宗会也就升格为清真五姓联宗总会。

清真五姓的联宗以"五姓结盟"的传说作为团结旗帜。传说："唐玄宗时代，吐蕃、回讫时常侵犯中原，当时的郭子仪为首，联合金祝捷、丁浑瑊、马璘、白元光等文官武将，率领大军，南征北战，驰骋沙场，恩德兼施，平定叛乱，捍卫了大唐江山。后与回讫联盟，结为清真大军，立约互不侵犯，和平共处，为中华民族安邦定国，维持和平。"①此说史实乏证，但它成为五姓联宗的一种共识基础和团结协作的意识源泉。

清真五姓还以"祖教"为"回教"作为文化心理认同的象征。 泉州各地回族在未识别之前，他们的民族自识很不清晰，只是将"回教"作为本族群自识的标示，例如《白奇郭氏族谱·适回辨》说："俯仰今古，或从儒而兼道释之教，如今汉俗是也；或回而兼吾儒之道，如金、丁、夏、马、迭等是也；或从儒而存乎回之教，如今本族白奇是也。"1958 年以前惠安白奇郭姓族人还未识别为回族，其回族族别自识模糊不清，但追忆先辈早就信奉回教则十分清晰。 追溯历史，入明以后，白奇郭和陈埭丁等回族族群在封建统治阶级施行的民族歧视和民族压迫下，刻意隐瞒自己的民族成分，经若干代后连自己也都虚实莫辨。 到了清代，白奇郭在既是所谓汉将郭子仪之后裔又有别于汉俗的回文之间发生两难困惑，故提出"从妈教"说：郭子仪之子娶回纥公主，皈依回教，故有回俗。② 无独有偶，陈埭丁亦将"由赛典赤回回瞻思丁"的真事隐去，"援（宋代名儒）丁度而祖之"，"以明其裔不出回回"。③ 丁氏族谱《祖教说》则起着维持回文化心理的作用。 既然泉州回族在历史上因故将民族身份隐去，但"祖教"为"清真之教"一直成为他们的文化烙印，并且在有些回民社区还一脉相承。 清真五姓以"祖教"为"清真"作为文化认同或群体认同，自缘于此。

据 1984 年太平洋文化中心驻马尼拉办事处的报告，菲律宾的华侨、华人约 80 万人，其中 44 万人聚居在大马尼拉地区，12 万人居住宿务，8 万人居住纳卯，16 万人居住其他各地，多数是菲律宾出生的华人。 华侨、华人祖籍 90% 以上为福建，主要是泉州，尤其是晋江，余为广东等省籍。④ 清真五姓的丁、郭、马、白、金姓主要聚居在大马尼拉地区。 大马尼拉地区包括 4 市 13 镇，4 个市是马尼拉市、卡洛奥坎市、帕萨伊市和奎松市，13 个镇是马卡蒂、马拉蓬、马里基纳等，清真五姓联宗会现有会

---

① 《旅菲清真五姓联宗会成立卅五周年纪念特刊》。

② 《白奇郭氏族谱·适回辨》。

③ 泉州历史研究会编：《泉州回族谱牒资料选编》（陈埭丁姓回族部分）之《感纪旧闻》。

④ 陈碧笙：《世界华侨华人简史》，厦门大学出版社 1991 年版，第 350 页。

员五六百人（不含三宝颜分会），若连会员家庭成员合计至少有 5000 人，五姓中，丁、郭人数相当，合起来占大多数。 丁姓祖籍皆为陈埭。 郭姓祖籍以金井钞岱为主，其他是惠安白奇，石狮的后溪、郭坑，而后溪、郭坑的郭姓是白奇郭的派分。 与钞岱郭姓为同宗异支的莆田等地郭姓已确认为回族，但钞岱郭姓仍未做民族识别。 马、白、金人数较少，马姓除泉州祖籍外还有广东中山祖籍，白姓、金姓均为泉州祖籍。 据访，马、白、金三姓，特别是其祖上有回俗，应属回族。

和现在祖籍地的多数回民一样，五姓已无信奉伊斯兰教，但保留一些与伊斯兰教教义有关的回俗，如祭祖时禁用猪肉、猪油，与祖籍地的回俗完全一样，在清真五姓联宗会会址的清真堂大厅，供奉着郭子仪、白元光、马璘、金祝捷、丁浑琡的彩绘图像，每年举行集体的春冬二祭，所献五牲物为牛腿、牛尾、鸡、鸭和鱼，绝无猪肉，禁用猪油，恪守着这一回民习俗。

家乡祖籍地的回文化遗迹不断在传播历史信息和文化信息，成为清真五姓文化心理的一种依附，菲律宾聚书丁氏宗亲会组团回乡祭拜泉州灵山圣墓附近的丁氏祖墓，清真五姓联宗会也多次组团参加这项活动，并祭拜灵山圣墓。 美国夏威夷东西方研究中心的杜磊教授指出："中国的普通回民……对伊斯兰历史了解甚少，与外界伊斯兰世界隔绝，散居于汉民族之中，所以圣裔或教主及其陵墓给中国的回族提供了最直接的身份感。""泉州回族认为亲族的血统对穆斯林祖先的追寻是极重要的。"[①]而清真五姓对穆斯林祖先的追寻不仅借助宗族血统而且跨越族际血缘。 与上述清真五姓联宗会参加丁氏墓祭相似，1993 年 11 月 15 日金井钞岱郭氏宗祠重建落成，清真五姓联宗会组团前来参加庆典和祠祭。 类似的活动增加了清真五姓联宗会这种既血缘又超血缘的宗亲会组织的凝聚力。

清真五姓联宗会与家乡祖籍地有密切联系，经常组团回乡访问，家乡宗亲、乡亲和有关领导以及家乡文艺团体也多次赴菲回访。 1993 年 4 月，时值晋江市伊斯兰教协会经省政府批准成立和陈埭老人协进总会 10

---

① 杜磊(Dru C. Glandney)：《穆斯林的陵墓及其民间传说：考证回族渊源的重要依据》，《亚洲研究期刊》(英文版)1987 年 8 月。

周年庆，清真五姓联宗会组团前来庆贺。清真五姓不仅慨捐家乡福利事业和教育事业，而且积极回乡投资办厂或为家乡企业无偿提供设备和技术。清真五姓联宗会为加强海峡两岸联系、促进祖国统一大业做出不可低估的努力。清真五姓联宗会与台湾的祖籍白奇的郭氏宗亲会以及世界郭氏宗亲会、祖籍陈埭的丁氏宗亲会，长期有着友好关系，彼此经常互访。清真五姓联宗会的郭朝国还担任了设于台北的世界郭氏宗亲总会的副理事长，清真五姓联宗会名誉理事长丁晋朝先生在清真五姓联宗会 35 周年大庆时倡导："愿我宗亲以当年我先祖结盟、安邦定国之精神，联络感情，和睦互助，为侨居国与地区的安定，经济的繁荣发展，为祖国早日和平统一而努力。"[1]

清真五姓以敦亲睦族、弘扬中华文化为宗旨，并且，这里的"亲""族"，已从宗亲、宗族扩大到菲华、菲律宾人民和中华人民。五姓联宗会组织成员积极参加菲华社会的体育、华文写作、汉字书法比赛，组织歌舞队，在菲华社会发挥联谊作用。清真五姓对菲律宾社会乐善好施，每年圣诞节前，该联宗会妇女组到养老院和孤儿院做慰问演出，赠送礼品、红包；菲律宾风灾、水灾和火山灾害较多，清真五姓积极参加救灾赈济；他们除了资助华文学校办学外，还为贫困地区的小学捐建校舍，受到当时副总统劳雷尔的嘉奖。在清真五姓联宗会 35 周年庆典时，我国驻菲大使陈嵩禄的贺词是："团结友爱，为菲华社会的繁荣，为中菲人民友谊而继续努力。"科拉松·阿基诺总统发来的贺信说："我对清真五姓联宗会 35 周年庆和职员就职典礼表示诚挚的喜悦。多年来，清真五姓联宗会起了很好的作用，不仅坚持联谊和协作的高尚观念，而且凭借团体的意识帮助我们的城市和这一国家取得了持久的进步和稳定。"[2]

（《福建民族》1995 年第 4 期）

---

[1] 《旅菲清真五姓联宗会成立卅五周年纪念特刊》。
[2] 《旅菲清真五姓联宗会成立卅五周年纪念特刊》。

第四辑

闽越与疍民

参观武平县博物馆的思忆

6 月夏日黄昏，雨酣云黑雾朦胧，我们来到永春五中老三届"寻梦武平"集体照背景的武平县博物馆。 多年前，知道修琦生在主持博物馆新馆的布展工作。 走进展厅，图文与实物相映的精致陈列，超乎我的想象。

展板之首是林惠祥教授在武平小径背考古发掘的田野照片。 这次考古发掘是福建最早的新石器时代遗址的发现，也是东亚大陆最早发现有段石锛的新石器时代遗址之一。 此后，尤其是 1958 年以后文物普查所发现的石器和青铜器时代的遗物，极大丰富了馆藏。 据悉，一串晶莹剔透、制作精美的"水晶环"，系武平新石器时代器物。 当笔者询问此物时，灯光顿暗，得知是雷电造成半城停电。

兴致匆匆的参观不到十分钟就戛然而止，心绪如潮遏止于礁岸，急速地倒流至时间的深处。

一

1937 年 4 月 26 日武平（县立）中学历史教员梁惠溥带学生到城南小径背山远足，发现几何印纹陶片，觉得不像近代物。 梁惠溥毕业于厦门大学，曾在林惠祥人类学标本陈列室见过新石器时代石器和陶片，对考古很有兴趣，便再加探看，果然在附近又发现石镞断片一枚。 此后，继续采集到石镞、石锛、石斧及陶片。 梁准备将所获的古物寄给林惠祥鉴定，并邀林到当地考察发掘。 林惠祥已从报纸获悉，即偕毕业生雷泽光于 6 月 8 日由厦门动身，因厦门到武平尚无公路，便由厦门搭船到汕头，再乘汽车经潮阳、揭阳、丰顺、梅县、蕉岭，于11日近午抵达。到武平后，受到武平中学招待，寄寓校内，当天下午即开始工作。工作人员除林、梁、雷三人外，另有校长和教职员姜献祥、陈善洪、王贞宏、李一真、李希斋、梁崇礼、钟日华、朱瑞清、刘益霖等人，他们在课外也来参加。每日雇工两名，专司掘地挑物。发掘地点主要在小径背山，兼及洋坪山、风口崇山等处。19日动身返厦，乘汽车到松口，再坐小汽船顺韩江到潮安，再到汕头搭乘轮船于24日回到厦门。

回厦门才十多天，七七卢沟桥事变，抗日战争全面爆发，为了多年所收藏的文物免遭敌手，当年秋林惠祥携文物前往香港，家眷同行。在港时，得悉新加坡莱佛士博物馆即将主办"远东史前学家第三届大会"，即着手准备论文。抵星岛数日后即与会，在大会宣读《福建武平新石器时代遗址》这篇论文。

二

石锛曾归属石斧一类，德国考古学者海尼·格尔顿最早发现有段石锛（stepped adze），地点在西南太平洋的波利尼西亚群岛，他也是这种器物最先的准确命名者。石锛很像石斧，但石斧是双刃的，而石锛是单刃的，像刨刀，就是单刃的。双刃刀具插入木头，很难退出，而单刃则易。林惠祥猜测石锛主要是加工木头的工具，尤其是制造独木舟时必备。所谓有段，是无刃的这一边，不像刨刀是平面的，而是在中部隆起棱角而造成两个平面，也就是前后相接的两个断面。这样，若与木柄组装，石锛的前后扎上绳索，就不易脱落。

林惠祥在菲律宾师从美国考古学者拜耶读研究生时，就见过其收集的有段石锛，并于1929年和1935年在台北圆山采集过有段石锛。当他在武平看到出土的这种石器，有"似曾相识燕归来"的亲切和兴奋。他在研究报告说："一种石锛在背上有隆起的棱，很像香港（南丫岛）、台湾、菲律宾、波利尼西亚发现的。"（1938年1月林惠祥在新加坡"远东史前学家第三届大会"宣读的《福建武平新石器时代遗址》英文提要，会后收入特刊）此为首次提出东亚大陆东南与台湾地区、菲律宾以及波利尼西亚等西南太平洋群岛的有段石锛的关联性。 1948 年拜耶《菲律宾和东亚考古学》一书有关华南有段石锛的论述，吸收了林惠祥《福建武平新石器时代遗址》一文的成果。

著名人类学家、考古学家张光直曾指出："中国的历史学包括考古学一向有孤芳自赏的传统，就是把中国历史的资料和问题的讨论限制于现代中国的地理境界范围之内。"而林惠祥早在这一批评的数十年前，就没有这一域限，在埋头武平田野考古后，就把目光投向遥远的海洋。

此后，林惠祥继续研究，指出：有段石锛有初级、成熟、高级三型。初级型，闽粤多见，台湾地区、菲律宾少见。 成熟型，闽粤、台湾地区、菲律宾均有。 高级型，闽粤和台湾地区少见，菲律宾甚多，波利尼西亚更多且更高级。 初级型又叫原始型或祖型，林惠祥实际上提出：东亚大陆东南是有段石锛的发生地，台湾地区、菲律宾和波利尼西亚等西南太平洋群岛是递进的传播地。 张光直等国外考古学家，提出的大陆东南是南岛语族的摇篮，就借鉴了林惠祥的有段石锛传播的结论。"台独"势力以"文化台独"助燃，罔顾历史，渲染台湾古文化原乡在南洋的"与大陆无关"说。

<h1 style="text-align:center">三</h1>

以武平新石器时代遗物作为典型并扩展到广袤的中国大陆东南地区，进而与华北比较，与台湾地区以及东南亚比较，从物的不同，洞见人群的差异，这是林惠祥对武平新石器遗物研究之后在种族、民族领域的延伸。

他认识到，大陆东南地区的石器时代遗物与华北差别很大，陶器不是彩陶、黑陶，而是印纹陶（武平新石器时代遗址出土的陶片，正是以印纹陶为主）。 大陆东南的石器型式和华北也有明显差异，如少有像华北的石斧而多石锛、石镞，且有特殊的石器，即有段石锛以及有肩石斧；相反，与台湾地区及印度支那（即中南半岛，其南部为马来半岛）和菲律宾的比较却很相像。 他指出，新石器时代大陆东南与华北差异，而与台湾地区、中南半岛、南洋群岛接近，这是人群相近与差异的文化标志。

人类学曾经把马来人，看成独立的人种，即棕色人种，其实马来人属蒙古利亚人种（黄种人），具体称为蒙古利亚种海洋系或海洋蒙古利亚亚种。 马来人是南移的蒙古利亚人与尼格利陀人以及印度尼西亚人（非印尼人，而是特指高加索种经由印度迁到东南亚的一支）融合而成。 最早融合的地点在中国东南，其融合形成的人群叫"原马来人"，其中一个体质特征是双眼皮的"马来眼"。 东南地区的古越族就是原马来人。 原马来人继续南下，在印度支那和南洋群岛继续与尼格利陀人、印度尼西亚人融合，形成马来人（即现代马来人）。 在中国大陆东南地区和台湾岛，有诸多"小黑人"孑遗的记载；在越南深山，至今有印度尼西亚人的遗裔，这些便是佐证。 上述是林惠祥在 1938 年以后研究的结论。

在民族范畴，马来人即南岛语族。 百越诸族之一的闽越人，也属古代南岛语族。 福建人就是南下汉人融合了闽越族的人群，尽管有多种方言，但统属于闽语方言。 有趣的是，闽江流域一带与晋江流域至潮汕地区一带，在新石器时代分别是有着明显地方特色的文化区。 这隐约透露闽东方言（南片以福州为代表，北片以福安为代表）与闽南方言一开始的形成，就有合成成分的差别。 在闽东话和闽南话中，至今保留古越语即南岛语的底层词。

<h2 style="text-align:center">四</h2>

林惠祥留意考古遗物所存那个时代的民俗生活，也对当代考古遗物所附着的观念感兴趣。

1941 年 3 月下旬，林到马来亚吉打州发现史前洞穴遗址，采集了一百多件新、旧石器。 这些后来藏于厦门大学人类博物馆，成为中国大陆博物馆界唯一的南洋石器。

他注意到，从古代到近代欧洲人把偶然发现的石斧视为雷霆所降，获得此物可得其庇佑。 在德国，有的乡下称石斧为"雷凿"，藏于家中可避雷击，可荫及全村；有的乡下认为石斧可以治人畜疾病，增加牛乳产量，助妇女分娩。 英国康沃尔人将石斧放在水中，用煮后的水治风湿病。 那么，吉打的马来人是不是也有类似的情况呢？ 他让当地华侨请来土著人做向导，到村里探访。 他们在密林里穿行了二三小时，来到一个叫蒙谷的村落。问有无古人所使用的石斧，回答没有。改问有无雷降的石斧，回答有，并说他们称之为"雷石"，发现时便收藏，以为有特别的灵力。林惠祥向他们求购数件，认为这别于考古采集所得。1947年秋，林惠祥从新加坡回国，船泊香港，他在旧货看见一件石斧，问摊主何物，答是"古玉"，是广东乡下人拿来，原是挂在身上的辟邪之物。林惠祥仔细一看，上端有一小孔，系了一条丝带。这是他首次在中国本土发现的被赋予超自然观念的石斧。他说：一见即断定它是原始时代的石斧，土名"雷公斧"，这是广东地方所出，广东的雷州原以出产雷斧著名。石斧与雷关联，缘于雷雨沛降而石斧露。

林惠祥注意到，宋代沈括《梦溪笔谈》记载："世人有得雷斧、雷楔者，云雷神所坠，多于震雷之下得之。"明代李时珍《本草纲目》将雷斧列入药物："雷砫似砫，乃石也，紫黑色……气味无毒，主大惊失心，恍惚不识人。并石淋，磨汁服，亦煮服。作枕，除魔梦不祥。"

因"雷斧"与"雷神"有关，林惠祥在20世纪50年代购得拟人公鸡的汉代玉雷公一枚，又在晋江购得原嵌于墙壁的雷公三彩瓷雕一方：人形，鸡喙，手足亦鸡爪，右手执一球状物，双翼如披风。

雷石研究的意义除了解民俗，还在于说明人类有共同的心智，故有些观念，不同种族、民族却不谋而合。语言学界提出人类语言具有禀赋的生成结构一说，也属于同心智论。曾经流行的机械和粗糙的唯物论，常使人们的认识浅尝辄止。

五

1942年2月新加坡沦陷，林惠祥避居乡下搭寮开荒，种树薯和番薯，种菠萝，种蔬菜。他还收购废旧工具，经过修理后再拿到集市摆摊出售。当时，懂得英、日、中三国语言文字的人才稀缺，待遇丰厚，但林惠祥不仅谢绝引荐，而且为躲人引荐而避居乡下，贫困潦倒。

抗日战争胜利后，天日重光。1947年秋，林惠祥携眷回国，继续在厦门大学任教，二十几大箱文物也完璧归赵，并新增收藏。回到厦港顶澳仔住处，保存于此的八百多件陶片不翼而飞。他除了痛心外，还担心有人会误以为厦门本地所出，造成资料混淆。据悉，台湾大学人类学系标本室的不少印纹陶片，疑出自武平。

读小学四年级时，老师带我们参观厦门大学人类博物馆，印象深刻。后来我考入厦大，才知道人类博物馆的藏品基本上是林惠祥原本的收藏，藏所最早叫人类学标本室（1934 年，供教学用），旋改为人类学标本陈列室或人类学标本陈列所（也提供市民参观）。1951 年底教育部批准成立厦门大学人类博物馆筹办处，1953 年 3 月 16 日开馆。恢复高考当年，我想起该馆，就填报厦门大学考古专业，因当年未招考古，就被转为历史专业。究其缘分，源于林先生创办的人类博物馆。

导师陈国强曾为我描述过林惠祥的形象和性格，他说林华水与其父林惠祥先生最像。林华水 1966 年读八中高二，下乡武平大禾邓坑。读研究生一年级时，我在大生里南侧的厦大公寓三楼走廊第一次见到他。华水敦厚正直，话语不多。他一定感觉到我不时地注视，但不知何因。

六

林惠祥先生是我人生感受中的人之楷模，岂止治学，更在情义。文前所述的武平考古的人事，是从林惠祥参加"远东史前学家第三届大会"的论文《福建武平新石器时代遗址》摘出的。从中可以看出其为人处世。就是对"土番"，他也一样尊重。1929 年林惠祥赴台调查台湾"番族"的原始文化。购得日月潭"水社"的樟质独木舟，雇"番人"运，他也参加扛。到了市镇后，林请他们用餐，还记下其名（"番族"无姓）：辛好（Sinhau）、乌瓶（Ubin）、马葛巴（Macaba）、母爵（Mucho），并写入调查报告。

1937 年夏天之后，武平成为东亚大陆新石器考古的热点，林惠祥也和武平的文博考古事业紧密相系。从有段石锛的发现，再到马来人的形成，再到与石器有关的民俗学研究，是其学术生涯的掠影，武平的田野考古是这一系列研究的关键起点。林氏家族自林先生祖父开始迁台，经商颇兴，林父也到台湾继业。林惠祥 1901 年生于晋江蚶江莲埭，幼年生长于台湾，少年到福州读日人办的"东瀛学堂"（父到榕做对台生意）和教会所设的福州青年会中学，后又随父回台，转菲律宾做店员，1921年回国考入厦大，毕业后赴菲留学，学成归国至中央研究院任著作员、研究员，1931年回归厦门大学。　他喜爱厦门，曾说"恋厦门之风土"。　武平也是其福地。　我想，林老先生天上有知，知道武平曾接纳包括其爱子的厦门知青，他一定会更加喜爱武平。　林惠祥喜欢岩石，别名"石仁"。　他与古代别称"岩城"的武平有着深厚的缘分。　他在武平的考古及其延续的故事，早已融入武平的人文历史，融入梁野的云山飞瀑。

（饶辉、郑振成主编：《情铸梁野》，2016年。署名"蓝岭"）

从"山鬼"异闻录管窥古民族

清代杨澜《临汀汇考》引（唐）《会昌解颐录》的山鬼异闻录："唐开元中，自虚为汀州刺史，到郡部，众官皆见有一人，年垂八十，自称萧老，一家数口在使君宅中累世，幸不占厅堂，言讫而没。 自后凡有吉凶，萧老必预报，无不应者。 自虚刚正，常不信之，而众人每夜见怪异，或见有人坐于檐上，脚垂于地，或见人两两三三空中而行，或抱婴儿问人乞食，或有美人浓妆美服，在月下言笑，多掷砖瓦。 家人乃白自虚曰：'尝闻厨后空舍是神堂，前人皆以香火事之，今不然，故妖怪如此。'自虚怒殊，不信。 忽一日，萧老谒自虚云：'今当远访亲旧，以数口为托。'言讫而去。 自虚以问老吏，吏云：'尝闻使宅堂后枯树中有山魈。'自虚令积柴与树齐，纵火焚之，闻树中冤枉之声不可听。 月余，萧老归，缟素哀哭曰：'无何远出，委妻子于贼手，今四海之内，子然一身，当令公知之耳。'乃于衣带解一小盒，大如弹丸，掷之于地，云：'速去速去。'自虚俯拾开之，见有一小虎，大才如蝇，自虚欲捉之，遂跳于地，已长数寸，跳掷不已，俄成大虎，走入中门，其家大小百余人尽为所毙，虎亦不见，自虚亦一身而已。"[1]

透过鬼怪传说，可以窥视历史。 闽西在福建开发较迟，西晋时，唯有隶属建安郡（治所今建瓯）的新罗县（今上杭），中唐开元十三年（725年）设宁化县，开元二十一年（733年）始设汀州，闽西自此始有州级建制。《临汀汇考》云："汀，七闽穷处也，蕞尔一城，子然于蛮风蜑雨中。"

---

[1] 《临汀汇考》卷四《山鬼淫祠》。

"獉狉如是，几疑非人所居，故必迟之数，方建（汀州）郡治。"[①]汀州设治时，因入籍输赋之民稀少，还从本地和外地，检责得诸州避役百姓共三千余户。

汀州在条件不够成熟时的骤然建立，很容易激化封建统治阶级和迁入的汉民同当地土著族的矛盾，至少在生存空间的固守和侵占的对抗上。《太平寰宇记》引（唐）《牛肃纪闻》云："州初置长汀，长汀大树千余株，皆豫章迫隘，以新造州府，故斩伐林木，凡斩伐诸树，其树皆枫松，大径二三丈，高者三百尺，山都所居。其高者曰'人都'，在其中者曰'猪都'，处其下者曰'鸟都'。人都即如人形而卑小，男子妇人自为配耦（偶）；猪都皆身如猪；鸟都皆人首，尽能人言，闻其声而不见其形，亦鬼之流也。三都皆在树窟宅，人都所居最华。人都或时见形。当伐木时，有术者周元太能伏诸都，禹步为厉术，则以左右赤索围而伐之，树既卧仆，剖其中，三都皆不化，则执而投之镬中煮焉。"[②]

建汀州时，官府与"山都"土著族有冲突，乃至杀害一些"山都"，应有这回事，但被神异化了。汉族封建统治阶级一方面歧视少数民族为异类，一方面又为他们大开杀戒的残酷统治炮制堂皇证词。将土著族说成是"如猪""亦鬼之流"，就可为他们的残酷行径进行美化和合理化解释。描写"山都"的各种方志笔记的汉族文人学士从未有人对"山都"做实地考察记录，这种实见的空白也就给怪异想象留下杜撰余地。

上文引录的怪异故事中的"山魈"即唐代至清代闽西、赣南、粤东传云的"山鬼"，最早称山都，此外还有山獠、山獠、"野罗仙"等别称。西晋时，郭璞注《山海经》指出赣南的南康郡的"山都"是人。此后，特别在唐宋时期闽西、粤东、赣南的方志笔记皆云"山都""亦鬼类也"。撰《临汀汇考》的清人杨澜云："山魈、山精、石精、木客皆木石之怪……里之山鬼也。"[③]

"山鬼"非鬼，是闽、粤、赣三省交界地的原始土著族。在古代的

① 《临汀汇考》卷一《山川考》。

② 《太平寰宇记》卷一〇二《江南东道十四·汀州》。

③ 《临汀汇考》卷四《山鬼淫祠》。

皖、浙、湘、桂、川也有零星记载，但以赣南、闽西、粤东的记载最频多。

关于"山都"的记载最早可见于成书于春秋末到汉代的《山海经》。《山海经》云："枭阳国在北朐之西。其为人，人面长唇，黑身有毛，反踵，见人笑亦笑，左手操管。"①这种被夸张描述的特异族群所居的地域无考。西晋郭璞注《山海经》的"枭阳国"云："今交州、南康郡深山中皆有此物也。长丈许，脚跟反向，健走被发，好笑。雌者能作汁，洒中，人即病，土俗谓之山都。南康今有赣水，以有此人，因以名水。"②郭璞所称的"山都"在南康郡，西晋的南康郡治在今江西于都东北，辖境赣南。到了北宋的《太平寰宇记》所引的地志就将赣南的"山都"称为"鬼类"。

福建"山都"的记载集中于闽西，首见于《太平寰宇记》，其引（唐）《牛肃纪闻》："江东采访使奏于虔州南山洞置汀州，州境五百里，山深林木秀茂，以领长汀、黄连、新罗三县。地多瘴疠，山都木客丛萃其中。""山都……亦鬼之流也。"③

广东的"山都"集中于粤东。《太平寰宇记》的《岭南道二·海阳县》云："凤凰山……中有神，形如人，披发迅走"，"山都，神名，形如人而披发迅走"。④

"山都"人中有部分称"木客"亦称"山都木客"，指的是伐树卖枋的山都人。《太平寰宇记》的《江南西道六·虔州赣县》载："《舆地志》云：虔州上洛山多木客，乃鬼类也，形似人，语亦如人，遥见分明，近则藏隐，能斫杉枋，聚于高峻之上，与人交市，以木易人刀斧。交关者，前置物枋下，却走避之，木客寻来取物，下枋与人，随物多少，甚信直而不欺。"⑤《太平御览》引《述异记》曰："南康有神名曰山都……其状盖木客、山猱之类也。"⑥这说明"木客"与"山都"状无别，只是有伐卖杉枋的经济活动。

---

① 《山海经》卷十《海山南径》，郭璞注。
② 《山海经》卷十《海山南径》，郭璞注。
③ 《太平寰宇记》卷一〇二《江南东道十四·汀州》。
④ 《太平寰宇记》卷一五八《岭南道二·海阳县》。
⑤ 《太平寰宇记》卷一〇八《江南西道六·虔州赣县》。
⑥ 《太平御览》卷八八四《神鬼部四》。

"山都"是闽、粤、赣三省交界地区的土著族，准确地说是闽、粤、赣越人的后裔，此见可经文化分析而得。（1）《太平寰宇记》的《江南西道七·吉州太和县》引《异物志》云："大山穷谷之间，有山都人，不知其流绪所出，发长五寸而不能结。"[1]古代越人"被发文身，以象鳞虫"，东汉高诱注："被，剪也；文身，刻画其体，为蛟龙之状。"[2]"山都"人"发长五寸不能结"正是"被发"或"断发"的越人发式。（2）古越人喜吃腥臊味的水生动物，《太平寰宇记》引《南康记》云："山都……好在深涧翻觅蟹啖之。"[3]此与越人食俗同。（3）越人住居是干栏建筑，干栏又称高栏、阁栏，即房屋以木柱为底架，使房屋底面离开地面。史书也有将此住居方式喻为"巢居"。《太平寰宇记》引《述异记》云："南康有神名曰山都……于深山树中作窠，窠形如卵而坚，长三尺许，内甚泽，五色鲜明，二枚沓之，中央相连。土人云：'上者雄舍，下者雌室。'旁悉开口如规，体质虚轻颇似木筒，中央以鸟毛为褥。"[4]《太平寰宇记》的《江南东道十四·汀州》引《牛肃纪闻》云："其树皆枫松，大径二三丈，高者三百尺，山都所居。其高者曰'人都'，在其中者曰'猪都'，处其下者曰'鸟都'。……三都皆在树窟宅。"[5]无论是"窠居"还是"树窟宅"都属于栏居式较为原始的形态。（4）《太平御览》引《南康记》云："木客……死者皆知殡敛之，不令人见其形也。葬棺法每在高岸树杪或藏石窠中。"[6]已发现的武夷山船棺多为石隙葬，属闽越人的葬制遗存。山都的"藏石窠中"的"葬棺法"近同闽越人在武夷山的悬棺葬式。

最早开拓"山都木客古族"这一研究课题的陈国强先生认为："'木客'就是小黑人"。[7]蒋炳钊先生认为"山都和木客""是同一个民族"，"山都木客可能是古越族的后裔"。[8]史籍确有"（南康）山都，形如人，

---

① 《太平寰宇记》卷一〇九《江南西道七·吉州太和县》。
② 《淮南子·原道训》。
③ 《太平御览》卷八八四《神鬼部四》。
④ 《太平御览》卷八八四《神鬼部四》。
⑤ 《太平寰宇记》卷一〇二《江南东道十四·汀州》。
⑥ 《太平御览》卷八八四《神鬼部四》。
⑦ 陈国强：《福建的古民族——"木客"试探》，《厦门大学学报》1963年第2期。
⑧ 蒋炳钊：《古民族"山都木客"历史初探》，《厦门大学学报》1983年第3期。

长二尺余，黑色赤目，发黄披之"①的文字。但同样在赣南地区，也记载："（南康）山都""长丈许"；"庐陵（唐时治所在今吉安市）大山之间有山都……可长四五尺"。② 可见"长二尺余"的记载不可靠。 至于以"山都……黑色赤目，发黄披之"的文字来证实是"小黑人"也证据不足。"小黑人"无"赤目，发黄披之"的体质特征，因此与"赤目，发黄披之"并录的"黑色"也难为小黑人之证。 闽粤赣交界地区所记载"山都"（"山都"含"木客"）的近百条材料中，有提及"山都"人皮肤黑色的甚少，如果"山都"是"小黑人"，那么记录"山都"的体质特征必突出并通常不会遗漏提及皮肤黑色。 可见"木客为'小黑人'说"不确。 山都（含木客）是"古代越族的后裔"是较可信的。

（《福建民族》1996 年第 1 期，署名"金汤"）

---

① 《太平御览》卷八八四《神鬼部四》。
② 《太平寰宇记》卷一〇九《江南西道七·吉州太和县》。

被忽视的武夷山的仙文化

武夷山文化首推"道南理窟"，其次就是仙文化。 那些"仙舟""仙蜕""虹桥板"及其传说和传奇，营造浓郁的仙文化。 这种神仙氛围使武夷山超凡脱俗，魅力无限，渺不可测。

"虹桥板"：武夷君与乡人相会之桥

"虹桥板"实际上只是楠木板，是越人悬棺葬的附属物，一是用于支架船棺，二是放置船棺时所设的栈道，横置峰岩纵隙间。 然而，"虹桥板"却被想象为人界与仙界的联结之桥。

乡人通过"虹桥板"上天会的是何方神仙?《武夷山志》载："大王峰升真洞外，有木板纵横插于岩际，相传武夷君设宴幔亭时，架虹桥以引乡人。 及下，桥遂断，其板飞插各峰石罅。 迄今大小藏峰、鼓子峰、金鸡洞诸处皆有之，风雨飘摇，岁久不腐，人亦莫取。"可见，"架虹桥以引乡人"的神仙正是武夷君。《武夷山志》载："相传昔有神仙降山中，自称武夷君，受上帝命，统录群仙，授馆于此。 汉武帝时，遣使祀之。"直到明代，每逢中秋于大王峰下的武夷宫祀武夷君。

武夷君之祭，至晚在秦时已有之，那时属于当地越人之俗。 武夷，或云"夷落""君长"，或云"山神"，或云彭祖二子名（长武，次夷）之合，或云"降此山"的"神仙"。 朱熹的"夷落""君长"说应较接近史实。《越绝书》记载"越之先君无余"。 这里的"越"指于越，即勾践为君王的越国。"无余"即"武夷"。 无余殁后，其子孙臣民将他葬在会稽南七八百里之山，山因此得名"武夷"。

"虹桥板""仙舟（木）"的神秘功用

与神仙传说联系在一起的"虹桥板"和"仙舟"（船棺），也就具有避灾祛邪的神秘性质。"仙舟""仙船"即古越人悬棺葬的葬具。 宋人白玉蟾诗云："丹炉复尔生春草，玉女峰前空白云。 仙舟停棹架岩头，黄鹤归天今几秋。"诗中所指的玉女峰正前方的"仙舟"就是小藏峰的"架壑船棺"，至今尚存。 将楠木凿成独木舟形状之棺，故称"仙舟""仙船"。

《武夷山志》载："大王峰升真洞外，有木板纵横插于岩际……间有自坠者，色黝而泽，类沉香，文理坚栗，不辨何木。 土人珍之，云能除胃气痛，避火灾，祛邪祟焉。"明代"万历乙己夏一夕，此峰（小藏峰）忽坠一艇，声震远迩，所贮遗殖之瓷瓮皆糜碎，好事者争取船木，镌以为佩，嗅之微有香气"。

"仙蜕"：祈雨的道具

古人的求仙思想认为，欲成仙，须到远隔红尘、宛若仙境的静谧山林，绝思虑，淡饮食，行善事。 或修心养气以炼"内丹"，或采炼丹药以炼"外丹"，或者兼之，丹成，即可"仙去"，实现对俗世生命的超越，永恒于想象的幻界。 战国时屈原就有"仍羽人于丹丘兮，留不死之旧乡"的咏叹。 武夷山九曲溪河谷奇妙的丹崖碧水，很被看好为修炼"成仙"的绝好洞天。

早期祈雨所祭的是武夷君。 宋代以后，祈雨所祭，用的是装入木盒或瓷缸的成仙者的遗骨即"仙蜕"。 这类"仙蜕"放置于高崖石罅或石罅里的"仙船"里。 祭前取"仙蜕"于高崖，祈雨后送回原处。

武夷山的祭"仙蜕"以祈雨的民俗居然也引入京城。 北宋绍圣二年（1095 年），"京师旱，迎仙蜕祈雨有应"。 为此，宋哲宗下旨："大建（武夷会仙观）宫殿，改名'冲佑观'"，"赐钱八十万，又赐建阳田十顷"。 冲佑观即现在的武夷宫。

无视仙文化的武夷山旅游区建设

　　武夷山文化像诸多文化层的叠压。　仙文化不仅是武夷山早期的文化，而且贯穿秦汉至明清，经久流传并不断丰富。　神仙之说固然荒诞，但毕竟是观念形态的历史，是武夷山的古文化。　遗憾的是，至今为止，介绍武夷山的现代书籍乃至网页等文字资料，完全忽略了仙文化。　如果认识到仙文化是武夷文化的基面，那么就会认识到喧闹的商住区必须远离风景区，才能保护神姿的山和仙态的魂。　这种对超凡脱俗的武夷山仙文化的缺乏了解所造成的偏误意识，潜隐于含旅游部门在内的地方行政部门，进而制约着建设规划意识。　其突出的错误是将酒店旅馆业为主的武夷山商业区建设在武夷山风景区内。　如果这个规模宏大的商业区建在武夷山风景区北面 10 公里的武夷山市，不仅保护了武夷山风景区的生态，而且会有力带动武夷山市的经济建设和繁荣。　轻人文社会科学的指导，对文化认识浅尝辄止，这是武夷山旅游开发建设重大失误的思想原因。缺乏深入的文化洞察，这种乏识所造成的文化遗憾、生态遗憾和经济遗憾的现状应当引起省思。

闽中三地崇蛇遗俗稽古

闽南人及其邻近族群——郭志超教授人类学随笔

闽中，闽越故地。秦代在福建以及浙江一部分设闽中郡，后来福建也就有了"闽中"这一别称。东汉许慎《说文解字》说："闽，东南越，蛇种。"指的是闽越人崇蛇，并认为同蛇有血缘亲属关系。历经了几千年的历史沧桑，闽中仍然存有古越崇蛇遗俗，但各地崇蛇习俗的具体来源曲折晦暗，应予稽考。本文以闽西、闽南、闽东的三个地点作为研究的典型个案。

一、闽西长汀蛇王宫的历史考察

厦门大学人类博物馆陈列着一尊蛇王雕像。蛇王为人格化造型，木质，通高 105 厘米，青脸圆睛，獠牙微露，神态庄严；右手高举的法物或武器，像是短铜，更似棒槌；脚穿黑靴，身着青衣；其左是武卫，面目狰狞，左手高举红色的珠状物，其右为文侍，貌甚和蔼，文武侍卫的高度只有蛇王的五分之二。蛇王神像的底座有一条生动的蛇浮雕，它像是蛇王属下的象征，也像是蛇王的自然原型符号。蛇王神像在 20 世纪 50 年代以前原供奉于闽西长汀县城西门外罗汉岭的蛇王宫。1951 年冬，林惠祥到长汀做考古发掘，抽空考察了蛇王宫，在征得当地有关部门同意后，把蛇王雕像收藏于厦门大学人类博物馆。

《客家风情》（海潮摄影艺术出版社 1994 年版）的"民俗信仰"有这段描述："汀州城西门外罗汉岭山麓，有座古庙名'蛇王宫'，正殿神龛上有尊蛇王菩萨，圆睁双眼，面色铜青，举手执铜，盘坐于岩石之上。岩下有洞，窜出一条蟒蛇，张口吐舌，情状惊人。两边有护卫神，披发跣足，手握石刀、石斧，俨然是原始社会的武士。 殿前有联文云：'自古正邪同水火，于今是非辨分明。'据说过去有人因纠纷争执，是非难辨时，双方便到这里赌咒发誓。 面对蛇王菩萨，就会吐露真情，分辨是与非、真与假、善与恶。 人们历来就把蛇王菩萨看成是正直无私的象征。"

　　读了这段描述，我想：长汀罗汉岭的蛇王宫或是重建了，并重塑蛇王雕像；或是蛇王宫依旧存在，厦门大学人类博物馆所藏的蛇王雕像是蛇王宫的"副驾"，而宫内另有蛇王"正驾"，因为馆藏的蛇王是正常的坐姿而非"盘坐"。 1998 年秋，我到了长汀。 长汀城南临汀江，北枕卧龙山。罗汉岭是卧龙山西部的山丘。 在罗汉岭瞿秋白烈士陵园的西侧便是蛇王宫遗址，但已无一星半点的遗迹了。 访问了当地耆老，获悉在过去，发生纠纷、诉讼，无法解决，争执双方便到蛇王宫，面对蛇王，烧香赌咒："如有不实，愿受蛇王惩罚。"蛇王相当于民间执法者，但其判决体现在未来的惩罚上。 农历四月十二日是蛇王诞，进香者云集。 蛇王不仅司仲裁，也赐福一方，保佑平安。 此前，我在永定湖坑调查时获悉：新南村有一"蛇郎公"庙，功能与长汀蛇王宫同。

　　据明代何乔远《闽书》记载，闽西唯有长汀县才有蛇崇拜的宫庙和祭址。 如果我们抬起专注于该县的眼光，顺着汀江，扫向韩江，就会惊异地发现：长汀蛇王宫的蛇神是从韩江下游近入海口处远传而来的。

　　《闽书》卷二一《方域志·长汀县》记载："蛇王滩。 滩边有蛇王石炉，滩下河流湍急曲折，名九曲滩"；"灵蛇山。 山旧多蛇，下有佛庐及蛇王庙"。 比《闽书》更早的《九域志·胜迹》记载："长汀县南一百八十里有灵蛇山，山下有蛇王庙，地与上杭接壤。"

　　长汀县城西门外罗汉岭南麓的蛇王宫，在明代晚期何乔远编辑的《闽书》未记载，应是漏载。 罗汉岭蛇王宫应分灵自上述两个蛇崇拜地点。蛇王石炉位于滩边蕴含着这一历史信息：蛇王崇拜与水边居住的居民有密切的关系。 那么，这些水边居民是何族群呢？

　　古代汀州的食盐供应原本来自福州，即从福州沿闽江到南平，再转陆运到汀州。 由于路途遥远，陆运尤为艰难，关卡繁多，耗时费力，盐价也因此贵起来，民不堪其苦。 汀州以及赣州之民往往成群结队到广南盗贩私盐。 南宋绍定三年（1230 年），宋慈出任长汀县令，他经过调查研究，发现从潮州运盐较方便，便征得郡守李华的同意和支持，改用汀江、韩江的水运路线，从潮州运盐。 这样，途短运捷，盐价也降下来了，公私称便。[①] 早在宋代以前，疍民就以渔业和海上运输业为主要生计，潮州的疍民也是如此。 当潮州到汀州的盐运航线形成后，运盐的疍民也就会在汀州建立落脚点，如同从事福州到南平水运的疍民在南平建立落脚点那样。

疍民是东南沿海的水上少数民族，是古越人的后裔。 古代就有"水人居水""水人弄蛇"的记载。 崇蛇是疍民的习俗。 明代顾炎武《天下郡国利病书》引《潮州府志》云："（潮州）蜑人，有姓麦、濮、吴、苏，自古以南蛮为蛇种，观其蜑家神宫蛇像可见。"[②]明代邝露《赤雅》说"蜑人神宫画蛇以祭"。[③] 清代吴震方《岭南杂记》说："潮州有蛇神，其像冠冕南面，尊曰'游天大帝'，龛中皆蛇也。 欲见之，庙祝必致辞而后出，盘旋鼎俎间，或倒悬梁椽上，或以竹竿承之，蜿蜒纠结，不怖人，亦不螫人，长三尺许，苍翠可爱。"[④]落脚于长汀的潮州疍民自然会带来其崇蛇习俗。

清代李调元《南越笔记》载："广有三界神，乡人有争斗，多向三界神乞蛇以决曲直，蛇所向作咬人势则曲，背则直。"[⑤]闽西长汀的蛇王功能正是属于广东蛇神"决曲直"这一系统，而较之闽西以外的福建其他地方蛇神的功能特点明显不同。 由于汀江是韩江的上游，古代的闽西与粤东的历史文化联系要比与福建其他地方的联系更为密切。

王东《客家学导论》指出：疍民有不少居住在梅州的河沼地，他们后来都变成客家人。[⑥] 而将蛇崇拜传播到长汀的疍民，应早已融入客家群体。

---

①　［清］杨澜：《临汀汇考》卷三《典制》《兵寇》；参见廖育群、戴念祖：《长汀县令、法学家宋慈》，汀州客家研究会编：《汀州客家研究》，1993 年。

②　［明］顾炎武：《天下郡国利病书》卷一〇四《广东八》，《四库全书存目丛书》第 172 册，齐鲁书社 1996 年版。

③　［明］邝露：《赤雅》上篇，《啸园丛书》第 6 册。

④　［清］吴震方：《岭南杂记》，《四库全书存目丛书》第 172 册，齐鲁书社 1996 年版，第 818 页。

⑤　［清］李调元：《南越笔记》卷四《南越人好巫》，《小方壶斋舆地丛钞》，杭州古籍书店 1985 年版。

⑥　王东：《客家学导论》，上海人民出版社 1996 年版，第 70 页。

二、闽南三平崇蛇习俗及其渊源

几年前，有关部门将一条在曾厝垵非法捕猎的 64 公斤重的巨蟒放回厦门大学东面的曾厝垵村后山的蛇穴。 据报刊报道，这是福建省历来发现的最大蟒蛇。 在把蟒蛇放回洞穴前的草地上，曾厝垵村民将准备好的一条红布轻轻地系在蟒颈上，年迈的老太婆跪在巨蟒前，手执点燃的香烛，祈祷巨蟒平安并福佑全村。 闽南崇蛇的古俗遗存，由此可见一斑。闽南崇蛇历史悠久，至今崇蛇习俗最盛的地方，莫过于三平寺一带。

三平寺是闽南著名的古刹，位于漳州市平和县文峰镇。 寺有三殿，自前而后依次为大雄宝殿、祖殿、塔殿。 祖殿和塔殿都供奉三平祖师，配祀人格化的"蛇侍者"。"蛇侍者"面目狰狞，獠牙微露，雕有一蛇从其左肩探首而出。

三平寺在文峰镇东南隅，地处高山盆地，东与龙海县毗邻，南与漳浦县接壤。 三平寺附近的七个自然村组成三坪行政村（以下称"三坪社区"），这一带的乡民奉行崇蛇习俗，多数自然村有单独奉祀蛇神的村庙。 蛇神或青面或红面，或坐或立，多雕有一蛇盘肩探首。 三平寺在其神明系谱的建构中，本土化地采纳了当地蛇神，置入以三平祖师为核心的神系中。 活物崇拜是人格化蛇神崇拜的原生形态。 这一带村子至今仍流行人蛇共居习俗。 当地产的一种墨绿色无毒蛇被视为蛇神化身，尊称"侍者公"。 蛇长年栖于民居，绕梁缠柱，甚至夜间爬上床与人同眠，乡民无怪，视为吉祥。 笔者从小就特畏蛇，竟婉言谢绝乡民留住的好意而宿于寺内，错过了体验人蛇共居的机会。 在三坪社区的东面，有属于龙海市程溪镇的三关堂、沙石尾、冬天尾三个自然村（以下称"三关堂社区"）。 本文所考察的三平崇蛇的"三平"，指的是三平寺一带，包括三关堂社区。 三关堂社区也有和三坪社区一样的崇蛇习俗。 1998 年国庆休假日在三平社区调查时，我曾独自沿着古道往"大歇困"亭。 古道林森，静寂凄清。 20 世纪 60 年代从平和文峰镇到三平的盘山公路未修筑之前，香客都是从漳州到龙海程溪的塔潭，从此开始登山。 岩谷深邃，诘曲奇诡，登者必历"三险三平"方至其地，"三平"地名即缘于此，"三险"指的是三座岭的高处。"大歇困"亭就建在最高山岭的高处。 我只到达"大歇困"亭及其附近的蛇庙,未进入"大歇困"亭南面的三关堂社区的村社。

三坪社区即三坪行政村地处自南而北、长约4里的椭圆形盆地,从北到南分布着7个自然村:上境、黄陂、楼下、三坪(原名"黄虎")、五山(原名"五斗种")、下坪、浦口,居民1900多人,居民主体为林姓。 三关堂社区包括三关堂、沙石尾、冬天尾3个自然村,居民1400多人,居民主要源于三坪社区的黄陂、三坪、五山、下坪的林姓,以及龙海塔潭的刘姓。

在三坪社区,多数村子都有专供的蛇庙。 没有蛇庙的村子,也有蛇神"侍者公"轮祭形式。 楼下村原有一座蛇庙,后坍塌,村民就以"卜杯"的方式,将"侍者公"雕像按年轮祭于家中。 蛇神"侍者公"有两种,"红脸的"和"青脸的",前者擅长"行医",后者擅长"念佛"。 蛇庙中,或"红"或"青",未见"红""青"两蛇神并供合祭。 在三关堂社区,三个自然村共有的一座"侍者公"蛇庙,位于著名"大歇困"亭附近。

在三坪社区,每年有两次祭祀圈的活动。 第一次祭祀圈的活动叫"巡田青",即祷神保护农作物免遭天灾兽扰。 六月二十九日(农历,下同),从三平寺请出蛇神"侍者公"雕像,三平祖师雕像作陪,巡游诸村(社区最北缘的浦口村除外),依序是:上境、楼下、三坪(黄虎)、五山(五斗种)、黄陂,最后到"毛氏洞"(蛇神曾叫"毛侍者",故该洞即蛇洞),然后返回三平寺。 每到一村,该村设供祭拜。 第二次,也是最重要的一次是蛇神诞日游村:十一月初三日是"侍者公"神诞,从十一月初一到初五"侍者公"巡游诸村。 初一从三平寺请出蛇神"侍者公"雕像,到黄陂,初二从黄陂移至三坪,初三从三坪移至下坪,初四从下坪移至上境,初五从上境移至五山(五斗种),初六从五山返回三平寺。 在这一过程中,三平祖师雕像也全程陪同。"侍者公"每到一村,该村设供祭拜,当晚演戏娱神。 楼下村不独立举办而参加黄陂村的神诞庆典。 浦口村不参加上述祭祀圈的活动,村民们只是在十一月初三日神诞日各自在自家设供祭拜"侍者公",延至十一月中下旬才择日从三平寺请来"侍者公"雕像以及三平祖师雕像,进行全村性的祭拜庆典活动。 在三关堂社区蛇神祭祀圈的活动与三坪社区蛇神祭祀圈的活动有别，三坪社区蛇神祭祀圈的轮祭是循环式，而三关堂社区蛇神祭祀圈的轮祭是辐辏式。"大歇困"亭附近的"侍者公"蛇庙为三关堂社区三个自然村所共有，三个自然村共组"侍者公"蛇神祭祀圈。每逢各村的村庙"境主"（村庙主神）神诞日，必请来"大歇困"亭蛇庙的"侍者公"雕像祭拜，当晚演戏娱神，次日送返。

作为三坪社区的主体居民，林姓在此地的历史不过 500 年。据三坪《林氏族谱》，林姓的入闽始祖林禄从晋元帝南渡后，仕于晋安郡，其后世艾轩公［生于明正统十二年（1447 年），卒于明正德八年（1513 年）］于明弘治年间（1488—1505 年），"始在横溪浦口""教读三载"，此后，"抵三坪"，"筑屋数椽"，"置田数顷"。从"置田数顷"可见，林姓迁入三坪时，已有居民。相传林姓初到时，三坪的望族为黄姓。至今，上境还有几户黄姓，并有黄姓祠堂的遗迹。据传，除了黄姓外，比林姓在此历史更长的还有赖、李、张等姓，但他们几乎都外迁而销声无迹。林姓汉民的崇蛇习俗最终应溯源于当地土著。

神话传说反映了创建三平寺的三平祖师杨义中和尚与当地土著民曾打过交道。三平寺左廊至今保存有一方《漳州三平广济大师行录》碑刻，由唐代吏部侍郎王讽撰写、明代李宓增补并书。王讽与义中和尚有过交往，所撰的义中行录重于写实。唐以后，随着三平寺的影响日隆，有关义中和尚的神话也多了起来，这也引入李宓增补并书的这篇广济大师杨义中行录中。碑载："（唐）会昌五年乙丑之岁，预知武宗皇帝沙汰冠带僧尼，（义中）大师飞锡入三平山中。先止九层岩山鬼穴前，卓锡而住，化为樟木，号'锡杖树'。次夜，众崇异师抛向前面深潭，方乃还来，见师俨然宴坐无损。一夕寝，次复被众崇异向龙瑞百丈漈中，以笼聚石沉之，其水极峻，观者曛眩。及乎回，见大师如故。于是遽相惊讶，仰师之道，叹服。前言：'乞为造院，愿师慈悲，闭目七日，庵院必成。'师乃许之。未逾五日，时闻众崇凿石牵枋，劳苦声甚。师不忍闻，开眼观之，院宇渐成，惟三门未就。怪徒奔走，其不健者化为蛇虺。有大魅身毛楂楂，化而未及，师戏擒住，随侍指使，曰'毛侍者'。然后垦创田地，渐引禅流。""怪徒"或"奔走"，或"化为蛇虺"，而未及"化"者，乃"身毛楂楂"的"毛侍者"。可见，"怪徒""蛇魅""毛侍者"等，名异实同，皆为同一个族群。文中被鬼魅化和神秘化的"山鬼""众祟""怪徒"，实为当地土著民即闽越族的遗裔。"众祟"可"化为蛇魅"这种人、蛇可转化的神话性文字，反映了当地土著民与蛇在观念上有密切的亲缘关系，也可以说是"蛇种"，他们应是闽越人遗裔。

这一带崇蛇社区，四周层峦叠嶂，林木深阻，为古俗的保留所需要的文化隔离形成了天然的地理阻隔。崇蛇原为当地土著民之俗，唐晚期，随着义中和尚到三平建寺，汉民逐渐迁入，也就承袭了当地崇蛇习俗。由于当地所崇之蛇被纳入三平祖师神谱中，成为三平祖师的"侍者"，蛇崇拜因此又有一层"神光"笼罩而获得宗教势力的保护。这些正是崇蛇古俗能在这里经久不衰的缘故。

三平崇蛇习俗所承应是本土的山区越人的崇蛇习俗，而下文将要谈的南平樟湖坂的蛇崇拜却是来源于河流近海口地带，它们分别是渊源于闽越人崇蛇的山、海类型的余脉。

三、闽北樟湖坂蛇崇拜及其由来

樟湖坂镇位于福建省南平市东南边缘。该镇坐落于闽江南岸，辖六街八村，约有居民22400人，汉族。1989年2月，福建省博物馆与南平市博物馆为配合闽江水口水电站工程施工，对水库淹没区的樟湖坂镇宝丰山遗址进行抢救性的考古发掘，在田野发掘期间，陈存洗、林蔚起、林蔚文等学者意外地在樟湖坂镇发现一座蛇王庙，并调查了蛇崇拜习俗。① 此庙位于樟湖坂镇东边，濒临闽江水际，庙下边不远就是当地一处至今仍在使用的码头。这座蛇王庙也叫作"连公庙""福庆堂"。② 据说，蛇王神

---

① 陈存洗、林蔚起、林蔚文：《福建南平樟湖坂崇蛇习俗的初步考察》，《东南文化》1990年第3期。

② 汪毅夫在其《南平樟湖集镇的民间信仰》（《中国文化与闽台社会》，海峡文艺出版社1997年版）这篇调查报告中对蛇王庙所供之神的描述有："庙内主祀的三尊蛇王分别姓萧、连、张，是结拜兄弟，其中连姓蛇王称'主事蛇王'，又有'九天行雷法主连公师父'之号"；"庙内配祀总管、师爷（三眼真人）、少爷（蛇王太子）和镇殿将军（又称青龙大将），并配祀潘公尊王及其一品夫人"。

"连公菩萨"是蟒蛇精的化身，它能消灾去难，保佑居民水陆平安。 庙门口有一方清代同治六年（1867年）的修庙残碑，碑额为"水陆平安"四字，残碑记载了清代樟湖坂运盐船工捐资修缮"福庆堂"以保平安之事。

碑文中提到的"连公圣爷七夕演戏"之事，是当地居民每年农历七月初七"蛇王节"举行的迎蛇活动中的一项演戏酬蛇神内容。 根据调查，樟湖坂每年七月初七的迎蛇习俗，一直延续到20世纪50年代初期。 据介绍，在迎蛇活动前夕即从农历六月下旬开始，樟湖坂各地的成年男子都要四处捕抓活蛇，抓的都是无毒蛇，包括蟒蛇。 蛇抓到后，就交给蛇王庙中的巫师（当地人俗称为"蛇爸"），"蛇爸"发给交蛇者一张凭证，待到七月初七这一天，所有抓到并上交蛇的男子都来到蛇王庙，凭证从"蛇爸"处领一条活蛇参加迎蛇活动。"迎蛇"时，旗幡招展，鼓乐开道，紧接着是蛇王菩萨舆驾，后面则是几百人的迎蛇队伍，浩浩荡荡，颇为壮观。参加游行的人们，每人手上都握有一条蛇，小的蛇多握在手中或盘在肩上，大的蛇则要脱光上衣赤膊任其缠在身上。 这些人与蛇结集在一起的游行队伍，千姿百态，十分奇特。 据当地老乡说，这一天的蛇都很驯顺、温和，很少咬人，偶尔有人被咬，也不痛，只要涂点香灰就好了，所以连小孩都敢于抓蛇。 迎蛇仪式结束时，"蛇爸"要选定一条最大的蟒蛇，在其颈部挂一块特制的"龙牌"，派人用轿子抬到附近山上放生，其余的蛇由迎蛇赛会的人们送到蛇王庙前的闽江放生。 整个仪式结束后，参加迎蛇游行的人每人可从"蛇爸"处领到一份糯米粑。 这种糍粑是用糯米、绿豆和糖做成的食品，颜色灰绿，气味芳香。

七夕迎蛇活动废于20世纪50年代，恢复于20世纪90年代末。 然而，每年正月十五（元宵节）的游蛇灯活动却传承不断，其中尤以樟湖坂镇以及南平市郊的茂地村、宝珠村最为突出。 所谓的蛇灯，是由一节一节的"灯板"衔接而成的。 每节灯板是由一块长约五尺的杉木板制成，两端凿有圆孔，每板都固定三只纸灯，纸灯一般呈敞口的漏斗形，也有八角形或鼓形的。 纸灯外表贴有各种民间剪纸，如鱼虫花卉、古装骑马舞剑人像等题材或各种吉祥语。 在灯板两端圆孔中插入圆木棍即可连接成长长的蛇灯。 游蛇灯，一般有三四百节，也就是说由三四百块灯板和三四百人组成游行队伍。 据当地农民介绍，最长的蛇灯可达七百节，队列约有二里之长。　地处高山的茂地村、宝珠村一带的蛇灯是由人扛在肩上，在崎岖的山路上旋转、奔跑，或进或退，或高或低，体力消耗极大，樟湖坂的蛇灯板较薄，用手提着，游行于街道和闽江边的沙滩上。①

有的学者在追溯"樟湖坂蛇王节的原始意义"时，指出："（樟湖坂）蛇王节的底蕴是祈雨、谢神"，"活蛇崇拜源于稻作习俗中的祈年祭和祈雨行为"。②　这种观点由于与当地的历史文化联系不够紧密而显得比较空泛。

闽江下游樟湖坂一带崇拜蛇神的习俗，由来已久。　明代福建长乐人谢肇淛《长溪琐语》载："水口以上有地名朱船坂（引者注：今樟湖坂），有蛇王庙，庙内有蛇数百，夏秋之间赛神一次。　蛇之大者或缠人腰，或缠人头，出赛。"③这段史料说明，明代以来樟湖坂七月迎蛇赛会基本上是沿袭不变的。　宋元明清直至民国，闽江流域水上疍民的生计除了近海捕鱼外，还从事水上运输如运盐和放艄排等。　因此，历史上南平一带疍民分布较广泛，如南平的水东街、水南街横排头、新建村等处，几乎都是疍民上岸定居而形成的。　民间信仰的目的，首先是与经济生活为核心的生存目的相联系的。　直至 20 世纪 50 年代，樟湖坂有一半以上的人口从事放艄排等水运业，④"水陆平安"是他们生存之所系。　据蛇王宫的"水陆平安"碑记载，集资修缮蛇王宫者是往返于闽江中下游的运盐船工。　疍民不仅是樟湖坂蛇王宫的修缮者，而且应是蛇王宫的创建者。　疍民历来崇蛇，闽江的水上疍民亦然，清代《闽县乡土志》载："本境他种人，只有疍族，自称蛇种。"⑤就是由水居转为陆居的疍民也仍保持这一传统，清代《闽杂记》载："福州农妇（引者注：指福州郊区疍妇以及已相当汉化

---

① 陈存洗、林蔚起、林蔚文：《福建南平樟湖坂崇蛇习俗的初步考察》，《东南文化》1990年第 3 期。

② 何彬：《蛇王节·闽越文化·稻作习俗——浅谈闽北樟湖的蛇王爷》，《思想战线》2001 年第 3 期。

③ 谢肇淛：《长溪琐语》，《四库全书存目丛书》第 247 册，齐鲁书社 1996 年版，第 867页。

④ 陈存洗、林蔚起、林蔚文：《福建南平樟湖坂崇蛇习俗的初步考察》，《东南文化》1990年第 3 期。

⑤ （光绪）《闽县乡土志》卷二。

的疍民后裔的妇女）多带银簪，长五寸许，作蛇昂首之状，插于髻中间，俗名蛇簪。……簪作蛇形，乃不忘其始之义。"①由此联系到蛇王宫建于樟湖坂，就丝毫不觉得意外。当我们历史地浏览了与樟湖坂蛇王庙崇祀有密切关系的群体及其历史活动、文化传统，特别是信仰特征，樟湖坂蛇崇拜的底蕴，包括蛇王节的原始意义，也就不是那么虚无缥缈了。

南平樟湖坂蛇崇拜文化应是从靠近闽江口的闽江下游处传来，因为闽江口一带是福建疍民的大本营。笔者这个多年的猜测直至 1997 年才从汪毅夫先生的调查材料得到初步的印证。他于 1995 年在樟湖板镇的访问录记道："连公是蟒蛇精转世，得道于古田尖岭（又有'见岭''詹岭'等说法）。当地尚有'得道在古田尖岭，显灵在樟湖连公庙'之说流传。连公庙是从古田尖岭的一座小庙取火分香而来的，该庙奉祀一尊泥塑蛇王，一手持剑，一手握蛇头，蛇身缠绕其颈项间，近年仍有人到古田尖岭朝拜取火，该庙距樟湖 120 华里。"②据此可见，南平樟湖坂蛇王庙的香火传自下游的古田尖岭，这是传播向度的标明，它意味着樟湖坂蛇崇拜文化来自更靠近闽江口的闽江下游地带。古田尖岭只是樟湖坂蛇王庙香火的来源地或中继性来源地，樟湖坂的蛇崇拜文化的内容要比蛇王庙香火的传播要丰富和复杂得多，这种蛇崇拜文化是由疍民承担的，而樟湖坂的疍民当来自更靠近闽江口的闽江下游，崇蛇是他们的传统，因此不好把樟湖坂的崇蛇文化的来源仅仅归结于一个很具体的地点。总之，樟湖坂的蛇崇拜文化，是闽江入海口地区疍民崇蛇文化传播的结果。

据悉，闽江入海口地区曾有许多蛇神庙，雅称"蟒天洞府"。过去，在福州郊区的江陬山隅，常可以见到"蟒天洞府"庙。③福州的邻县如福清、古田、连江、闽侯等县仍存有蛇王庙，例如：现连江县城关绿茵村尚有一座；闽侯县洋里乡仙洋村至今仍保留一座清代重建的蛇王庙。④闽江流域是闽越的主要分布地，汉武帝平闽越前后，闽越地的政治中心就在今

---

①　[清]施鸿保：《闽杂记》，福建人民出版社 1985 年版，第 140 页。

②　汪毅夫：《南平樟湖集镇的民间信仰》，《中国文化与闽台社会》，海峡文艺出版社 1997 年版，第 146 页。

③　徐晓望：《闽台蛇崇拜源流》，《福建民族》1996 年第 3 期。

④　徐晓望：《福建民间信仰源流》，福建教育出版社 1993 年版，第 45 页。

福州，这说明闽江入海口地区是闽越人最集中的地方，也是闽越文化的荟萃之地，当然也是闽越文化的重要特征即蛇崇拜习俗的大本营，其尚存的蛇庙，密集程度堪称闽中之最，仍依稀回放着闽越文化的史影。 当然，并不是说作为闽越的母亲河——闽江，其流域在历史上没有原本的蛇崇拜，而是说西汉初以后一波又一波从闽北涌入的南下汉族的移民潮，在千百年中荡涤着土著文化及其残留，闽越文化的保留也就非常不易了。 然而，舟行水处的疍民这支闽越后裔，却长期地游离于汉文化的边际，从而使闽越文化一脉沿袭，尽管也有消逝，也有变异。

闽中三地崇蛇习俗是福建古文化的活化石，它们与海峡对岸高山族同胞的崇蛇习俗相互映照。 至今高山族的排湾人、鲁凯人仍盛行蛇崇拜，泰雅人、布农人也有崇蛇遗存。 台湾石器时代的古文化传自大陆，高山族崇蛇习俗是远古时期这一文化传播之一斑，反映了台湾和祖国大陆密不可分的渊源关系。 这种关系是今天两岸关系不可分割的历史文化基础。附此强调的是：要珍惜和保护古俗遗存，其价值丝毫不亚于古代文物。有关两岸历史文化关系的民俗，特别要进行重点保护。

（《福建乡土》2002 年第 2 期，又名《长汀蛇王宫探源》）

疍民历史、文化与姓氏

　　疍民是古代中国东南沿海居舟业渔的少数民族，古称"蜑""蜒"等。北宋《舆地纪胜》云："蜒户，以船为生，居无室庐，专以捕鱼自赡。"疍民是源于秦汉时期不同区域的越人，或是共源于其一支越人，或是主源于某一支越人，以后又有不同地区的越人加入，还很难判断。宋人云"海通蛮蜒越人家"，言简意赅地点明了其族源和文化特点。直至明清时期，闽粤等地的疍民还有些相似的文化习俗。清《侯官县乡土志》认为："大抵闽之蜒族与粤之疍户种类相同。"明清时期各地疍民汉化进程明显加快，至迟到民国疍民已陆续融入汉族。

　　最早有疍民的记载见于晋代。西晋初年陶璜的疏文提道："广州南岸六十余里，不宾服者五万余户，皆蛮、蜒杂居。"晋至隋，"疍""蜒"的指称飘忽不定，也指称"西南夷"，还包括"盘瓠之后"的苗瑶民族。到了唐代，特别是入宋以后，"疍""蜒"才专指疍民，又有"疍""蛋"以及"白水郎""庚定子"等称。宋时，疍民分布于闽、浙、粤、桂、琼沿海。明清时，闽、粤、桂、琼沿海仍有数十万疍民。至20世纪90年代，最后一批水居的疍民后裔彻底告别了"水处舟居"的生活，上岸定居。

　　疍民的文化习俗颇有特色：

　　服饰。宋《岭外代答》谓疍民"衣皆鹑结"，"鹑结"是褴褛百衲之意。清《岭南杂记》称疍民"隆冬单衣跣足"，疍妇"椎髻于顶"。疍民有文身习俗。清《粤中见闻》说："蛋人俱善没水，旧时绣面文身，以像蛟龙，行水中三四十里，不遭物害，称为龙户。"

　　语言。疍民原有自己本民族语言。唐宋时疍语"与华言不通"。此后，疍民逐渐习得汉语方言，但还有少数本民族的词汇。 据清《南越笔记》，疍民"谓饭曰迈"，"瓦盆曰把浪"，"我曰留，彼曰往"，"扁担曰闲，木曰肺，以榕木担相赠曰送条闲肺榕"；疍民汉语方言发音不准，有的用词欠当，如："头曰图，有歌曰：三十六图羊，四十图鸡。"

信仰。 疍民有崇蛇习俗，祭拜活蛇或蛇神像。 清《南越笔记》载："疍……或曰蛇种，故祀蛇于神宫也。"福建疍民称一种"四脚蛇"为"木龙"，视为"船灵"。 民国时，福建疍民后裔还常在船上贴着这一联句："船是木龙游天下，家居水面乐如仙。"

民歌。 疍民喜欢唱疍歌来表达情感。 疍歌又叫"咸水歌""咸水叹""褒歌"。 20世纪20年代，疍民研究的开拓者罗香林先生在珠江三角洲疍民社区调查时，赞叹："有如歌者之国。"

福建疍民姓氏有："翁、欧、池、浦、江、海、卜、连、唐、林、李、刘、郭、仉、杨、洪、阮、赖、詹等。"清《闽县乡土志》说："翁，取义渔翁；欧，取义鸥鸟；池、浦、江、海，以地为姓。"广东疍民姓氏有：麦、濮、吴、苏、何、梁、冯、李，其次还有：陈、黄、范、罗、卢、孔、叶、钟、郭、彭、谭、邓、伍、霍、张、朱、周、区、杨、陆、杜、胡、姚、钱等。

（《福建民族》1998年第1期，署名"金汤"）

闽南的水上居民

闽南的水上居民又叫"白水郎",他们终年居住在篷船上,以捕鱼运货为生。 20 世纪 70 年代,在厦港和鼓浪屿轮渡码头还可见到终年生活在"连家船"上的疍民。 厦门港一带的居民有不少就是疍民的后裔。 龙海的白水营,因古代有较多"白水郎"泊舟于此,故以"白水"命名。

水上居民疍民的历史可以追溯到汉代。 一般认为,汉武帝灭闽越国(福建越人所建的王国)后,部分闽越人逃匿沿海,舟行水处,形成福建历史上独特的水上居民,闽南沿海是疍民较集中的地方之一。 阅读史籍记载,我们可以了解闽南疍民过去的生活习俗。(北宋)《太平寰宇记》卷一〇二《泉州·风俗》记载:"白水郎即此州之夷户,亦曰'游艇子'。 ……其居止常在船上,兼结庐海畔,随时移徙,不常厥所。 船头尾尖高,当中平阔,冲波逆浪都无畏惧,名曰'了鸟船'。"宋人蔡襄《宿海边寺》诗云:"潮头欲上风先至,海面初明日近来。 怪得寺南多语笑,蛋船争送早鱼回。"泉州的疍民直到清代仍有记载,(清)《闽杂记》说:"兴、泉、漳等处海汊中,有一种船,专运客货与渡人来往者,名'五帆船'。 其中妇人,名'白水婆'。"《古今图书集成》引《漳州府志》叙:"南北溪有水居之民焉,维舟而岸往,为人通往来,输货物,俗呼之曰'泊水'。"(光绪)《龙溪县志》卷十《杂俗》叙:"南北之溪,有水居之民焉,终岁舟(居),俗呼之曰'泊水'。"(道光)《厦门志》卷一五《俗尚考》说:"(厦门)港之内,或维舟而水处,为人通往来,输货物,浮家泛宅。 俗呼曰'五帆'。 五帆之女曰'白水婆'。 自相婚嫁,有女未字,则篷顶必种时花一盒。 伶俜女子,驾橹点篙持舵,上下如猿猱,然习于水者素也。"

记载疍民风俗特别提到蛇崇拜。（北宋）《太平寰宇记》卷一〇二《漳州龙溪县》记："梁屿洲。 郡国志：在中洲，有水豹、水人。""水人弄蛇。""水人"即白水人。"弄蛇"有与蛇亲近和蛇崇拜之意。 这种崇蛇习俗也广泛影响福建，特别是闽南的航海习俗。 清代郁永河《海上纪略》说："凡（福建）海船中必有一蛇，名曰'木龙'，自船成日即有之，平日常不可见，亦不知所处，若见木龙去，则舟必败。"可见名为"木龙"的蛇是海船的保护神灵。 泉州海外交通史博物馆专家黄天柱先生，20 世纪 80 年代在崇武调查时发现：崇武船民笃信，一只海船新造成，即有一只四脚蛇（蜥蜴）成为船的保护神，故四脚蛇是不准伤害的，被尊为"四脚妈"，是吉祥发财的象征。

历史上，作为水居的少数民族，疍民受到历代统治阶级的沉重压迫和倍加歧视，不允许他们上岸居住。 民间对他们也有种种轻视和嘲笑。 光绪、宣统之际，"闽人呈递说帖于福建谘议局，请准与平民平等。 谘议局以不平等乃习惯之相沿，非法律所规定，置否决"（《清稗类钞》）。 新中国成立后，厦门、石码、漳州等处的疍民受到人民政府的关心，陆续上岸定居，主要仍从事渔业和海运业，生活大有改善，他们也最终完全融入了汉族群体。

（《福建民族》1997 年第 5 期，署名"蓝岭"）

"咸水腔"探源

　　闽南方言的惠安县东部靠海地区有一种特殊的土腔，俗称"咸水腔"。"咸水腔"有两个特点：其一，舌尖塞擦清音送气音［ts'］读为清擦音［s⁻］，例如，惠安话的柴［ts'a²⁴］、草［ts'au⁵⁴⁴］、菜［ts'ai³¹］、秋［ts'iu³³］、错［ts'o³¹］、车［ts'a³³］、亲［ts'in³¹］、唱［ts'iu³¹］、测［ts'ik⁴］，"咸水腔"读为：［sa²⁴］、［sau⁵⁴⁴］、［sai³¹］、［siu³³］、［so³¹］、［sa³³］、［sin³³］、［siu³¹］、［sik⁴］。其二，本来的［s⁻］则变为［t⁻］，例如，惠安话的三［sa³³］、四［si³¹］、死［si⁵⁴⁴］、新［sin³³］、税［se³¹］、收［siu³³］、细［se⁵⁴⁴］，"咸水腔"读为［ta³³］、［ti³¹］、［ti⁵⁴⁴］、［tin³³］、［te³¹］、［tiu³³］、［te⁵⁴⁴］。[①] 关于惠东"咸水腔"的成因，黄典诚先生有这样的解释：惠安"是突出海面多风的地方，对于舌齿塞擦送气音，因受大风的影响，必然会吹去塞音送气的部分［th］，只留下擦音的部分［s］"[②]。 但是，类似惠东这种濒海风大的自然环境，在闽南沿海比比皆是，何以唯惠东有这种所谓受海风影响的土腔？ 这种解释实际上还停留在主观感觉的层面。笔者认为，惠东"咸水腔"的成因，应溯源于地方人文历史环境，惠东闽南话受疍民语言特点的影响，是惠安"咸水腔"形成的原因。

　　疍民是古代我国东南沿海的少数民族。 古称"蜑""蜒""蛋""疍"，此外还有"白水郎""庚定子""裸体"等别称。 宋代将疍民编为"夷

---

① 　参见黄典诚：《崇武语言特点》，《崇武研究》，中国社会科学出版社 1990 年版，第 318～319 页；曾少聪：《崇武话研究》，《崇武研究》，中国社会科学出版社 1990 年版，第 324 页。

② 　黄典诚：《崇武语言特点》，《崇武研究》，中国社会科学出版社 1990 年版，第 321 页。

户"。宋《舆地纪胜》云："蜑户，以船为生，居无室庐，专以捕鱼自赡。"①明清时期疍民汉化明显加快，至迟到民国疍民已陆续融入汉族。疍民是古代越人的后裔，保留有较多传统的越文化特征。

古代泉州湾是疍民较集中的地方之一。北宋《太平寰宇记·泉州·风俗》载："白水郎即此州之夷户，亦曰游艇子……唐武德八年，都督王义童遣使招抚，得其首领周造陵、细陵等，并受骑都尉，令相统摄，不为寇盗。贞观十年始输半课。其居止常在船上，兼结庐海畔，随时移徙，不常厥所。船头尾尖高，当中平阔，冲波逆浪都无畏惧，名曰'了鸟船'。"②地处泉州湾东北隅的惠东沿海也是疍民的活动区域。

惠东地区像展开双螯的螃蟹，大岞、小岞半岛犹如双螯探海。该区包括崇武、山霞、小岞、净峰、东岭、涂寨、辋川等七个乡镇。惠东有曲折的海岸线，有数十处泊船避风的港澳。附近海域，正处台湾海峡高温、高盐暖水回流和泉州晋江入海口排出的低温、低盐冷水团的交汇处，是南来北往鱼群必经而又利于栖息之域。惠东沿海具有很适合疍民生存的天然条件。

惠东沿海有疍民生息，还可能与海防有关。明初军队招疍民为水兵或附庸于水军的民兵。"惠安，兴（化）、泉（州）咽喉也"③，当有一些疍民被招附于惠东海防水军。明代《惠安县志》记载小岞有令"好事者或往观其家"的特别族人："男女业作，皆归于公，家长掌之。无私蓄，无私馔，衣服稍美者，别藏之，有嘉事递服以出，鸡鸣皆起，听家长命其日所业，无敢怠惰。士大夫、好事者或往观其家，甚有古朴之风，至今不替。"④清代《广东新语》云："……蛋人则编以甲册，假以水利，每十艇为一队，十队为一长，画川使守，略仿洪武初以蛋人为水军之制。择其二三智勇者，为之大长，授以一官，俾得以军律治其族，与哨船诸总相为羽翼。……一有事，且暮可集矣。"⑤此处述说的是广东的情况，福建

---

①　[宋]王象之：《舆地纪胜》，中华书局 1992 年版，第 319 页。

②　[宋]乐史：《太平寰宇记》卷一〇二。

③　《崇武所城志》，见《惠安政书》，福建人民出版社 1987 年版，第 95 页。

④　（嘉靖）《惠安县志》卷一三。

⑤　[清]屈大均：《广东新语》卷七《蛋家》，中华书局 1985 年版，第 250 页。

的情况可能与此相似。《重纂福建通志》载："永乐四年，命丰城侯李彬等，沿海捕倭，招岛人蛋户……为弁。"①

惠东至今仍可找到蛋民后裔。 惠安于北宋初建县，而汉民对惠东，特别是沿海地带开发较迟。 明代以前，汉民在惠东基本上是零星迁入。明代迁入的诸姓，很多不知其来源。 大岞村今有近万人口，主体张姓，传云从河南固始迁来，但不可考。 港墘张姓传说是从兴化湾的南日岛乘船漂徙而至，初来时看船寮，后始定居。 族源不详者，在惠东沿海比比皆是。 由于蛋民在历代封建社会受歧视，他们一旦逐渐转为陆居，就刻意隐瞒自己的身份。 山霞镇下坑村位于海边，有李姓人口近 6000 人。靠陆方向与下坑村近邻的东坑李姓近 6000 人。 东坑李姓传说：下坑李姓本不姓李，原是"科题仔"（蛋民的别称），世代业渔，栖息海边，后改姓李而被接纳在此地定居建村。 下坑李姓对此说十分反感，认为所谓的"科题仔"和"改姓"是不实之词，但一致承认：他们祖先船居业渔，400多年前，漂至东坑西侧一条溪流的入海处搭寮居住，至今仍有遗址。 几个世代后逐渐向岸上移住建村，已历 20 余世。 现在下坑村中心距海岸线有一二里。 至今，他们根据祖上遗言，认定凡是海潮涨至的绵延数公里的异姓村落附近的海滩都是他们祖先的地盘。 下坑李姓先人应是蛋民。异姓族人以改姓为契机迁入某姓村落或其势力范围，是移民史常见现象。在惠东，特别是沿海地带，改姓的情况突出，但这些改姓的族人是否为蛋民后裔有待甄别。

惠东曾有蛋民生息并与汉民有密切的交往和文化涵化，可以从惠东文化中的蛋民文化物质得以透视。

惠东妇女服饰特质与蛋民妇女服饰特质相似。 古代，蛋民"男女皆椎髻于顶"②。 民国时，福建蛋民妇女"喜欢穿黑、穿青、穿蓝，衣袖用袖套，妇女衣襟开得特别高，布衫上下两色"，"梳（位于头顶的）田螺髻"，挂着"如碗大的耳环"。③ 直到 20 世纪 60 年代，生活在厦门港"连

① （同治）《重纂福建通志》卷八六《历代守御》。

② ［清］严如熤：《洋防辑要》卷五。

③ 福建省省政厅民族处：《关于水上居民的名称、来源、特征以及是否少数民族等问题的有关资料》（1951 年），福建省档案馆藏件。

家船"的疍民遗裔妇女仍梳头顶高髻的发式。

惠东妇女的"贝只髻"的头顶部分有疍民"椎髻"的基形。"贴背"衣具有疍民妇女的"布衫上下两色""衣襟开得特别高"的特征，袖套、大耳环也类同疍女。 惠东的"凤冠鞋"较之疍民妇女结婚穿的"浆子鞋"，除无后跟外，样式非常相似。

疍民有崇蛇习俗。 明代邝露《赤雅》说："蜑人神宫画蛇以祭，自云龙种。"①清代李调元《粤风》也说："蛋……或曰蛇种，故祀蛇于神宫也。"②福建疍民把一种"四脚蛇"称为"木龙"，视为船灵。 民国时疍艇的春联常有"船是木龙游天下，家居水面乐如仙"的联句。 在惠东有渔业的村落都崇拜"木龙"，他们所称的"木龙"，据说是一种比蜥蜴小、比壁虎大的"四脚蛇"，皮呈土灰色。"木龙"也被视为船灵，若"木龙"出现，船将有事故，要急烧金纸祭"木龙"以"补船运"。

疍民有文身习俗。 清代《粤中见闻》载"蛋人俱善没水，旧时绣面文身，以像蛟龙"③。 在惠东，特别是小岞、山霞、净峰、崇武这些滨海地区，妇女有文身习俗的遗风。 妇女在左手臂靠近手腕的内侧或虎口处，有∷纹样的刺青，这是在少女初潮前后刺上的。 这种刺青今在 60 岁左右以上的老年妇女中有很高的出现率。

疍民喜欢唱疍歌来表达情感，疍歌在闽南一带称为"褒歌"。 据惠安崇武镇文化站汪峰先生调查，"惠东人很善于编唱一种褒歌。 这种褒歌运用比、兴手法，以眼前的某一事物起兴，或写实或明喻或暗喻……褒歌多数为 7 字 4 行短歌，有曲调可唱，也有一些长篇歌行式叙事顺口溜"④。在惠东，尤其是濒海乡村，被神、鬼附身的女巫男觋表达皆以歌。 若要为二三个"夫人妈"（已故亲友的亡灵偶像）的相互交流做表达，就需二三个"亡灵附身者"来对歌。

---

① ［明］邝露：《赤雅》上篇，《啸园丛书》第 6 册。

② ［清］李调元：《粤风》卷一。

③ ［清］范端昂撰，汤志岳校注：《粤中见闻》，广东高等教育出版社 1988 年版，第 232 页。

④ 陈国强、叶文程、汪峰：《闽台惠东人》，厦门大学出版社 1994 年版，第 193 页。

疍民妇女历来天足。清代吴震方《岭南杂记》描写疍民"隆冬单衣跣足"[①]。惠东俗称为"粗脚乡",意即没缠脚之乡。

综上可见,惠东的这些文化特质与疍民相似,应源自疍民。如果没有汉民与疍民发生密切的交往,并有相当数量的疍民融入汉民群体,惠东这些特异的文化习俗的形成是不可想象的。惠东汉、疍文化涵化当然也包括语言的涵化。这种语言涵化的具体方式包括汉民受到疍民语言特点的影响,以及疍民在融入汉民群体中也将其语言特点整合入汉民的语言。

疍民原有自己的民族语言。唐代,福建的疍民语言"与华言不通"[②]。宋代,疍民入籍编为"夷户"[③],与汉民的社会关系日益密切。入明以后,除了个别居住在岛屿上的疍民群体还较封闭,不晓汉语,绝大多数疍民已逐渐熟悉汉语方言,但所操的汉语方言仍夹杂着一些原来本民族的语言词汇和语法特点,一些汉语方言发音不准。据清代《南越笔记》记载:"蛋人则谓饭曰迈,箸曰梯,碗曰爱,瓦盆曰把浪,拿网曰今网狼。人谓父曰扶,我曰留,彼曰往。女谓男曰友友,又曰友二。男谓女曰有助,谓娶曰换野。郎曰苦郎那,家曰扶闾,有心有意曰眉心眉意。扁担曰闲,木曰肺,以榕木担相赠曰送条闲肺榕。头曰图,有歌曰:三十六图羊,四十双图鸡。"[④]

疍民少用喉、舌音。[⑤]惠东的咸水腔卷舌音〔ts'〕读为清擦音〔s⁻〕,正反映了疍民的语言特点。黄典诚先生在探讨惠东咸水腔时指出:"据所知,闽南方言范围内,还有漳浦(旧镇)和海南(文昌)两个地点。"[⑥]漳浦旧镇港为向西南海域延伸的六鳌半岛所侧抱,是优良的避风港。旧镇曾有疍民栖息,处于喇叭形海湾内的海南文昌曾是较多疍民聚

① 〔清〕吴震方:《岭南杂记》,《小方壶斋舆地丛钞》第9帙,杭州古籍书店1985年版,第193页。
② 〔唐〕刘禹锡:《刘宾客文集》卷三,丛书集成初编本。
③ 〔宋〕乐史:《太平寰宇记》卷一〇二。
④ 〔清〕李调元:《南越笔记》卷六,《小方壶斋舆地丛钞》第9帙,杭州古籍书店1985年版,第230页。
⑤ 林惠祥:《中国民族史》,商务印书馆1993年版,第141页。
⑥ 黄典诚:《崇武语言特点》,《崇武研究》,中国社会科学出版社1990年版,第321页。

居的地方。① 漳浦旧镇和海南文昌的咸水腔与疍民共存的事实也佐证了惠东的咸水腔系源于疍民。

然而，并不是历史上有疍民的闽方言区就会有咸水腔。 在福建的闽江、晋江和九龙江下游入海口也曾有数量较多的疍民，但在封建社会他们不能上岸定居。 在长期的封建社会里，疍民的社会地位低下，被视为贱民，不准上岸居住，不准与陆上汉民通婚。 虽然雍正朝在广东曾有不许疍民陆居之开禁，②但整个清代，封建社会对疍民的歧视性陈规仍无明显松动。 在福建，封建政府从未解除不许疍民陆居等不平等的规定。《清稗类钞·蜑人》载："光（绪）宣（统）间，闽人呈递说帖于福建谘议局，请准（蜑人）与平民平等。 谘议局以不平等乃习惯之相沿，非法律所规定，置否决。"③事实上，仍有一些疍民冲破不许陆居的藩篱，选择偏僻地点，上岸定居。 从水居转为陆居的疍民数量只有在较长时期里才能积少成多，而在某一时段里，疍民在汉语方言的大环境中又不断在淡化自己的语言特点，因此疍民的语言特点对当地汉语方言的影响微乎其微。 这是因为，在每一个小时段里，新上岸的疍民数量很少，其语言对当地汉语的影响如杯水入河。 而水处舟居的疍民，他们与陆上汉民的交往并不经常，在他们还能同时操疍、汉双语时，在族群内部是讲疍语，与汉民交往才操汉语，他们对汉民的语言几乎没有影响。 随着疍民汉化程度的加剧，疍语趋于消失乃至完全消失。

在惠东，情况就大不一样了。 惠东的人文地理环境是便于疍民陆居之区。《惠安县志》载："环邑之疆，竟西北跨山，东南皆际海……可耕之田不能纾三分之一，斥卤者几半。"④惠安是泉州府最迟建县的，说明这一地区在当时的闽南是人口较少，开发较迟的。 惠东有文献记载的历史，最早也只可追溯到五代时期。 惠东是僻处海隅的典型岬角地带，三面环海，西连大陆处又有峰峦阻隔，境内山丘杂陈，港汊交错，早年几乎与外界隔绝，鲜为人知。 而早在唐代，包括惠东沿海在内的泉州湾就有

① ［清］蒋廷锡：《古今图书集成》卷一三八。

② （嘉庆）《新安县志》卷首《训典》。

③ 徐珂：《清稗类钞》第 14 册，中华书局 1986 年版，第 16 页。

④ （嘉靖）《惠安县志》卷一三。

疍民。　由于疍民较早就出现于惠东，而当时此地的汉民还甚稀少，这就使疍民在惠东的陆居有可乘之机。　即使入明代以后，汉民开始较多迁入惠东，但一时未形成较强的宗族势力，对继续陆居的疍民不能产生足够的排斥力。　这样就有利于汉、疍两个族群的共存相处，有利于在较少歧视疍民的氛围中进行汉疍通婚，有利于疍民语言特点对汉民的语言产生潜移默化的影响。　另者，疍民在汉化进程中不断融入汉民群体的同时，也将其语言特点整合于汉民的汉语方言。　这就使惠东闽南话有了咸水腔的特点。

结论：闽南惠东咸水腔的成因，并不是所谓受海边"大风的影响"，而是源于疍民语言。　本文通过对田野调查材料和历史文献的历史、文化分析，证明惠东沿海曾是较多疍民的聚居地，疍民在与汉民发生文化涵化的过程中，不断融入汉民群体，也将其语言特点融入当地闽南方言。　从咸水腔的探讨，我们可以看到闽南惠东历史与疍民的密切关系，忽略了这一关系，闽南惠东文化的研究只是基于一个残缺的基础，也难有正确的答案。

（《华侨大学学报》1997 年第 4 期，署名"郭志超　董建辉"）

妈祖是古代少数民族——疍民

　　妈祖信仰是海峡两岸最主要的神缘纽带。 妈祖生于北宋初年，福建莆田湄洲岛民林愿之女。 南宋各种记载的妈祖生前事迹几乎如出一辙："姓林氏，湄洲屿人。 初，以巫祝为事，能预知人祸福。 既殁，众为立庙于本屿。"然而，到了元代，随着妈祖的名气越来越大，人们为之附会的事迹传说越来越多，其家庭出身也相应变为显赫，云为"都巡检林愿女也"。 这样，妈祖就成为"晋安郡王林公二十三世孙，惟悫公（林愿）第六女……世居莆中之湄洲屿"。 西晋永嘉时晋安太守林禄后裔的家族在莆田称"九牧林"，林禄系来自中原的汉人士族。 对于妈祖的这一谱系，明代理学家周瑛早就表示怀疑："予少时读宋群《志》，得绍熙初本，亦称妃为里中巫。 及再见延祐本，称神女。 今续《志》皆称都巡检愿女，渐失真矣！"

　　清代著名史学家全祖望认为东南沿海地区的妈祖崇拜，最早是出自"鲛人疍户"。 他在《天妃庙记》中说："为此说者，盖出南方好鬼之人，妄传其事。 鲛人疍户，本无知识，辗转相愚，造为灵迹以实之。"以全氏之博学，此论必有所据。

　　疍民，亦称疍户、鲛人，是秦汉以后分布于我国东南沿海的水居少数民族，其遗裔还活跃于近现代。 据《资治通鉴》记载，唐朝时，莆田沿海及海上诸岛有"滨海蛮夷"，当时福建的少数民族唯有畲族、疍民，而畲族惯于在群山中游耕而不习海，因此这里的"滨海蛮夷"正是疍民。 直至清代，周亮工《闽小记》记载莆田沿海仍有"蜑人"（疍民）。

　　笔者曾从"妈祖头""妈祖服"等来分析古代湄洲岛民"椎髻于顶"发式和"布衫上下两色"服式的疍民文化特质，推测妈祖生前生活于湄洲岛疍民群体，然而论据缺乏。 近读郑振满教授在（香港）《华南研究资料中心通讯》发表的《妈祖是疍人之后？》一文，顿觉柳暗花明。

南宋初，湄洲岛仍与世隔绝，犹如化外之地。 南宋人林光朝《艾轩集》说："闻有说海中一山，名湄洲，隔岸视之，约五七里许，一水可到。此洲乃合两山蜿蜒之状，有千家，无一人读书，亦有田数十顷，可耕可食，鱼米极易办。 可以卜室读书，隔绝人世，无宾客书尺之扰。 岛居之乐，惟某为知之。"林光朝为南宋初著名理学家、莆田望族九牧林氏的后代。 在他的心目中，既然把湄洲视为与世隔绝的海外孤岛，自然也不会把出生于岛上的妈祖视为同族之人。 北宋蔡襄《乞相度公海防备盗贼》说："兴化军巡检一员，却在兴化县山中，去军城百里，海上别无巡检。"为此，他奏请把"兴化军管界巡检移近军城，给与舟船令往来海上巡警"。 因此，北宋前期莆田沿海根本就没有置巡检，更不会有都巡检。可见，妈祖为莆田九牧林氏之后实谬。

当我们顺着全祖望点明的"鲛人疍户"的线索，可以扩展妈祖为疍民的有关资料。 南宋绍定二年（1229 年），莆田绅士丁伯桂在《（钱塘）顺济圣妃庙记》说："神，莆田湄洲林氏女，少能言人祸福，殁，庙祀之，号'通贤神女'，或曰'龙女'。"南宋开庆元年（1259 年）莆田绅士李丑父在《（京口）灵惠妃庙记》中说："妃，林氏，生于莆之海上湄洲……或曰'妃，龙种也'。"指明妈祖为"龙女""龙种"，值得注意。 在古文献中，所谓"龙种""龙人""龙户"，皆为疍民之别称。 如明代邝露《赤雅》说："蜑人神宫画蛇以祭，自云龙种。 浮家泛宅，或往水浒，或住水澜……能辨水色，知龙所在，自称'龙神'，（户）籍称'龙户'。"可见妈祖为疍民。

妈祖原为古代东南疍民族群中的女神，后传入汉族，广播天下，也反映了历史上汉族与少数民族的友好交往和文化的相互交融。

（《福建民族》1999 年第 2 期）

惠东长住娘家起源新解

在惠安县靠海的东部七个乡镇（崇武城内除外），至今有长住娘家习俗。 即新婚的第四天新娘回娘家，当天晚上到夫家，翌日再回娘家，当天晚上返夫家翌日又回娘家。 几天后的一个双数日再去夫家，翌日又是回娘家。 此后长住娘家，逢年过节和农忙时才到夫家一二天。 每次回娘家都在凌晨不辞而别，悄然离去，直到快生孩子才长住入夫家。 对于惠东这一特异风俗的起源，从 20 世纪 30 年代以来，学术界见解纷呈。 主要有"母系制到父系制过渡期的遗俗"说，"（闽越后裔）从妻居向（汉民）从夫居转变说"，"两性分工说"。 青年学者蓝达居博士中肯指出：前二说"借助一般假说，并加上直觉、想象力"，"从而失之偏颇和谬误"；后一说将存续原因与起源原因混淆。① 猜想、直觉和想象力的智力活动与科学思维并不相悖，甚至对科学思维起重要的助益。 但如果误将猜想、直觉和想象力等同于科学思维，那就陷入学术误区，本文运用笔者的实地调访资料，结合有关文献资料，以实证的科学方法，求解惠东长住娘家习俗的起源。

可资研究惠东长住娘家的历史资料如雪泥鸿爪，但可以通过文化的比较分析去提取历史信息。 惠东妇女服饰的基本格调相同，大致可以分为分别以大岞和小岞为代表的两种类型。② 由于小岞的文化地理环境比较闭塞，因此小岞"妇女的服饰比较典型、复杂，表现更为原始"③。 以下有关惠东服饰的时段系清末至 20 世纪 30 年代。 在小岞，未婚妇女将长

---

① 蓝达居:《历史学与人类学的对话:惠东人文研究》,《厦门大学学报》1995 年第 4 期。
② 惠安县文化局编:《惠安县文物志》,1990 年,第 137 页。
③ 蒋炳钊、吴绵吉、唐杏煌:《福建惠东婚俗、服饰和历史考察》,1984 年,第 23 页。

辫盘过额际。 已婚妇女的轻便发型称"贝只髻",把藤架竖立在头顶,呈凸形,然后夹上发棒和藤架连接,把头发包在发棒上,用红线扎牢。 左右两耳各挂一个形如帐钩的大耳环。 惠东妇女衣裤暗黑中隐约透出蓝、红,外衣较长,但套在外衣外的贴背前短后长,前长只到脐际以上。 贴背是无袖对襟夹衣,上截和下截由蓝、青等色布拼接,开襟接近腋际。衣袖窄而短,衣袖有绣花绲边,若没加绣,则须另备绣花袖套。 惠东妇女结婚用鞋称"凤冠鞋",无后跟。

惠东衣饰特质与蜑民妇女衣饰特质相似。 民国时,福建蜑民妇女"喜欢穿黑、穿青、穿蓝,衣袖用袖套,妇女衣襟开得特别高,布衫上下两色","梳(位于头顶的)田螺髻"。[①] 福建蜑民妇女结婚穿"浆子鞋","浆子鞋"与惠东的"凤冠鞋",除后者无后跟外,样式非常相似。[②]

蜑民有崇蛇习俗,他们将一种四脚蛇称为"木龙",并将"木龙"视为船灵,民国时蜑艇的春联常有"船是木龙游天下"联句。 在惠东,尤其是靠海的村落,都崇拜"木龙",惠东人所称的"木龙"是一种比蜥蜴小、比壁虎大的四脚蛇,皮呈土灰色。"木龙"亦被视为船灵,若木龙出现,船将有事故,因此要急烧金纸祭"木龙"以"补船运"。

蜑民有文身习俗,在惠东,特别是大岞、小岞、山霞、净峰这些滨海地区,妇女有文身习俗的遗风。 妇女在左手臂靠近手腕的内侧或虎口处,有∷纹样的刺青,[③]这是在少女初潮前后刺上的。 这种刺青在现在60岁左右以上的老年妇女中有很高的出现率。

蜑民少用喉舌音。[④] 惠东靠海地区的腔口,被俗称为"咸水腔"。 其中,卷舌音［ts'ˉ］读为清擦音［sˉ］。 例如惠安方言的柴［ts'a］、草［ts'au］,"咸水腔"读为:［sa］、［sau］。[⑤] 这种发音特点类似蜑民。 过去称蜑民唱的渔歌为"咸水歌",看来,"咸水歌"与"咸水腔"不

---

① 福建省民政局民族处:《关于水上居民的来源、特征以及是否少数民族等问题的有关资料》,福建省档案馆藏件。

② 见厦门大学人类博物馆陈列的蜑民、惠东女服饰展品。

③ 参见庄英章:《惠东婚姻制度初探:以山霞东村为例》,马建钊、乔健、杜瑞乐主编:《华南婚姻制度与妇女地位》,广西民族出版社1994年版,第29页。

④ 林惠祥:《中国民族史》,商务印书馆1993年版,第144页。

⑤ 曾少聪:《崇武话的特点》,《崇武研究》,中国社会科学出版社1990年版,第324页。

是词汇的偶合。

惠东文化特质与疍民相似，应源自疍民。历史上惠东的汉民应与疍民发生过文化接触，产生文化涵化。也就是说，历史上惠东沿海地带曾有疍民分布。

疍民是古代东南沿海的少数民族。其称最早见于晋代陶璜写的疏文中，原文为"蜑"。疍民还有"卢亭""裸体""龙户""庚定子""白水郎"等名称。唐人刘禹锡云："闽有负海之饶，其民悍而俗鬼，居洞寨、家桴筏者，与华言不通。"①"居洞寨"者指畲族，"家桴筏者"指疍民。北宋初《太平寰宇记》卷一〇二《江南东道十四·泉州·风俗》载："白水郎即此州之夷户……其居止常在船上，兼结庐海畔，随时移徙，不常厥所。"宋代，福建的疍民除了泉州以外，福州、兴化（莆田）、漳州等地，也有他们的活动。如宋代王逵《福州南台江》诗云："星接斗牛吴分野，海通蛮蜒越人家。"②直至清代，福建方志上，仍可以看到有关疍民在水上活动的记载。

惠东地区像展开双螯的螃蟹，该区包括崇武、山霞、小岞、净峰、东岭、涂寨、辋川七个乡镇。大岞、小岞半岛如双螯探海。惠东有曲折的海岸线，有数十处泊船避风的港澳。附近海域，正处台湾海峡高温、高盐暖水回流和泉州晋江排出低温、低盐冷水团的交汇处，是南来北往的鱼群必经而又利于栖息之域。③惠东海滨具有很适合疍民生存的天然条件。

明代嘉靖《惠安县志》记载小岞的有令"好事者或往观其家"的特别族人，"男女业作，皆归于公，家长掌之。无私蓄，无私馈，衣服稍美者，别藏之，有嘉事递服以出，鸡鸣皆起，听家长命其日所业，无敢怠惰。士大夫、好事者或往观其家，甚有古朴之风，至今不替"。明代屈大均《广东新语·人语》云："……疍人则编以甲册，假以水利，每十艇为一队，十队为一长，画川使守，略仿洪武初以疍人为水军之制。择其二三智勇者，为之大长，授以一官，俾得以军律治其族，与哨船诸总相为羽

① ［唐］刘禹锡：《刘宾客文集》卷三，丛书集成初编本。
② ［宋］王象之：《舆地纪胜》卷一二八《福州·诗》，中华书局1992年版。
③ 陈清发、汪峰：《惠安崇武镇的历史地理环境及对外关系》，乔健、陈国强、周立方主编：《惠东人研究》，福建教育出版社1992年版，第23页。

翼。"《洋防辑要·广东防海略》谓蛋民于"洪武初编户立里长，属河泊所"。　上述说的是广东的情况，福建的情况可能与此相似。《重纂福建通志》卷八六《历代守御》云："永乐四年，命丰城侯李彬等，沿海捕倭，招岛人蛋户……为弁。"

惠安于北宋初建县，而汉民对惠东特别是惠东沿海地带的开发较迟，直至明代以前基本上零星迁入，而明代迁入的诸姓很多不知其来源。　大岞村今有近万人口，主体张姓，传云从河南固始迁来，但不可考。　港墘张姓传说是从南日岛乘船漂徙而至，初来时看船寮，后始定居。　族源不详者，在惠东沿海比比皆是。　由于蛋民在历代封建社会受歧视，他们一旦逐渐转为陆居，就尽力隐瞒自己的身份。　山霞镇下坑村位于海边，有李姓人口近 6000 人，靠陆方向与下坑近邻的东坑村李姓有近 5000 人。东坑李传云：下杭李姓原是"科题仔"（蛋民），原海居海滨，后改姓李而被接纳建村。　下坑李对此予以否认，但一致承认：他们祖先船居业渔，明代漂至东坑左侧一条溪流入海处建水寮居住，至今仍有遗址。　几个世代后逐渐向岸上移住定居。　现在下坑村中心距海岸线有一二里。　至今，他们根据祖上遗言，认定凡海潮涨至的延绵数公里的异姓村落附近的海滩都是他们祖上的业产，下坑李姓先人应是蛋民。

异姓族人以改姓为契机迁入某姓村落或其势力范围，是移民史常见现象，在惠东，特别是沿海地区，改姓或冒姓的情况较突出。　传云：港墘张姓原是陈姓，后改姓张，此称"外张内陈"；南赛也有"外张内曾"之说，等等。　冒姓之前的真实姓氏，来源有待甄别。

惠安方志办林瑞峰先生曾指出惠东人可能是蛋民。[1]　陈国强先生针对此说指出："崇武郊区人民多经营农业、手工业，虽也有专门经营渔业，但非如蛋民以舟为家，而且在过去蛋民记载中也没有长住娘家风俗。因此，崇武郊区人民并非蛋民。"[2]陈说有两误：一是崇武郊区从事渔业，"非如蛋民以舟为家"，这缺乏历史演变观；二是以蛋民没有长住娘家风俗就否认与惠东人及其长住娘家风俗有关，这排斥了两个族群文化互动会有

---

① 　林瑞峰：《惠安沿海异饰之人族属初探》，《莺花》1983 年第 2 期。

② 　陈国强：《崇武的衣饰与族属试探》，《崇武研究》，中国社会科学出版社 1990 年版，第 260 页。

新质产生的可能性。 其实，恰恰是惠东汉民与疍民的族群互动，才生成长住娘家习俗。

在封建社会里，疍民的社会地位低下，被视为贱民，不准上岸居住，不准与陆上人通婚。 直至清代，对疍民的歧视性陈规仍无很明显的松动。《清稗类钞·疍民》载："光（绪）宣（统）间，闽人呈递说帖于福建谘议局，请准与平民平等。 谘议局以不平等乃习惯之相沿，非法律所规定，置否决。"①

然而疍民陆居及其与陆上汉民通婚还是悄然进行了，特别在疍民陆居一段时间后发生某种程度的汉化之后，这种通婚的规模就会明显扩大。陈碧笙先生精辟指出："水陆居民间的通婚，虽然客观上存在有不少的限制和困难，但事实上还是经常发生的。"②文化是人们的历史活动稳定下来的样式，反过来，从文化可以透视历史，惠东婚俗有个特点很值得注意：新娘婚后第四天凌晨悄然回娘家，此后每次到夫家一二天后也是趁凌晨不辞而别回娘家，直到快分娩时才急匆匆地长住入夫家。 新婚及长住娘家期间的短暂小住夫家后，都是在凌晨悄悄离开，这反映了历史上汉疍通婚避免张扬，带有某种隐秘的色彩。 疍民不得陆居，但一旦疍家女成为汉民妻子，并且怀孕快生孩子时，就很自然地取得在汉民家族和村庄居住的资格。 开始，这种长住娘家习俗是在汉、疍毗邻地带的汉民村落发生，而后分别向汉、疍两族群的居住区扩散。

这就是惠东长住娘家习俗的生成过程。 此后，这一习俗再受汉族封建观念的影响，发生一系列的畸变。 以长住娘家为核心，发育和变异出一系列的文化特质，形成极具特色的惠东文化丛。

（《福建民族》1997 年第 1 期）

---

① 徐珂：《清稗类钞》第 14 册，中华书局 1986 年版，第 16 页。

② 陈碧笙：《关于福州水上居民的名称、起源、特征以及是否少数民族等问题的讨论》，《厦门大学学报》1954 年第 1 期，第 122 页。

畲族与客家

畲族的古称

由唐迄清，畲族有一系列古称：

（1）蛮僚、蛮或洞蛮。《资治通鉴》："高安人钟传聚蛮僚，依山为堡。""（唐昭宗乾宁元年）是岁，黄连洞蛮二万围汀州。"（嘉庆）《云霄厅志》：（唐）高宗总章二年，泉潮间蛮僚啸乱。

（2）峒僚、僚人、山僚。《宋史》"距（潮）州六七十里曰山斜，峒僚所聚。"（乾隆）《潮州府志》："距（潮）州七十里曰山斜峒，僚人聚耕，不输赋税。"（同治）《汀州府志》："嘉靖中……县治山僚逼城。"

（3）畲蛮、畲夷、瑶民、瑶人、瑶僮、畲瑶、苗人、黎畲。《明实录》："凤凰山诸处畲蛮，遁入山谷中，不供徭赋。"（崇祯）《兴化县志》："畲史［夷］雷五……谋叛就诛。"《资治通鉴》曾提到莆田滨海有"蛮夷"，"蛮夷"当指疍民，不是指畲族。（清）范绍质《瑶民纪略》："汀东南百余里有瑶民焉。"（同治）《汀州府志》："汀瑶人……以槃、蓝、雷为姓，三姓交婚。"（道光）《龙岩州志》："畲客即瑶人。"（乾隆）《潮州府志》："雷公岭，距（饶平）县北三十五里，层冈叠嶂，为潮惠二县之界。奸民……托为瑶僮逃化外。"（康熙）《平和县志》："盘瓠子孙……所谓五溪蛮是也……今则太平既久，声教日讫，（平）和邑诸山木拔道通……瑶僮而化为齐民。"（清）杨澜《临汀汇考·方域考》："长汀为光龙峒，宁化为黄连峒。 峒者，苗人散处之多。"（同治）《广东通志》："潮州府畲瑶民……其中有二，曰平鬃、曰崎鬃。 其姓有三，曰盘、曰蓝、曰雷。"潮州有畲无瑶，故"畲瑶"指畲族。"畲瑶"是畲、瑶混称的典型表现。（明）俞大猷《正气堂集》称闽西畲族为"黎畲"。

（4）山輋、山客輋、山民、山野子。（明）顾炎武《天下郡国利病书》："潮州府畲瑶民,有山辇,日瑶僮。"(民国)《大埔县志》提到当地畲民旧称"山客辇"。(清)《潋水志林》："(兴国)太平乡崇贤里有山户……号为'山野子',其人多雷、蓝、毕三姓。""黄君著《治兴异迹》作《山民图》,圜目缺舌,出入必挟刀,妇稚皆能搏生。"

(5)辇人、辇民、辇客、畲洞人、畲族、畲客。《天下郡国利病书》或称畲族为"辇人"。(南宋)文天祥《知潮州寺丞东岩先生洪公行状》："潮与漳、汀接壤,盐寇、辇民群聚。"(明)邝露《赤雅》："瑶名辇客。"《天下郡国利病书》说："山林中结竹木障覆居息为辇。"可知"辇"原指一种民居形式。《元史》："招畲洞人,免其罪。"(光绪)《侯官县乡土志》："本境他种人绝少,惟畲族及疍族两种。"称"畲族"唯在《侯官县乡土志》出现,其所云的"畲族"的"族",是建立于"他种人"这种"汉族主义中心意识"之上,也远无现代民族学对民族的科学内涵,只是与后来建立于科学和民族自愿的基础上的畲族族称,在形式上偶合而已。

(6)畲(民、客)。 畲(民)是畲族较早的古称,出现于(南宋)刘克庄《漳州谕畲》。 此后迄明清,畲(民)是畲族最广泛的族称,闽南、闽北、闽东、浙南等地的方志多用此称。 闽西和粤东梅州的方志多称畲族为"畲客"。 新中国成立后民族志中所谓畲族自称的"山哈""三哈""山夏",实系"畲客"或"山客"的表字记音。

(《福建民族》1997 年第 6 期,署名"蓝岭")

也谈畲族与山都木客的关系

本文对郭联志《畲族与山都木客的关系》①一文提出质疑。

郭文提出："根据畲族的原称——山客羋的生活习惯及体质特征，山客是闽粤赣边山区的土著民族之一，即华南最古老的种族有——亚太尼格罗人种（引者注：黑种人，按郭文之意，即指尼格利陀人，即'小黑人'）的直系后裔，宋代以前史书记载的山都木客的简称。""晋代到北宋初的山客羋大致可分为山都和木客两部分。"他们是"闽粤赣边的黑色矮民"。

郭联志先生如果知道，至晚在唐代畲族已居住在闽粤赣三省交界地区②，可能在提出上述观点时必会感到踌躇。 从唐朝总章二年（669 年）至唐开元三年（715 年），唐将陈政、陈元光、陈珦祖孙三代率军与畲族（"蛮僚"）起义军在漳州地区打了几十年的仗。 照郭文的说法，当时的畲族是"山都"和"木客"，那么，与陈氏三代所率领的唐军进行作战的竟是一群"小黑人"，这不仅令人惊诧，恐怕连郭联志先生本人也难以置信。

郭文引证指出晋到北宋初闽粤赣边区的"山客羋"即"黑色矮民"的外表特征是"裸身被发③，发长五六寸"。 而唐早期畲族（"蛮僚"）的外表特征是"椎髻卉裳"④吧。 关于畲民"椎髻卉裳"的记录在明清方志仍

---

① 《福建民族》1995 年第 5 期，第 47～48 页。

② 《中国大百科全书·民族卷》，中国大百科全书出版社，1986 年版，第 393 页。

③ "被发"即"断发"，参见辛土成：《台湾海峡两岸的古闽越族》，厦门大学出版社 1988 年版，第 80 页。

④ 陈元光：《漳州刺史谢表》，《全唐文》，中华书局 1983 年版，第 1675 页。

常可见。"椎髻"即束发髻形如椎，而"黑色矮民"的"发长五六寸"无论如何是"椎"不起来的。

郭联志先生当然知道今畲族的体质特征与"小黑人"大异，于是说："由于和周边民族的通婚，大致北宋后（'山客輋'）已摆脱纯粹尼格罗人种，接近西南边疆的孟—高棉族的形体。"但未予任何证实或说明。

关于畲族与"山都木客"的关系，蒋炳钊先生指出："从史书记载，唐代在闽、粤、赣三省交界地区内存在着'蛮僚'（畲族）和'山都木客'两种名称的少数民族，从当时记载来看，二者还是有区别的。""山都木客同畲民同是长期相处在一个地域里。"[①] "山都木客"应部分融入畲族，但这与郭文的"晋代到北宋初的山客輋大致可分为山都和木客两部分"之说大别。

（《福建民族》1996 年第 7 期）

---

① 蒋炳钊：《畲族史稿》，厦门大学出版社 1988 年版，第 114 页。

唐代畲族已徙居闽中、莆仙、闽东和浙南

隋唐之前畲族已在闽粤赣三省交界地区，宋元到福建中部、北部带，明清时已大量遍布于闽东、浙南等地。[①] 这一学术界的权威观点至今虽基本不可撼动，但却是可以略加修正的。 有资料证明，唐代畲族已徙居闽中、莆仙、闽东和浙南：（1）闽中。《永春州志》载："唐开元二十二年，经略使唐修忠，招谕南平山峒酋长高伏来归，后置尤溪县。"[②]这里的尤溪山峒酋长当是畲族。 北宋初，安溪畲族已被记录于文献，被诬称为"畲鬼"。[③] 安溪隔永春、德化与尤溪相距不远，因而唐中期闽中尤溪有畲族的现象并不孤立。（2）莆仙。《资治通鉴》载：唐昭宗景福元年（892年），"王潮以从弟彦复为都统，弟审知为都监，将兵攻福州。 民自请输米饷军。 平湖洞及滨海蛮夷皆以兵、船助之"。[④] 有的学者将这些"蛮夷"的地点仓促地确定为"在漳州一带"。[⑤] 据胡三省注，"平湖洞在泉州莆田县界外。《九域志》曰：今兴化军大飞山，地本平湖数顷，一夕风雨暴至，且见此山耸峙，一名大飞"。 唐朝刘禹锡早就精辟指出："闽有负海之饶，其民悍而俗鬼，居洞寨、家桴筏者，与华言不通。"[⑥]今人将"居洞寨"者识为畲，"家桴筏"者识为疍。 依此，兴化"平湖洞""蛮夷"当系

① 施联朱：《关于畲族来源与迁徙》，《畲族研究论文集》，民族出版社1987年版，第51页。

② （乾隆）《永春州志》卷二，厦门大学出版社1994年版，第12页。

③ （乾隆）《安溪县志》卷九，厦大学出版社1988年版，309页。

④ 《资治通鉴》卷二九五《唐纪七五》，第8427页。

⑤ 蒋炳钊：《畲族史稿》，厦门大学出版社1988年版，第86页。

⑥ ［唐］刘禹锡：《唐故福建等州都团练观察处置使福州刺史兼御史中丞赠左散骑常侍薛公神道碑》，见《全唐文》卷六〇九，中华书局1983年版。

畲族，而其"滨海蛮夷"则必是疍民。 可见，唐代莆仙地区已有畲族。

（3）闽东、浙南。 浙江景宁县惠明寺村和敕木山村各存一本《唐朝元皇南泉山迁居建造惠明寺报税开屋》的资料记载：永泰二年（即大历元年）丙午岁（766 年），雷太祖进裕公一家五人与僧昌森、子清华二人，从福州罗源县十八都苏坑境南迁，一同来到浙江处州府青田县鹤溪村大赤寺。雷祖后居叶山头，砍伐山林，开垦田园。① 唐代迁往浙南青田县的畲族是从闽东罗源迁去，那么畲族徙居罗源的时间还更早。 以"常识"来看这条史料，难免生疑，然而只要联系到唐时闽中莆仙已有聚居的畲族，唐代闽东罗源的畲族也就无"空降"之嫌。 至于由闽东而浙南的迁徙也不难理解。

（《福建民族》1999 年第 4 期，署名"李小梅"）

---

① 《景宁畲族自治县概况》，浙江人民出版社 1986 年版。

畲族的汉族血统成分之由来

罗香林《客家研究导论》慧眼独具地洞察到畲、汉混血融合的可能性和必然性，他指出："客家初到闽赣粤的时候，不能不与畲民互相接触，接触已多，就想不与他们互相混化，亦事势所不许。"①但罗先生所提及的"互相混化"，大抵是专注于畲融于汉。　近年，广东畲族专家朱洪明确地提出"畲汉双向融合"论。②　本文从一向较不为人所注意的汉民融于畲族的领域来阐释畲族的汉族血统成分的由来。

汉族血统融入畲族的渠道当然是通婚，而畲、汉通婚的混血结果要保留于畲族，一般须以畲、汉通婚是发生于畲族社区为条件，而这又要以汉民移居于畲族社区为前提。　历史上正是有汉民为逃避赋役、迫害和战乱，而避居畲族社区的。"畲民不悦（役），畲田不税，其来久矣"，但从南宋开始就有小部分畲民成为纳税服役的"版籍民"。③　这种入籍的输赋服役的畲民数量历代不断增加。　这类畲民是由游耕转为定耕的"有恒产者"的自耕农（其中有极少量变为地主）和"无恒产"的佃农。　明代初期，官府对未入版籍的畲民采用"略输山赋""稍听征调"以示"羁縻而已"④的政策。　还有大量散布于荒僻山区的畲民，特别是采用刀耕火种的流徙畲民，统治阶级鞭长莫及，其赋役状况便是"不役不税"，这种情况持续到清末。　光绪《春明梦余录》载："闽中有流民余种……不入编户，

---

① 　罗香林：《客家研究导论》，上海文艺出版社 1992 年版，第 74 页。
② 　朱洪：《谈畲族与汉族客家民系的文化互动关系》，《客家研究辑刊》1995 年第 2 期。
③ 　[宋]刘克庄：《后村先生大全集》卷九三《漳州谕畲》。
④ 　(嘉靖)《惠州府志》卷一四《外志》。

凡荒崖弃地居之，耕猎以自食，不供赋役。"①不役不税或轻徭薄赋的畲族社区，对于一些不堪甚至反抗封建政府压榨的汉民来说，是有吸引力的。 在福建，南宋"南畲隶漳浦，其地西通潮、梅，北通汀、赣，奸人亡命之所窟穴，畲长技止于机毒矣。 汀、赣贼人入畲者教以短兵接战，故南畲之祸尤烈"。"陷畲者"还有"知书及土人"；②在江西，明代"吉安府龙泉、万安、泰和三县并南安府所属大庾等三县居民无籍者，往往携带妻女，入辇为盗"③；在广东，乾隆《潮州府志》载："莲花山雷公岭……层冈叠嶂，为潮惠二县之界。 奸民逋赋役者，辄借口邻封，彼此窜避，或托为瑶僮逃化外。"此处所谓"瑶僮"即畲，如"潮州府畲瑶（引者注：潮州府有畲无瑶，此处系畲、瑶混称）民有山辇，曰瑶僮"④。 汉民亡命入畲，除了逃避赋役还有逃避封建统治阶级的迫害、追杀。 例如："潮州倭二万与大盗吴平相犄角，而诸峒蓝松三、伍端、温七、叶丹楼辈，日掠惠、潮……遂使招降吴平……平几复叛……大破之……（吴平）奔据饶平凤凰山。"⑤"至元七年庚辰十二月，漳州民陈桂龙兵起，福建都元帅完者都等击走之……桂龙遁走入畲洞。"⑥这些事实说明从宋代开始即有汉民为逃避赋役和封建统治阶级的迫害、追杀而逃入畲族社区。

汉民一旦进入畲族社区，畲、汉通婚也就自然而然发生了。 若汉男娶畲女，其婚生之子习从畲族风习，则父方汉姓变为畲姓；若汉男入赘畲家，所生子女或从母或从父，若从父，汉姓变为畲姓。 20 世纪以前，畲民入赘汉家或娶汉女甚少见，即使发生了，也极难或不可能有汉姓变为畲姓的可能，故不加以讨论。 汉男娶畲女或入赘畲家而造成的汉姓变畲姓的例子，如闽东霞浦李姓畲民，其始祖李廷玉，本是汉民，"原籍福建泉州安溪湖头"，于明天顺年间（1457—1464 年），"因闽倭寇作乱，而自湖头逃出，至福州汤岭蓝色艳家借宿，公观其品行端方，才貌过人，故招为

① ［清］孙承泽：《春明梦余录》卷四三。
② ［宋］刘克庄：《后村先生大全集》卷九三《漳州谕畲》。
③ （同治）《南安府志》卷二四《艺文七》。
④ （乾隆）《潮州府志》卷三八《征抚》。
⑤ 《明史》卷二一二《列传第一百·俞大猷》，第 5606 页。
⑥ ［明］陈邦瞻：《元史纪事本末》卷一《江南群盗之平》，广雅书局光绪十三年（1887 年）刊本。

女婿，子孙特授盘匏郡马之职，厥后，称雁落洋（霞浦水门半岭）"。 后李姓成为霞浦东部畲族大宗族，该族又派分闽东福鼎和浙南泰顺县。[①] 又如，霞浦盐田吴姓畲民先人，于清乾隆元年（1736 年）来自福安城关吴厝坪，其始祖原祯，本是汉人，因遭祸，发妻被杀，只身潜来南山避难，后娶盐田村钟氏女为妻，随从畲家风俗。[②] 福安吴姓汉民在明代经连续数代娶畲女后，其后裔风俗语言习从畲族，遂为畲民。[③] 有的地方，汉人入住畲村娶畲女，畲民还预约汉人风俗从畲。 广东凤凰山区凤坪村蓝姓畲民接纳钟姓汉人，有"讲话、风俗随着畲民"的协定，钟姓汉人娶了该村的畲女，并居住在该畲村，到中华人民共和国成立初已传 15 代。[④]

　　畲族的汉族血统成分深刻地反映了畲、汉两族人民密切友好的交往和双向融合，生动体现了少数民族与汉族"你中有我，我中有你"的亲密关系。 畲族的汉族血统成分是畲、汉两族人民携手团结的纽带。 识此，对于改变两族民间尚存的某些残留的"刻板印象"，对于完善族际新型的心理秩序状态，是很有裨益的。

　　（《福建民族》1997 年第 5 期）

---

① 《霞浦县畲族志》，福建人民出版社 1993 年版，第 58 页。
② 《霞浦县畲族志》，福建人民出版社 1993 年版，第 59 页。
③ 《福安畲族志》，福建教育出版社 1995 年版，第 12 页。
④ 杨成志等：《广东畲民识别调查》(1955 年)，《畲族社会历史调查》，福建人民出版社 1986 年版，第 38 页。

从畲语研究的错失看汉唐客家先民史的忽略

　　汉晋至唐，闽粤赣接合部客家先民的历史长期被忽略，这一忽略甚至误导了畲族的历史语言学研究。畲语研究专家游文良认为：唐末至宋客家先民迁入闽粤赣交界地区，与此地的土著畲族发生文化融合，"以中原汉语为基础的客家先民的语言融合了古代畲语而形成了既不同于中原汉语又区别于古代畲语的汉语客家方言"。[①] 在这种文化融合的进程中，畲民也操接近于客家话的"畲语"。他还认为：无论是客家还是畲族的语言的"底层词"即壮侗语和苗瑶语的词汇，皆源于古畲语。这一看法忽略了汉晋以后至唐已经有汉族族群生息于闽粤赣接合部这一历史事实，这些汉人融合了这里的越人土著，其汉语融有壮侗语成分。唐末开始大批汉民迁入闽粤赣接合部，尤其是闽西地区。进入闽西的汉民陆续融入土著汉族群体。仅就闽西而观，唐末以后客家先民的语言继承了此前已融有古越语的汉族方言。

　　游文良认为："（现代）畲语是从古畲语演变发展而来的"，"从历时的角度，把畲语划分为三个阶段：古代畲语（隋唐时期聚居在闽粤赣交界地区的畲族先民所使用的语言），近代畲语（宋元时期，古代畲语融合了客家先民的语言成分而形成了近代畲语），现代畲语"。[②] 宋以后大批畲族从闽粤赣毗邻区迁到闽东、闽北、浙南、赣东各地后，近代畲语分别融合了畲族新居地的汉语方言成分而形成现代畲语。现代畲语仍然包含有古代畲语成分。他筛选出 248 个语词，与今壮侗语族语言、苗瑶语族语

---

① 游文良：《畲族语言》，福建人民出版社 2002 年版，第 20 页。
② 游文良：《畲族语言》，福建人民出版社 2002 年版，第 15～28 页。

言的相关语词做比较，比较的结果是"有近三分之二语词与今壮侗语族语言、苗瑶语族语言可能有同源关系"。①

现代畲语的底层词研究是畲族研究最具有开拓性的成果。 一些还在进行比较分析的现代畲语底层词将陆续显现。 另有接续的研究是，这些现代畲语底层来源的历史追寻。 对于语言溯源研究起方向校正作用的是历史文化分析。 此外，客家研究，也是一个很有效的借力。 对于有的研究偏倚也要有所警觉，如客家形成研究侧重于唐末五代以后的汉族移民研究而忽略汉晋、南北朝时期汉族移民研究。

罗香林在《客家研究导论》中认为赣闽粤边区客家的源流与汉民三次南下大迁徙有关。 这三次迁徙先后兴起于西晋末、唐末、北宋末，他认为：客家形成的主要来源是唐末迁入的汉民。② 由于西晋末南迁的人口基本上尚未进入闽粤赣交界地区，其后裔加入了唐末移民潮，因而唐末、北宋末的入赣南而后移闽西、迁粤东的移民潮更被重视。 罗香林的客家源流观迄今仍有广泛影响。 这种研究观所造成的一个结果是，忽略闽粤赣交界地区古越语对客家话形成的影响。 这种忽略体现在客家研究者在探讨客家的形成，几乎忽略了晋唐时期当地汉人与土著越人融合而成为客家先民群体这一重要事实，而这是客家形成的最早基础。

闽粤赣交界地区土著民是古越人，这是毋庸置疑的。 秦汉以后，北方汉民（包括迁入地北方的早先南下汉民的后裔）陆续进入这一地区，这也是没有疑问的。 就以直至宋代人口尚少的粤东地区来说，也有晋代以后的汉人文化考古遗存。 在梅州市已发现多处晋墓和一处南朝墓葬群。③ 从行政区设置也可以看梅州地区人口的变化：东晋义熙九年（413 年）在北方流人南下的主要聚居地新辟义招县（治所今大埔县），南朝南齐时（479—502 年）置程乡县（治所今梅州市区）。 闽西的人口密度要比粤东高，西晋初，始设新罗县（先在上杭境，后移长汀境）④，这表明汉晋时期闽西已有一定数量的汉人。 中唐开元二十一年（733 年）初设汀州，福

---

① 　游文良：《畲族语言》，福建人民出版社 2002 年版，第 451 页。
② 　罗香林：《客家研究导论》，上海文艺出版社 1992 年版，第 19、41～54 页。
③ 　房学嘉：《客家源流探奥》，广东高等教育出版社 1994 年版，第 29 页。
④ 　参见朱维干：《福建史稿》，福建人民出版社 1985 年版，第 55 页。

州长史唐循忠检责得诸州来闽西的"避役百姓三千余户奏置汀州……管县三：长汀、沙、宁化"①。 连同原有的入籍户数，就不止三千余户。 而赣南早在汉初高祖六年（前 201 年）就置赣县，西晋初太康三年（282年）又设南康郡，这意味着早在汉晋时期赣南就有不算稀少的人口，还能成为向闽西、粤东移民的迁出地。

在汉晋以后，闽粤赣交界地区的编户籍民的主体是汉民。 这些汉民逐渐融合了当地的越人。 客家研究学者一般将唐末五代以后迁入闽粤赣交界地区的南下汉民作为客家先民的主体，对此前的汉民多予以忽略。颇受批评的房学嘉《客家源流探奥》则高度重视隋唐以前的闽粤赣交界地区的人口状况，提出这些人口是最早的客家群体。 他指出：南朝末期开始出现客家共同体，它是"南迁的中原人与闽粤赣三角地区的古越族混化以后产生的共同体"②。 南朝末期客家是否已经形成？ 这值得商榷，但可贵的是房学嘉注意到客家的早期源流，而这一源流对客家及其语言形成的重要作用是不容忽视的。 在唐末开始北方移民潮进入闽粤赣之前，闽粤赣应有汉族客家先民群体，他们融合了当地古越人。

这一忽略，不仅有一些客家研究者，也包括畲语研究者。 游文良的客家及其语言的大局观是："唐末至宋，有一批汉人入迁闽、粤、赣交界地区，这批汉人就是以后被称作'客家'的先民。 他们入迁闽、粤、赣交界地区后，与那里的土著民，即畲族先民长期共同生活在同一区域里，彼此错居杂处。 为了争夺生存空间，争夺生产、生活资源，他们产生了矛盾、冲突，也曾发生过激烈的斗争；但是，彼此间在经济文化上的接触和交流中，又促进了相互的融合和同化。 从入迁的客家先民方面说，他们带来的中原文化融合了土著民的畲文化，而形成一种不同于原来自己的文化又别于土著民的畲文化的一种新文化，这就是一些学者认定的'客家文化'；以中原汉语为基础的客家先民的语言融合了古代畲语而形成了既不同于中原汉语又区别于古代畲语的汉语客家方言。"③这些论述大多是正

---

① ［唐］李吉甫撰，贺次君点校：《元和郡县图志》卷二九《江南道五》，中华书局 1983 年版，第 723 页。

② 房学嘉：《客家源流探奥》，广东高等教育出版社 1994 年版，第 36 页。

③ 游文良：《畲族语言》，福建人民出版社 2002 年版，第 20 页。

确的，但明显的缺陷是对汉晋到唐末闽粤赣毗邻区客家先民史的忽略。

在游文良看来，客家人及其先民在与畲族及其先民接触和融合之前，客家人及其先民讲的是基本纯粹的汉语。因而客家话的古壮侗语（古越语）和古苗瑶语的成分，就是来自畲族。他说："畲语和客家话的古畲语词，是从古畲语融入客家话的为数不少，我们过去都把这些语词作为客家话处理。现在，我们应把这些语词划入畲语中的古畲语成分中，恢复它真正的地位。"[①]如果游文良对于客家源流的关注，注意到汉晋以后闽粤赣交界地区汉民及其与古越人关系的历史，应该不会认为客家及其先民与畲族及其先民接触和融合之前，客家人及其先民讲的是基本纯粹的汉语。应该不会认为："古壮侗语是古代畲语的远源，古苗瑶语是其近源。"[②]也就是说，曾经融合了古畲语的现代客家话的古壮侗语（古越语）和古苗瑶语的成分，就是来自畲族。这个误识将使极有学术价值的语词比较分析成果，迷失在偏离正确方向的推导里。

事实上，长期以来，畲族史的"隋唐之际"上限不仅广泛影响着畲族史研究，也影响畲语的历史研究。隋唐时期已是东南越族的尾声，此时的畲族或称畲族先民就是要与古越人接触和融合也不易找到对象。隋唐以前的"蛮"（畲族先民）、"越"关系，仍是一片迷雾。就以目前的研究成果来看，畲语中的古壮侗语成分更可能是主要通过采借客家话而获得。鉴此，房学嘉《客家源流探奥》尽管不完善，但其研究思路对于畲语的历史研究也具有重要的启发意义。

---

① 游文良:《再论畲语》,潮州畲族文化研讨会论文,2007年,第5页。
② 游文良:《畲族语言》,福建人民出版社2002年版,第20页。

"山寇"考释

　　元明两代是畲族人民反抗封建统治阶级最为风起云涌的时期，明代有关闽粤赣毗邻地区的史书方志常出现"山寇"的记载。"山寇"是封建统治阶级对畲族人民，特别是畲族反抗官府者、起义者的诬称。 据清人杨澜所云，早在唐代就有称汀州畲民为"山寇"。 与"山寇"名称交互置换出现是"山贼"。 元代封建统治阶级污称闽北畲族人民起义领袖黄华为"山贼"。 清《临汀汇考》说："今汀中畲客所占之地，多在山水严恶之处，故《唐书》谓汀郡多山寇也。"可见，"山寇"的"山"字是以畲民所居的山地特征来做"寇"的限定词的。 清同治《广东通志》载："潮州府畲瑶民……依山而居，采猎而食，三姓自为婚。"清《潑水志林》载："（兴国）太平乡崇贤里有山户……号为'山野子'，其人多雷、蓝、毕三姓。""黄君著《治兴异迹》作《山民图》，圜目鴃舌，出入必挟刀，妇稚皆能搏生。"清乾隆《潮州府志》称畲民为"山峯"。 据民国《大埔县志》所录，该县畲民曾被称为"山客峯"。 也有的方志称畲民为"山里人""畲洞人"等。 就是畲族的自称"山哈"（"哈"是客的记音），也是以"山"为族名的修饰性成分和标志。 他们向山主纳"山租"，向官府输"山赋"。 如上所引，《临汀汇考》道出了"在山水严恶之处"的"畲客"与"山寇"之名的内在联系。 熊人霖《南荣集·防菁议》对"寇"名，直陈"惟疑"，明确指出"山寇非寇"，因为"越山吾山（越民吾民）"。 所谓"越山"系指先是"越"后是畲的土著少数民族所生存的山区。 明清学者不少误将畲族视为越人后裔，其"畲山"也就可称为"越山"。 南宋刘克庄说："省民山越往往错居。""省民"指汉族，"山越"指畲族，因为越人当时早已消逝，其后裔已经融合入隋唐及其以前入迁闽粤赣的畲族。

有人将"省民"说成"山越"，实未解文意，若"省民"即"山越"，谈何"错居"。 因此，刘克庄所说的"山越"必畲族无疑。 诬称畲民为"山寇"，当然是以鱼肉人民为能事的封建统治阶级的"贼喊捉贼"。 明《天下郡国利病书》引明黄仲昭《修城记》云："上犹民稀而地僻，岁稍凶，山洞愚氓啸聚为寇。"《元史》卷一六七《王恽传》的一段文字大致可以为如何成"寇"作解："福建所辖郡县五十余，连山距海……官吏贪残，故山寇往往啸聚。"

"山寇"基本上是泛指畲族人民，特别是专指不驯服和反抗官府的畲民，但也有可能夹杂有"啸聚"山区反抗官府的汉族人民。 清同治《赣州府志》卷三二《经政志》载："赣州山贼夏三，复结湖广峒蛮为寇。"明《天下郡国利病书》载："（正德）十一年山寇曾钯头作乱潮阳。""（嘉靖二十七年）剿永定县苦竹大山贼萧铁古等。"应当细心留意的是，不是盘、蓝、雷、钟这四个传统畲姓的姓氏不一定就是汉民的汉姓，因为到了明代，已出现了数十个非传统畲姓。 这些非传统畲姓的产生缘起于畲民为避免民族歧视而改用汉姓，畲汉通婚而产生的汉姓，以及汉民为逃避赋役和迫害，避居畲族聚落后，其后裔转变为畲民，其汉姓也变为畲姓。上引的夏、曾、萧等姓者是畲是汉，存疑。

（《福建民族》1997 年第 5 期，署名"金汤"）

"征蛮""五忠庙"考议

　　南宋时建于建宁的奉祀"征蛮五将军"的"五忠庙"，虽早已灰飞烟灭，但仍可一考，还其"五忠"真面目。

　　《建宁县志》云："五忠庙在显武坊，旧志祀征蛮五将军，不可考。 宋绍定年间建。"据《重纂邵武府志》卷一一，（建宁）"五忠庙"，即祀绍定三年（1230 年）破晏头陀之刘纯。《宋史》卷四一《理宗一》载："（南宋绍定三年二月）戊戌，诏：汀、赣、吉、建昌蛮僚窃发，经扰郡县，复赋税一年。"《邵武府志》卷一一《录刘忠烈祠记》叙："宋绍定间，闽寇晏头陀等啸聚（长）汀、邵（武）境上，残破宁化、清流、将乐，陷南剑（南平），犯建宁府，祸甚酷，侯（刘纯）时为监军，与陈韡同被命，仗义勠力，募兵集众，击破潭飞磜，降连城七十二寨，头陀计穷伏诛。"《临汀汇考》卷三《兵寇》记："（绍定三年）十一月破潭飞磜为起之地，犁其巢穴，十二月诛汀州叛卒，谕降连城七十二寨，汀境皆平。 四年正月将破下瞿张源寨。 二月躬往邵武督捕余寇，贼首晏彪迎降，责其后至，诛之。"《资治通鉴》卷二五九《唐纪》中，胡三省注曰："黄连洞在汀州宁化县南，今潭飞磜即其地。"由上引可知，南宋绍定三年（1230 年），宁化"蛮僚"晏头陀起义，一路横扫清流、宁化、将乐、南平，并进击建宁府。 在宋军的追剿下，晏头陀退守并兵败于宁化潭飞磜。 晏彪所率余部也于次年被消灭。 傅衣凌《福建畲姓考》指出："头陀非人名，而为畲族中一种尊号，盖如黄华畲军剪发文面，号头陀军然。"[①]《新元史·吕德传》记："庆元贼陈吊眼聚众叛，自称头陀军。"庆元在浙东，为畲族的一

个集中地。　庆元之畲托名为陈吊眼，以壮声势，并号头陀军。　可见，晏为畲姓，晏头陀为畲族人民的起义领袖。

"征蛮五将军"所征之"蛮（僚）"即畲族。"征蛮"的刽子手刘纯，在镇压晏头陀领导的畲族人民大起义后，"又讨建州寇，兵败死之，谥'义庄'，立庙赐额'忠烈'。 邵武专祀刘纯，建宁则合五人而立庙"[1]。 据《录刘忠烈祠记》，"五忠庙"所奉的"五忠"，除刘纯和陈铧外，其他三个也都是镇压畲汉人民的刽子手（与刘纯、陈铧不同时期），故云为"征蛮五将军"。

臭名昭著的五忠庙毁于明嘉靖二十一年（1542 年），嘉靖二十四年（1545 年）知县何孟伦重建，后又毁。

（《福建民族》1997 年第 5 期，署名"郭惠南"）

---

[1]　《邵武府志》卷一一。

古代畲族民族志珍品《瑶民纪略》

古代有关少数民族的民族学资料，属实的耳闻目睹而记述的并不多见。 有关畲族的资料主要见于方志，然而记述少数民族的文字抄录甚多，这是中国古代修志的一大劣习。 例如，清乾隆《龙岩州志》卷一二《杂记志·畲客》摘录了明末郭造卿《防闽山寇议》（见《天下郡国利病书》卷九六《福建六》），《防闽山寇议》则抄自明万历《漳州府志》卷一二《瑶人》，而后者基本采自明嘉靖《惠州府志》和隆庆《潮阳县志》。有的方志干脆对少数民族不屑一顾。 例如，南宋开庆《临汀志》（14 万字），竟无一字写临汀（汀州）所辖的长汀、宁化、清流、上杭、武平、连城的畲族。 同样，清乾隆《福宁府志》（45 万字），对所辖的福安、宁德、霞浦、寿宁的畲族，也无一字记录。 清道光《罗源县志》（40 多万字）好多了，总算在卷三十《杂识》中有了 100 多字关于畲族的介绍，但主要是空泛地引述盘瓠传说，得来全不费功夫。 这些反映了封建社会中歧视和忽视少数民族的"汉族中心主义"。

由上而观，清初长汀范绍质撰写的《瑶民纪略》，倍感珍贵。 范绍质，清顺治年贡生，为长汀县文吏，顺治十七年（1660 年）奉命绘制本县地图。 在此期间，他到过县东南百余里的畲族地区，大致在与今上杭官庄、通贤等地邻近的涂坊、南山一带。 他将在畲区的所闻所见，写成《瑶民纪略》一文。"畲客即瑶人"（《龙岩州志》卷一二《杂记志》），因而范绍质称畲族为"瑶民"。 严格地说，民族志是用民族学的理论方法到实地调查后写成的文本。 范绍质的《瑶民纪略》具有实地调查的重要品质，故泛称为民族志。

范绍质《瑶民纪略》全文如下：

汀东南百余里有瑶民焉。结庐山谷，诛茅为瓦，编竹为篱，伐荻为户牖，临清澳栖茂树，阴翳翁郁然深曲。其男子不巾帽，短衫阔袖，椎髻跣足，黧面青睛，长身猿臂，声哑哑如鸟，乡人呼其名曰畲客。妇人不笄饰，结草珠，若璎珞蒙髻上，明眸皓齿白皙，经霜日不改，析薪荷畚，履层崖如平地。以盘、蓝、篓为姓，三姓自相匹偶，不与乡人通。种山为业，夫妇偕作。生子坠地，浴泉间不避风日。所树艺曰稜米，实大且长，味甘香，所产姜薯蒜豆菇笋品不一，所制竹器有筐筥，所收酿有蜂蜜，所畜有鱼豕鸡鹜，皆鬻于市。粪田以火土，草木黄落，烈山泽雨瀑灰浏田，遂肥饶播种，布谷不耘籽而获。精射猎，以药注弩矢，着禽兽立毙。供宾客，悉山雉、野鹿、狐、兔、鼠、蚓为敬。豺、豹、虎、兕间经其境，群相喜谓"野菜"，操弩矢往，不逾时，手拽以归。俗信巫事鬼，祷祠祭赛，则刑牲庀具，戴树皮冠，歌觋者言，击铙吹角，跳舞达旦。送死，棺椁无度，号泣无文，三日而葬，远族皆至，导饮极欢而去。其散处也，随山迁徙，去瘠就腴，无定居，故无酋长统摄。不输粮，不给官差，岁献山主租毕即了公事，故无吏胥追呼之扰。家人嗃嗃，妇子嘻嘻，各食其力，亦无阋墙御侮之事。其性愿悫，其风朴陋，大率畏葸而多惧，望见衣冠人至，其家辄惊窜，入市贸布易丝，率俯首不敢睥睨，亦有老死不入城郭者。噫嘻，是殆所谓山野自足，与世无求，与人无争者欤！按《桂海虞衡志》，瑶本盘瓠之后。范晔《后汉书》：……负少女入南山，止石穴中，生六男六女，织绩木皮，染以木实，以为服饰。……兹盘、蓝、篓，固其遗种也。楚粤为盛，吾闽有之，然不甚蕃，三五七家而已。庚子，陈大中丞檄县绘图以进，因纪其略。

　　范绍质的这篇记述言简字确，所描写的对象栩栩如生，相当全面地描述了畲族社会文化的各个方面：（1）住居。以茅、竹、荻结庐于山谷。（2）生产和交换。种稜米、姜、薯、蒜、豆、菇、笋等，采蜂蜜，编竹器，养鱼、猪、鸡、鹜，并到市场交换。兼事狩猎。（3）赋税。无赋役，只向山主交纳山租。（4）服饰。男子短衫阔袖，女子结草珠，若璎珞蒙髻上。（5）信仰。信巫，祷祠祭赛，唱词系男巫所言。（6）民风。家族内部和睦，民风简朴。在《瑶民纪略》中，还反映畲族受压迫、受歧视的状况；入市贸易，低头不敢旁视。

细致观察和准确记录是实地调查的基本做法，范绍质居然大致做到了。单从"击铙吹角"，就可以看出他观察得细致。如果只是耳闻而非目睹，就可能写作"击铙吹号"。角号是畲族巫师的法器，在汪毅夫《闽台历史社会与民俗文化》一书的封内图片中，可以看到一张畲族巫师吹角的照片。在社会历史的进程中，宗教具有很强的惰性，其仪式也经久难变，由此可见范氏观察的准确性。

范氏观察的细致和准确记录，使该文具有重要的历史价值和科研价值。例如，描写畲女"结草珠，若璎珞蒙髻上"。浙江畲女的头饰与此最像。这说明浙江畲女的头饰对于历史传统的保留最多。畲族移民的主流是在明清时期才到达闽东、浙南的，但他们早在宋元时期就开始离开闽西、粤东，时停时徙，徐徐北上，最后才到达浙江（另有极少数在清末进入皖南）。同时，我们可以进一步推测：长汀畲女乃至闽西畲女的头饰在宋元明时期大抵就是这样，并且粤东畲女头饰也应与闽西相同，否则徙自闽西、粤东的浙江畲族，其女性头饰不可能有"若璎珞蒙髻上"这种纯闽西畲女头饰蓝本。

由于《瑶民纪略》是实地调查的记录，因此我们不必有因转抄而造成的文字描述滞后于对象变化的顾虑，这种民族志资料尤具科学价值。例如，《瑶民纪略》说："以盘、蓝、篓为姓，三姓自相匹偶，不与乡人通。"依此，我们对客家形成过程中发生过一定程度的汉族移民与土著畲民通婚的理论假设将会产生怀疑。当然，也可以再提出另一个理论假设，那就是：唐末五代至北宋的一段时期，进入闽粤赣接合部地区的汉族移民及其后裔，还较势单力薄，轻视或歧视少数民族的"大汉族心理"尚处萎靡状态，汉、畲通婚的阻力也就较小。而当客家在宗族发展到族壮势大时，"大汉族主义"的膨胀程度便与之相随，汉、畲的族群关系就形成坚固的藩篱，两族的通婚也就几乎没有了可能。

田野调查要求摈弃偏见。在封建社会的意识形态中，歧视少数民族的文化观是一项重要内容，官僚和士人的这种文化偏见尤重，而范绍质却是出污泥而污染甚少者。除了"黎面青睛，长身猿臂，声哑哑如鸟"这些有文化偏见之嫌的文字外，范氏在该文中所表现的文化观是比较中立的。 例如，文中有"无阋墙御侮之事。 其性愿悫，其风朴陋"，"阋墙"指的是家庭或家族兄弟失和，"御侮"指的是以斗争甚至武力的形式，洗刷来自异族群的欺侮。 畲族的民族性格的确是范所说的"性愿（谨慎善良）悫（诚实）"。 然而，封建统治阶级常以污化少数民族为能事，在方志等文献中，或言"性固悍疾"（康熙《平和县志》卷一二《杂览》），或说畲民"喜仇杀"（民国《龙岩县志》卷二九《杂录》），范氏对畲民性格客观的描写，对于封建统治阶级对畲族的污化谎言是一个有力的驳斥。

据笔者所知，像范绍质这样不是靠道听途说或者信手拈于转述，而是亲临畲境写成的民族志，在古代尚无第二篇，因此《瑶民纪略》的学术价值之珍贵是不言而喻的。

（《福建民族》2003 年第 2 期）

明代闽西南畲族地区有设"抚瑶土官"吗？

古代编修方志的资料来源，一是采访，二是文献。有的方志在编纂文献时也把非记述本地区情况的文献辑入，又无说明出处，很容易误导后世。对此，就是训练有素的研究者，稍不小心，也难免产生错觉。晚明和清代闽西南方志中误将有关"抚瑶土官"之事的引入就是一个典型的例子。要确切说明这个问题，莫过于理清资料来源，一一援引有关资料，以便于看清它们是如何顺着哪条藤蔓蔓延而来的。

龙岩府城及其西北百里州境属闽西，府城东面的漳平、宁洋属闽南。清乾隆《龙岩州志》卷一二《杂记志·畲客》载：

> 畲客即瑶人（引者注：史籍往往将畲、瑶混称），岩属俱呼为畲客……盖楚粤为盛，而闽中山溪高深处间有之。在（龙）岩者惟蓝、雷二姓。在（漳）平、宁（洋）者，有蓝、雷、钟三姓。随山种插，去瘠就腴，编荻架茅为居。善射猎，以毒药涂弩矢，中兽立毙。贸易商贾，刻木大小短长为验。其酋魁亦有辨华文者。……族处喜仇杀，或侵侮之，一人讼，则众人同；一山讼，则众山讼。明设抚瑶土官，令抚绥之。量纳山赋，其赋论刀若干，出赋若干；或官府有征剿，悉听调用。后抚者不得其人，或索取山兽皮革，遂失赋，官随亦废，往往聚众为患，如元时南胜李志甫之乱，非瑶人乎？

《龙岩州志》这段文字声称：本州境在明代设抚瑶土官。据查，《龙岩州志》这段"畲客"的文字，几乎照抄明末清初顾炎武编纂的《天下郡国利病中》卷九六《福建六》摘录的明末郭造卿《防闽山寇议》：

　　瑶人楚粤为盛，而闽中山溪高深之处间有之。漳瑶人与虔、汀、潮、循接壤错处，亦以盘、蓝、雷为姓。随山种插，去瘠就腴，编荻架茅为居。善射猎，以毒药涂弓矢，中兽立毙。其贸易商贾，刻木大小短长为验。今酋魁亦有辨华文者。……族处喜仇杀，或侵侮之，一人讼，则众人同；一山讼，则众山同。常称城邑人为"河老"，谓自河南迁来，畏之，缘陈元光将卒始也。国初设抚瑶土官，令抚绥之。量纳山赋，其赋论刀若干，出赋若干；或官府有征剿，悉听调用。后抚者不得其人，或索取山兽皮革，遂失赋，官随亦废，往往聚出为患，若往年南胜李志甫辈之乱，非瑶人乎？

　　对照上引二文，可以很明显看出《龙岩州志》的"畲客"条的文字几乎抄录明末郭造卿《防闽山寇议》。因时值清代，只是把所抄之文的"国初"改为"明"。由于《龙岩州志》这段文字把"漳瑶人……"改为"在（龙）岩者……在（漳）平、宁（洋）者……"，从而抹去了抄录的痕迹，更逼真地伪成本地文献，贻误更甚。

　　摘录于《天下郡国利病书》的《防闽山寇议》的这段文字，则又是几乎抄自明万历《漳州府志》。万历《漳州府志》卷一二的"瑶人"条载：

　　瑶种本出盘瓠，椎髻跣足，以盘、蓝、雷为姓，自相婚姻，随山散处，编荻架茅为居，植粟种豆为粮。言语侏离弗辩，善射猎，以毒药涂弩矢，中兽立毙，以贸易商贾。居深山，光洁则徙焉。……其与土人交，有所不合，詈殴讼理。一人讼，则众人同之；一山讼，则众山同之，土人莫敢与敌。国初设抚瑶土官，令抚绥之。量纳山赋，其赋论刀若干，出赋若干；或官府有征剿，悉听调用。后因贪吏索取山兽皮张，遂失其赋。及抚驭失宜，往往聚众出而为患，若往年陈吊眼、李胜之乱，非瑶人乎？

　　比万历版更早的正德《漳州府志》并无载"抚瑶土官"等"瑶人"事略。万历《漳州府志》的上述文字在本州府志首次记载"瑶人"（即畲民）。该府志在卷首言明修志时参考了正德版和嘉靖版的《漳州府志》，以及《龙溪县志》《漳浦县志》《长泰县志》《平和县志》等明代旧志，在

"瑶人"条按曰："属邑深山皆有之，俗呼'畲客'，旧志不载，今载之。"很明确，在明万历以前的漳州府及其府属县的志书都没有记载"瑶人"。如果有设"抚瑶土官"，通常下属还有"瑶总""瑶甲"，"瑶人"既已编户入籍，量纳"山赋"，听官征调，那么这样的"瑶人"就不再是"化外之人"，方志必不忽略记载。退一步说，假设明初确有"设抚瑶土官"，岂有在万历以前的明代《漳州府志》以及府属县志不载，反而在无设"抚瑶土官"的明代晚期才记载？明代广东的瑶区和畲区设"抚瑶土官"，有关县区的"抚瑶土官"和下属的"抚瑶人"，连同"瑶首""畲长"，皆有不定期朝贡，据《明实录》，从永乐四年（1406 年）至成化十二年（1476 年）这"瑶人"朝贡频繁的 70 年间，广东"瑶人"（含畲人）共朝贡 65 次，却从未见有漳州"瑶人"（即畲民）朝贡。除了明万历《漳州府志》突然冒出"抚瑶土官"的文字，明代福建诸志未载有"抚瑶土官"。

对于万历《漳州府志》的这段"瑶人"文字，漳州府属的闽南各县的县志颇不以为然，多不予抄载，即使康熙《平和县志》卷一二加以抄录，则谨慎地标明是"杂览"而已。嘉庆《云霄厅志》卷三《民风·瑶僮》转载了康熙《平和县志》这段"瑶人"文字，文末注明出处是："（康熙）《平和县志》书。"与漳州毗邻、地处闽西的汀州，其明清的《汀州府志》《长汀县志》《宁化县志》《上杭县志》《武平县志》等，对《漳州府志》这段"瑶人"的材料不予理会，更也没有"抚瑶土官"的任何踪影。万历《漳州府志》在"旧志不载""瑶人"，资料阙如这种无奈的情况下，草率地援引了毗邻的粤东的材料来作为本地区"瑶人"的历史背景材料。至于《漳州府志》所提到的"陈吊眼、李胜（即李志甫）之乱"，系元代畲民起义，与明代可谓风马牛。

《漳州府志》这段"瑶人"事略的文字基本采自明代万历之前的嘉靖《惠州府志》和隆庆《潮阳县志》等广东方志。嘉靖《惠州府志》卷一四《外志·瑶蛋》载：

> 瑶本盘瓠种，地介湖蜀溪峒间，即长沙黔中五溪蛮是也。其后滋蔓，绵亘数千里，南粤在在有之，至宋始称蛮。瑶在惠者，俱来自别境。

椎结跣足,随山散处……其姓为盘、蓝、雷、钟、苟,自相婚姻……国初设抚瑶土官领之,俾略输山赋,赋论刀为准,羁縻而已。稍稍听征调,长枪劲弩时亦效力。

隆庆《潮阳县志》卷八《风俗志》载:

> 邑之西北山中有曰畲户者,男女皆椎髻箕踞,跣足而行,依山而处,出常挟弩矢,以射猎为生,矢涂毒药,中猛兽无不立毙。旧尝设官以治之,名曰"畲官",调其弩手击贼亦至……

上引中的"畲官"亦即"抚瑶土官"在潮州的俗称。从广东的方志资料来看,"抚瑶土官"几乎都由与瑶民或畲民有密切关系的下级官吏及当地汉人充任。有编户录籍的瑶民或畲民社区还设有"瑶总""瑶甲"(由瑶、畲的本民族人担任)。在潮州,"瑶总"称为"畲总",俗称"山官",他们都隶属"抚瑶土官"。在潮州,"抚瑶土官"又称"畲官"。道光《广东通志》卷三三《列传六十三·岭蛮》载:"潮州府有畲瑶民……前明设官以治之,衔曰'畲官',所领又有'畲总'。"这些与"抚瑶土官"有关的名目,在明代福建方志中均未见,即使是《漳州府志》也不例外。清代漳州方志既无前代资料可承,当然也不可能有与"抚瑶土官"有关的名目。

总之,清乾隆《龙岩州志》所载的"明设抚瑶土官"系引自万历《漳州府志》,而明万历《漳州府志》所载的"瑶人"事略,其中包括"国初设抚瑶土官"系引自明万历之前的毗邻闽南的粤东的潮州和惠州的方志资料,这就成为明晚期和清代闽南、闽西的一些方志或文章传载明初设"抚瑶土官"的滥觞。而闽西龙岩、闽南漳州方志所谓的"(明初)设抚瑶土官"被有的畲族史专著(如《畲族史稿》,厦门大学出版社 1988 年版,第 136 页)引证,来说明明代封建统治者在闽粤接壤处对畲族实行羁縻统治,以讹传讹。由此可见,引用古代方志资料,须以理清资料来源之法,慎加鉴别。

(《福建民族》2000 年第 3 期)

畲族猎神的流与源

古代畲族经济生活显著的特征是"刀耕火种，采实猎毛，食尽一山则他徙"。 畲族《高皇歌》追溯了始祖盘瓠王当了高辛皇帝的驸马后，离开皇宫迁徙到广东凤凰山后的情形："凤凰山上鸟兽多，若爱食肉自去猎，开弩药箭来射死，老熊山猪鹿更多。 凤凰山上实在闲，时时拿弩去上山，怎因岩中捉羊仔，山羊斗死在岩前。"清代汀州范绍质《瑶民纪略》对畲族的狩猎生活有生动的描写："精射猎，以药注弩矢，着禽兽立毙。供宾客，悉山雉、野鹿、狐、兔、鼠、蚓为敬。 豺、豹、虎、兕间经其境，群相喜谓'野菜'，操弩矢往，不逾时，手拽以归。"《罗源县志》载，明万历"三十九年，群虎伤人，知县陈良谏祷于神，督畲民用毒矢杀四虎，患方息"。 清代巫宜耀《三瑶曲》赞吟："生平射猎擅神奇，饱寝雄狐大兕皮。 夜半酸寒闻角处，声声卷地雪风吹。"经济生活直接或间接地反映于观念形态，虚幻的猎神与实在的狩猎交织在一起。

有着共同源头的猎神及其祭祀活动，随着畲族的迁徙而分向流播，在各地区呈现出略有差异的面貌。

在粤东，九连山区畲族各村的村口建低矮的石室为坛，内供"打猎大王"神牌，石室上联"游山仙子"，下联"打猎大王"，横批"有求必应"。 农历二月春分日，成年男丁备祭品参祭。 祭祀由族长主持，上香、敬酒、献祭品、唱祭文。 平时出猎前必到打猎大王坛前祭拜。 凤凰山、莲花山、罗浮山区畲族则奉祀"射猎先师"，或称"猎爷（娘）"，没有固定祭日，只是在出猎前后前往村口的"射猎先师"神坛祭拜。 神坛一般置于大树底部，安放几块大而整齐的石头为坛。

在闽西，畲族村落建有"狩猎先师"和"护猎娘娘"的神坛，或以溪边陡立的石壁为猎神标志，行猎前，猎手在猎神前焚香叩头，并用竹制杯筊占卜，一阴一阳则为吉。猎获后，要抬猎物到神坛或溪边石壁前祭谢。

在赣南，畲族村口的一块较大岩石或几块堆砌的石头即为"打猎祖师"（或称"大猎神""打猎大王"）的象征。猎前祭祷。猎毕，以猎物之血滴于石前，并割一小块猎肉喂猎狗。

在浙南，畲民出猎前先拜"猎师爷"，祷告："保佑子孙上山，铳头落火，铳尾得财。"拜毕，将三炷香插在枪头。猎获后，以猎物祭"猎师爷"，并鸣枪庆贺。

在闽东，猎神多供于有狩猎的畲民家中，在香炉上插两根山鸡尾毛为猎神象征，或红纸墨书"射猎师爷"，或设偶像，称"陈六""陈七"，有的猎神则是"陈六""陈七"的"师傅"，称"车山公"。"车山公"的"车"与"畲"在畲族所操的方言中音同，"车山公"应为"畲山公"。猎前烧香祷告，猎毕设祭品拜谢。

山神是各地畲族猎神的源头。从"游山仙子"名号，从溪边陡立石壁或以岩石为象征的较原始的猎神符号形态，可以依稀看到山神的影子。潮州山犁畲村雷氏祖图的第十五节画，题为"驸王入山，拜山打猎"，说明山神是猎神的雏形。当山神转变为人格化的猎神之后，原来的山神则降格为巫术操纵的对象。据明代谢肇淛《五杂俎》载，畲家狩猎，"云闻有咒术，能拘山神，取大木箍其中，云为吾致兽。仍设阱其傍，自是每夜必有一物入阱，餍其欲而后已"。

瑶族猎神原型及其演变，以及行猎巫术，与畲族甚似。湖南瑶族的猎神是"梅山神"。至今粤北瑶族狩猎前必先祭拜山神，据此可以佐证，梅山神的原生形态也应是山神。后来梅山神演变为人格化的猎神，或称"梅山七兄弟"：一、二、三、四、五、六、七郎，或称"梅山游猎将军"，或称"梅山胡、李、赵大王"。湖南瑶族设坛安放偶像，书写神牌，适时供祭。猎户家里也设神龛供奉猎神，神龛里的神牌中间书写"敬奉梅山胡李赵大王之神位"，左右两侧分别书写"招财童子""进宝童郎"，此与畲族何其相似。民国《蓝山县图志·瑶俗轶闻录》载："男子好猎，畜犬为探，猎户皆具小龛，奉坛神。出猎日辰及方向，悉取决于神。"与畲族的山神演变为猎神，特别是人格化的猎神之后的情况相似。山神降格为巫术操纵的对象，当出猎不利或久未获猎时，瑶族猎手对于山神以及山精等进行巫术操作，咒云："玄坛赵元帅统集东方九夷兵，持戈挂甲，奋武扬威进到山，锁捉山神、山精、石怪、魑魅魍魉、妖魔鬼怪，即刻锁捉到坛听吾嘱咐，不许隐藏王斑花豹一切兽类，火速自投弩箭倒死。"

畲族与瑶族的猎神原生形态同为山神，其人格化的次生形态也多有相似：畲族有"打猎大王"等，瑶族有"游猎将军"；畲族有"车山公"，瑶族有"梅山神"；畲族有"陈六""陈七"，瑶族有"梅山七兄弟"。 这些是很耐人寻味的。 畲、瑶两族的猎神应有同源关系。

（《福建民族》1997 年第 3 期，署名"郭志超　黄向春"）

客家猎神源于畲族

　　在闽西、粤东、赣南客家地区，猎神曾是常见的民间神祇。 猎神的名号有"射猎神""射猎先师""狩猎先师"等。 它有两种象征形式：一是溪流湍急处陡立的石壁，一是用砾石垒砌的圆堆。 打猎前，在猎神前烧香祭祷，猎获后用猎物祭谢。 若猎获丰，再用三牲祭谢。 如果准备猎虎、野猪等大型兽类，要在猎神前杀猪祭祷。 山里田园遭野猪、山羊等侵扰，亦祭拜猎神。 客家地区许多山林因 20 世纪 50 年代后期开始的滥伐而遭损毁，禽兽也随之稀少，猎神也趋于消亡。 客家猎神具有民俗学的重要价值，深蕴畲、客文化互动的历史信息，值得溯流追源。

　　客家先民的主体是来自中原的移民，经长途跋涉，迁入闽、粤、赣三省接合部地区后，农事之余也兼事狩猎。 客家人的狩猎活动到 20 世纪六七十年代还未衰微。 20 世纪 60 年代末，我到武夷山脉西南侧的纯客家县武平下乡务农，每逢赶圩，常见客家人将猎杀的山猪、山麂、山羊、穿山甲摆在圩场上卖。 我所住的坪坑的山上，竟有只从江西流窜来的小虎在出没游荡。 有次田间集体劳动，有个眼尖的妇女看到附近的小山头上有只山麂，十几个农民放下田间活，围捕了这只山麂。 按集体捕猎时眼见者有份的惯习，我们几个从闽南城市来务农的中学毕业生尽管只是袖手远观，也被热情好客的乡民邀到本村的潘氏小祠堂聚餐。 由此可以想见，客家先民从中原渐次迁到闽粤赣接合部地区时，野兽必很多。 这样，打猎不仅是项副业，而且是住行安全的保证。 早在客家先民从中原迁入闽粤赣接合部地区之前，畲族已经是以土著族的身份生息于此了。客家狩猎不仅向畲族学习了不少经验和技能，而且从畲族采借了猎神崇拜。

据文献记载，隋唐时畲族已出现在粤东、闽西、赣南。古代畲族经济生活的显著特点是："刀耕火种，采实猎毛，食尽一山则他徙。"畲族的史诗《高皇歌》提到了其始祖盘瓠王徙居广东凤凰山后的情形："凤凰山上鸟兽多，若爱食肉自去猎，开弩药箭来射死，老熊山猪鹿更多。凤凰山上实在闲，时时拿弩去上山，怎因岩中捉羊仔，山羊斗死在岩前。"清初范绍质《瑶民纪略》对汀州畲族的狩猎生活有生动的描写："精射猎，以药注弩矢，着禽兽立毙。供宾客，悉山雉、野鹿、狐、兔、鼠、蚓为敬。豺、豹、虎、兕间经其境，群相喜谓'野菜'，操弩矢往，不逾时，手拽以归。"道光年间《罗源县志》载，明万历"三十九年，群虎伤人，知县陈良谏祷于神，督畲民用毒矢杀四虎，患方息"。经济生活直接或间接地反映于观念形态，虚幻的猎神与实在的狩猎也就交织在一起。

现在闽西、粤东、赣南以及闽东、浙南的畲族仍保留猎神崇拜。畲族猎神有若干象征形式：或在村口建低矮的石室为庙，或以村口一块较大岩石或几块堆砌的石头作为标志，或在香炉插二根山鸡尾毛。各地畲族的猎神名号大同小异，在粤东称"打猎大王""射猎先师""猎爷""猎娘"，在闽西称"射猎师爷""护猎娘娘"，在赣南称"打猎祖师"，在闽东、浙南称"射猎师爷"。畲族从闽粤赣接合部地区向东北方向迁徙，早在唐代就已开始，但唐时畲族远徙至闽东、浙南，数量是极少的，直至宋元时期才粗具规模。尽管畲族迁入闽东、浙南的主流是在明清，但是他们在迁入闽东、浙南之前的宋元时期大多已陆续离开闽粤赣接合部地区，进行时居时徙。闽东、浙南畲族猎神与闽粤赣接合部地区畲族和客家的猎神名号近同，这说明在宋元时期，畲族猎神已有基本相同的名称。闽东、浙南畲族讲的方言是迁徙前在闽粤赣接合部地区习得的客家话，这也说明宋元时期闽粤赣接合部地区的客家人已有称猎神的客家方言专门词汇。宋元时期猎神的客话词汇的出现，可以证明客家人在宋元时已接受了畲族的猎神信仰。

客家人所接受的畲族猎神还可以追溯得更远。在粤东九连山区畲族村落，供奉"打猎大王"神牌的石砌小庙通常贴有这一对联：上联是"游山仙子"，下联是"打猎大王"，横批是"有求必应"。"游山仙子"即"打猎大王"。粤东潮州山犁村雷氏祖图的第十五节画，题为"附王入山，拜山打猎"。 据历史传说，"驸王"是畲族的始祖，因征番有功被皇帝招为驸马，因不能适应宫廷生活而离开皇宫，重返大自然。"拜山打猎"即打猎前要行拜山神仪式，可见山神是猎神的原始形态。 山神，也是客家猎神的源头。 直到现在，客家地区以急流旁陡立的石壁作为猎神象征，这仍遗留着山神这种猎神原始形态的特质。 相对畲族来说，狩猎活动在客家经济活动中比重低得多。 这样，客家人采借了猎神，其崇拜程度必低于畲族，其崇拜的象征形态的变化也必滞后于畲族。 随着畲族宗教的演变，猎神崇拜在粤东、闽东等畲族社区已发展到建庙崇祀，甚至有人格化的偶像形态，而在客家地区却基本滞留于从畲族采借时的状态。

客家文化融有畲族文化。 客家猎神源于畲族的历史事实也证实了这一观点。 我国的少数民族与汉族，不仅在血缘上而且在文化上都是"你中有我，我中有你"，这是我国民族团结坚实的历史文化基础。

[《福建民族》1999 年第 5 期，署名"蓝岭（回族）"]

畲姓知多少

闽南人及其邻近族群：郭志超教授人类学随笔

　　盘、蓝、雷、钟是著名的畲族四大姓氏。从宋代开始，历史文献记载的畲姓还有很多。傅衣凌《福建畲姓考》(《福建文化》1946 年第 2 卷第 2 期) 最早做了揭示。辨明畲姓的依据是与某姓氏有本质关系的这类历史记载的文字："峒寇""畲民""輋人""畲长""畲寇""啸聚畲洞""聚居……畲洞"。这里介绍宋代到清代，盘、蓝、雷、钟四大姓氏以外的其他畲姓。

　　闽南的畲姓有：陈（漳浦）、李（南靖）、刘、邱、张（安溪）、方（安溪）、章（永春）、辜（泉州）、黄（漳平）、鼓（漳平）、患（漳平）；闽西有：潘、娄（汀州）、晏；闽北有：何（建阳）、余、辜；粤东有：罗、袁、胡；赣南有：李、陈、谢（上饶）。无确指地区有聂、卯。计21个畲姓。

　　有的学者以"畲民妇自称许夫人为乱"(《元史·世祖本纪》) 的史料，认为许为畲姓，欠确。清代蔡永蒹《西山杂志》云："许夫人，陈氏，兴化陈文龙之女，逢族弟陈吊眼（引者注：据傅衣凌考证，陈吊眼系畲民）于汀，结识蓝太君——畲洞二十四之酋也。"可见许夫人系陈姓畲女，为许姓之妻，许姓是否畲民，不详。有的学者以"诏福建黄华畲军有恒产者放为民"(《元史·兵志》) 的史料，作为黄为畲姓的证据，似误。黄华未造反前系"建宁招讨使"(《元经世大典序》)，其反抗元朝所纠集之众多为畲民，故称"畲军"。

　　此外，还有待辨识的畲姓。与"盘畲""蓝畲"类似的地名有：杨公畲（宁洋）、冯畲（宁洋）、谷畲（沙县）、高畲（上杭）、洪畲（武平）、苏畲（武平）、茅畲（武平）、葛畲（长汀）、颜畲（龙岩）、郭畲（龙岩）、林婆畲（龙岩）、杨家畲（龙岩）、赖畲（清流）、林畲（清流）、卢家畲（连城）、曹畲（南平）。 这些地名应可作为畲姓考辨的参考。

（《福建民族》1996 年 3 月，署名"郭宏"）

畲姓蘖变成因析

畲姓原为盘、蓝、雷、钟四姓，如植物的分蘖状，畲姓实不止此。 傅衣凌先生据元、明、清的正史、方志、文集，考出畲姓还有 17 个：陈、黄、李、吴、谢、刘、邱、罗、晏、许、张、余、袁、聂、韦、章、何。[①]据历史文献，畲姓还有：藩（或潘）[②]、篓[③]、苟[④]、吕[⑤]、毕[⑥]等。

傅衣凌先生指出："畲族姓氏之复杂，将作何解释？ 以余度之，殆为汉化之结果……畲与汉人往来之频繁如是，自多沾染华风，改用汉姓，亦喜自托中原仕族之列，以增高其身价。"[⑦]

如果再详究之，畲姓之蘖增，其因有：冒姓应科举。《建阳县志》载："近惟嘉禾一带畲民，半染华风，亦读书识字，习举子业。 嘉庆间有出应童子试，畏葸特甚，惧为汉人所攻，遂冒何姓。"[⑧]为了提高社会地位而冒汉姓的具体原因当然绝不止科举一事。

畲姓蘖增之因，可能还有：

（1）为便通婚，一姓为二。"畲民……同姓远族即为婚。"[⑨]但为避同

---

① 傅衣凌：《福建畲姓考》，《福建文化》1946 年第 2 卷第 1 期。

② 谈孺木：《枣林杂俎·和集》，转引自《畲族社会历史调查》，福建人民出版社 1986 年版，第 361 页。

③ ［清］邓光瀛：《长汀县志》卷三五《杂录·畲客》。

④ ［明］谢肇淛：《五杂俎》卷六《人部》，中华书局 1959 年版。

⑤ ［清］孙承泽：《春明梦余录》卷四三。

⑥ 《激水志林·近录》，转引自严恩萱：《试谈赣南客家和畲族的文化同化》，《赣南客家研究》，1992 年，第 84 页。

⑦ 傅衣凌：《福建畲姓考》，《福建文化》1946 年第 2 卷第 1 期。

⑧ 《建阳县志》卷二《舆地志·附畲民风俗》，清道光十二年（1832 年）刊本。

⑨ 《景宁县志》卷十二《风土·附畲民》，清同治十一年（1872 年）刊本。

姓通婚嫌，一姓衍出另一姓。　如：盘衍出潘，雷衍出婆，钟衍出章。

（2）招赘婚造成的增姓。　畲民有"与土民联婚"[①]，其中当包括畲民入赘汉家。　若入赘汉家与其养女结婚，则入赘者很可能改为所入赘家之姓。　此外，招赘婚所生子女或从母或从父。

（3）汉民逃避役税混同畲民。　南宋刘克庄说："畲民不悦（役），畲田不税，其来久矣。"[②]一些汉民为避徭役、赋税，遁入深山或畲族地区，混同畲民。

潘、婆、吕、章，远无盘、蓝、雷、钟之姓那样富有浓郁的畲族色彩，因而更易造成整个宗族或家族逐渐融入客家等汉族族群；招赘婚的增姓虽是点状的畲汉互动，但效应非常纵深；也很可能在某时携带某些畲文化重返汉族群体，使汉文化也受到畲文化的涵化。　这是本文分析畲姓蘖变成因时又引申出对畲汉、畲客文化互动机制的认识。

（《福建民族》1996 年第 4 期，署名"郭宏"）

---

①　《永春州志》卷七《风土志》，清乾隆五十二年（1787 年）刊本。

②　［宋］刘克庄：《后村先生大全集》卷九三《漳州谕畲》。

畲族的盘姓

只要历史地、本质地考察畲族姓氏便可知，所谓"畲族无盘姓"是误会。直到晚清的方志、笔记中仍有畲族盘姓的记载，而在闽西畲族的盘姓则改为潘姓，作为姓氏群体，闽西畲族潘姓即原来的盘姓。

广东畲族有盘、蓝、雷、钟等姓。《广东通志》载："潮州府畲瑶民……其姓有三，曰盘，曰蓝，曰雷。"嘉靖《惠州府志》载："……山林中结竹木障覆居息为羍……其姓为盘、蓝、钟、苟。"增城畲民有《盘蓝雷氏族谱》，惠东畲民有《盘槃蓝雷黎栏族谱》。畲姓的苟、盆是从盘姓分裂出来的。

福建畲族有盘、蓝、雷、钟等姓，乾隆《汀州府志》载："汀瑶人……以槃、蓝、雷为姓。"乾隆《上杭县志》引诗云："郊峒半是槃、蓝、娄。"此后的《枣林杂俎》载："盘瓠之余，错处于虔、漳、潮之间，以盘、蓝、雷为姓，汀人呼为潘、蓝、娄。"乾隆《永春县志》载："邑有畲民，以钟、蓝、雷为姓。"乾隆《仙游县志》载："畲民……以雷、蓝、盘、钟四姓为众。"光绪《永泰乡土志》载："……永之畲种……雷、蓝、钟三姓。"光绪《侯官县乡土志》载："有盘、雷、蓝三姓。"宣统《闽都别记》载："现今（福州）北岭里邪（畲）婆，螺、盘、蓝三姓。"可见，闽西畲族有盘姓，乾隆年以后，盘姓改为潘姓。闽东畲族也有盘姓。

浙江畲族有雷、蓝、钟、盘等姓。同治《景宁县志》载："（畲民）姓惟三，曰雷，曰蓝，曰钟。"光绪《遂昌县志》载："畲民有雷、蓝、钟、盘、娄之姓。"民国《平阳县志》载："（畲民）有雷、蓝、李、钟四姓。"

闽东、浙南的一些畲族家谱提到：畲族原有盘、蓝、雷、钟四姓，在漂洋过海的迁徙途中，"盘王碧一舟被风飘，不知去向，故盘姓于今无传蔫"。 这一传说也被有的学者不加分析地引为"畲族无盘姓"的证据。盘（后或改为潘）姓在畲族姓氏中虽较少，但不是没有。 值得注意的是，盘姓在与畲族有密切渊源关系的瑶族中却是个大姓。

（《福建民族》1997 年第 3 期，署名"蓝岭"）

闽南、闽西蓝姓畲族渊源考述

闽南龙海市（按：今为龙海区，下同）隆教畲族乡、漳浦县赤岭畲族乡和湖西畲族乡的畲族皆为蓝姓，同为隆教蓝姓开基祖的衍派，共有人口25834人。 广东大埔湖寮，福建漳平山羊隔、华安官畲、晋江河市，以及台湾屏东里港，台北县树林镇、双溪乡（按：今新北市树林区、双溪区），宜兰罗东的蓝姓畲族，也是明清时期从隆教和赤岭迁去的。 对闽南隆教、赤岭和湖西的畲族与闽西畲族的渊源关系，从未有人问津，甚至还有人断定隆教、赤岭和湖西的畲族是土著，认为"无法找到从唐朝到明朝有'武陵蛮'或其他地方的畲族迁入漳浦的记载"①。 笔者对照谱牒资料，发现了隆教、赤岭和湖西的蓝姓畲族与闽西蓝姓畲族的渊源关系。

赤岭《蓝氏族谱》记载："昌奇为始祖，（帝）分封蓝昌奇于汝南郡"；"蓝昌奇的一百零八世后裔蓝明德是为蓝氏一世祖"，"于唐天授元年……为扬州节度使，立基建康"；"二世采和，三世仁，四世元隆，五世棣，六世成"，"七世安"；"八世宗训，于朱温称帝时迁居濠州定远县东山洞（引者注：在今安徽），"九世昭，十世一俊，十一世备，十二世用"，"十三世章"；"十四世万福，宋徽宗政和七年丁酉避金兵迁句容"，"十五世吉甫，宋理宗宝庆元年乙酉遭金兵之乱，弃家入闽，开基福清五福乡，为开闽始祖"；"十六世常新，于宋理宗淳祐七年由福清迁徙建宁"，"十七世万二郎，迁汀州宁化石壁乡开基"；"十八世熙一郎、熙二郎、熙三郎。 熙三郎生三子，长和一郎、次和二郎、三和三郎"；"十九世和二郎，元泰定丙

① 杨金水：《试论漳浦县是畲族重要祖居地》，《畲族研究论文集》，民族出版社1987年版，第174页。

寅由宁化迁长汀城下里平岭水口";"二十世太一郎（原注：一作大一郎），生七子，念一郎至念七郎"，"廿一世念七郎，名炯，号文明，迁居建宁府，后仕元，提举江西学政"；"廿二世邦献，讳琛，任江西抚州临川县令，生三子，长房元晦，讳兆，号廷瑞；二房仲晦，讳光，号石泉；三房季晦，讳宽，号清甫"，"蓝琛与其长子元晦迁居漳浦县辖之镇海隆教社"，"廿三世元晦，号廷瑞……生三子，长庆福，分居苌溪（引者注：俗称张坑，即今赤岭）"；次子庆禄留居隆教，三子庆寿迁居广东大埔河廖（引者注：今称湖寮）。

据上杭《蓝氏族谱》记载，"昌奇公为蓝姓一世祖，（即）汝南郡火旺公"；"唐中宗天授元年庚寅一百零八世祖明德公……卜建康家焉"；唐昭宗光化元年戊午一百十五世祖宗训公避朱温茂真之乱迁，濠州之定远县"；"宋徽宗政和七年丁酉一百二十世祖章公又徙勾［句］容"；"宋理宗宝庆元年乙酉一百二十二世祖吉甫，遇金人土木之难奔闽，始居福清县五福乡"；"宋淳祐六年丙午一百二十三世祖常新，徙建宁宗善坊"；"度宗元年乙丑一百二十四世祖万一郎公避化虏之患迁汀州宁化石辟［壁］，元泰定三年丙寅一百二十六世祖和二郎公父子携父母金骸迁长汀城下里坪岭水口"；"元顺帝至正二十三年一百二十七世祖大郎公迁武平大禾乡"；"一百二十八世祖念一、二郎，念三、四郎，念五、六郎，念七郎公……念一郎住旧居，移大坪坑；……念二郎移武平大坪；……念三郎移武平章丰、吉胡；念四郎移上杭平安里；……念五郎移武平大禾上堡……念六郎移武平林坊；……念七郎移上杭庐丰"。其实，念七郎并未迁上杭庐丰，而是其第四代裔蓝子荣及其弟才迁庐丰的。因庐丰蓝姓奉念七郎为一世祖，故有"念七郎移上杭庐丰"之说。《闽杭庐丰蓝氏族谱》载："我祖念七郎迁居（上杭）扶阳，传至五世子荣公兄弟始迁庐丰，故吾庐丰宗谱断自念七郎公始然。"

对照漳浦赤岭《蓝氏族谱》和上杭《蓝氏族谱》，皆奉昌奇为始祖，以蓝明德为一世祖，自此二十世，除极个别的祖先名号有别，历世祖先相同，迁徙路线皆为：（始祖昌奇分封）汝南——［唐中宗天授元年（690年）明德公迁］建康——［唐昭宗光化元年（898年）宗训公避朱温茂真之乱迁］濠州定远县——［宋徽宗政和七年（1117年）章公或万福公迁］

句容——［宋理宗宝庆元年（1225年）吉甫公迁］福清县五福乡——［宋理宗淳祐六年（1246年）或七年（1247年）常新公迁］建宁——［宋度宗元年（1265年）万一郎（引者注：赤岭《蓝氏族谱》记为万二郎）迁］宁化石壁乡——［元泰定三年（1326年）和二郎公迁］长汀城下里平（坪）岭水口。

　　赤岭的蓝姓是从隆教迁出的，湖西的蓝姓是从赤岭迁出的，而开基隆教的正是大一郎之孙，即念七郎之子。据《闽杭庐丰蓝氏族谱》，"一世念七郎，配李十二娘，子一。二世伯三郎，配朱十二娘，子一。三世伯一郎，配丘十六娘，子一。四世伯十郎，配丘，子五。五世长子荣，配刘，子四；次德荣，配刘，相传嗣裔多迁广东；三贯荣，配李；四满荣，配丘，继配赵，子三；五堂荣，配林氏，葬辉钟家屋背，子一，嗣裔迁永定"。庐丰蓝姓开基祖是蓝子荣兄弟，《闽杭庐丰蓝氏族谱》载："子荣公兄弟始迁庐丰。"庐丰蓝姓尊奉念七郎为一世祖，其族谱所载的从念七郎到子荣是可信的。而赤岭《蓝氏族谱》中，自念七郎到隆教开基祖这两个世代的事迹有为了荣耀祖先而杜撰之嫌。由于念七郎开基上杭扶阳以后，连续三代单传，念七郎子、孙皆住居上杭扶阳，绝不可能"分身"出所谓念七郎迁居建宁，后提举江西学政，念七郎之子琛又任江西抚州临川县令。然而，念七郎后裔迁居镇海隆教却是事实，但念七郎的第几代裔迁居镇海隆教待查实。如果的确是念七郎之子琛迁居镇海隆教，那么《闽杭庐丰蓝氏族谱》所载的念七郎之后三代单传则有漏误。

　　可见，今漳浦县赤岭、湖西畲族乡和龙海市隆教畲族乡的蓝姓畲族，系念七郎派下，与庐丰畲族乡蓝姓畲族同为念七郎衍派，与官庄畲族乡等地的闽西蓝姓畲族又统属为大一郎衍派。

　　闽东有的蓝姓畲族与闽西、闽南的蓝姓畲族亦系同源。福鼎蓝俊德收藏的蓝氏谱牒资料中的《历代迁居》记载："……黄帝有熊氏，姓公孙名轩辕，生玄嚣，添帝喾高辛……帝喾传十一世榆罔公，迁空桑涿鹿；封子昌奇为蓝夷，一世祖汝南郡火旺公……一百零八世祖明德公为扬州节度使，宦游金陵，卜建康而居焉……"这与上杭《蓝氏族谱》中的《蓝氏历代迁居考》有惊人的相似。《蓝氏历代迁居考》载："神农氏初都陈，迁居曲阜，十一世传至帝榆罔公迁空桑涿鹿，封子昌奇为蓝姓一世祖。汝南郡火旺公派衍绵亘⋯⋯唐中宗天授元年庚寅一百零八世祖明德公，官扬州节度使，宦游金陵，卜建康而家焉，即今之上元县朱紫坊。"闽东福鼎《历代迁居》与上杭的《蓝氏历代迁居考》的以上引述，不仅内容同，就是不少文字表述几无二致，如果闽东福鼎的这一支蓝姓畲族及其谱牒资料与上杭或闽西的蓝姓畲族及其谱牒资料没有渊源关系，那是不可思议的。

　　值得附此一提的是，据族谱所载，今闽西、闽南的蓝姓畲族的先祖，系由江北迁江南，继而南迁到闽江入海口南部的福清，转徙闽北建宁，再迁闽西宁化、长汀，这一迁徙路线值得探讨。

　　（《福建民族》1998 年第 1 期，署名"蓝岭"）

闽南赤岭畲族奉祀"开漳圣王"及其配祀神

在闽南、粤东和台湾的汉族社区相当普遍存在奉祀"开漳圣王"的宗教民俗。　陈元光于早唐率军镇压了漳州和潮州地区的畲族先民"蛮僚"和汉族人民的反抗斗争，剿抚相辅，创建漳州，是开发漳州的划时代历史人物，被尊为"开漳圣王"奉祀。　而在闽南畲族较集中的漳浦县赤岭畲族乡，也有奉祀"开漳圣王"及其配祀神的民俗。　本文从历史和文化的角度来解析这一新近发现的民俗现象。

赤岭畲族乡位于漳浦县东北部的山区，东接南山、禾坑，西连长桥镇和龙海市（按：今为龙海区）官浔，南邻湖西乡，北枕玳瑁山与龙海的白水、金鳌毗邻。　一条由宽而窄的山谷自东南向西北贯穿全境。　全乡辖 9 个行政村，105 个自然村，共有 2361 户 11355 人，95％为畲族。

1984 年 5 月厦门大学民族调查组到赤岭、湖西调查后指出：赤岭蓝姓、湖西蓝姓认为陈元光曾镇压过他们的祖先，所以在这里不存在龙溪地区普遍流行的祭拜陈元光的民间宗教。[1] 蒋炳钊《畲族史稿》也持此见。[2] 笔者也曾接受这看起来颇顺理成章的观点。　1990 年夏以后，笔者先后数次到赤岭做短期调查，先发现该乡畲民普遍奉祀开漳圣王陈元光的部将"辅顺将军"马仁，继而发现在该乡近中心地带的若干村落奉祀开漳圣王及其配祀神。

赤岭畲族乡西北隅的山坪村有座雨霁庙，庙里主祀三界公，配祀俗称"马王公"的辅顺将军。　雨霁庙是赤岭乡的祭祀中心，赤岭西面的官浔

---

①　厦门大学民族调查组：《福建省漳浦县赤岭湖西蓝姓调查报告》，1984 年。

②　蒋炳钊：《畲族史稿》，厦门大学出版社 1988 年版，第 165、295 页。

王姓汉民、赤岭南面湖西乡和赤岭东南的禾坑一万多蓝姓畲民也包括在这个祭祀圈里。 赤岭乡有主要以地域划分的八个亚祭祀圈：大路边、山坪、吴山、石椅、芊平、前园、赤岭、油坑，每个亚祭祀圈通常由三四个有地域联系的小祭祀圈组成，小祭祀圈覆盖宗族房支较近且地域相连的若干自然村。 每个亚祭祀圈有一尊大界公神像，或再一尊二界公神像，置于经"卜杯"遴选的"大头家"厅堂。 每年正月初四至十九，各亚祭祀圈到雨霁庙割香，俗称"扫炉"。 二、三月各小祭祀圈通过雨霁庙的协调自行请雨霁庙一尊三界公和马王公到本社境"巡视"，此谓"请期安"；年终前一、二个月再请，此谓"谢期安"。 有些小祭祀圈每年八、九月迎请三界公和马王公，将"请"与"谢"合二为一。

奉祀开漳圣王的"王公庙"坐落在近赤岭乡中心的下庙村，为下庙和邻近的白灰、篓仔尾（龙美）、墙围、横园（花园）、上楼、埔中（保中）、后店等村所共有。 早先从这几个村子迁徙繁衍于较远的与南面湖西乡相邻的南坑的崎头、后学、西北3个村子的畲民或也有来祭拜。 王公庙主祀"圣王公"（陈元光），配祀3个"王妈"（陈元光的妻妾）[1]，还有马仁、李伯瑶。 庙里原有卜签的签诗60首。《漳州府志》卷二七《宦绩》载："政子元光即请建州治，因奏伯瑶与马仁等各有干略，请授为司马等职，诏从之。 ……今漳人祀元光者，必以伯瑶及马仁配，或以专庙祀之。"又载："马仁……为开漳名将，佐陈元光父子宣力效忠，世祀于漳，记所谓以劳定国者，与元光疏荐部曲干略马仁，伯瑶、世伯次之。 岳山之役，马仁从元光并及于难。"每月初一、十五，上述的下庙等村畲民或前来王公庙祭拜，二月十五做"圣王公诞"，祭品较丰，有"敬肉"。 春节期间，供祭亦隆。

民俗是历史的积淀，究民俗之形成必反求于历史。

唐高宗总章二年（669年），陈政奉命率军入漳，征讨"蛮僚"。 次年，陈元光随援军到其父陈政身边。 仪凤二年（677年），陈政病故，唐廷命陈元光袭父职统领军事。 垂拱二年（686年），陈元光上疏请准建漳州州县，并被任命为首任漳州刺史。 景云二年（711年），他被"蛮僚"

---

[1] 《颍川开漳族谱》载："……夫人种氏，谥恭懿；侧室宁氏，谥寅恭；宋氏，谥寅敬。"

刃伤而卒。 陈元光 14 岁入漳 55 岁去世，在漳 42 年，其间任刺史 25 年。唐军对付的除了潮州汉人的武装反抗力量"潮寇"外，主要对付的是"泉潮间"即漳州地区的"蛮僚"。 陈元光采用剿抚相辅的军事策略，在征战"蛮僚"的过程中，逐步转向采用以军事威慑为后盾的"招抚怀化"策略，派人开山取道，"兴陶植，通贸易，因土民诱而化之"并给予编图隶籍，使许多"蛮僚"地区渐成村落，拓地千里。① 景云二年（711 年）冬，陈元光欲往潮州镇压"蛮寇"，轻骑抵岳山，刃伤而卒。"百姓哀号，相与制服哭之，权葬于绥安之大峙原。 事闻，诏赠豹韬卫镇军大将军。开元四年（716 年），徙州李澳川，诏立庙赐乐器祭品，建盛德世祀之坊以表之。 贞元二年（786 年），复徙州治龙溪，敕有司改葬于州九龙里松州保之高坡山，春秋飨祀。"②历代王朝对陈元光封赠颇多，自唐封"临漳侯""颍川侯"后，五代封"保定男"；北宋熙宁八年（1075 年）封"忠应侯"，政和三年（1113 年）赐庙额"威惠"；南宋绍兴二年（1132 年）封"辅国将军"，绍兴十六年（1146 年）封"灵著顺应昭烈广济王"，宝庆二年（1226 年）封"忠毅公"；明代封"昭烈侯"。 民间尊称陈元光为"开漳圣王"。 人民的怀念与奉祀，以及历代王朝的褒封，使陈元光由人成神且神性益炽。

唐宋以来，闽南各地纷纷建庙祭祀陈元光及其属从。 龙海、长泰、漳浦、云霄、诏安、平和、南靖、龙岩、南安、安溪以及惠安与仙游交界处都建有奉祀陈元光及其配祀神的庙，主称威惠庙。 台湾供奉开漳圣王的"圣王庙"有 70 座。 陈元光的第一祖庙漳浦城西威惠庙重建的石牌坊柱上镌刻著名隋唐史专家韩国磐教授评价陈元光的墨宝："威行东海开漳郡，惠著南天颂圣王。"

赤岭畲民奉祀陈元光及其配祀神传自汉民。 宋时赤岭属嘉宾乡常乐里。 据《蓝氏族谱》载，蓝姓祖先唐时居江南，五代迁居濠州定远县东山洞（今在安徽），宋代避金兵先迁句容（江苏西南部），再入闽开基福清五福乡，继而迁建宁，又迁汀州宁化石壁乡开基。 元代由宁化迁长汀城

---

① 《漳州府志》卷一九《杂志》。

② 《漳州府志》卷二四《宦绩·刺史》。

下里坪岭水口，又迁居江西，继而"迁入福建省漳浦县辖前亭即青沙下尾社"，"后移居海澄县辖镇海隆教社"。隆教社开基祖蓝廷瑞长子蓝庆福分居苌溪。蓝庆福卒于明永乐二年（1404 年）。可见蓝姓于元末明初开基苌溪石椅村。赤岭石椅村蓝氏家庙联对有："由镇海而分支木本水源思先德，卜苌溪以衍派文经武纬振后昆。"即述开基前后。在蓝姓徙居赤岭时已有不少汉民村落，这些汉民姓氏有张、蔡（住蔡坑）、王、吴、洪、陈（下庙）、卓（芉平）、刘（上楼）、罗（古楼）、许（上许，社已废）、苏（考湖）、庄（下庄、建安，社已废）、潘（潘厝）、马，其中张姓族人最多。民国年间，蓝姓重修石椅村西北侧半里许的西来庵时，发现梁上"缘板"（捐修名录）所列的数百人名录中几乎全为张姓，没有蓝姓。现在，除王、蔡、苏三姓有一户至十来户外，其他汉民姓氏族人已迁出赤岭。

赤岭供奉开漳圣王及其配祀神的庙原在五处：一在位于赤岭西隅后坑的潘厝，俗称"王公庙"或"潘庵"；二在赤岭西南隅大墩，俗称"柴陂庙"；三在赤岭西北隅的山坪下，俗称"竹壳庙"；四在油坑东陂俗称"王公庙"；五在下庙。潘庵、柴陂庙、竹壳庙在清代或清代以前随村废而庙废，油坑东陂的王公庙于民国年间部分倒塌，20 世纪 70 年代建水库被淹，唯下庙的王公庙至今尚存。潘庵之废，时在早清之前，主管山坪雨霁庙的王姓"卜杯"得三界公允，将潘庵的辅顺将军移来配祀于雨霁庙，其他神则由信众移置石椅村附近的三宝佛寺前殿左侧。移到三宝佛寺的神像有五尊：圣王爷（开漳圣王）、王妈（二尊）、"青王公"（李伯瑶）、"黑面王公"（广惠王）。每逢农历十二月廿四，雨霁庙的马王公移到三宝佛寺与圣王爷（陈元光）"团聚"，正月初五才送回雨霁庙。土改时，三宝佛寺的释迦牟尼等佛像和开漳圣王及其配祀神像被焚毁，下庙王公庙的开漳圣王与配祀神亦被焚。下庙王公庙每尊神像后的墙壁上皆有相应的放大几倍的彩绘画，至今尚存。

村庙是地缘社区组织的一种象征，除非人移村废或重大变故，否则村庙通常都因社存而续存。例如雨霁庙原为山坪王姓所有，后王姓逐渐外迁，蓝姓逐渐迁入、繁衍，雨霁庙遂为王、蓝两姓共有。又如，三宝佛寺在清以前的捐修缘板名录几乎全为张姓而无蓝姓，而入清以后的缘田碑记所录唯蓝姓所捐。 在农村社区，捐修村庙、捐献庙田通常也是一种对村庙拥有所有权的标志，从张氏缘板到蓝氏缘田，反映了三宝佛寺所有权由张姓向蓝姓的转移。 下庙村原为陈姓汉民所居，后移入蓝姓畲民，因陈姓迁走，村庙也就自然而然为下庙及附近几个村子的蓝姓畲民所继承。这就是赤岭仍存开漳圣王庙及其奉祀的社区历史过程。

开漳圣王及其配祀神的奉祀在赤岭畲族中的存在还有没有其他原因呢？ 如果畲民对开漳圣王陈元光持有一味的排拒心理，对开漳圣王及其配祀神的崇拜和祭祀也难以在畲民社区存续。 赤岭畲民据祖上口碑流传，知道陈元光曾镇压过他们祖先，但也了解到陈元光组织开发漳州的功绩，特别是了解陈元光也兼施某些惠政于他们祖先。 赤岭畲民中的男性老人多知"陈圣王与（我们）祖先，先相杀，后转和"，"陈圣王开漳先严后宽"。 这些口传与史实大抵是一致的。 但赤岭畲民也流传："若供奉陈圣王，圣王神像会生白蚁。"这一流传的摈弃心理与上述的崇拜心理结合在一起，比较完整地反映了赤岭畲族对开漳圣王的崇拜既有接纳又有排拒的双重心理。 不过，这种心理两个方面的比重在赤岭畲族的不同社区是不同的，在有陈圣王庙的社区，那种排拒心理成分明显微弱。 至于辅顺将军在赤岭畲民中成为广泛的崇拜对象，毫无受到心理排拒，应是因为雨霁庙辅顺将军已从开漳圣王的神系中转入三界公的神系。 畲族"长期以来实行族内几个姓氏互相婚配，并且禁止同姓结婚，各地畲族的婚俗大都如此"。 但赤岭畲族唯蓝一姓，与赤岭相邻的湖西、禾坑的畲族也是赤岭蓝姓的衍派，这就必然导致畲汉通婚。 这样，历代与居住赤岭畲族结婚的汉女，成为推动赤岭畲族接受汉文化涵化的持久动力，这也稀释着赤岭畲族对陈元光崇拜的排拒心理。

赤岭畲民奉祀开漳圣王及其配祀神的又一原因在于民间宗教象征形式对心理的作用。 奉祀开漳圣王的下庙等村的畲民认为圣王公"很灵感"，能"保境安民"。 而赤岭畲民对辅顺将军的消灾弭祸能力更有深刻印象，认为：三界公固然灵验，但三界公是文神，有辅顺将军这一武神协助，一文一武镇邪灵力倍增。 新中国成立前，每疫发生，三界公和马王公一出巡而疫必平。 至今赤岭畲民家中厅壁上多有红纸墨书诸神名号，通常是三官大帝（三界公）居中，辅顺将军居侧，另加二三个神名。 人们的祭拜行为使一系列象征符号得以运作，以假定的观念的效果作为现实效果，从而使神明有了"灵感"的虚幻内容。

诸神信仰之所以能延续必有其灵验的传说。关于辅顺将军的传说较多。传说清初，蓝理随施琅征台凯旋，欲在下庙王公庙址上建府第，亲自卜杯问圣王公可否，杯腾留于梁，蓝理遂没在下庙建府第，而改建在东滨社的"冢仔埔"。畲民流传："康熙年间，赤岭蓝姓十二世祖蓝理为施琅攻台水师先锋，在澎湖海战中，中炮肚破肠流出昏倒，朦胧中见身穿红袍的神人（辅顺将军）抚其伤口，立即从胸前掏出自备的辅顺将军香袋，将香灰敷伤口，继续作战，荣膺头功。"又传："马王公刚强勇猛，惩恶扶善，诛奸灭邪，绥靖四境，保民不安，灵验显著。""1925年军阀张毅属下的一个连长率兵骚扰赤岭，诬蔑畲乡是'土匪窝'，忌'匪神佑匪民'，令部下把雨霁庙的马王公神像抬出焚烧。冥冥中，马王公严惩凶顽，匪连长七孔流血，当场毙命。"

民俗是人与自然、人与人互动的产物，是人们历史活动的积淀。反之，通过历史追溯与文化分析，可以了解民俗产生和存续的原因。赤岭畲族奉祀开漳圣王及其配祀神的原因是：奉祀开漳圣王及其配祀神原本是汉族社区的习俗，经过文化涵化，赤岭畲族接受了这一习俗；开漳圣王陈元光在征服漳州地区畲族先民"蛮僚"的过程中，也兼施了开明的民族政策，这使得后来通过口传了解历史的畲民在受汉族文化涵化的过程中，对奉祀开漳圣王及其配祀神不会绝对排拒而逐渐倾向接受；民间宗教象征符号的解释和有关传说使开漳圣王及其配祀神的崇拜得以存续。

赤岭畲族奉祀开漳圣王及其配祀神的民间宗教习俗，反映了汉族人民与畲族人民历史上的友好关系。封建统治阶级推行的民族压迫政策是封建专制社会的必然产物，但是封建统治阶级或其中某些人或兼施了有益于少数民族和民族关系的政策。赤岭畲族奉祀开漳圣王及其配祀神曲折地反映了对陈元光某些民族政策及其对开发漳州伟大贡献的肯定。开漳圣王及其配祀神的崇拜习俗存于赤岭畲族，这对探讨历史上畲汉民族关系和具体、辩证地评析封建统治者的民族政策，提供了一个耐人寻味的个案。

（《福建民族》1997 年第 2 期，署名"蓝岭"）

寻访娘仔寨

　　唐将陈元光在开发漳州时曾镇压过畲族，而漳浦县赤岭乡的蓝姓畲民却尊其为"圣王公"并奉祀；"娘仔妈"是抗击陈元光的畲族女首领，却受漳浦县盘陀镇陈姓汉民的奉祀。这是十分耐人寻味的。

　　娘仔庙坐落于漳浦县盘陀镇的娘仔寨遗址。根据原创于明代的历史小说《平闽十八洞》的叙述，"飞鹅洞在漳浦县城外，离城一百里，地名娘仔寨便是"。洞主金菁娘仔武艺高强，且有法术，战鼓一响，鹅山"飞升"，宋将杨文广屡攻不下，后来他的军师李伯苗化装为术士，施展美男计，与金菁娘仔结婚，以掘井为名，斩断"鹅颈"地脉，破坏了"风水"，杨文广遂顺利攻破寨堡，逃避在飞鹅洞的反宋"闽王"蓝凤高被杀。根据历史学家叶国庆先生的考证，《平闽十八洞》是借讲述发生于宋朝的虚构故事来演绎唐代史实，杨文广是陈元光的化身，李伯苗的原型是陈元光的部将李伯瑶，反宋的"闽王"蓝凤高就是与陈元光作战的"蛮僚"首领蓝奉高，洞主金菁娘仔就是传说中的"蛮僚"女首领。据《漳州府志》卷二七《宦绩》，李伯瑶"尝以兵凿鹅头山，平娘子洞诸寨"，唐军为围困娘仔寨所凿的深沟至今仍有遗迹。寨门狭小低矮，两块间隔约二米的石柱上横放一块板石，门柱已倾斜，却历久不倒。寨墙砌石为三角形，犬牙交错，墙体大部分已经倒塌。奉祀"娘仔妈"的盘陀镇陈姓村民，自称是"圣王公"（陈元光）后裔，但异于常俗，没有建"威惠庙"供奉"开漳圣王"陈元光，而是供奉传说中被陈元光征服的"蛮僚"女首领"娘仔妈"。娘仔庙里，"娘仔妈"塑像老少各一，老娘子端坐，面目慈祥；少娘子站立，手执利剑，英姿飒爽。

　　奉祀"圣王公"即"开漳圣王"的王公庙坐落在县城东北五六十里的

赤岭畲族乡中心地带的下庙村，为该乡中心地带的村落群的蓝姓畲民所共有，早先迁居到该乡边缘地带的畲民也来祭拜。王公庙奉祀"圣王公"（陈元光），配祀三个"王妈"（陈元光妻妾），以及部将马仁、李伯瑶。《漳州府志》卷二七《宦绩》载，"元光即请建州治，因奏伯瑶与马仁等各有干略，请授为司马等职，诏从之。……今漳人祀元光者，必以伯瑶及马仁配"。

唐朝早期陈政奉命率军入漳，与"蛮僚"作战，病故后，其子陈元光继承父职统领军事。陈元光创建漳州，为首任漳州刺史，后被"蛮僚"刃伤而卒。在创建漳州前后陈元光对付的除了潮州汉族地方武装即"潮寇"外，还有漳州地区的"蛮僚"。据《漳州府志》卷二七《宦绩》，陈元光在征战"蛮僚"的过程中，逐步转用以军事威慑为后盾的"招抚怀化"策略，派人开山取道，"兴陶植，通贸易，因土民诱而化之"。历代王朝对陈元光封赠颇多，民间尊陈元光为"开漳圣王"，俗称"圣王公"。陈元光对畲族反抗斗争的镇压当然应给予谴责，但他开发漳州的业绩以及实行了一些开明的民族政策则应予以肯定。唐宋以来，闽南各地纷纷建庙祭祀"开漳圣王"陈元光及其部属。台湾供奉"开漳圣王"的"圣王庙"有70座，东南亚的泰国、马来西亚等华人社区也有建庙供奉。在供奉陈元光的祖庙漳浦城西的威惠庙，重建的石牌坊柱上镌刻著名隋唐史专家韩国磐教授评价陈元光的题联："威行东海开漳郡，惠著南天颂圣王。"

赤岭畲民奉祀"开漳圣王"及其配祀神的原因是：奉祀"开漳圣王"及其配祀神原本是当地汉族的习俗。陈元光在征服漳州"蛮僚"（畲族）的过程中，也兼施了一些开明的民族政策，这使得后来通过口传而了解这段历史的畲民在受汉族民俗影响的过程中，对奉祀"开漳圣王"及其配祀神消除排斥而逐步接纳。赤岭畲民传说的"陈圣王与（我们）祖先，先相杀，后转和"所反映的历史认识和态度，与对"开漳圣王"崇奉的信仰心理是可通融的。而传说中的"蛮僚"女首领"娘仔妈"并未对汉族造成什么伤害，娘仔寨所在的盘陀镇的陈姓汉民敬奉此地的故主，也就没有多少心理障碍。观念随历史进程而变化，畲汉民族之间的友好交往不断消解着曾发生的那段历史怨结。娘仔庙与王公庙都是信仰象征，而象征的文化意义是人们所赋予的，并且是与社会历史进程俱变的产物。蓝姓畲民奉祀陈元光和陈姓汉民奉祀"娘仔妈"的民俗信仰现象，反映了畲族与汉族的文化交融和友好关系。

（《民族》2003 年第 9 期）

畲家拳与泉州南少林的渊源关系初探

　　畲家拳是主要流行于闽东畲族地区的传统拳术，尤以福安金斗洋和罗源八井为著。 本文从历史传说、拳术套路、技击风格和民间崇拜等方面，探讨畲家拳与泉州南少林的渊源关系。

　　福安金斗洋畲民流传畲家拳与泉州少林寺关系的历史传说：清朝雍正年间，少林志士四起，高举反清复明旗帜，震撼着清王朝的封建统治。清廷派兵镇压，焚毁泉州少林寺，肆意残杀无辜的寺僧，欺压老百姓。少林寺僧铁珠、铁鞋、铁柄、铁板等被迫四处逃难。 铁珠流落到福安金斗洋畲村，畲族人民怀着对封建统治阶级的刻骨仇恨，十分同情铁珠的不幸遭遇，给予热情的接待，于是铁珠隐姓埋名，在畲村金斗洋安居下来。铁珠并不甘心忍受清廷的摧残压迫，立志誓死报仇雪恨。 他披星戴月，夜以继日，苦练武功，三年时间，练成一身好武艺。 与此同时，铁珠目睹畲民惨遭封建统治阶级的压迫和剥削，于是便开设武馆，教授畲民练拳习武，一时金斗洋畲族掀起舞枪弄棒的"功夫热"。 畲民勤学苦练，精益求精，博采武术精华，创立独具一格的武术流派——畲家拳。

　　晋江蔡永蒹撰于清嘉庆年间的《西山杂志》载，"河南登封县嵩山……达摩卓锡于兹九载，教僧徒击技，称少林派……十三空之智空入闽中，建少林寺于清源山麓，凡十三落，闽僧武派之始焉……僧人传授技击于泉南。 乾隆二十八年秋，诏焚少林寺……泉之少林派隐伏于南邑一片寺、晋邑海隅……散居沿海，授馆村里"，亦有"亡匿永春"。 近年新发现的《西山杂志》全本所记述的泉州少林寺材料为史家和武林所珍，20世纪80年代末只能看到《西山杂志》残本的著名历史学家傅衣凌教授曾谈及："晋江蔡永蒹《西山杂志》一书，素为研究闽南乡土史学者所重视。"

上述的乾隆诏焚少林寺当为信史。

乾隆诏焚泉州少林寺不是一个孤立的现象。 清王朝统治者一方面加强军队的武艺训练，另一方面严禁民间练武。 清廷以河南嵩山少林广纳明末遗臣为借口，曾二度焚毁寺院，但寺僧疏散反而更加广泛传播武艺。《东华录》记述了雍正五年（1727 年）冬十一月的"上谕"，其中规定："着各省督抚转饬地方官将拳棒一事严予禁止，如仍有自号教师及投师学习者即行拿究。"雍正诏谕也曾提及："泉、漳一带，文事既昌，武运尤炽。"可见闽南尚武风气已引起清廷的注意，而关注的焦点自然也就是"僧人传授技击于泉南"的泉州少林寺了。 据《西山杂志》记载，乾隆以泉州少林寺学武弟子胡坤"报父仇"而"殴伤命者多"等为由焚寺。

清朝火烧泉州少林寺的历史传说在闽南流传经久不衰，时间有"康熙说""雍正说""乾隆说"，今据《西山杂志》以"乾隆说"为准。 畲民究竟是在经闽南北上的迁徙中习得泉州少林拳或是泉州少林寺僧遁匿闽东传授拳术暂且缓论。 闽东金斗洋畲民传说与闽南汉人的这一传说和史料基本吻合，这透露了畲家拳渊源于泉州南少林拳的历史信息。

1995 年 3 月下旬，我到罗源县八井畲族村观察交流拳术，使我顿生惊异的是，畲家拳的风格和技法与我所熟习的以泉州为传播中心的南少林拳没有太明显的差异。

习武重呼吸节律和以气催力。 八井拳术在单个动作之间或若干动作组合之间在短时间做迅速呼吸，这种迅速呼吸是以伴随"呵"声骤然呼气而同时胸部肌肉没有松懈的情况下吸气来完成的，俗称"开声"，这与南少林拳完全一致。 八井的拳术套路有半龙虎、虎桩、七星、十八罗汉等，其中半龙虎是最基本的拳套。 半龙虎共有十二个组合动作：三箭、挖鞭、三碰、牵基、圆化、赴掌、牵马、掩耳、断桥、三跨、按手、十字。三箭，即预备开始发拳，向前三个箭步。 挖鞭，一手顶着对方的攻击而后进攻对方腹部。 三碰，即一防二攻三攻，突击对方喉部。 牵基，"基"即手肢，即先牵引来袭手肢、顺序破坏对方的平衡，继而上袭对方眼珠下击对方腹部。 圆化，"圆"在畲语是"转"的意思，即避开对方进攻，转而侧身进攻。 赴掌，继圆化之后，以双掌攻击对方的腋下和腹部。 牵马，即右脚移至对方其中一脚后，左手扣压对方右手，右手推击对方喉部，同时右脚迅速后移，击撼对方小腿后侧，使对方仰倒。 掩耳，双手扣挑对方来袭双手，而后实现攻防转换，先后迅击对方眼、耳、胸。 断桥，以一手砸击对方来拳之肢（"桥"），另一只手向对方的腹部或阳具做致命性进攻。 三跨，第一次进攻以手挑解对方上面进攻，另一手击对方太阳穴；第二次进攻以手挑开对方上面进攻，另一手击对方腹部；然后再击对方腹部。 按手，一手解开对方进攻，另一手击、锁对方喉部。 十字，解除对方的攻击，进攻对方胸部，在进攻时步伐三进三退，然后猛跨一箭步，蹲下，用手拉住对方的脚，猛力提起。

　　作为入门的基本套路，八井半龙虎拳套相对要复杂、冗长一些，实际上是以最基础的套路糅合了稍复杂的"散技"（即轻于练习用而重于实战的若干动作组合）而富有创意。 半龙虎的多数动作都可以在泉州为宗的福建南少林拳术技击中找到相同或相似的对应动作。 在南少林练习性的套路动作中，步伐通常是三进三退。 在八井畲拳的"十字"中，三进三退而后猛跨一箭步正是南少林三战套路中基本步伐。 南少林套路中动作片段通常以一防而后二次连续进攻来组合的，半龙虎拳套中十二个动作片段也多体现一防而后二次进攻的南少林拳技组合惯习。 八井畲拳的其他套路如虎桩、五虎、七星、十八罗汉都是在半龙虎的基础上做进一步加工、丰富和提高，其含胸拔背、沉肩扣节、短手近攻、拳刚势烈近似南少林拳派风格。 可以说，八井拳术的渊源上属于以泉州为宗的南少林流派，当然后来已形成了自己的民族风格，堪称"畲家拳"。 泉州南少林武术在历史上也在不断发展创新，特别是清代晚期泉州少林寺一代宗师蔡玉明将腰肩发力强化为"摇身骏胛"和拓新了更为舒展的鹤形拳法，使泉州南少林拳发生了部分质的变化。 而渊源于泉州南少林和畲家拳所承的泉州南少林拳术传统至晚是清晚期以前的事，这就使畲家拳与当代流行于闽南和东南亚华人社区的泉州南少林拳的差异加大。 在八井，我所目睹的畲家拳与发展于晚清、至今无甚变化的泉州南少林主导风格相比较，动作明显较为内收，而"摇身骏胛"即每一动作之劲起于足、腿，发力于腰，腰部做极迅震摇，同时带动肩胛做如飞箭入木时的抖动，以调动全身气力贯达掌梢拳端，这种发力动势在我所见的八井拳术里未见。

　　福安金斗洋是畲家拳又一著名之地。 金斗洋畲拳有三战、四门、大七步等十几个拳术套路。 三战是畲拳的入门基础套路，又称"入门拳"。它练马步、练架、练力，简单易学，但很难达到精湛，所以拳师们常说："要想功夫好，'三战'里面找。"四门是设定遇敌，左闪右躲，声东击西，前用拳击，向后用肘击的成十字形的四门攻防套路。 还有一些轻易不露的散技和绝招，如"鲤鱼上滩"，是用两指由下而上袭击对方双眼，"仙人举月"是用三指先击，迅即锁喉。 金斗洋畲拳以一力、二硬、三快的"三绝"著称。 金斗洋传统拳术重视练"铁沙掌"，方法独特：砍伐一节竹筒，凿一孔，放入一条毒蛇，待毒蛇霉烂后，习武者把手伸入筒内，蛇毒使手奇痒难忍，即略张开五指，用手掌反复猛插米糠、大米、沙。

泉州南少林拳以三战这一套路作为入门基础的"拳母"，传承说法："行拳头，三战起，学到死。"主要手部动作有双插、坐节、吐、吞、双扣、双敲、开、切、叉。 金斗洋三战与南少林三战如出一辙。 泉州南少林拳中，与三战相辅的又一基础拳是二十，击打成十字的四个方向，前用拳手挑打，向后用肘击。 金斗洋的四门与南少林的二十相似。 金斗洋的"鲤鱼上滩"与南少林的"蜈蚣捻须"名异实同，"仙人举月"与南少林惯用的食指弯曲挺节、拇指与中指伸直而略向食指弯曲的先击而迅锁对方喉结的技法相同。 泉州南少林重视练指掌功，以手掌插沙，先用细沙，再用粗沙，后用小圆石，功成即为"铁沙掌"。 金斗洋练此功除用"蛇筒"外，方法大抵相同。 较之罗源八井，金斗洋拳术风格更接近泉州南少林。

闽东畲家拳应是明清时期畲族在迁徙过程中，途经泉州府地区习得南少林拳而后又经过"本土化"改造，形成了自己的民族特色的拳种。 金斗洋传说在火烧少林寺后，寺僧遁隐金斗洋畲乡，从此畲乡有了自己的拳术，这种可能性极小。 金斗洋这一传说，实际上是对流行于泉州地区乃至整个闽南，集中地表述于《西山杂志》的历史文字的翻版，只是将寺僧逃匿和授馆地点本土化而已。 笔者在宁德金涵畲族乡新发现的资料可为畲族迁徙过程中受泉州南少林武术影响的观点提供一个重要证据。 1995年4月，笔者经同事蓝达居博士的引荐，访问金涵畲族乡一个畲民武术世家。 这个武术世家拥有一个一百多平方米的院落，晚上在这里习拳授徒，正对院门的厅堂正中供奉他们尊崇的武术祖师和猎神。 神牌正中竖立墨书"五门半山公下南泉州府白鹤山陈六、七、八师公坛前香宝座"。主人解释："'五门半山公'是武师，陈六、陈七、陈八拜半山公为师，武艺高强，并善打猎，被广泛奉为打射神。""五门"何意？ 不详。 相传火烧泉州少林寺有五个和尚突围，称"少林五祖"，传下五门同宗拳派。"五门"是否与"五祖"门派有关？ 待考。 从神牌所书可知，下南即闽南；陈六、陈七、陈八的籍贯是泉州府，他们应是在畲族迁徙过程中，途经泉州府直接向畲民传播武功的师傅，族属应是汉族。 这是历史上畲族受泉州府地区几乎清一色的南少林武术深刻影响，积淀于民间宗教的历史印记。 由于陈六、陈七、陈八在闽东畲族地区被广泛奉为猎神，这条材料也就因这种普遍性而具科研价值。

从历史传说、民俗信仰、武术风格、技法套路等方面的初步分析，可以透见畲家拳与泉州南少林的渊源关系。 畲家拳最初系从泉州南少林拳派习得，又做了因地制宜的本土化改造形成了自己的民族风格。 广义上说，畲家拳至今仍可溯源归宗于南少林武术流派。 这一历史文化现象反映了畲、汉人民之间长期的友好交往和文化交流。

（《福建民族》1995 年第 3 期）

清代澳门的畲族

清代畲族徙入澳门从事采石业。光绪《香山县乡土志》卷五载："畲蛮，本闽潮人之逃叛者，就地垦荒，以刀耕火种为名，随处有之。自乾隆五十四年间，始有私至十字门附近之过路环，凿山取石。道光间，屯集至数千人。盖生计所营，室家所托焉。"为了解这段史料，有必要对引文中的地名及相关历史做一简介。

澳门原隶属香山县，它是香山县境向南伸入大海的一个半岛，还包括近海的路环、氹仔二岛。撰于乾隆十年（1745年）前后的《澳门纪略》卷上载："（澳门）南有四山离立，海水纵横贯其中，成十字，曰十字门。"所谓"四山离立"，即大、小横琴岛列东西，氹仔、路环岛立南北。《香山县乡土志》谓畲民采石的"过路环"即路环岛，位于"十字门"海域之南。

畲族传统的生计是"刀耕火种""采实猎毛"，然而在汉族的影响下，也能因时因地而变。道光《广东通志》卷三三〇《岭蛮》载："畲蛮，岭海随在皆有之，以刀耕火种为名者也。衣服言语渐同齐民……近海则通番，入峒则通瑶，凡田埠、矿场有利者，皆纠合为匪，以欺官府。"关于"近海则通番"和"凡田埠、矿场有利者，皆纠合为匪"的情况，特别值得留意。我们从中可以了解到清入广东的部分畲族已有从事矿场生产。由此联系到《香山县乡土志》，对"畲蛮……自乾隆五十四年间，始有私至十字门附近之过路环，凿山取石"，就不会感到意外。值得注意的是，到了道光年间路环岛采石的畲民"屯集至数千人"。

数量激增的畲民在路环岛"开山凿石"，与澳门的城市建设有关。自从明代嘉靖三十二年（1553年）开始，葡萄牙人先用贿赂清政府地方官员，继而用每年缴纳地界租金的手段，得以在澳门留居。 他们在澳门的扩张活动与他们在澳门的城市建设一直是同步的。 乾隆年间，澳门由一个为葡萄牙人所占据的留居地变成一个供大批外国商人及其眷属旅居的场所，这相应地刺激了澳门的城市建设。 道光（1821—1850 年）末年，澳葡总督把葡萄牙人在澳门局部的管理范围强行扩大至关闸（关闸北即今珠海的边防哨所）以南，澳门界墙以北的地区，至此澳葡当局占据整个澳门半岛。 这进一步刺激了澳门的城市建设。 此后即 19 世纪后半期开始，澳门半岛和两个离岛开始填海造地。 城市建设包括填海造地使采石成为相当重要的产业，畲族也正是在这历史背景下在澳门路环岛从事采石业。 这也是《广东通志》所指的"畲蛮……近海则通番"的一种形式。

明代广东畲族除了分布于潮州府的海阳、潮阳、揭阳、大埔、饶平、澄海、程乡（今梅州）、平远诸县和惠州府的归善、博罗、海丰、兴宁、长乐、永安诸县，还分布于广州府的增城县。 增城位于珠江口东北面，与位于珠江口西南隅的澳门已不太远了。 早在元代初年，增城畲族人民就爆发抗元斗争。 元代中期增城又爆发畲汉人民大规模起义，建"大金国"，年号"赤符"。 这说明早在元代，位于广东沿海畲族分布区最西端的增城畲族的人口已有较多的数量，显示了广东畲族继续向西的迁徙有足够的人口张力。

然而，还没有证据表明澳门路环岛的畲民或部分畲民是从增城一带移徙而来。 倒是《香山县乡土志》确指他们是"闽潮人"。 汀江的下游是韩江，正是这条江河使闽西与潮州贯通一气。"闽潮人"指的是居住于闽西、潮州之人。 畲民如何从"闽潮"来到澳门路环岛，当然不是主要沿陆路缓慢迁徙然后渡海而至，而是从潮州一带沿海，有着明确移民目的直接乘船而来，否则《香山县乡土志》就不能确指他们是逃叛流亡的"闽潮人"。

澳门路环岛的畲民后来如何呢？ 光绪《香山县乡土志》卷十三又载："过路环，即盐灶湾，今客民私采石处。"畲族自称"山哈"，"山哈"就是"畲客"的客家方言记音。 历史上畲族与客家关系极为密切，他们都长期同处于闽粤赣交界地区，以至这一地区的畲族都讲客家话，就是由该地区迁到其他地区的绝大多数畲族也是讲客家话。 客家人也吸纳了畲族的妇女服饰、唱山歌等传统习俗。 明清时期闽粤赣交界地区的许多地方已出现了畲、客难分或不分的局面。 据《香山县乡土志》所载，从乾隆到道光时，路环岛的畲民"屯集至数千人"，而对光绪时的情况又说"过路环……今客民私采石处"，再没提及畲民了，这说明原先的"畲（民）"已被称为"客民"，和在路环岛采石的客家人混称为一体。 澳门居民至今有不少客家人，其中当有畲族后裔。

澳门从明初一个偏僻的渔村到后来崛起为一座著名的城市，是中国人民血汗注入的结果，其中也包括少数民族的贡献。

（《福建民族》1999 年第 3 期，署名"蓝岭"）

上杭县图书馆收藏畲族谱牒资料

　　族谱是散见最广泛的历史文献。　早在 20 世纪初，史学大师梁启超就大声疾呼："尽集天下之家谱，俾学者分科研究，实不朽之盛业。"由于封建时代官方史籍对少数民族状况的记载非常轻视或忽视，借重族谱从事畲族历史和文化研究更显重要。　然而，族谱的神秘性和对族外的排他性，使得谱牒资料的收集颇有难度。　对谱牒资料的重视和发掘不够，是迄今为止畲族研究的薄弱环节。　即使像《畲族社会历史调查》（福建人民出版社 1986 年版）这本近 60 万字的书，其中"畲族史料摘抄"部分竟无只字的谱牒资料；书中的调查报告，引用谱牒资料也极为罕见。　然而，《霞浦县畲族志》（霞浦县民委写作组编，俞郁田总纂）、《广东畲族研究》（朱洪、姜永兴著）、《崇儒乡畲族》（陈国强、蓝孝文主编）重视谱牒资料的收集和研究。　谱牒资料的收集，对畲族研究大有助益，并且是一项抢救和保护少数民族文化资料的重要工作。

　　畲族社区至今仍收藏着大量的谱牒资料，如果能进行征集，然后复印收藏于图书馆、资料室，那是一件很有意义的事。　上杭县图书馆自 1991 年以后开始进行这项工作，已抄藏和印藏的本县畲族族谱 20 多种，成为独一无二的畲族谱牒收藏中心。　该馆还抄藏和印藏了闽、粤、赣客家族谱 260 多种，亦堪称客家族谱收藏之最。　客家与畲族的历史关系极为密切，客家谱牒资料亦可资畲族研究。　该馆还为台胞寻根问祖提供义务咨询。　为此，台胞周德光先生捐款人民币 3 万元用于购置复印机等设备。该馆工作人员经常深入农村了解和征集族谱。　考虑到民间不少族谱年久破朽，不利于保存，该馆以良好的信誉为民间族谱提供免费复印装订服务，借此机会也为馆里增添族谱复印藏本。　鉴于上杭县图书馆的先进业绩特别是收藏谱牒资料的突出成绩，1994 年被文化部授予全国文明图书馆称号，同年被省文化厅授予省"十佳图书馆"之一的称号，1995 年又被省文化厅授予省第二届先进图书馆称号。

（《福建民族》2000 年第 1 期，署名"蓝岭"）

钟雷兴和他的《梦里畲乡》

　　1997 年全国畲族学术研讨会之前的筹备会上，我第一次与钟雷兴谋面，他干练、沉着，书卷气里流露着睿智。 后来，我了解到他正规的学历是小学一年级，没有上过中学，工作后才读了干训大专班，着实吃了一惊。《梦里畲乡》一书是钟雷兴的近作，以我对民族学的理解，这是生命史、民族史和社会变迁史交织的叙事。 这里撷取的主要是学习部分，对于追求业有所成的人们，具有深刻的启示，甚至对于一个民族的社会经济的发展也具有提示意义。

一、学习，学习，再学习

　　学习，学习，再学习，对于钟雷兴还有另一层含义，那就是正规的学习对于七八岁就开始要干活的他，是间断的，但是生命不息、求知不已的追求，将这种间断的环状形成连续的链条。

　　宁德城区北面不到 20 公里的八都南岗村，是钟雷兴"梦里畲乡"的原点。 1945 年初春，钟雷兴就出生在这个当时有几十户人家的畲村。 他兄弟姐妹共九人，两个姐姐早早给人当童养媳，一个妹妹夭折，一个妹妹在母亲过世后送人当童养媳，一个弟弟卖给人当儿子，剩下的，上有两个哥哥和一个姐姐，钟雷兴是最小的。 6 岁那年，母亲挑柴去卖后，突然腹痛而亡，穷家更濒临崩溃。 小小年纪的他，就要开始干活，7 岁就和村里的小伙伴到八都云淡村讨小海，8 岁给别人放牛，9 岁放羊。 他很爱读书，刚解放时，村里有一所私塾，私塾老先生教书时，5 岁的他也跟着念，居然也能背下《三字经》。 可能是父亲见他聪明好学，更可能是做木匠的父亲比较有见识，才会在雷兴已经 10 岁时送他上学。 其父虽然没文化，但能当"法师"，能给人家"做会瞑"，那可是要念不少经文的，全靠记忆力。 每个畲村都有极少数这种人，他们是民族历史的记忆者和民间文化的传承者。

父亲把雷兴送到有办小学的水尾村，住在姑姑的家，他终于上了学！水尾村离南岗村只有半小时路程，小学就设在一座小庙里，教室只有十几平方米，十多个孩子围坐在一起。 一年一担谷子做学费，课本免费。 在水尾村才念了一学期，大哥就叫雷兴回来做工。 从水尾村回来后，他没有熄灭对知识追求的热情，一年后，他进了村里的夜校，陆续读到小学三年级。

16 岁时，他顶替姐夫到福安县（按：今福安市）建设顶头水库。 水库一带的半岭村小学正缺个老师，他被举荐当上民办教师。 当时教一至三年级复式班，10 多个学生。 钟雷兴也就读到三年级，担子不轻啊。 晚上，抓紧一点一滴的时间备课。 教了近一学期，被推荐到八都公社当通信员。 那年，他 16 岁，大家很喜欢勤快的他。 工作之余，他把所有的时间都用在学习上。

1981 年钟雷兴时任宁德县（按：今宁德市）副县长，学习机会又一次来到，这次是去福建省党校开办的第一期干部训练班学习，是在职干部学历提升班。 他报了名，参加辅导班。 夜间学习，看得头脑发晕，就用冷水冲头。 有时学习太兴奋，彻夜难眠，就和当年当通信员背密码而失眠的那段日子相似。 他通过了淘汰率很高的入学考试，进入省委党校学习。 每次考试，都能得到八九十分，脱产学习两年，每年都评为优秀学员。

钟雷兴曾于 1975 年到北京中央民族学院上了一年的干训班，不久任金涵乡党委书记，接着又到省农校学习半年。 而这次在省委党校脱产学习二年，是他人生学习的一段最重要的时光。 系统的学习使其实践经验在理论的引导下发生了智慧的升华，工作能力也有了显著的跃升。 几年后，组织上还选送他参加中央党校中青年干部学习班。

荀子《劝学篇》说："无冥冥之志者，无昭昭之明；无惛惛之事者，无赫赫之功。""冥冥""惛惛"皆为潜心专一之状。 更可贵的是，能够持之以恒。 钟雷兴说："如果在我的一生要梳理一条主线的话，那就是'学习'。"他回顾道，渴求接受新信息、新知识，一直萌发于心里，不随岁月而流逝。

二、知识提升能力和见识

1978 年他任金涵乡党委书记，1983 年任宁德县县长，1985 年任地委政法委书记，这一年，他刚 40 岁。 1988 年任宁德地区纪检委书记，1994 年兼任宁德地区人大工委主任，2000 年，撤地设市后，任宁德市人大常委会主任。 这些任职履历，蕴含着党和人民对他工作的肯定，蕴含着长期不懈的学习对于其领导能力和见识的有力提升。

一个人能力和见识越高，气量也越大。 钟雷兴担任县长期间，采用这一领导方式：权力分散、集体领导、分工负责，县长不直接批钱批物。他认为，什么东西都一人独揽，不仅工作做不好，而且很容易出问题。在工作中，他想得最多的是如何发挥各成员的作用，该属于谁的任务，就由谁来负责。 他认为："这样由集体来行使政府职权，能够很好地发扬民主作风，激发大家的工作热情，也不容易出事，关键是最后不会让我们老百姓吃亏。"

钟雷兴除了重视行政民主，还重视科学决策。 三都澳是著名的深水良港，主体在宁德。 推动沿海区域经济迅速发展的是港口。 钟雷兴通过借调省经委的岗位到宁德县经委的途径，调来熟悉三都澳的谢忠辉同志任县经委副主任，由他组织专门调研小组，对三都澳开发开放前期工作进行深入的专题调研。 这些调研成果也给后两届县领导班子继续开展三都澳调研打下很好的基础。 尽管工作变动，但直至 2000 年任宁德市人大常委会主任以后，他仍一如既往地关注和支持三都澳的港口建设。 1993 年，钟雷兴和谢忠辉一起到北京，申报三都澳口岸开放项目，很快得到国务院批准，三都澳港成为国家一类口岸对外开放。 以港兴县、兴市这一发展战略，以及以科学调研促成科学决策，进而稳健地实施发展战略步骤，体现了知识型领导者的眼光和才能。

由费孝通题名的中华畲族宫，是应畲族文化的弘扬和旅游开发而建于1995 年，我国首座集中体现畲族文化的建筑群。 中华畲族宫原本的标志是"凤"，后改为"龙"，这个重要的改动者正是钟雷兴。 随着争议和研究的深入，证明这个改动是符合历史的。 盘瓠、龙麒、麒麟，是畲族图腾及其遗存的演进形态。 龙是这三者一以贯之的基本形态（盘瓠有龙的因素，入水可化龙；即使演变为麒麟，仍可变龙）。 畲族与汉族长期密切共处，"龙"崇拜是畲族对汉族乃至中华民族文化认同的一种表现，具有重要的现实意义和深远的历史意义。 钟雷兴这一正确的见解是他长期关注并研究畲族历史文化的厚积薄发。 文化建设同样需要科学认识的引领，科学认识就需要尊重历史、实事求是。 少数畲族干部因盘瓠在旧社会因民族歧视被玷污而试图否认盘瓠这一畲族历史上的图腾崇拜和现实的文化遗存，这不利于畲族文化的保护工作。 钟雷兴不回避问题，特别是近年组织编写畲族文化丛书时，耐心地进行解释和引导。

在重视文化遗产思潮的推动下，2005 年，宁德市开始实施抢救畲族文化工程。 已经建设的中华畲族宫，很快进行续建工程，即建设畲族文物馆。 这样，已经收集和正在征集的畲族文物有一个集中保存和展示的场所。 从长远来看，抢救和保护畲族文化，尤其是物质文化，文物馆建设是根本之计。 文物馆的设立也进一步充实了中华畲族宫的内容，并使中华畲族宫不断开展弘扬和保护畲族文化的工作。 某一不普见的工作的开展，不是热了一阵就晾在一旁，而是随着其重要性的逐渐显现而继续延伸和拓展，那么这项工作的起始就有前瞻性，甚至具有示范性。 1999 年宁德地区民族工作得到党中央的嘉奖，其中保护和弘扬畲族文化是一亮点。

三、知识需要厚德的承载

厚德载物，这是《易经》的古训，也是清华大学的校训，说的是厚重的品德才能承载万物、委予重任。 就知识而言，薄德者不适合承载，即使拥有一些也不适合参与伟业，甚至会使邪行得到膨胀。 知识在厚德者那里，犹如播种于沃土，将使社会得到丰获。

小时候放牛放羊时，小雷兴就表现出细心用心的性格，15 岁就当了大队食堂的总务，当公社通信员勤快机灵，军分区首长突击来检查民兵工作，心灵手巧的钟雷兴因机枪拆卸迅速敏捷而受到表扬，还有他的吃苦和诚实，这些是他能成器的资质。　而心存感念、感恩是他最突出的品质。他感念孩童时八都新楼村的一位土医生，用香灸穴位，治好太阳穴的脓肿；他感念入小学的第一个老师；他感念在部队学习无线电时帮助过他的战友；他感念当公社通信员时同志们对他的帮助。　几年前，他去看望时任妇联主任的陈赛容，已过古稀之年的老人家回忆当年絮絮叨叨，钟雷兴却听得津津有味。

他感念畲族文化对他的哺育。　在海拔 300 多米的南岗村山坡上，他感念祖父留下一座残破的四扇土墙厝，使他在畲寨有了根。　在南岗村，也有他最心酸的记忆，清晨母亲挑柴到十几里外的云淡村，返家后肚子突然剧疼，几个小时后，母亲就断了气。　夜深人静时，他常常有这种幻觉：他已经把母亲接到身边，同享天伦之乐。　然而，幻觉过后，泪眼迷离。　每逢春节，他都要带着妻儿，回南岗村看看，教育孩子不要忘本。

畲族是一个特别能吃苦又有创造精神的民族。　畲族由于所处的环境和历史传统，形成了独特的民族文化。　畲族文化潜移默化于他的童年、少年的成长中，塑造他吃苦耐劳的品质和坚韧不拔的毅力。

他感念本人的成长进步归功于共产党的教育培养，也与党对少数民族的政策密切相关。

这种如何"报得三春晖"的感恩情结，使他用仰望慈母的心态来对待党和人民，对待自己的民族。

钟雷兴在这本书的自序中，有这一诗句："今看行尘微末处，秋江鸥鹭与潮平。"尽管个人征程的风尘仆仆终将归于平静，然而历史的积淀仍在影响着现在和将来。　1949 年以前的方志等历史文献对畲族是轻视的，但民国《永春县志》的一句话还比较中听。　此话说：要是畲族多出几个雷铉、蓝鼎元，大家对畲族肯定会另眼相看。　雷铉是清代理学家、雍正朝进士；蓝鼎元得雍正帝赞赏，是"筹台宗匠"。　1949 年后，在民族平等、团结进步、共同繁荣的民族政策的指引下，畲族人才辈出，社会经济显著发展。　对此，不断进行总结，对于提高民族自信心、宣扬民族政策具有非常重要的意义。

序王逍《走向市场：一个浙南畲族村落的经济变迁图像》

畲族是我国东南山区一个自称为"山哈"的古老的山地农耕民族。畲族先民始终遵循着"只望青山而去"的定律，历经近千年的民族迁徙，由一个聚居的族群逐渐嬗变为一个"以山为基"的"大分散、小聚居"民族，其大本营则从闽粤赣接合部转移到闽东、浙南等山区。 作为东南山区拓荒耕耘者的畲族，由于深受历史和现实多重因素的制约，其社会文化经济较之东南发达区域呈现出明显的滞后性，而且随着市场经济的飞速发展和全球化背景，畲族经济与区域经济这种显著分离性所形成的马太效应也日趋明显。 因此，关注畲族经济发展问题，实际上是关系到东南区域社会各民族的和谐共生问题。

王逍博士奉献的《走向市场》这部专著就是通过大量的田野案例分析，对畲村如何寻求青山经济发展模式做了很有价值的探索。 本书从酝酿到面世，前后历时近五年。 作者运用点面结合的田野作业方式，在浙南景宁敕木山区翻山越岭、走村串户，对以惠明寺村为核心的七个畲族村落群，进行了跨越数个年头的深入扎实的田野调查，并完全融入畲族村落社区与畲民同吃同住，以参与观察和访谈口述相结合的方式，收集了近四十万字的田野资料。 作者运用历史学与人类学相互渗透的研究方法，在畲村田野现场感与畲族相关文献资料相互观照、彼此印证的基础上，以畲民与市场关系为切入点，以雷姓畲民如何依托惠明茶逐渐走向市场为主线，清晰地勾勒出浙南景宁敕木山区南泉山头的惠明寺村落经济变迁图像，进而通过田野参照物与惠明寺村共性及个性的比较，从普遍意义上对畲村传统生存型经济如何向现代商品化经济转型提出了自己独特的见解。我读这本著作后，幻化出这一意象：受原产地惠明寺村金奖惠明茶经济刺激扩散效应而形成的景宁近五万亩生态茶园，像涌动的绿浪源源不绝地汇入市场经济的大海。这种意象带给我们更多的是关于畲族青山经济发展模式的启示。

青山，始终是畲民族生生不息的永恒家园。早在公元7世纪以前，畲族先民就聚居在"莽莽万重山""山深林木秀茂"的闽粤赣交界处。经过千百年来"沿青山幽谷之处、猿鸣鸟啼之方"，向北、向东的拓荒迁徙，形成了今天"以山为基"的地理分布格局。众多畲族小聚落几乎囊括了我国东南地区的主要山系，包括闽、赣交界的武夷山、黄岗山，闽浙交界的太姥山、仙霞岭、洞宫山，闽东境内的白云山、鹫峰山，闽中境内的戴云山，浙南、浙西境内的雁荡山、括苍山和天目山，广东境内的罗浮山、莲花山、九连山、凤凰山等等。畲村生态环境正如清初福建畲族文人蓝鼎元在《福建全省总图说》中所描述的："有福宁州、宁德、罗源、连江至省城，皆羊肠鸟道，盘纡陡峻，日行高岭云雾中，登天入渊，上下循环，古称蜀道无以过也。"生于斯、长于斯的畲民族，历史上长期过着"姜薯芋豆种山椒，叉木诛茅各打寮""开垦有畸零，树艺无空隙""采薪鬻市"等自给自足式的自然经济生活。对于这样一个位处青山、有着悠久农耕传统的山居民族的经济转型问题，无疑不能脱离该民族的自然环境和社会人文环境，而应立足青山，从畲区传统优势山林资源中寻求发展的契机。

而《走向市场》一书的田野案例及其思考，正是对畲族青山经济发展模式问题的较好诠释。本书以浙南景宁敕木山区的惠明寺村为深度个案，详尽阐释了传统优势资源惠明茶是如何通过多种力量的互动和多种资源的整合，逐渐实现了从畲民菜园茶向商品茶的蜕变，从而最终实现了惠明寺村落经济生活质的飞跃，并在周边畲汉村落形成刺激扩散效应。惠明茶产业则成为当今景宁畲族自治县的绿色支柱产业。这是新时期的青山对畲民最丰饶的回报。可见，依托青山、开发青山、经营青山，实现经济可持续性发展，是畲族经济发展的长远战略，也是畲村经济转型的契机与方向。事实上，畲族山林经济的发展潜力巨大。据中国社科院民族学与人类学研究所在闽东福安市畲族乡村的调查发现，直至20世纪90年代末，当地山林经济资源收入占农业收入的比重尚不足10%。其他各地畲区也大致相似。 就是景宁的惠明茶目前也仅产一季春茶，其产业化程度和经济效益还有待进一步提升。 这对于如何辩证地看待畲族搬迁安居工程亦具有重要的启迪意义。 对于存在地质灾害隐患的畲村进行移村安居尤有必要。 但是改善畲村交通，实现靠山、养山、吃山的良性循环经济，以及山林优势资源的产业化才是发展根本。 否则会拉大畲民与青山的距离，削弱其经济可持续性发展的内驱力。

王著并未停留在"青山经济模式"的表层叙述，而是通过大量的田野案例，诸如"惠明寺茶场的承包与转包""惠明夏秋茶开发理想与现实的距离""惠明寺村人对惠明茶的憧憬与忧患""敕木山村高山蔬菜基地的试验与夭折""周湖村砍掉枇杷种茶树"等等，从民族生态的视角，阐述了畲民在市场经济激荡下的跌宕起伏，以及畲村青山经济开发的方向与路径，尤其是传统资源的选择与利用及其具体可操作模式等。 书中将田野社区镶嵌于畲族社会历史文化发展脉络中，并运用微观社区与宏观区域相结合、国家力量与地方村落相观照的研究思路，对畲族乡村经济发展问题予以理论提升，这不仅具有崭新的学术价值，也可惠民资政。

中国的现代化进程呼唤着社会科学的经世致用。 本书既源于以畲族为题的第一篇博士论文，也是首部研究畲族经济问题的专著，它化育自青山，并将升腾为云而雨，滋润畲族人民的家园。

2009 年 12 月于厦门大学

（王逍:《走向市场：一个浙南畲族村落的经济变迁图像》,中国社会科学出版社 2010 年版）

序王逍《超越大山：浙南培头村钟姓畲族社会经济文化变迁》

近年来畲族学界日益重视对畲族乡村经济问题的关注，但研究成果总体较为薄弱。畲族这一东南山区散杂居程度深、散杂居历史悠久的山地农耕民族，如何在强化畲汉互动和利用区域经济辐射优势的基础上，依托现有资源禀赋、扬长避短、因地制宜地调整农业结构，整合多种资源，形成符合自身规律的特色村落经济发展模式，进而缩小畲汉发展差距和畲村内部发展的不平衡性，促进畲族经济与东南区域发达经济的协调发展，这对田野调查和理论概括提出新的要求。

王逍教授奉献的这部名为《超越大山：浙南培头村钟姓畲族社会经济文化变迁》的专著，可视作她 5 年前出版的《走向市场：一个浙南畲族村落的经济变迁图像》专著之姊妹篇。本书是基于浙南又一个畲族村落的深度田野调查，对畲族乡村发展问题带有普遍意义的深入思考。作者选择文成县培头村这一清代畲族文化英雄钟正芳故里作为田野调查点，具有特别意义。本书从进入田野到完成研究文本，前后历时 5 年整。作者运用点面结合的田野调查方式，5 年来在文成、松阳、景宁、桐庐等地畲乡翻山越岭、走村串户，完全融入畲族村落社区与畲民同吃同住，入户调查数十户，运用人类学的参与观察、深度访谈、口述史、座谈会、影像记录、文献文物搜集等田野调查方法，收集了有关培头村社会经济文化变迁等内容的第一手田野资料 30 多万字。其中包括数十人的口述访谈资料和 2000 余幅田野照片，不仅观察记录畲族村民当下的经济生活行为方式，还大量翻拍记录了畲村的谱牒信函、契约文书、碑刻铭记、通告庆典、诉讼辩词、乡规民约、人情账簿、歌谣抄本、道教科仪、畲药处方等民间文献资料，以及钟氏宗祠、村庙、民居、日常生产生活用具等村落文物资料。 作者还对《钟氏宗谱》中的《行述》《行略》《诗词》及其他民间文书、信函等，做了深入细致的标点和解读。 其研究过程深入扎实，田野资料鲜活真实。

本书运用历史学与人类学相互渗透的历史人类学方法，在畲村田野现场感与畲族相关文献资料相互观照、彼此印证的基础上，以钟姓畲族与金钟山的关系为主线，从立足大山、走出大山、跨越大山、回归大山等几个不同的时代特征，清晰地勾勒出培头村钟姓畲族的社会经济文化变迁轨迹，每一个时段选取若干典型的社会经济文化镜头或家庭发展案例，分析钟姓畲族世代如何不断地超越大山，实现村落的变迁与发展，进而从畲村经济文化变迁图像中洞悉畲村发展的动力机制和瓶颈所在。 就全书立意而言，重点放在当下培头村社区营造方面，体现了作者对畲族乡村经济发展的现实关怀。 作者在本书最后一章"超越大山：来自田野参照物的多元观照"中，跳出培头村的视野，着重选取文成本县其他畲村的发展个案、丽水松阳县石马源村的山林经济发展类型、景宁敕木山区惠明寺等畲村的回访，作为田野参照物，使之与培头村钟姓畲族发展案例予以共性和个性的比较，进而揭示山区畲族超越大山的本质特征。 通过以上点与面相互结合的多元化田野案例的对比观照，有益于将畲族乡村发展问题从田野的具象层次上升到逻辑、抽象的层次，从而深化畲族经济研究。

在研究过程中，作者不仅于畲村民间文献中循章觅旨、钩玄索隐，更以研究者和村落人相互交替的身份参与了培头村近几年的民族特色旅游村寨社区营造过程。 诸如：梳理和抢救了培头村许多异常珍贵的历史文化资料；帮助制作青钱柳产业发展项目申报书和青钱柳产品市场推广策划书；对村落民间文献文物保护和农家乐开发、村落文化经济建设、村落文化管理等提供指导意见；沟通和协调村落基层组织及村落内部关系；提出"钟正芳故里"和"畲村社区营造"等原创概念，以上参与式观察研究是本书的重要特色。 研究者参与畲村发展过程，不仅有利于强化畲族村民的文化自觉意识和社区主体意识，也为畲村经济发展深度挖掘了重要的文化资源，更为畲村文化与经济如何互动提供了路径指导。 这部基于深入田野调查和参与式观察研究基础上而完成的村史与民族志相结合的学术著作，不仅仅是学术写作方法的新探索，更为畬族乡村的发展，提供了一个非常值得思考的田野案例。

本书较之作者的《走向市场》一书有了进一步的深化与突破，主要体现在以下三个方面：

其一，将研究视野从过去着力于畬族村落的经济转型问题转向对畬族村落全面发展的关注，这符合联合国一直强调和鼓励的"以人为中心的内源发展观"。

其二，既充分注意到了当今畬族村落发展有目共睹的成就，更洞悉到了畬村过度依赖政府的"自上而下"式发展模式的内在弊端。

其三，针对当今畬村发展的问题，作者在借鉴台湾社区营造经验基础上，提出一系列具有可操作性的解决方法与新路径。

本书甚至从畬族乡村发展问题上升到整个大陆各民族乡村发展问题的思考。认为台湾社区营造经验不仅对大陆畬族等少数民族乡村发展具有重要借鉴意义，也对广大汉族村落的乡村发展具有重要的启迪价值。作者强调通过制度安排，整合多种社会力量，助推乡村社区发展。为此作者提出一整套现实可行的对策建议：转换乡村发展理念、改变乡村发展模式；完善制度创新机制、整合知识分子力量；开创社区培力制度、激发社区内在动能；提升文化创意能力、强化地域民族特色等。具体而言，通过政府体制的变革和政府职能配置的优化，大力培育致力于乡村发展的各种非政府组织和非营利机构、支持大学生等知识青年返乡创业、鼓励高校知识分子深入基层，让多元化社会力量充当连接政府和乡村社区的桥梁；通过持续的专业化的社区教育培训体系，提升乡村居民的自我组织和自我发展能力；从生态资源与人文资源整合的角度，发展文化创意产业、特色农业产业、绿色民宿产业等，最终实现乡村社区"自下而上"式的可持续发展。

从社区营造的视角来探讨畬族乡村经济发展问题，不仅为畬族研究乃至乡村研究引出新的学术对话，也为畬族乃至其他民族的乡村发展问题提供可资借鉴的范本。本书最振奋人心的是，作者对我国知识分子如何打破学科和专业边界，真正走出书斋、走向基层，用知识服务社会，既做出了拓新的实践，也提出了深刻的反思和呼吁，这无疑是对费孝通先生倡导的"迈向人民的人类学"的弘扬。祝贺她在畲族经济研究方面再结硕果。

是为序。

（王逍：《超越大山：浙南培头村钟姓畲族社会经济文化变迁》，中国社会科学出版社 2015 年版）

序温春香《文化表述与族群认同：新文化史视野下的赣闽粤毗邻区族群研究》

　　我们阅得的历史即历史叙述，对历史叙述进行鉴别、分类、整理，进而分析概括，就是通常我们熟悉的历史研究。 本著作者另辟蹊径，指出族群及其关系的历史叙述主要的内在机制即文化表述。 作为国家以及地域多元族群的主体族群的汉族，其士大夫掌控着书写权力。 在他们的书写中，闽粤赣毗邻区的族群及其关系的本真历史，差不多皆远离近真而成建构。 历史宛如印象派画派的画作。 简言之，即文化制约历史书写。甚至，书写还有改变历史实践和文化身份的力量。 不仅汉族的士大夫，就是草根人群，甚至少数族群也运用着书写或口传的力量。 这些就是本著的要义。 当然，文化归根结底附生于国家大历史以及区域小历史。

　　本著研究的领域是历史人类学，这引起我记忆的联想。 从小学到大学，教师的拿手本事就是把知识说得明明白白，好像喷薄而出的旭日。至于由漆黑而灰暗而晨曦，一概靠边。 知识的启蒙，是一个个体系的认识，这兴许是惯习的授业理路吧。 印象大学时期，唯有聆听来访的中山大学梁钊韬先生关于研究西瓯越人来源的讲座，才感受到犹如观察日出过程那种探索之美妙。 我所学的历史人类学，也曾经是那么幽暗。 1984 年春我读研究生时，美国社会学家、人类学家代表团访问厦门大学，团员中的萨林斯还在厦大专家楼为人类学系师生做关于斐济土著与酋长民族志的（文化与历史关系）演讲，感觉一头雾水。 无论是著作还是演讲，人类学家习惯沉湎于不腻细节的民族志，他们好像是司马迁春秋笔法的追随者，英国的堪称突出，美国更甚。 那时我才读过一两本人类学教科书，对人类学的绝技民族志几乎惘然无知。 好在我在大三或大四在历史系资料室历史学译丛的非正式出版刊物，看过一篇法国施特劳斯所写的关于谈历史学与人类学一文，其学术旨趣在于探讨历史人类学。 文中说：人类学是研究垃圾的学问。 堂堂的结构主义人类学家，怎么说出这般村言野语？ 浏览转为细读后，方知所谓"垃圾"是指平庸琐细、被人忽视的生活细节，这些纷繁琐细恰恰就是文化存在的真实状态。 我想，是不是像未被扫进垃圾堆的散落花瓣，人类学者将之还原为花朵，进而去洞察一花一世界呢？ 在施特劳斯看来，历史学所研究的是经过加工处理的制品，甚至是颇费心思的精品。 偏爱本专业的施特劳斯曾将历史学与人类学喻为树上花与树下草，似有反讽意味。 其实，历史学与人类学有着亲密关系，两者结合，定然美满。

作者在厦大攻读人类学博士时，上过我"历史人类学"的课。《历史之岛》（1981 年）是犹太裔美国人类学家马歇尔·萨林斯的代表作。 不用说学生，就是我刚看这本书时也有些发蒙。 萨林斯获人类学博士学位，任教数年后，到法国游学一段时间后返美。 在他的历史人类学探索之旅中，法国是重要的驿站。 从历史发现长时段结构是 20 世纪上半期法国历史学的世界级创新，布罗代尔为集大成者。 萨林斯的历史人类学思想应是得益于布罗代尔关于历史长时段结构的洞悉，其文化图式比历史结构较为具象。《历史之岛》的历史叙事所聚焦的人物库克船长在夏威夷群岛的故事，非常繁细和冗长。 研讨这本书后，她交上一篇作业。 我读过其在福建师范大学历史系的硕士论文，感觉在陈述的湖面缺乏蒸发的水汽，更没有蒸腾的云彩。 我把这一感觉坦率告诉她，不满语气溢于言表。 当然，我也鼓励道，篇幅很长至少苦劳，何况资料性的陈述详而有致有序，让人仿佛遥见西去取经者不懈的跋涉，可望修成正果。 这篇研读《历史之岛》的作业，令我刮目相看，依稀看到她穿行在文字堆积的浓雾云层中的翎羽。 后来，她自己再修改、扩充和深化，此文刊载于《世界民族》。

我曾担心，她对《历史之岛》研读所表现的抽象概括能力会不会昙花一现？ 本著让我疑如冰释。《历史之岛》阐述的是历史进程为文化图式所形塑，其文化对历史控制的思想应映照了温春香的探索，但本著是以历史书写为核心。 关于从历史叙事透视文化及其书写，以及书写与历史互动的系统性创新，使我颇受裨益。 当然，一次完整的科研，哪怕得出颇有学术价值的结论，亦非终结。 何况，分析概括所基于的事实只是个案或复数个案，还要经过继续的验证。 书中偶尔提及闽粤赣毗邻区族群史与华南族群史颇具同质性，透露着对区域的一般性概括正欲扩及更广阔的历史空间。

（温春香：《文化表述与族群认同：新文化史视野下的赣闽粤毗邻区族群研究》，中国社会科学出版社 2015 年版）

畲汉互动与客家形成发展研究的回顾和反思

闽南人及其邻近族群：郭志超教授人类学随笔

　　古往今来，汉族与少数民族相辅相成。 他们日益接近，互相吸取，互相依存，也有程度不等的双向融合。 离开了这一基本事实和缺乏相应的学术眼光，任何探讨汉族和少数民族的发展史，探讨汉族诸民系的发展史的研究，都难有正确、完整的结论。 然而，长期以来，客家历史文化研究恰恰忽视了这一基本事实，当然也就没有相应的科学眼光。 客家研究学者群不断在新陈代谢，但客家的汉族血统"纯粹"论却成为稳定传承、非常一致的共识。

　　20 世纪 80 年代末，闽西武平王增能先生在客家研究的学者群中，首先对"纯粹"论进行质变性的阐发。 王文发表在《武平文史资料》，该刊是县级内刊，不容易引起重视，但在视畲族历史文化在客家形成和发展的历史进程中的重要事实为虚无的学术氛围中，王文卓尔不群的声音犹如空谷幽鸣。 王增能《客家与畲族的关系》[①]提出：客家的语言、礼俗、山歌、妇女天足以及妇女服饰、发式有源于畲族。"客家的血缘曾与畲族发生过相当的混化。"王增能应有从罗香林先生在 20 世纪 30 年代一闪而过的一句话中得到启发。 罗香林提及："客家初到闽赣粤的时候，不能不与畲民互相接触，接触已多，就想不与他们互相混化，亦事势所不许。"[②]但是，在 20 余万字的《客家研究导论》中的只言片语所蕴的思想萌芽，长久地隐没在客家的汉族血统"纯粹"论的杂芜中。

　　王增能先生对客家妇女的服饰、发式近似畲族妇女的特点特别留意。

---

①　王增能：《客家与畲族的关系》，《武平文史资料》（第十辑），1989 年。
②　罗香林：《客家研究导论》，上海文艺出版社 1992 年版，第 74 页。

客家妇女曾有的高髻发式脱胎于畬妇的"椎髻"。 20 世纪 40 年代梅县梁伯聪在《梅县风土二百咏》中，咏客家妇女的发式道："女梳高髻转盘龙。"王增能指出："过去客家妇女的辫发很多，是盘成高髻的，状如独木舟，谓之'船子髻'，系以红绳，插以银簪，髻上可套凉笠，髻端外露前翘，笠沿周围垂下长约五寸的五彩布条。"此外，"（客家妇女）着的是布鞋，鞋面由两片色布缝成，鞋端略往上翘，状似小船，上面有五彩花线绣了花，身上还系着围裙子，用银链子系结，裙子状如'凸'字，其上半部也绣着花卉或图案。 如此等等，逢年过节或串亲走戚时脖子上挂着银项圈，手腕上戴着银镯子，打扮起来活像个畬族妇女"。 客家妇女的发式、服饰类似畬妇应给王增能许多联想，特别是联想到历史上若没有大量的汉男娶畬女，客家妇女服饰、发式的有所变异的畬文化特质缘起是难以想象的，因为若只是从汉妇受畬妇影响来解释是没有多少说服力的。 然而，王增能对"客家的血缘曾与畬族发生相当的混化"的证明却没直接的证据，甚至以设想代替实证。 尽管有这种缺陷，但其观点毕竟有基于畬、客妇女服饰、发式等初步的比较分析，也并非毫无根据。

一种新观点在孕育产生的时候，难免是"初生之物，其形必丑"。 如果求全责备，那么在排斥缺陷和某些谬误的同时，也会把真理拒之门外。坦率地说，像这样一种大观点、大课题，并不是王增能一篇文章一下子所能解决的，但他导出一种新的思路，这正是其价值所在。 但并非人人识此。 王文发表后，很快引起强烈的责难。 曾维才《谈谈先于客家民系生活于闽粤赣三省交界地区土著居民的成分兼与王增能〈客家与畬族的关系〉一文商榷》[①]一文，坚持客家血缘的"纯粹"论，把王增能提出的汉、畬通婚混化奚落为"天方夜谭"。 曾文甚至怀疑客家先民迁来之初，闽粤赣交界地区的土著即畬族。 事实上，汀州在中唐开元年间初建时，荒凉得很。"汀，七闽穷处也，蕞尔一城，孑然于蛮风蜑雨中"，"獠狑如是，几疑非人所居"。 费了好大的劲，才从本地和外地"检责得诸州避役百姓共三千余户"。 在粤东，唐代韩愈贬为潮州刺史，叹曰："居蛮夷之

---

① 　曾维才：《谈谈先于客家民系生活于闽粤赣三省交界地区土著居民的成分兼与王增能〈客家与畬族的关系〉一文商榷》，《客家学研究（第二辑）》，上海人民出版社 1990年版。

地，与魑魅为群。"唐开元时，梅县的汉人仅 400 多人。 晚唐围困汀州的"黄连峒（宁化）蛮（畲族）"动辄就有 2 万人。 曾先生若知这些史实并进一步了解这类史实，就不至于怀疑客家先民迁来之初，闽粤赣交界地区的土著即畲族了。 自己基于对历史事实的误会，又急匆匆地指责他人，是欠妥的。 重复一种旧见解易，提出一种新见解难，并且新见解通常不完善，缺陷也难免，如果没有宽容的学术气氛，就不利于学术研究的新进展。

支持王文的研究成果愈来愈占上风。 蒋炳钊《关于客家形成问题的思考》和《关于深化客家研究的思考》支持了王文的观点。 蒋先生很中肯地指出："民系一般是指汉民族迁于少数民族地区后而形成的一种不同于原来的汉文化，又别于当地少数民族的一种新的文化共同体。 因此探讨客家民系的形成，既要研究中原汉人入迁的历史，同时要研究当地土著民族的历史，更重要的还要深入研究这批汉人如何同当地土著民族结合的历史，也就是彼此间文化的采借与涵化的过程。"[①] "所谓客家文化，应该是指他们既保留中原文化特征，又吸收了当地（少数）民族文化的精华而形成的一支不同于汉族又别于当地民族的具有独特文化特征的民系。"[②] 他还指出："客家的形成与发展不是单纯入迁汉人的自身繁衍，同样是经过不断同化当地土著民族而发展壮大起来的。 故客家形成和发展的过程，也是中原入迁的汉族与当地土著民族溶［融］合的过程。"[③]朱洪《谈畲族与汉族客家民系的文化互动关系》也认为："确切地说，中原部分汉人逐步南迁定居于闽粤赣三省交界的山区，长期与畲族共居，相互交往，通婚，文化双向互动，而演化成为有别于畲族，又有别于汉族的其他民系，既保持汉族的主体文化，又受其他民族与民系的文化渗透，形成具有地区文化特征的客家民系。 这点是在特定社会历史和自然地理条件下，与畲族双向文化互动的结果，把客家民系说成'纯粹的汉族血统'，'未与当地部族混化'，这是不符合实际的。"[④]

---

① 蒋炳钊：《关于深化客家研究的思考》，《客家源》1993 年创刊号。
② 蒋炳钊：《关于客家形成问题的思考》，《中南民族学院学报》1993 年第 6 期。
③ 蒋炳钊：《关于深化客家研究的思考》，《客家源》1993 年创刊号。
④ 朱洪：《谈畲族与汉族客家民系的文化互动关系》，《客家研究辑刊》1995 年第 2 期。

　　微观研究与宏观研究是科学研究进步的两足行进配合。　一些文章参照王增能对客、畲文化进行条分缕析的比较方法，论证客家文化中的畲文化特质。　蒋炳钊《试论客家与畲族的历史关系》一文中，从语言、服饰、山歌进一步分析畲文化对客家文化的影响。①　朱洪《谈畲族与汉族客家民系的文化互动关系》做客、畲文化双向涵化分析，项目包括语言、农事活动、住房、服饰、妇女地位、祖先崇拜、民间宗教信仰、命名、节庆、山歌等。②　刘佐泉《客家文化中的南方土著民族习俗因素举隅》涉及"'买水'浴尸""二次葬""女劳男逸"等事项。③　吴永章《客家人的宗教信仰述略》则从单个文化专项探讨将客、畲文化的比较研究引向深入。④　郭志超《闽客民俗宗教的比较研究》一文中，运用田野调查方法，首次发现客家人的猎神崇拜，并对其源于畲族做了考析。⑤　游文良《论畲语》提出："（客、畲）两族语言的互相影响也必然表现为客家人带来的中原汉族对畲语的影响大于畲语对中原汉语的影响；但不应理解为畲语对客家先民的中原汉语没有影响。"他对客话吸收了畲语词做了若干例证。⑥

　　现在对畲族与客家及其先民通婚的研究还很薄弱。　固然有关闽粤赣客家地区的方志史书未见畲族与客家及其先民通婚的记载，然而，没记载并不等于没这回事。　唐宋元明闽西的畲族可谓多矣，可是修于宋代的《临汀志》这部汀州方志，竟无一个字提到当地土著民族，若以《临汀志》坐井观天，岂不是会发生宋代闽西无畲族的误会？　又如，闽南惠安东部的长住娘家婚俗形成已久，若照惠安长住娘家是汉人依从闽越长住娘家婚俗的主流观点，此俗存在的时间已很漫长。　但是，从明代到清晚期的惠安方志均无一字提到此俗，若死抠方志资料，岂不是要将历史上早已存在的这种很引人注目的特异婚俗变为烟消云散？　据初步查阅部分族

---

① 蒋炳钊:《试论客家与畲族的历史关系》,《中国客家民系研究》,中国工人出版社1992年版。
② 朱洪:《谈畲族与汉族客家民系的文化互动关系》,《客家研究辑刊》1995年第2期。
③ 刘佐泉:《客家文化中的南方土著民族习俗因素举隅》,《客家》1994年第1期。
④ 吴永章:《客家人的宗教信仰述略》,《中南民族学院学报》1994年第4期。
⑤ 郭志超:《闽客民俗宗教的比较研究》,《台湾与福建社会文化研究论文集（三）》,台湾"中研院"民族学研究所1996年版。
⑥ 游文良:《论畲语》,《畲族历史与文化》,中央民族大学出版社1995年版。

谱，闽西上杭畲族至晚在明代就与汉族频繁通婚。 不知"纯粹"论者会不会又把这些历史文字视为"天方夜谭"。 从宋代到明清闽粤赣就有一定数量的汉人融入畲族，出现的一系列非畲族传统姓氏就是一个明证。 其中也有畲民改从汉姓的。 融入畲族的汉民的后裔，后来又较早返融入客家群体，这是在畲族社区发生的畲汉通婚而后造成客家的畲族血缘成分的一种曲折的途径。 至于畲族与客家或其先民通婚混血融合，这较不引人注意，但事实上还是大量发生的。 当然这类问题尚须做深入细致的研究，终究会水到渠成。

（《福建民族》1997 年第 6 期）

评王东《那方山水那方人：客家源流新说》

客家形成的机制是什么？ 20 世纪 30、90 年代先后出现影响最大的两说"罐装说""汉畲融合说"。 王东在《那方山水那方人：客家源流新说》（华东师范大学出版社 2007 年版）一书中提出的"早期赣语覆盖说"，是客家源流研究的最新进展。 本文对这一新观点加以评析，并提出局部质疑。

罗香林在《客家研究导论》认为赣闽粤边区客家的源流与汉民三次大迁徙有关。 这三次迁徙先后兴起于西晋末、唐末、北宋末。 他认为：客家形成的主要来源是唐末迁入的汉民（西晋末南迁的人口基本上尚未进入闽粤赣交界地区，但其后裔加入了唐末移民潮）；"客家的成形年代，确在赵宋初年"。 客家主源人口的迁入至形成不过数十年，客家形成近乎是对北方移民的"罐装"。

谢重光《客家源流新探》吸取语言学家关于客家话形成的研究结果，认识到客家话不只是北方汉族移民带来的中州语言，而是土著化的结果。他对罗香林《客家研究导论》做出两个拓新：一是对客家做了科学的界说，二是将汉族移民与土著少数民族的文化融合具体化。 此外，他在语言学家所做出的客家话形成时间的结论的提示下，对客家形成于南宋做了经济、心理等方面的证实。 他还指出，南宋客家的形成地首要是闽西，其次是赣南，不包括粤东。 粤东客家是宋元闽西以及赣南客家的流入。谢重光说："客家先民南迁离开了中原和江淮，进入比较封闭、与中原和江淮隔绝的赣闽粤边山区，时间久了，其语言发展就会与中原、江淮的语言发展出现不同的特点"，"客家话在脱离中原、江淮祖汉语的演变轨迹独自发展变化的过程中，还吸收了赣闽粤边山区土著族的语言和文化"。

把客家话的形成作为贯穿客家源流的主线是对罗香林研究范式的根本突破，但一个重要问题搁浅着：为什么客家方言与江西中北部的赣方言具有很大程度的类似性？ 其历史与逻辑的联系在哪里？ 这就是王东新著《那方山水那方人：客家源流新说》创新的发力点。 客家方言区的形成必须赖于前客家方言区的奠定。 他洞察到成为客家方言基础的早期赣语，在赣闽粤边人口迁移过程中的"二次覆盖"作用：

第一次是唐末五代早期赣方言的"覆盖"。 安史之乱以后，北方人口南下至赣北、赣中，自此至唐末，进入赣中北的北方移民在本土化的过程中，他们所带来的语言经过与土著居民语言的互动，形成早期赣语（王东或称"原始赣语"），并且随着人口移动向赣南传播。 经唐末农民战争冲击后，唐末五代赣中北居民大规模地涌向赣南，并由赣南迁入闽西，另有少量进入粤东北，促成武夷山南段东西两侧早期赣语格局的开始形成。

第二次是两宋之际开始的早期赣方言的"覆盖"。 靖康之乱引发的南迁浪潮，如何影响赣闽粤边？ 赣闽粤边在靖康之乱以后异乎寻常的人口增长，是否就是北方移民迁入的结果？ 以往的研究，对这两个问题，都未能从根本上来加以解决。 尽管江西和福建两地在靖康之乱以后曾接纳了大量的北方移民人口，但是真正进入赣南和闽西的北方移民却不多。靖康之乱以后，尾随其中一支南宋王室的金兵渡江追击至赣北、赣中，民多散亡。 南宋初年赣中北部人口在严重耗减的同时，部分迁入赣南和闽西。 到了南宋中期，激增的闽西人口，成为向粤东北移民的主源。 伴随着人口转移而出现的是，早期赣语在梅州和循州一带的流行。

这就是说，两宋之际以后，随着赣南、闽西人口向粤东北的迁移，梅州和循州一带的语言与赣南、闽西趋近，早期赣语的覆盖并最终替代了原先的土语，赣南、闽西和粤东北这三个原本独立的地理空间，逐渐变成了一个具有内在一致性或同质性的社会文化单元。

由靖康之乱引发的中国历史上第三次北方人口大规模南迁过程中，江西中北部成为继江南之后接纳北方移民人口最多的地区。 现代的赣方言，就是早期赣语在经历了与北宋北方汉语的交汇、融合之后才演变而来。 两宋之际从赣中北迁往赣南和闽西的那部分移民，由于其迁出时间与北方移民迁入赣中北的时间大体相同，因而他们所带来的语言是尚未与北方汉语发生交汇和融合的早期赣语。 这就是赣南与赣中北在语言分异上的原因。

赣闽粤边早期赣语区的形成是赣闽粤边客家方言区的基础，赣闽粤边客家方言的正式形成"当不会早于元代"，"客家方言群的正式形成也不会早于元代"，"最晚到了元代中后期，生活在赣闽粤边的汉族和畲族，在经过长期的互动与共变之后，已经在日常的生产生活方式和语言文化诸方面开始趋于一致，从而逐渐形成了一个'你中有我，我中有你'的新的语言文化群体。 这个新的语言文化群体，就是方言群意义上的客家。"

王东这一观点尚有缺陷的是，对原始赣语产生之前即中唐以前的赣闽粤边，特别是赣南的语言状况，认识还很模糊，尤其是中唐以后赣闽粤边原有语言对于早期赣语的影响仍是一片迷雾。 据游文良《畲族语言》中的最新成果，畲族所操的客家话的语言底层有古苗瑶语和古壮侗语（即古越语），后者的数量多于前者，这些底层词与客家人所操的客家话的底层词有许多是共有的。

关于闽粤赣接合部畲族的迁徙，畲族专家施联朱指出："总的说来，基本上是从南到东北的迁徙，隋唐之前已在闽、粤、赣三省交界地区，宋元到福建中部、北部一带，明清时已大量遍布于闽东、浙南等地。"闽东、浙南畲族操着近乎客家话的"畲语"（与诸如武平的客家话能互通，但这一地区的畲民强调他们从闽粤赣交界地带来的语言是"畲语"）。 历史上，先要有客家话的初步形成，然后处于人口和经济弱势的畲族才会逐渐习得客家话，甚至放弃自己原本的民族语言。 如果客家话在宋代尚未形成，闽东、浙南畲族能操着近乎客家话的"畲语"是不可想象的。

从新石器到青铜时代，闽南粤东地区古文化与闽江流域古文化，属于不同的区系或类型。 这种古文化的区系或类型差异仍然通过方言区体现着。 福建方言主要分为闽方言和客方言，闽方言主要分为闽东方言和闽南方言，而这两个方言区与两个古文化区大抵是重叠的。 从移民的路线来看，南下移民从闽赣交界的杉关和分水关进入富屯溪和建溪，顺着闽江流域而下，再沿海南下，也就是说，往闽南的移民是进入闽江下游靠近出海口的闽东地域的北方移民或其后裔。 换言之，闽南与闽东的移民人口的语言文化是别无二致的。 之所以出现闽南、闽东两个方言，基本上是当地土著少数民族影响的结果。 从族群的形成来看，是北方移民融合了当地土著族而形成闽南、闽东两个地域人群。

可见，原有的土著居民的语言对迁入的汉族移民的影响是不容忽视的。 既然我们承认客家文化是汉文化融合了畲文化的产物，承认畲语对客家话的形成有明显的介入作用，那么为什么就偏偏忽略闽粤赣交界地区古越语对客家话形成的作用呢？ 这种忽略体现在客家研究者在探讨客家的形成上，几乎忽略了晋唐时期当地汉人与土著越人融合而成为客家先民群体的可能。

闽粤赣交界地区先住民是古越人，这是毋庸置疑的。 汉代以后，也有北方汉民（包括迁入地北方的早先南下汉民的后裔）陆续进入这一地区，这也是没有疑问的。 就以直至宋代人口尚少的粤东地区来说，也有晋代以后的汉人文化考古遗存。 在梅县已发现多处晋墓和一处南朝墓葬群。 从行政区设置也可以看梅州地区人口的变化：东晋义熙九年（413年）在北方流人南下的主要聚居地新辟义招县（治所今大埔县），南朝南齐时（479—502年）置程乡县（治所今梅州市）。 闽西的人口密度要比粤东高。 西晋初，在后来的上杭境设新罗县（后移长汀境），这表明西晋闽西已有一定数量的汉人。 中唐开元二十一年（733年）初设汀州，检得诸州来闽西的"避役百姓三千余户奏置汀州……管县三：长汀、沙、宁化"，连同原有的入籍户数，就不止三千余户。 而赣南早在汉初高祖六年（前201年）就置赣县，西晋初太康三年（280年）设南康郡，这意味早在汉晋赣南就有不算稀少的人口，而且有可能成为向闽西、粤东移民的地区。 在汉晋时期，闽粤赣交界地区的编户籍民主体是汉民。 这些汉民逐渐融合着当地的越人。 一般将唐末五代以后迁入闽粤赣交界地区的南下汉民作为客家先民的主体，对此前的汉民多予以忽略。 房学嘉《客家源流探奥》则高度重视隋唐以前的闽粤赣交界地区的人口状况，提出这些人口是最早的客家群体。 他指出：南朝末期开始出现客家共同体，它是"南迁的中原人与闽粤赣三角地区的古越族混化以后产生的共同体"。 南朝末期客家是否已经形成？ 在形成"客家共同体"过程中的越人是否为主体？ 这的确值得商榷，但可贵的是房学嘉注意到客家的早源，而这一早源对客家形成的重要作用不容忽视。 客家话底层既有古苗瑶语（缘于畲族影响）又有古壮侗语，如果省略了这一早源，客家话的古壮侗语底层词的由来就难以解释。

王东所说早期赣语的传布促成闽粤赣交界地区社会文化同质性的产生，并成为客家方言的基础。然而，此前汉语融合了越语而形成的早期汉语方言（此时在赣南、闽西、粤东的汉语方言应有相当大的差异）难道就被轻易"覆盖"而没有对早期赣语产生影响？难道汉民未迁入时的古越文化对客家话的影响，没有发生过闽方言产生过程中那种汉越交融的过程？房学嘉《客家源流探奥》乃"初生之物，其形必丑"，但其关于高度重视唐以前客家早源的研究，必将成为未来弥补客家源流研究缺陷的引领。

序萧春雷《世族春秋：宁化姓氏宗祠》

　　中国东南发达的宗族组织，早在 20 世纪 50 年代就引起国际学术界的关注。 宗祠，宗族组织的集中体现，像一个个坐标点，当有序连接起来，一个个宗族的运动轨迹就清晰地显示出来。 宗祠的背后是其沧桑的历史。 萧著不仅留意宗族的源流，更关注宗族的文化，从而使宗祠的面貌和表情下有了丰满的肌理和性格。 进而，使宗族史反映的地方史具有纷繁深刻的文化内容。

　　家族是比宗族较小的单位。 明代晚期以前，作为组织化、制度化的宗族尚未普遍出现。 当一个宗族枝分叶发，各种级别房支各有差异。 因此，以家族话宗族，更准确，也更细致深入。 除了雷姓畲民家族外，萧著陈述客家十个名门望族的历史和文化。 按开基祖迁入宁化的时间，大致可以分为三组：一、巫（隋末迁自南平）、罗（唐初迁自沙县）、伍（唐代，迁出地安徽庐江，应经由闽北）；二、张（唐末以后，经由赣南石城）、伊（唐末，经由石城）、刘（唐末，初居石壁，应经由石城）；三、郑（五代，由福州经由闽北）、李（南宋，迁出地南平）、黄（五代末北宋初，迁自邵武）、宁（南宋入闽居邵武，迁建宁，比邻宁化，清代分衍入）。 这些家族汇聚的宁化文化史荟萃，显示前言所论的宁化文化除了闽西文化，还有闽北、江西的强烈影响。 如果按时序，它们大致形成了自下而上的归宗溯源于中原的三个文化叠层：闽北、江西、闽北。 这表明：在唐末五代以后客家先民迁入闽西之前，宁化是闽北文化；在客家先民迁入后，逐渐产生客家文化；与此同时和此后，闽北文化继续融入，其中，宋代以理学为主流的闽北文化逐渐主导宁化的精神走向。 这不仅是宁化文化的演进序列，也浓缩着闽西客家文化的历史进程。 如果将雷姓家族史所提示的畲汉民族文化融合关系也纳入，宁化乃至闽西客家文化史就更完备了。

萧著将宁化视为闽西、闽北文化的结合点，所谓"三心二意"的喻说，精辟地阐释宁化在闽西客家文化史的关键地位，超越了宁化只是客家先民集散地、客家祖地的陈说。

客家形成南宋说应是可靠的，否则对于闽西、粤东畲族的迁徙主流发生于明代以前，明清时期他们在闽东、浙南形成新的大本营，民族内部操着的是客家话这一现象，就匪夷所思。形成于南宋的客家民系，其文化远未定型，被来自闽北的理学文化引领着。明清时，理学对客家文化魂魄起着关键的形塑作用。就连同客家长期涵化的雷姓畲民家族都为之神往，并在早清产生理学名家。

从宁化文化来源的多源多波，从宁化文化既同于汀州流域客家文化，又有所差异，可以洞察客家文化强盛生命力的秘密，那就是文化的多样性。兼擅文史的萧春雷以知性散文闻世，其"三心二意说"深入浅出地表达对宁化，进而是闽西文化史的感悟。相形之下，南下汉民与畲族的文化融合说，显得简陋而残缺。

借助萧春雷的阅读和行路，田野观察和采访，特别是并茂的图文，我们神游宁化宗祠，了解修祠和编谱。总祠、支祠（一般宗祠）、香火堂、祖堂，是宁化宗族成员祭祀祖先的四个级别场所。建祠的择址，风水为要。燕子群起、母猪下崽诸说，揭示生灵主题，即繁衍。修谱的程序和仪式，反映敬始慎终。著者的采录和记述是琐细的，正因为此，调查内容才能尽可能全息保存。著者笔触的感性和细腻，使读者有生动的在场感。越是感性的描述越能产生理性的认识，越是细微的显示越能产生知著的领悟。

宗祠和族谱是宗族认同的基石。在认同的同时，排斥也一并产生。这种排斥既发生于同宗族的不同房族之间，也发生于不同宗族之间。将宗祠、修谱与家族历史文化部分结合起来读时，宗祠、谱牒的文化力在排斥中与各种社会原因结合后的表现，让人惊心动魄。乡民也意识到此，他们以联宗为整合，甚至以某一宗族神普及为多宗族的共神来推进乡族的同睦。对于所景慕的事物不虚美隐丑，这正是辩证精神，也是对传统文化如何扬弃的依据。

犹如深度钻探，而后触及矿脉，这是秉承科研宏旨的探讨方法，也是衡量一个科研成果品质高下的重要标准。萧春雷很谦虚，说谈不上什么创见，像云絮那么远隐。然而，这云竟是萦绕在高高的山巅。

（萧春雷:《世族春秋:宁化姓氏宗祠》,海潮摄影艺术出版社 2010 年版）

张万炬笔下的上杭射山民俗

　　乡民生活的程式化，谓之乡村习俗。 习俗除了节庆和人生礼俗，还有信仰习俗。 国内外研究中国的学术界将民间信仰视为乡村文化的深层结构。 在传统中国农村，尤其是华南，乡村的自治单位是家族、乡族。乡族是家族的联盟，这种联盟通过乡约联手，也通过村庙契合。

　　观察和理解村俗，是深入了解乡民的重要标志。 鉴于当时的移风易俗，信仰民俗不少隐形，但也不是荡然无存。 我所在武平大禾坪坑二队，在入冬后某日，家家户户都到村边的福主公王坛祭祀。 坛是比小庙更原始的露天祭所。 田野是生存，信俗是希冀。

　　在上杭南阳射山大队，有刘、曹、黄、叶、梁、阙 6 个姓氏，后三姓人口只占一成，曹姓最多，占五成。 射山曹姓有"正月十一扛公王"的游神活动：是日，"洪山福主公王"与"五谷真仙"巡游村境，依次在 15 个房族居住的接驾敬神点接受祭拜，供品有米糕、炸豆腐、干果、水果等素食，各点巡毕，乘辇神明在福首（每年抽签选出）所在的接驾点驻跸，当夜演戏，翌日送回原宫。 刘姓则是"三月扛菩萨（定光佛）"。 以上可详见张万炬《射山村今昔》（文载《不老白云山》）。 游神情景是万炬重访射山所录，反映知青与故地的山海情缘，反映改革开放后农民挣脱禁锢的精神家园重建。 据我所知，村社游神的祭祀圈多为异姓组合，射山的血缘性族神祭祀圈比地缘性村神祭祀圈更古老。 正因为张万炬谙熟民俗，射山刘姓接受其建议，重修几乎废弃的祠堂。 这是我所知的厦门知青参与插队村社文化遗产保护的仅有一例。

　　科学包括事实和解释。 准确详细记录所观察的对象，是最基础的。社会科学是自然科学研究方法在社会研究的应用。 张万炬学历初一，在射山却被誉为"科技尖子"，是公社编外农技员。 招工回城到烟厂，因好观察钻研，由锅炉工转为烟叶发酵技术员，并获得全国烟草工艺创新成果奖。 我想，他只是下意识将理工科的实验观察方法运用到射山信俗的记述里。 关涉主题的细节应不厌其烦，才有见微知著的价值。 而那些粗枝大叶的话语，近乎废柴。

随便说，张万炬此文还提到射山往矶头途中的"蛇头隐"，有一座寺庙叫"龙腾寺"。

龙腾寺即蛇腾寺，统属蛇王宫神庙谱系。 闽西的上杭、长汀和永定曾较普见。 瞿秋白就义地罗汉岭，当时就有一座蛇王宫。 据当地信俗，蛇王是忠直诚信的仲裁神，它曾守护着客家人的精神家园。

今人或心浮气躁，不耐烦于不感兴趣的事物，但对于其中的基本方法，应该留意。

感谢张万炬，你弥补了我阅读知青文集长久的缺憾。 感谢张万炬，你让我进一步明白，比知识更重要的是方法。 我还回味起陈元麟近日在武平《情铸梁野》首发座谈会"所言：知青生活和故地重访，让我们读懂农村，读懂中国。

武平县中山镇访古记

一

　　厦门知青早期出版的文集，其中有张旧照插图，数孔石桥前，六七位男知青笑容粲然入镜。那桥，石砌近乎无缝，桥墩舟形恰到好处，协调地与桥拱融为一体，桥孔"半月沉江"半月出水，远望半月倒影合成圆。我猜想，这座石拱桥应在上杭或永定，因为在汀江干流才可能有这么宽阔的河面。

　　2016 年 6 月 17 日，郑振成、陈新民、陈元麟、郑启五和我，在风雨中驱车穿越闽西南到武平，翌日返程前去看看当年五中老三届下乡本县最集中的中山公社。噢！梦里寻它多少度，那桥竟在湛蓝武溪处。

　　武溪，今名中山河，主源于东留与江西交界的崇山峻岭。武溪是武平最长、流量最大的河，它在中山镇治的北侧自西东流，汇了平川来水，一路南下梅江、汀江。有这么壮阔的河，才有那七墩八孔的百米石拱桥。据民国《武平县志》，此桥旧称通济桥，清康熙时邑绅王穆堂捐建，原为木桥，清道光初年毁，后王穆堂曾孙王启图诸兄弟秉承母命，捐其母的祝寿礼金建桥，清道光十年（1830 年）建成，改称永安桥。其实，早在康熙之前，就有通济桥，邑绅王穆堂所筑系重建。明代县推官（辅佐县令的官员）余铜记曰："（武平所）城临武溪，昔有通济桥当北门孔道，岁久而废。"

　　没想到，这座闽西最壮丽的石拱桥属于我的第二故乡——武平，并且是我心中的英雄城——武平所城的护城河。

二

汀州还未设置之前，中山凭借武溪，已经成为闽粤赣三省交界处商品交换的集散地。 中唐置汀州，成为后来"八闽"的一"闽"。 汀州设立时，在今武平境内设武平（今中山）、南安（今平川）二镇。 五代十国的南唐时，武平、南安二镇合并为武平场。"场"系准县级单位，武平场的治所在武溪源（今中山）。 北宋淳化五年（994 年）武平场升为武平县，县治仍为原场治。 宋时武溪源改名武溪里。 至今，中山镇的西侧还有一个村子叫武溪。

武平立县始于中山，后才移至平川即今治所在地。 明初中山建了武平所城，这样，武平就有两座城，一是县城，一是所城。 所即千户所，厦门也曾是千户所的所城。 明代一个千户所的军人千余，每名军人即一个军户，军户似军屯的农户，军人亦兵亦农，军户和军职采用世袭制。 千户所通常未满员，有些仅数百人。 卫所是府属地方的守备部队，承担戍守和屯田。 汀州辖八县，管所的卫在汀州府，汀州卫下辖武平、上杭两个所。 到了清代，卫所制与营伍制度混合。 千户、百户改名为千总、把总（百总）。

武平县治何时移往平川呢？ 康熙《武平县志》卷三《建置志》说："宋绍兴间，使相张魏公浚帅本路，遣官创筑土城（于平川）。"宋代，枢密院主管军务，主官即枢密使，近乎宰相。 张浚知枢密院，故称"使相"。"魏公"是张浚的别号。 南宋绍兴间（1131—1162 年），"遣官创筑土城（于平川）"，当为武平县治由中山迁往平川之始。 如果没有县治改地的诏令，怎能在平川"创筑土城"？ 民国《武平县志》在"邑城"条目说："分三门：东曰永平，南曰南安，西曰人和。 宋绍兴间，使相张魏公浚帅本路，遣官创筑土城。（南宋）端平间，令赵汝瀑重修。……（明朝）弘治十二年……始扩旧址，筑砖城。"

民国《武平县志》对于县治由武溪里（今中山）迁今治（平川），浅尝辄止。 其卷五《城市志》的"县城"条目叙道："县旧为武平场，在武溪里，即明初设千户所之地。 宋淳化五年，就场升县。 其后迁今治，不详何时。"1993 年新编《武平县志》见前志未载明武平县治何时改置于平川，就在"淳化五年，武平场升武平县"后，加上"其后县治由武溪源迁平川"这语焉不详之句。"其后"，极其宽泛而不犯错，实是绵软表述。当然，也可能因沿用旧志的惰性所致。

"绍兴间……创筑土城"，"隆兴元年（1163 年），知县王正国创筑县署"。在未有明确迁治纪年的情况下，"绍兴间"可视为迁治之始。完成迁移治所是一个过程，"隆兴元年……创筑县署"，表明迁治基本完成。

"绍兴间"能不能再准确一些呢？据《宋史》卷三六一《张浚传》，张浚知枢密院，遭劾而落职居福州，时为绍兴四年（1134 年）。张浚"遣官创筑土城"，所遣何人？据民国《武平县志》卷七《氏族志》，冯氏，始祖万八郎，名雯，"绍兴元年，张浚荐（冯雯）为招讨使，奉诏城武平"。"城武平"指在武平建城。据此，可知在平川"创筑土城"的"绍兴间"，即绍兴元年（1131 年）。据民国《武平县志》，冯氏后裔分居象洞富美、冯坊以及郭坑坊。其中，居富美者，明清功名盛出。

武溪孕育出武平最早的经济文化中心，孕育出武平古县，也是武平县名之嚆矢。武溪滋润的千户所城，也和溪名一样阳刚。

三

明洪武二十四年（1391 年），中山设立武平所城，简称武所。来到中山，最想看的就是这座古城。尽管古城所剩无几，但还有遗迹可供凭吊，堪称弥足珍贵。

我们经过圩场，人群熙熙攘攘，我买一把木锯，振成挑一把小钉耙。没有明确的目的，买的是对过去的怀念。穿过圩场，朝东往旧城走去。

旧城只剩下一座东门，叫迎恩门，门洞高约四米，我们五人在门前并排合影，差不多就可以把门挡满。城门用灰黑色砖块砌成，下沿垒着两三层石块。此城始建于明洪武二十四年（1391 年），应是夯土成墙，所以在洪武二十八年（1395 年）才需要"陶砖辇石，包砌坚致"。久闻中山的所城曾遭"屠城"，是"军家话"的方言孤岛，以城内外数十姓为主的中山全镇有百余个姓氏。

明洪武二十四年（1391 年）前后，入驻武平所的官兵，其省县籍来源多元，据王增能收集整理的资料，主要来自江西抚州，其中又以金溪县为主。 其余还有婺源、潮州、上杭等地。 这是"军家话"的第一次融合。 抚州方言是军家话的基本底层。 清初"屠城"后，进驻三百名"乡勇"。乡勇是清朝"绿营"（汉军）地方守军的统称，并不意味他们的籍贯是本地。 这些乡勇是"向风归顺"而入清军的原明朝卫所的军队。 另外，还有返迁的原武平所军人的族人，以及迁入的周边居民。 这是"军家话"的第二次融合。"军家话"在融合过程中，也吸收了本土客家话。 据悉，"军家话"是赣南方言与客家话融合而成的独特方言。

"百姓镇"与"军家话"的形成有同源关系。 据 1981 年王增能等文史工作者在中山镇开展调查，中山镇有 101 姓。 据 1992 年中山文化站文史组调查，中山有 119 姓。 据王增能研究，武所建立前后，迁来中山的军籍姓氏有据可查者，计有：丘、艾、何、王、李、危、车、吴、周、胡、洪、徐、夏、翁、陈、陶、连、许、张、黄、舒、程、彭、余、邬、贾、董、刘、郑、古、祝、侯、傅、龙、欧，共 35 姓。 上述姓氏中，有些是原来当地的客家就有的，但毕竟使得武所的姓氏净增了不少。 军籍姓氏迁来武所之后，大都就地开基立业，繁衍生息下来。 清初"屠城"之后，"乡勇"三百名移驻武所，原武所军人的流离遗属和族人也有返迁回城，或就近居住。 例如，清初抗击清军的守城首领王道一，其族十一房，中有三房，清兵破武所时灭绝，余八房散居武所附近。

清初武所"三屠"，至今没有异议。 1986 年《福建地方志通讯》刊载的王增能《武平所考》指出："清顺治三年至五年，武所被屠城三次。"然而，"三屠"的证据何在？

康熙《武平县志》卷三《建置志》记载："清顺治三年秋，王师入境，归命争先。 所民王道一煽惑徐文泌等众，逆我颜行。 统军李成栋、署邑事陈元，率军攻破，奸渠抚民。 流寇谢志良复乘虚袭杀驻防游击罗其才。 巡道张公嶙然调岩城都司张轸等协官兵乡勇进师攻剿，贼众奔溃。大定之后，革除本所守备及千户所等官军，设官守御，益以屯丁三百名，将叛产任其开垦自给。"这里记载的攻陷所城有三：一是顺治三年（1646年）清军攻陷所城；一是流寇袭杀游击、占领所城；一是在张巡道的调度下，都司张轸率军攻剿，占领所城。 这就是顺治三年至五年（1646—1648 年）的"陷城三次"。 除了第一次清军攻陷所城，"杀戮甚众"的"屠城"外，其余两次，一次是用"乘虚袭杀驻防游击"而占领所城，一次是官军进剿，"贼众奔溃"，收复所城。 因此，后两次不在"屠城"范畴。"清顺治三年秋"，指清军进入汀州属地，攻陷武所是在当年冬。 关于顺治三年（1646 年）冬清军攻陷所城，康熙《武平县志》毫不讳言地记载"屠戮甚众"。 今人所持的清顺治三年至五年（1646—1648 年）的"屠城三次"，应是撷取传说，未加细考。 也可能是将"陷城三次"囫囵吞枣地理解为"屠城三次"。"陷城三次"的记载始见于《武所分田碑记》（康熙《武平县志》卷十《艺文志》），这是武平知县杨宗昌在顺治十一年（1654 年）春写的，时近事确。

可以明确地指出，顺治三年至五年，武所没有"三屠"。 甚至可以说，除了顺治三年冬武所遭受"杀戮甚众"的"屠城"外，历史上，不用说在武所，就是在武平地界也未有第二次"屠城"。 同王增能持"三屠"说的，有张惟主编的《寻根揽胜闽西缘》（海风出版社 1997 年版）。 该书 294 页说："据杨宗昌的《武所分田碑记》中的记载：'武平所一城，原系全汀门户，自顺治三年起至五年止，内奸作孽，陷城三次，被屠三次。'" 其实，杨宗昌《武所分田碑记》的这段原文是："武所一城，原系全汀门户，自顺治三年起至五年止，内奸作孽，陷城三次。"所谓"被屠三次"，是引者所加。

武所王道一领导的攻打县城和守所之战，是武平最重要的抗清武装斗争。 顺治三年（1646 年）八月二十七日，南明隆武帝自延平至汀州。 二十九日清兵追至，汀州失陷。 九月，清军李成栋率部攻下连城、上杭、武平，汀属其余各县望风归顺，惟武平所城独立寒秋。 康熙《武平县志》卷九《人物志》记载："顺治三年冬，逆民王道一等领众攻城，焚毁登龙桥，气焰甚炽。 官兵抗击，追至所城，四面云集攻破之，屠戮甚众，招抚悉平。"据悉，屠城后，尸体收埋在所城东北附近的相公岭。 1981 年，王增能等在那里找到了一块墓碑。 碑中镌刻"万人缘之坟墓"六个大字，两侧刻"诸位大人"和"众位孺人"，碑左上方刻"时乾隆五十一年岁次丙午季春吉旦重修"，碑右下方刻"择阴会等众立"。 此碑现藏县博物馆。

民国《武平县志》卷二十《古迹志·古戍》记载："清顺治三年，王师入境，归命争先。所民王道一煽惑徐文泌等众，逆我颜行。统军李成栋、署县事陈元率军攻破，歼渠抚民。"编撰者一时发蒙，采用前清遗老口吻，贻笑大方。

庆幸的是，同志卷二三《列传》将王道一、徐文泌合撰，叙道："俱武所人，先世皆明初有功，以世袭百户驻所。崇祯元年，蓝塘之役，百户王道坦战死。徐文澜、文沂、文游皆以贡（生）出任，为二人兄弟行。文泌以延安同知归官家居。值国变，隆武二年八月晦，绍宗蒙尘汀州。九月初旬，清统军李成栋师下各县，各县望风纳款。道一、文泌以勋旧世臣，不事二姓，据所城不肯降。其冬，统所众及各乡义兵万余人进攻县城，毁登龙桥，气焰张甚。成栋与署县陈元率军出击，追至所城，四面围攻。为其所破，屠杀甚惨。道一、文泌俱死之。"

以上所述的立场差别，系卷别而编撰者异，而主编者疏于统稿所致。民国《武平县志》编撰多年后，才于民国三十年（1941年）出版，因缺乏编审出版仓促而疏忽。

改革开放，盛世修志。新编《武平县志》的《大事记》记载："顺治三年（1646年）八月二十七日，隆武帝自延平至汀州，二十九日清兵追至，汀州失陷。九月，清军李成栋率部攻下连城、上杭、武平，各县望风纳款，武平所世袭百户王道一和回家探亲的延安同知徐文泌率兵踞城（武平所）抵抗并出击武平县城，与清军抗争。冬，王、徐战死，所城（今中山乡）被破，清军进城屠杀，死难者甚众。"续修于清光绪十八年（1892年）、增修于民国十五年（1926年）的上杭《罗氏族谱》（上杭县客家族谱博物馆藏本）记载："武平所城，以傅公言，坚抗清师，顿遭屠戮之惨。"笔力强似新编县志。难以理解的是，民国《武平县志》的《列传》有王道一、徐文泌，而新编《武平县志》却在《人物传》将二人略去。诸如"画仙"等明清文人都可以入传，不知何由排斥守城抗清英雄？可以明确地说，在这个问题上，新编《武平县志》有所倒退了。

走在武平所城仅存的东门拱道时，历史晦暗的阴云弥漫在眼，雨后城头上渗落的水，犹如血腥的滴落。回厦门后，翻阅有关武所的文献资料，感叹：历史或有"黑云压城城欲摧"的时刻，但也有那震撼人心的闪电惊雷。 清初，清军一路南下，面对肃杀的朔风，敢于抵御清军铁蹄的王道一及其所率的武所守兵，犹如劲节的黄花，尽管凋落纷谢，依然芬芳我心。 中华民族优秀精神遗产的核心是仁义。 反抗民族摧残、民族压迫，捍卫所生息的土地及其人民，正是最高层次的仁，为此而牺牲正是最高层次的义。 明清之际，腥风血雨中的武平所城和扬州城是多么相似。历史称颂捍卫扬州城的史可法，同样也会称颂捍卫武平所城的王道一。第一次到中山就体察武平所城的遗址，让我走进壮烈的历史。 我的第二故乡历史上拥有这样的英雄城，每思忆之，心潮宛若梁野奔瀑。

出了东门，左侧曾是明嘉靖时增建的武所新城，当年新城与老城连成一体。 前面是几百米长的骑楼老街，左侧骑楼间，有奉祀诸葛亮的"武侯王祠"。 据悉，城内原奉祀的"境主"是"东坪公王"，亦即唐代抗击安禄山叛乱的名将张巡。 正在从事国家级历史文化名镇的保护和建设的中山镇，一定会深入整理历史留下的记忆遗产，珍惜这座古镇的魂魄。参观百家姓文化园时，我多么盼望在此园的广场上矗立起王道一的英雄雕像。 真情和真知，是此行最大的收获。 矫情和敷衍，于我如过眼云烟。

闽客双言区民间信仰的功能

一个文化因其族群认同而产生内聚力的同时，也因其族群对相邻的其他文化的识异而产生排斥力，即使同属一个民族的不同民系的亚文化也有类似现象。 在我还未研究客家文化，特别是闽、客关系的时候，我曾设想，客家人文化区与闽南人文化区的交界地带，基于文化差别的族群关系多少是存在紧张的。 然而，数年前当我在闽、客毗邻交错的双言区调查时，实际情况与设想的大不一样。 大体上说，闽客双言区是闽南人与客家人在方言上交融互渗的区域。 从双言区两种文化的向度来看，从客家文化区向闽南文化区逼近的双言区，客家文化由浓而淡；反之，闽南文化区向客家文化区逼近的双言区，闽南文化也是由浓而淡。 正因为有这种亦客亦闽的双言区带的存在，使客家文化与闽南文化之间原本的双向张力状态得以缓冲乃至消解，也使客家文化区与闽南文化区很顺畅地整合为一片，促进了超越文化区的经济区域的发育和形成。 在客家文化与闽南文化的毗邻地带都有闽客双言区的存在。 笔者选择闽客双言区在闽西永定县（按：今为永定区，下同）和闽南南靖县之间的一个区段，来考察民间信仰在促进闽、客文化和谐和族群之间良性互动方面的功能。 由于闽客双言区和与之相邻的闽、客文化区带的社会文化关系没有非此即彼的界限，因此本文的研究还涉及双言区两侧的闽、客文化区带。

在毗邻闽西永定县湖坑镇以及古竹乡的闽南南靖县一侧，一条溪流自北而南，刚触到永定县界便绕了个弯转而汇入南靖县境的船场溪这条九龙江的支流。 背向永定县，溯流而上的这条溪流的溪谷地带，自南而北依次有塔下村、下版村、李屋村、上版村。

塔下村民是张姓客家人，人口 1500 多人，操客家话，男性能操闽南话。 其宋代宁化的始祖是张化孙，在明宣德元年（1426 年）肇基塔下之前，张姓由永定金沙蕉坑迁广东大埔，后又折返北上迁居塔下东面的马头背张屋坪。 塔下张姓几乎都与客家人通婚。

下版村距塔下六七里，人口 1100 多人，分下节（600 多人）、上节（500 余人）2 个聚落，聚落之间相距仅约百米，下版村民为同祖的刘姓。 下节主操闽南话，兼操客家话；上节主操客家话，兼操闽南话。 刘姓祖先于元朝延祐二年（1315 年）由江西瑞金迁上杭田背，续迁永定南门溪新村圭竹卷帐，约于明成化年间（1465—1487 年）迁至下版。

李屋为李姓客家人所居，人口 500 多人，讲客家话，男性能讲闽南话。 其入闽始祖是李火德，约于明代中期由永定奥杳肇基李屋。 李屋与上节仅一溪之隔。 李屋李姓主要与客家通婚。 上节刘姓受到与之紧邻的李姓影响，也是以和客家人通婚为主，而下节刘姓则主要与闽南人通婚。

上版与李屋相距 3 里，村民为同祖黄姓，人口 1200 多人，其祖由宁化迁永定奥杳，尔后肇基上版。 上版黄姓分为山上（最初的肇基处）、山下 2 个聚落，聚落之间的山坡直线距离约 200 米。 山上黄姓讲客家话，男性兼操闽南话；山下黄姓讲闽南话，能听懂一点客家话。 山下黄姓与闽南人通婚。 山上黄姓田园少，男子历来有砍竹破篾编谷笪的传统工艺，多外出谋生，农活主要由妇女承担，娶进门的媳妇非善于田作的客家女不可。

上版村和李屋的东面是平和县芦溪镇闽南人村落，上版北面、西面也皆为本县闽南人村落。 由塔下、下版、李屋、上版四村组成的闽客双言区，其双言现象萌芽于明后期，形成于清代。 在刘姓迁入下版和黄姓迁入上版的山上，下版村下节就居住唐姓闽南人，上版村山下聚落也居住着陈、江两姓的闽南人，这些闽南人于清代迁出，去向不明。

在塔下至上版一带的社区，闽、客民间宗教的互渗现象与上述的双言交汇现象共存；塔下村，作为境主的"民主公王"供奉于清宁宫，"公王"是客家村落社区普见的护社神。 塔下还有座"吴公大帝"（即 * 保生大帝，本文中打 * 号表示传自闽南的地方俗神）庙，该神经由客家人聚居的曲江，传自书洋萧姓闽南人供奉的保生大帝。 塔下诸土楼的楼下正厅供奉的神祇有：观音、福德正神、* 三平祖师、* 城隍妈、* 妈祖、* 吴公大帝、＊圣王公（广泽尊王郭圣王）。

下版村。村神境主是"民主公王"，供于永兴宫。另有三座宫庙及其神明为：镇显宫，供奉＊广泽尊王，配祀惭愧祖师（源自粤东嘉应阴那山）；保安堂，供奉观音、福德正神；天后宫，供奉＊妈祖。

李屋，村神境主为"公王"，供于小庙。

上版村神境主为"金精光禄大夫民主公王"，供于古树下小庙。此外，有一座宽敞的"水尾庵"（解放初期废，遗址尚存），供奉观音、＊保生大帝、关圣帝和周仓爷。

本文考察的闽客双言社区供奉的神祇中，除闽、客地区皆可通见的佛、道神祇外，产自闽南之神以及个别间接由闽南传来之神，在数量上占有明显优势。如果我们再考察双言区分别依托的闽、客文化区两侧，就可以更清楚看出，闽南地方俗神对客家文化区的渗透力较强，而客家地方俗神对闽南文化区的渗透力则较弱。在永定县湖坑镇著名的马额宫，依次供奉着"康太保刘汉公王"、福德正神、惭愧祖师、＊保生大帝、暹罗国汉民主本头公王（清代湖坑李姓旅泰华侨从泰国华侨华人社区引进）、＊三平祖师。在湖坑头的镇丰宫，供奉＊三平祖师及其传统配祀的"虎侍者"和"蛇侍者"。反之，在与湖坑镇比邻的南靖书洋镇闽南人社区，充当类似土地公的"公王"以及"猎射公"则传自客家地区。

双言区的民间信仰对于同姓家族但有方言差异的社区以及异姓家族并有方言差异的社区能起整合作用。在下版，虽同一祖，但下节、上节两聚落方言取向有别，每年一度的农历三月二十四日的妈祖和惭愧祖师"游香"（抬神像在祭祀圈游行）庆典也有助于有方言差异的两聚落的整合。在下版和李屋，每年广泽尊主神诞（农历八月二十二日），下版刘姓与李屋李姓联合组织"游香"庆典，这对有方言差异的两村异姓起整合作用。下版的镇显宫、天后宫、保安堂的诸神信仰圈还包括塔下、上版、书洋、双峰、芦溪等本县和邻县闽、客的村落，这对该地区的这些村落社区也起到松散的整合作用。以双言区为过渡文化带两侧的闽、客文化区有关跨文化区的"割香"（定期的分灵确认）活动，对于族群之间的文化交流也起着促进作用。例如，湖坑坝头供奉三平祖师的镇丰宫，是坝头、下南溪、洋乡3个村落近500人共有的核心宫庙，每年都到闽南平和县三平寺

"割香"一次。 一个方言区的社群对另一个方言区民间宗教神祇的崇奉，甚至还有每年一度的类似"朝圣"的活动，这无疑会增进不同方言群及其文化的亲和力。

民间信仰的认同对闽、客产生的这种文化亲和力，对族群之间产生的矛盾甚至对抗能起化解作用。 这不只是理论演绎，而且有实例证明：塔下张姓客家人与近邻的平和芦溪叶姓闽南人触发的械斗，就因民间宗教的直接介入而平息。 平和县治自明代建县至民国设于与永定县接壤的九峰镇，九峰镇城隍庙的城隍妈之"灵验"闻名遐迩，在塔下村也拥有信众。塔下和芦溪都同处于城隍妈信仰圈里。 清乾隆年间，塔下张姓一中年妇女到芦溪赴圩，返回途中被芦溪叶姓二名男子强暴，这两名叶姓男子当场被续至的张姓数男扭打。 两名受打叶姓鼠窜回去，哭诉"无故"挨打。叶姓自恃族人众多，扬言到塔下拼杀，因时近年关，拟过了年到正月二十日才杀至塔下。 张姓为做防御准备，到与芦溪交界的牛尿岭试放铜铳，铳鸣如雷，叶姓亦忌对方武器精良。 正月十九日，芦溪南面的九锋镇的数名童乩被城隍妈附身起乩，飞奔至芦溪向叶姓传达城隍妈关于两族要化干戈为玉帛之神谕，向来崇奉城隍妈的叶姓遵从之。 正月二十日晨，两名童乩带领叶姓 180 多人到塔下，严阵以待的张姓望来众撑着雨伞（讲和信号），遂迎来众到张氏祠堂招待，童乩再次起乩发布神谕。 两姓皆从，当场议和。 原本就有供奉城隍妈的张姓更加感激神恩，从那时迄今，塔下张姓每隔两年组织进香团到九峰城隍庙进香敬拜。 城隍妈通过童乩发布神谕固然荒诞，然而民间信仰提倡的宽容精神和同一信仰圈的认同感却发挥了现实的弥合作用。 如果以简单化的武断，对包括民间宗教在内的传统文化加以简单的否定，那么历史上的人文世界等于是荒漠一片。

双言区乃至邻近地带不同族群和社群某些共同的民间信仰等文化因素，与双言区乃至邻近地带不同族群和社群共同营造的集市贸易，是相得益彰的，其信仰圈与婚姻圈、贸易圈是有所重叠的。 塔下至上版地带的双言社群所参加的圩市，除了本双言区的下版圩（逢二、七），还有邻近的客家人地区的曲江圩（逢四、九）、湖坑圩（逢一、六），以及邻近的闽南人地区的芦溪圩（逢四、九）和书洋圩（逢三、八）。 在某些情况下，较远的集市更有吸引力。 例如，塔下到芦溪镇有 30 多里，但芦溪镇的集市对于塔下和下版的村民来说却很重要。 由于芦溪地势低缓多田，盛产稻米、瓜果、蔬菜，而处于狭仄溪谷的塔下、下版社区田少缺粮但盛产土纸，这样，芦溪与塔下、下版就产生经济上相互依存、相互促进的关系。某些共同的民间信仰为这种经济的共生关系营造了相应的文化氛围。

双言区不仅在客家人与闽南人的方言区的毗邻过渡地带存在，在客家人与潮州人的方言区的交汇处也同样存在。 在毗邻梅州的潮汕一侧就有"半山客"双言区，"半山客"呈亦客亦潮的文化特征。 正是有"半山客"双言区这一客家人与潮汕人的文化过渡地带，客家人才得以更流畅地顺着汀江直下潮汕沿海，乃至走向南洋，走向世界。 本文的文尾蓦地游摆至"半山客"双言区，意在提示研究客家人与周边族群共同营造的双言区的普遍意义，意在试图走出闽客双言区民间宗教功能这一小课题，扫视更开阔的研究视野。

（《福建民族》2001 年第 3 期）

第六辑

台湾与高山族

大陆古人类东徙台湾

祖国宝岛台湾孤悬于海峡之东，岛上的古人类究竟来自何方？ 三国时沈莹在其所著的《临海水土志》中，第一次对此做过类近的隐约思考。此前，孙吴的船队刚从台湾返回，了解了那里的风土民情。《临海水土志》就是这次观察的记录。 书中还将台湾的"夷州民"与浙南的越人"安家之民"的风俗做了比较，得出了"相似"的结论。 这蕴含着对大陆越人与台湾"山夷"及两者先民的渊源关系的思考。

直至 20 世纪，借助考古学手段，科学思考和实证研究海峡两岸古人类的关系，才成为可能。 人类学家林惠祥在 1929 年到台湾考察和试掘台北圆山新石器时代遗址。 此后，他在福建多次进行新石器时代遗址的调查和发掘。 经过类型学的对比研究，他在 1955 年和 1958 年先后发表《台湾石器时代遗物的研究》和《中国东南区新石器文化特征之一：有段石锛》的论文中，提出："台湾的新石器文化有一点地方特征，但从大体上看，却是属于祖国大陆东南一带的系统"；"台湾新石器时代人类是东南区古越族的一支"。 林惠祥的研究仅限于闽台的新石器时代文化。 1968 年和 1971 年台湾学者先后发现了属于旧石器时代的距今 1.5 万~3 万年前的"长滨文化"和 2 万~3 万年前的"左镇人"化石。 那么台湾旧石器时代的古人类是不是从大陆迁去？

考古发现表明：云南元谋至台湾台南的我国南部，有一条自西而东、从老到新的人类化石、旧石器地点和大熊猫—剑齿象动物群的密集分布带。 左镇动物群大多数就属于大陆南方更新世晚期大熊猫—剑齿象动物群的成员。 然而，直到十几年前，福建尚未发现旧石器时代遗物和古人类化石，这是华南大陆古人类东徙台湾的缺环。 考古学家贾兰坡认为，

"福建离台湾那么近，是人类迁移的必经之路，不可能没有人类化石和旧石器的发现"。 1989 年，福建漳州北郊发现了旧石器。 翌年，福建的考古工作者和中国科学院古脊椎动物与古人类研究所的研究人员联合，在漳州莲花池山进行系统的发掘，发现距今 4 万～5 万年前的旧石器。 石器是人工制品，物与人是研究人类文化的一体两面。 这就是说，4 万～5 万年前，已有古人类活动于闽南地区。 这就为追寻台湾古人类的源头提供了重要的依据。 那么，大陆的古人类是如何跋涉到台湾的呢？

更新世时期的地球曾发生过许多次冰期。 冰期到来，天气寒冷，海洋中大量的水蒸发变成冰雪累积在南、北两极和高山、高纬地带，不能复归于海，陆上冰川和冰盖愈发育，海平面就愈下降。 以更新世比较晚近的时期来看，11 万～30 万年前的庐山冰期发生后，经过一段间冰期以后，在 1.1 万～7.5 万年前又发生大理冰期。 大理冰期又分为 6 万年～7.5 万前和 1.1 万～3 万年前的早、晚两期。 在早、晚大理冰期时，我国东海的海平面分别下降 120 米和 150～160 米。 台湾海峡现有水深一般不超过 100 米，有四分之三海域的水深小于 60 米，东山岛至澎湖列岛的中南部浅滩水深一般不超过 40 米，有些地方仅十几米，在大理冰期时，台湾海峡成为陆地。 古人类和古动物也就可以逗留于原是海峡的陆地，或者迁徙到台湾。 因此，台湾海峡海底必有古人类和古生物的化石。

1987 年在福建东山岛东南约 13 海里的兄弟屿附近海底，打捞出一件人类肱骨残片化石和大量陆上生活的哺乳动物化石。 经初步鉴定，这件石化程度较浅的"东山人"遗骨的年代应属晚更新世至早全新世过渡期的人类化石，即考古学上的旧石器时代到新石器时代过渡之际的 1 万年前。 1998 年 11 月，福建考古工作者在石狮渔民从台湾海峡打捞上来的许多化石中，找到了一件人类化石，其表面呈棕褐色，并留有海生无脊椎动物附着的痕迹。 经确认，该化石系渔民从北纬 23° 30′～25° 00′、东经 119° 20′～120° 30′ 的海域内所得。 经鉴定，该骨骼化石为晚期智人男性个体的右肱骨，石化程度相当高，距今 1.1 万～2.6 万年前。 此外，还有大量的古菱齿象、四不像、野马、鬣狗等暖温带动物（当时台湾海峡陆地和全球气温下降）。 还有一件骨器和一件留有多处人工刻痕的哺乳动物下颌骨。 考古学家贾兰坡将这件人类化石命名为"海峡人"。

台湾岛已发现的最早的人类化石台南"左镇人"和最早的文化遗存"长滨文化"均未超过 3 万年。 漳州莲花池山已发现了距今 4 万～5 万年前的旧石器时代晚期文化，现在台湾海峡又发现 1.1 万～2.6 万年前的人类化石和文化遗物，这充分证明了台湾最早的人类及其文化来自华南，他们是从福建经台湾海峡到达台湾的。

[《福建民族》1999 年第 5 期，署名"白昭（回族）"]

"南岛语族"视野中的台湾先住民"南来论"批判

20 世纪 90 年代以来，一些极端"台独"分子在台湾区域人群研究中抛出了分裂中华民族的"台湾民族独立论"，尤其是在先住民来源问题上大肆渲染"南来论"，称先住民在种族上属于南方古蒙古人种的原马来人系，语言上属于马来—波利尼西亚语族［引者注：Malayo-Polynesian，即"南岛语族"（Austronesian）］，文化特质上属于印度尼西亚文化群，由此可以说，他们系由东南亚北上而移住于台湾者。 先住民"南来论"已成为"民族台独"的理论基石，"台独"分子甚至将这些论调写入中学教科书中，危害甚大。

"台独"分子宣扬台湾先住民与大陆无关的"南来论"，是对先住民"马来"种族、"印度尼西亚式"文化属性和"南岛语族"语言范畴的肆意歪曲。 作为台湾先住民"南来论"重要依据的"南岛语族"东南亚起源论，在民族考古学与比较语言学实践中都忽视了华南大陆的材料，在这一学术缺陷下的"结论"是有悖于自远古以来亚澳间海洋地带土著民族文化发展与空间传播的历史事实的。 考古学的新进展进一步表明：台湾先住民和"南岛语族"及其文化主要起源于华南大陆。

一

台湾的先住民是指大陆汉民在明清时期大规模渡海来台之前居住于台湾地区的土著民族，包括现今台湾地区的山地高山族和主要分布在西部平原高度汉化的平埔人。 从近代民族学、考古学角度关注台湾先住民的来源始于日据期间，1897 年来自东京帝国大学的鸟居龙藏在考察台北圆山贝丘遗址后，首次提出台湾先住民文化的"马来说"。片面强调台湾先住民来源的"马来说"是日据时期由日本学者主导的台湾民族、考古学的主流看法。当然，后来也有南洋土著漂徙入台，但这是台湾先住民的次源和晚源。然而，鸟居龙藏的"马来说"深刻地影响了日据时期的台湾早期历史研究。由于台湾土著民族正好在目前南岛语族地理分布的最北边缘，许多学者只注意晚期由南而来的民族及文化的移动，而忽略了与台湾最为靠近的大陆之关系。

台湾先住民种族、文化的"马来说"，并不能简单地等推为起源上的"南来论"。从日据末期开始随着大陆与台湾地区史前考古资料的增长，许多包括日本人在内的研究台湾少数民族考古的学者们已经注意到台湾先住民文化中的大陆成分、大陆发源。1943年，日人金关丈夫首次指出台湾史前文化中不仅有浓厚的大陆北方文化要素，而且所谓"南方要素"中也有许多是经由中国大陆沿海地方传入台湾的。鹿野忠雄首次总论了台湾原始文化发展的体系，区分了台湾史前考古学文化发展的七个"文化层"，即绳纹陶文化层→网纹陶文化层→黑陶文化层→有段石斧文化层→原东山文化层→巨石文化层→菲律宾铁器文化层，认为前四个文化层属于大陆系统的文化，后三个文化层则分别源自中南半岛和经由菲律宾诸岛北上的。他还对这七层考古学文化做了明确的民族史阐释："台湾先史文化的基底是中国大陆的文化，这种文化曾有数度波及于台湾；其次，又受印度支那混有青铜器、铁器等之金石并用文化的影响；而最后，则从菲岛传入铁器文化。"可见，早在半个多世纪以前，在台日本学者就已经明确地认识到台湾先住民史前文化是由多源和主体大陆起源构成的一个复杂的文化体系。

几乎在金关、鹿野等人站在台湾先住民文化立场上对文化分类、寻找源头的同时，主要以林惠祥、凌纯声等为代表的中国学者则站在大陆文化基底的立场上，从民族学、考古学、语言学、体质人类学等角度先后论述了东亚大陆、台湾岛、东南亚群岛土著民族文化的源流关系，将大陆东南的"百越"及其先民以及他们的文化确定为，包括台湾先住民在内的现存广泛范围的"马来"种族与文化的祖先，指出："越族者或即为留居大陆之古代马来人即所谓原马来人。"分别从体质、文化习俗、考古遗存三个方面对此做了初步论证，即体质上越族已融入南下的汉族，闽粤人即这一混血的人群，越族的体质特征仍部分遗传于闽粤人。 在考古遗存上，有段石锛在南洋、太平洋诸岛和中国东南部（包括台湾）共有，有肩石斧在印度支那、南洋群岛和中国东南部（包括台湾）也共有，刻纹陶即印纹陶也是南洋与中国东南部（包括台湾）共有。 林惠祥确指华南是原马来人的一个起源地，三大种族在华南混血，为主成分是海洋蒙古利亚人，其次是尼格利陀人，再其次是高加索的一远支即印度尼西亚人，原马来人南下南洋群岛后与那里的尼格利陀人和印度尼西亚人继续混血而成为今马来人。

凌纯声先生则考察了从东亚大陆、东南亚到西南太平洋三大群岛地带之间土著民族文化共向体的存在与变迁。 他认为印度尼西亚式的文化群不仅见于东南亚地区，而且存在于古代的华南大陆东南亚以及太平洋群岛间广阔的海洋地带，并称之为"亚洲（或亚澳）地中海文化圈"。 凌先生站在东方古代文明的宏观立场上把握了这一海洋文化的发生与成长，他将东亚大陆的上古人文区分为中西部华夏集团的"大陆文化"和东南部夷越集团的"海洋文化"两类，东南亚、西南太平洋群岛上大同小异的印度尼西亚式的土著文化群（即马来人群或"南岛语族"）都归于远古时代以来大陆东南沿海地区以"珠贝、舟楫、文身"为特点的夷越及其先民的远航文化，"汉平百越"标志着以"金玉、车马、衣冠"为特点的华夏集团势力覆盖了夷越人群在华南大陆的故地。

可见，台湾先住民的"马来"种族、"印度尼西亚式"文化属性和"南岛语族"语言范畴在东亚民族学史上并没有太多的争议，但带有强烈"台独"政治色彩的先住民"南来论"歪曲了这一历史事实的真实含义。

二

"民族台独论"者在台湾先住民起源上的"南来论"不仅出自对台湾先住民"马来"种族、"印度尼西亚式"文化和"南岛语族"之民族史属性的刻意歪曲，而且奉欧美学术界早已过时的"南岛语族"东南亚起源论为"根本依据"。

"南岛语族"是指操马来—波利尼西亚语系的族群集团,分布于西自非洲马达加斯加岛、东至复活节岛、北自台湾岛和夏威夷岛、南至新西兰岛的广阔地带,其中心就在亚洲大陆以南的海岛地带。 在语言学上,1706 年荷兰人莱兰特发现了"南岛"地带诸语言的亲属关系,1836 年德国人洪堡使用"马来—波利尼西亚语"这个术语来指称这个语系的语言,19 世纪末德国人施密特将之命名为"南岛语"。 现存的"南岛语族"一般按地域分为印度尼西亚、波利尼西亚、美拉尼西亚、密克罗尼西亚 4 支分群。

以南岛语族人群为主题的人文研究是在 19 世纪后期以来西方人类学"殖民地研究"的背景下出现的。 1884 年德国人类学家巴斯典描述了以东南亚群岛为中心的、处于东西两大洋和南北两大洲之间的土著民族文化圈,并概之以"印度尼西亚人"。 之后,美国克鲁伯指出:中南半岛与东印度群岛土著组成一个文化区域。 在今菲律宾、印尼群岛、阿萨姆及中南半岛,这一系文化还多保存着相同的文化特质,例如刀耕火种、梯田、祭献用牺牲、嚼槟榔、高顶草屋、巢居、贵重铜锣、竹弓、吹箭、少女房、重祭祀、猎头、人祭、竹祭坛、祖先崇拜、多灵魂。 这些文化特质组成了东南亚古文化。 这对东南亚土著民族文化"形貌"的描述代表了西方学者对东南亚土著人群文化的认识。

由于东亚文化长期基本隔离于西方人文科学研究对象之外,加之现存"南岛语族"的地理分布的北部边缘是台湾岛而不及华南大陆,西方人类学体系中的"南岛语族"起源地的探索也就主要局限于东南亚的群岛地带。 对此,凌纯声先生早在半个世纪以前就予以反思,指出:印度尼西亚文化圈不仅在东南亚的半岛和岛屿,且在大陆方面可至中国南部。 克鲁伯所列的 26 种文化特质中,十之八九都可在华南找到,还有超出者,诸如铜鼓、龙船、弩箭、毒矢、梭镖、长盾、涅齿、穿耳、穿鼻、鼻饮、鼻笛、贯头衣、衣着尾、父子联名、犬图腾、蛇图腾、长杵、楼居、点蜡印花布、岩葬、罐葬、石板棺等,约 50 种。 他提出应将克鲁伯等西方人类学家所指的"印度尼西亚文化圈"的范围扩展到华南大陆,并分别对大陆区、半岛区、岛屿区的古代文化进行分层对比,为进一步阐述"亚洲地中海文化圈"以及"南岛语族"起源于远古时代的大陆夷越先民文化的理论奠定了基础。可惜，这类在地理空间上全面到位的民族考古工作，在南岛语族起源研究上极为有限。

除了以民族考古学为特征的传统人类学工作外，在南岛语族起源问题上还有个主要的阵营，就是语言学领域。西方语言学者对南岛语族起源地区和年代的研究，有三种方法：语系的分群以及语群的层位关系的断定；词汇统计年代学的研究；"原南岛语"的拟测及显示的早期文化。前两种研究方法是相似的，都是使用某一约定的词汇表比较这个语系之下数百种的语言，依其间差异的程度（即共有词汇的百分比）加以分群，然后推测哪些群较早，哪些较晚。这样推测下来的结果，一般都相信南岛语族是起源于东南亚，至多扩及台湾。语言学者研究南岛语族起源地的第三种方法是根据现代南岛语言中词汇的分布，将南岛语系的祖语即原南岛语拟测出来，看它包含什么样的文化内容和环境内容，而后去找某个古代文化地理区域来印证。他们认为南岛语族起源地，北不超过北回归线，南不超过爪哇，应在热带海岸。西方语言学家主导的这些南岛语起源地的"拟测"研究犯了与他们的民族考古学同行一样的失误，他们选择的语言学材料来自现存"南岛语族"人群，即华南大陆之外的材料。从他们所拟测出来的原南岛语族已有铁器来看，所谓的"原"还够不上最早，原南岛语族早在新石器时代就已出现并进行广泛的迁徙；从他们拟测的原南岛语词汇所反映的文化特质与环境特点来看，不仅热带海岸地带可以发生，亚热带大陆海岸地带也可以发生。

"汉平百越"以来，华南大陆的原南岛语族即古越族部分在与他族融合的过程中，形成壮侗语族系统的壮族、布依族、傣族、侗族、黎族、仫佬族、毛南族等少数民族，部分融入了南下的汉族。南岛语与壮侗语有发生学关系，这一点经一些学者半个多世纪的研究，已为多数语言学者所接受。在中国，将壮侗族列为汉藏语系的三大语族之一，可能欠当。对于壮侗语与南岛语的同源关系，许多中国学者仍持怀疑态度，但也有一些学者通过壮侗语部分基本词汇与印度尼西亚语族的几个主要语言进行比较分析，不断深化着壮侗语与南岛语同源的认识。有的学者还从南方汉语，特别是闽方言去发现古南岛语底层。邓晓华指出："居住在大陆东南沿海的壮侗语族先民操的是原南岛语，证据是壮侗人与南岛人有一批同源词。 同源词是亲属语言中最古老的基本核心词，既是确定亲属语言的根据，又是了解操这种语言的人们的文化历史背景的窗口。"只有重视华南大陆残存的南岛语族语言和语言底层，原南岛语的拟测才会靠近历史的真实。

总之，不管是民族考古学领域的土著文化研究，还是语言学领域的原南岛语拟测，迄今为止欧美学者主导的研究工作基本上忽视了华南大陆的材料，而在这一学术缺陷下获得的南岛语族"东南亚起源论"，有悖于自远古以来亚澳间海洋地带土著民族文化发展与空间传播的历史事实。

三

无论是日据时代后期的台湾史前文化研究，还是林惠祥、凌纯声等先生开创的台湾先住民及更广泛范围之"南岛语族"的大陆起源研究，都离不开考古学的实物证据。 最近 20 多年来，随着华南大陆至台湾岛、东南亚、西南太平洋广泛地带的考古新发现与跨时空的比较研究，这一土著地带史前考古文化谱系建构并予以民族史的阐释，使得台湾先住民与南岛语族大陆起源的考古学证据更加丰富与明确了。

最初的线索来自更新世的人类化石与旧石器文化的材料。 在东亚范围直立人化石材料中，1980 年发现的安徽和县猿人头骨化石表现出许多与北京猿人不同的、不属于阶段性差别的特殊性状。 这些特征正好接近于印尼爪哇猿人，这一明确的分域特征表明和县猿人是与爪哇猿人密切相关的东亚猿人"南支"在大陆的代表，是迄今华南土著种族起源的最早证据。 更新世东亚"南支"土著的种族特征在智人阶段延续下来。

在我国旧石器文化体系中，砾石石器工具与石片石器工具分别是东南、华北两个旧石器文化地域传统的主流技术。 在东南大陆，迄今发现最早的砾石石器遗存是近 30 万年前的鄂东南大冶石龙头文化。 将砾石石器工具看成东南地区史前原初文化本地起源、发展的考古证据，这在考古学界已没有任何异议。 这种砾石石器文化同样是东南亚地区旧石器文化的主流形态。 分布于华南到东南亚的这一地域性砾石石器文化传统还有向本地区中石器时代、新石器时代早期文化延续发展的证据，是形成这一土著文化"共同体"地带新石器乃至青铜时代地域文化传统的重要基础，因此这一远古"共同体"应就是南岛语族先民种族与文化发育的雏形。

闽台地区处于这一"共同体"地域的中段。 在台湾，1968 年、1971 年台湾学者先后发现了距今 1.5 万～3 万年前的"长滨文化"和 2 万～3 万年前的"左镇人"化石。 虽然左镇人有限的化石材料难以开展区域人种特征的比较研究，但长滨乾元洞、海雷洞 A 组文化就是华南旧石器时代的砾石石器文化传统，1981 年发现的垦丁鹅銮鼻近百件打制石器也属于这一技术。 福建的旧石器考古工作虽然滞后，但 1990 年在漳州北郊莲花池山下层和竹林山地点发现的数万年前打制石器也属于砾石砍砸器、刮削器工具，这表明在以细小石器为特征的"莲花池山上层文化"出现之前，福建地区同样是华南砾石石器技术传统发育的历史舞台。 可见，旧石器时代闽台地带的基层文化就是自华南到东南亚的土著人群文化"共同体"的一个环节。

进入全新世以后，由于冰后期极地冰雪消融、海平面上升，华南大陆与台湾岛、东南亚群岛以及太平洋群岛的远古"陆桥"为海峡地带所取代，但考古资料表明奠基于旧石器时代的"南岛语族"土著人群"共同体"的文化往来并没有为浩瀚的海洋所阻隔。 后来发展过程中的几何印纹陶、有段石锛等文化遗存首先出现于我国东南区，并且是其土著民族古文化特征。 这类东南古文化东向传于台湾岛、菲律宾以及波利尼西亚诸岛。 印纹陶、有段石锛等典型文化因素的剖析，奠定了东南区史前考古的基本框架，明确了新石器时代以来，从东南大陆，经台湾岛、东南亚群岛到大洋洲之间广阔海洋地带内，土著文化"共同地域传统"的存在、文化传播与流向的基本格局。 这一格局实际上就是"南岛语族"大陆发生、海洋传播的典型实物解说。

客观地说，半个世纪前林惠祥的民族考古实践还只是抓住典型实物资料、勾画史前期"亚洲东南海洋地带"土著文化共同体的发育与传播，还没有上升到考古学文化谱系建构以及由此引发的更精细的民族史诠释，而后者是东南区考古 20 多年来的主要成就。 其中，直接关系到闽台土著民族史和南岛语族文化史课题的，就是海峡两岸的新石器全早期铁器时代考古学文化谱系的建构。

在海峡西岸地带，一个跨时空的先秦两汉考古学文化区系结构已经建立，闽江下游是该文化体系发育的中心，壳丘头文化（5500～6000年前）→昙石山下层文化（5000～5500年前）→昙石山（中层）文化（4000～5000年前）→昙石山上层文化（3500～4000年前）→黄土仑文化（3000～3500年前）→铁山文化（2400～3000年前）→富林岗文化（2000～2400年前）构成一个一脉相承、延续发展的土著文化支系；闽江上游、粤东闽西南、珠江三角洲、北江山地等分区中也发现了基本同步的支系文化。

台湾岛的史前考古也已突破了鹿野忠雄"七个文化层"的认识水平，建立起一个史前文化多时空的框架，在史前文化繁荣发展的西海岸平原地区，北部、中部和南部各成序列。 在北部平原地带，大坌坑文化（4000～5000年前）→芝山岩文化（3500～4000年前）→圆山文化（2000～3500年前）→植物园文化（1000～2000年前）→十三行文化（400～1000年前）一脉相承；在中部沿海，牛骂头文化（4000～5000年前）→大邱园文化（3000～4000年前）→营埔文化（2000～3000年前）→番仔园文化（400～1700年前）自成序列；在南部地区，八甲村文化（4000～5000年前）→凤鼻头文化（3300～4000年前）→牛绸子文化（2500～3300年前）→大湖文化（1000～2500年前）→茑菘文化（400～1000年前）延续发展。 两岸史前文化的总谱系为比较研究提供了比较可靠的平台与编年框架。

从总体上说，两岸多时空的考古学文化与中原华夏系统的文化内涵和形态截然有别，尤其是在陶器生活用具上表现得最为显著。 前者是以一套圜底、圈足的器具为稳定组合的印纹陶系统，而后者则以三足、袋类的器具为稳定组合的素面、泥灰陶系统为特征。 在东南沿海的史前文化群系中，虽然中原华夏系统的三足、袋类器具也曾不同程度地影响、渗透到这一地区，但古文化总体的土著格局未变。 直到周末、秦汉以来代表楚汉文化系统的考古遗存才开始在大陆东南沿海出现并普及，而台湾岛开始得更晚。

我们不赞成张光直先生将两岸"南岛语族"起源的探索对象限定于大坌坑、壳丘头等新石器早期文化，割裂新石器至早期铁器时代土著文化延续性的看法。 而从两岸史前文化关系的具体讲，大坌坑、牛骂头、八甲村等以绳纹陶为特征的文化是台湾新石器文化的最底层，该文化陶器器表装饰粗绳纹、刻划纹、戳印纹、指甲纹，主要器型为圜底的高领罐、钵等，与海峡对岸的壳丘头文化以及闽、粤沿海同阶段的富国墩、石尾山、黄岩洞等内涵相似、阶段相当，但大坌坑等台湾绳纹陶文化的绝对年代较之壳丘头等同阶段文化迟滞数千年不等，应是文化传播与岛地文化的延续发展所致。 芝山岩、大邱园、凤鼻头等为代表的台湾新石器时代中期文化则与大陆沿海的昙石山下层文化以及同阶段闽粤沿海的石峡下层早期、大湾、陈桥、腊洲山等文化阶段相当，内涵也非常相似，尤其是磨光红陶、细绳纹陶、几何形纹红彩陶和束颈圜底罐、釜、直颈圈足壶等代表性特征非常一致，但台湾岛这些红陶文化诸类型同样滞后于闽粤沿海同阶段文化约 2000～3000 年不等。 圆山、营埔和牛绸子—大湖文化等以灰黑陶为代表的台湾新石器晚期文化则与闽粤沿海龙山期的昙石山（中层）文化、石峡文化、河宕文化发展阶段相同，面貌相似，但前者的发展也明显滞后了 1000 多年。 正是基于这一事实，我们曾经将台湾西海岸新石器文化的发展，视为史前期华南大陆文化向海岛的几次重大的文化移动浪潮的结果。 正是这一长期、复杂的文化传播过程，才形成了台湾先住民文化的多样性和总体大陆起源的历史格局。

[《福建民族》2002 年第 2 期,署名"郭志超(回族) 吴春明"]

台湾岛名考源

　　台湾自古就是我国的神圣领土，台湾的先民是我国东南先民的一支，其历史源头甚至可以远溯至 2 万～3 万年前的左镇人和长滨文化。　三国时孙吴开始经略台湾，那时台湾在史书上称为"夷州"。　隋、唐、宋时称为"流求"，元代别写为"琉求"，明代改称为"东番"（有的学者认为"东番"仅称台湾西南平原地区）。"台湾"这一新的岛名到明末才出现。它源于高山族西拉雅人所称的一个社名，后来是安平一带的港口，进而演变为全岛之称。

　　古代台湾西部和北部平原居住着高山族平埔人，平埔人有 10 个支族，居住在今台南一带的一支平埔人叫西拉雅人。　当时在今台南市与安平镇之间有个大海湾，海湾外侧有一道由 11 个沙屿组成或断或连的天然防波堤。　海湾阔约 6 里、长达 30 里，可泊千舟。　在今安平镇的地方原有个西拉雅人的"番社"叫"台窝湾"（闽南方言音译），意为"滨海之地"。　大陆闽南汉族移民就把"台窝湾"社一带略有省译地称为"大员"。　至晚在 16 世纪初，"台窝湾"已经成为大陆渔民、商贩在台湾登陆泊舟的主要港澳，称为"大员"。　1603 年 1 月，明将沈有容率战船 14 艘追击 7 艘倭船至台湾西南海岸，"倭破，收泊大员"。　福建连江人陈第在当年春撰《东番记》，就是记载这次他随军破倭后在台湾的见闻。《东番记》说："东番夷人（指高山族）不知所自始，居澎湖外洋海岛中，起魍港、加老湾，历大员、尧港、打狗屿、小淡水、双溪口、咖哩林、沙巴里、大帮坑，皆其居也。　断续凡千余里，种类甚蕃。"其中的"大员"即"台窝湾"。　这是文献第一次出现"大员"地名。　比陈第写《东番记》稍晚，福建莆田人周婴在明天启、崇祯之际，也写了一篇《东番记》，开篇即说："大壑之中，有彭湖之岛屿焉。 若夫气敛天末，雾霁海东，每见攒峰连云，遥林如黛，盖古裸国也，是为东番，顺风扬帆，穷日至岸。 其地为：起蟒巷［港］、打狗屿、小淡水、大封［帮］坑、鹿耳门、沙巴哩、双溪口、咖老湾、家哩林、台员港。"这里的"台员"即"大员"，而且更明确地标明是港口。

连横《台湾通史》，引《瀛壖百咏·序》谓："明季周婴《远游篇》，载东番一篇（引者注：此即《东番记》），称其地为台员。"清康熙时徐怀祖撰《台湾随笔》，也说周婴《东番记》"称台湾为台员"。 其实，周婴《东番记》的"台员"同陈第《东番记》的"大员"一样，都是"台窝湾"的闽南方言的同音异写；两篇《东番记》都称台湾为"东番"。 1624 年，第二次侵占澎湖的荷兰殖民者被明军驱逐后，遁窜台湾"大员"港。 这一年冬，诏安县乡官沈铁代表民意上书福建巡抚南居益，要求宣谕荷人撤走。 书云："夫大湾去彭湖数十里，虽称裔区，实泉、漳咽喉也。 沿海商民捕钓、贸易，往来必经……三长老垦望祖台给以公檄……严令红裔速归本土，不许久驻大湾。"沈铁所指的"大湾"，仍然是"大员""台员"港名的同音异写，"大员""台员""大湾"的闽南话发音都为 daiwan。 当时荷兰人在地图上，将今台南安平标注为 Tayowan 或 Teijoan，也是"台窝湾"的拼写。

由于今台南一带是以闽南籍为主的早期大陆移民到台湾的集中地，因而"台员"就有由一个小地名逐渐扩大为全岛之称的倾向性；与此同时，由于"台员"港有一个很大的海湾，"台湾"既与"台员"同音（闽南话），又有指称对象的表征性和形象性，这就使"台湾"易于取代"台员"一名。"台湾"之名最早见于明朝崇祯八年（1635 年）工科给事中何楷《靖海策》一文中。 何楷在这篇疏文中说："今欲靖寇氛，非墟其窟不可。 其窟维何？ 台湾是也。 台湾在彭湖外，距漳、泉止两日夜程，地广而腴。 初，贫民时至其地，规鱼盐之利，后见兵威不及，往往聚而为盗。 近则红毛筑城其中，与奸民互市……墟之之计，非可干戈从事，必严通海之禁，俾红毛无从谋利……红毛舍此而去，然后海氛可靖也。"这里出现的台湾基本上就是称台湾本岛。"台湾"的闽南话发音仍是 daiwan，与"大员"的闽南话发音完全相同。 上文中所描述的"地广而腴"，不可能只是"大员"港一带，而应是有辽阔之区的全岛。

此后，"台湾"作为台湾岛名就固定下来。 至郑成功收复台湾前夕，"台湾"已非常明确成为台湾岛之称。 南明永历十一年（1657 年）六月，郑成功的部属杨英在其军旅日记《从征实录》记道："藩驾驻思明州。 台湾红夷酋长揆一遣通事何廷斌至思明启藩。"我们可以从杨英的另一段记录，证明上述的"台湾"即指台湾本岛。 明永历十五年（1661 年）正月，杨英《从征实录》记道："（郑成功）集诸将密议曰……前年何廷斌所进台湾一图，田园万顷，沃野千里，饷银数十万，造船制器，吾民麟［鳞］集所优为者。 近为红夷占据……我欲平克台湾。"有"沃野千里"的"台湾"当然是指称全岛了。 当"台湾"从港口名扩大为岛名时，"台湾"作为港口的原本指称仍然还在并用。 杨英《从征实录》记载："四月初一郑军取道鹿耳门登陆。 初四赤崁城荷军投降。 五月初二日藩驾驻台湾……改赤嵌地方为东都明京，设一府二县……改台湾为安平镇。"五月初二日，郑成功系驻于以赤嵌为中心的"大员"港，可见上文中的"驻台湾"和"改台湾为安平镇"的"台湾"就是"大员"。 1661 年 4 月 30 日郑成功的军队在台湾鹿耳门登陆后，敦促荷兰侵略者投降，义正词严地向荷兰使者指出，台湾一向是属于中国的。 郑成功收复台湾后，"台湾"作为全岛地名频频出现于清朝皇帝诏书和臣僚疏文中。 康熙元年（1662 年）福建总督李率泰上疏的军机题本中，"台湾"累累出现。 康熙三年（1664 年）七月十八日康熙帝封施琅为靖海将军，命其统师征台，其敕谕说："海寇虽已荡平，逆贼郑锦尚窜台湾。"1683 年台湾归清，清政府于次年设立台湾府，下辖台湾、凤山、诸罗三县。 1885 年中法战争结束后，为巩固海防，台湾正式建省，台湾由府名变为省名。

（《福建民族》1999 年第 6 期）

台湾少数民族族称历史述略

台湾的少数民族，包括阿美人、泰雅人、排湾人、布农人、卑南人、鲁凯人、邹人、赛夏人、雅美人，还有平埔人。 对台湾少数民族，概称为高山族。 台湾当局则统称为"山胞"，由此又有"山地山胞"和"平地山胞"的分称；台湾学术界则称高山族、土著族、先住民等，兹介绍台湾少数民族名称的来龙去脉。

从史籍记载来看，历史上对台湾的最早居民有如下称法：三国沈莹《临海水土志》称"山夷"；《汉书》称"东夷"；《隋书》称"流求""土人"；明代，陈第《东番记》称"东番"，何乔远《闽书》称"东番夷"，郑成功收复台湾后称"土番"；清代，称台湾少数民族为"番族""番人""土番"，又根据台湾少数民族分布地区和社会经济、政治状况，区分为"熟番"和"生番"（"野番"属"生番"类别），熟番大部分即后来的平埔番，也就是现在的平埔人；生番即高山番，也就是现在的阿美人、泰雅人、排湾人、布农人、卑南人、鲁凯人、邹人、赛夏人和雅美人共 9 个族群。

1895 年日本帝国主义侵占台湾，称台湾少数民族为"蕃族"，后又改称"高砂族"。 1897 年，日寇"台湾总督府"把高山族分为"山蕃"和"平地蕃"，"山蕃"包括"有黥蕃"和"高山蕃"；"平地蕃"也包括"阿眉蕃""卑南蕃""知本蕃""平埔蕃""加礼宛蕃"等，除"平埔蕃"外，其他类属"生番"。 1935 年台北的日本帝国大学附设的土俗人种学研究室移川子之藏等人根据"蕃族"各族群的语言习俗和社会组织等差异，把"蕃族"分为九族（不包平埔人）。

1945 年抗日战争胜利，台湾摆脱日本殖民统治后，在祖国的学术著作、报刊和民间习惯上，称台湾少数民族为高山族或"蕃族"。 新中国成立后的 1953 年全国人口普查中，当时的中央人民政府政务院有关单位正式采用并公布高山族这一名称。 1958 年全国少数民族社会历史调查中，根据与大陆的台湾少数民族同胞协商，称为高山族。

20 世纪 80 年代初以后，大陆部分学者建议不采用高山族名称，主要理由是高山族之称与日本侵台有联系，根据是，1593 年日本丰臣秀吉发动侵朝战争时，曾托贸易商原田往吕宋之便，顺道携所谓"高山国招谕文书"至台湾，威胁台湾各族人民向日本纳贡。 1616 年日本村山等人武装侵犯台湾时，德川幕府所发"异国渡海朱印帐"，也记有"高砂国"，称台湾少数民族为"高砂族"。 日本据台时也用过"高砂族"。 不同意这一意见者的理由是，早在日本占据台湾之前，清代文献就有称高山族为"高山蕃"和"平埔蕃"，而"高山蕃"称呼与 1593 年丰臣秀吉所谓"高山族招谕文书"中所称毫无关系。

部分大陆学者建议不采用高山族名称的又一理由是，高山族包括九个支族，这九个支族实际上是单一的少数民族。 这一建议有助于前瞻性的考虑。 但是，由于条件的限制和对高山族内部各个族群的研究尚未成熟到能够对他们重新进行民族识别，目前仍沿用高山族族称是明智和稳妥的。

在台湾，当局曾用过高山族这一名称，但很快就改用"山胞"以及"平地山胞"和"山地山胞"名称。 在学术界，除了对台湾少数民族各个族群有不同称呼外，仍有合称为高山族。 此外，还使用"先住民""土著族""山地民族"等作为台湾少数民族的统称。

（《福建民族》1996 年第 2 期，署名"郭宏"）

高山族九族群的发祥传说与族源解释

　　传说或为朦胧的纪实，或为反映群体文化心理的虚构，或者两者兼有。　高山族许多发祥传说，蕴含着有关族源的历史信息，把台湾少数民族笼统称为所谓"原住民"便于"民族台独"论者浑水摸鱼，渲染"南来论"，诸如以某些族群来源于南洋，即进行所谓的"南岛是台湾原住民原乡"的炒作。　历史上确有南洋群岛的土著迁入台湾，"南来论"即以此大做文章。　其实，族源来自南洋的只是少数族群，而大多数族群的族源来自祖国大陆，并且他们迁徙到台湾的时间要早得多，至少已有数千年（台湾旧石器文化应与尼格利陀人有关）。　对高山族来源的研究，若分别进行诸族群的探讨，"民族台独"用"南来论"以惑众所依托的学术空间就狭窄得多。

一、泰雅人

　　陈国钧在花莲秀林乡，收集有泰雅人的以下传说（见《台湾土著社会始祖传说》）：

　　　　天地开辟之初，有一男神和女神自天而降，来到最高的山上一块大岩石上，忽然这块大岩石分裂为二：一变为大自然，一变为宫殿。二神便把此地叫作"祖先之地"，定居于此，并从此繁殖其子孙。

　　　　太古大霸尖山上有一块巨石头，偶然破裂，生出来一男一女，他们便是人类的始祖。

李亦园等于 1960 年到宜兰南澳乡调查，在《南澳泰雅人》的报告中录有在南澳、金洋两村采集的传说：

> 现在的人类都是从 Pinsabulkan 地方的大石生出来的。古时，Pinsabulkan（在今南湖大山）的大石忽分开来，最先生出二个人，为一男一女。

小岛由道在《蕃族惯习调查报告书》录有南澳群这一传说：

> 太古，大霸尖山有一巨石突出，内似有一男一女。有乌鸦和 Sisilek（鸟名）悉察，每日来此祈祷人类出生。一日，Sisilek 的祈祷奏效，轰然一声，大石裂为二，里面出现一男一女，二人相婚，子孙繁殖，为泰雅人的始祖。

铃木作太郎在《台湾蕃族之研究》一书内，录有一个并未指明何地的泰雅人下列传说：

> 开辟之初，有一男神与二女神，自大山绝顶的千引岩从天而降，岩忽中裂，出现尊殿。三神即以此为居，这就是他们的祖先之地。

在高山族诸族群的始祖传说中，山顶或巨岩发祥说在泰雅人中最为典型。

二、赛夏人

《新竹县志稿》（卷末）录有这一传说：

> 祖先住平地，后因洪水泛滥，渐次逃入深山，迫抵大霸尖山时，只剩男女二孩提。及长，结为夫妇，生男育女，子孙繁衍，原与泰雅人同住一方，后因土地狭隘，乃分袂南迁。其新迁地域广阔，北自大科坎、咸菜

硼，西至中港、田尾、大湖，皆为赛夏人之领域。赛夏、泰雅二族，至今犹以大霸尖山为其种族发祥之地，称之为祖山。

赛夏人的发祥传说，与山顶、洪水有关。据上述的"赛夏、泰雅二族，至今犹以大霸尖山为其种族发祥之地，称之为祖山"，由此可知赛夏人与泰雅人有密切的关系，在高山族诸族群中唯有赛夏人有类似泰雅人的文面习俗，而且文化有较高的同质性，这暗示：历史上赛夏人应与泰雅人曾有过通婚混血。

三、布农人

陈国钧在花莲县的万里（按：今为万荣乡）、卓溪二乡及台东县海端乡，访得布农人的这一传说（见上书，下同）：

在很久以前，某一地方有个很大的岩石，因发生一次很大的地震，把这个大岩石裂成两个洞穴。经过十五年之后某一月圆之时，先从一个洞穴里出来一个男人，又从另一个洞穴里出来一个女人，后来就结合为夫妇，产生二男二女，慢慢繁殖了许多人。

陈国钧还引录了佐山融吉在卓社群所采录的传说：

太古，Emeparu 山顶上有一巨石。一日，石头裂开，出现许多人。

《台湾省通志》录有布农人的这一传说：

相传拉摩坎（Ramogan）地方，昔有一男一女，夜梦以蛇之蜕皮鼓打女人，即可使其怀孕，醒来依法实施，乃得四男三女，成人后各成夫妇，繁衍种族。某日，浊水溪因大蛇阻流，洪水泛滥，族众逃至玉山、卓社大山、东峦大山等高处……

农布人的发祥传说，主要为山顶说，具体有岩裂说、岩穴说，即使在传说中始初非此，后来也与山顶说有关。

四、邹人

《台湾省通志》记载邹人的这一传说：

> 相传太古时代，天神哈穆降至玉山而造人类，后来人口繁衍，各选佳地分散而居。

邹人发祥说为山顶说，并确指玉山。

五、排湾人

陈国钧在台东县金峰乡访得该族的传说："祖先起源于今之知本主山……"

日人佐山融吉在《蕃族调查报告书》内，录有排湾人太麻里社的这一传说：

> 太古 Panapanayan 地方有巨石，巨石出现一女人 Rarigimu，饮该石流出的汗水为生。后来，与大南社人 Basakaran 结为夫妇，生下二女……

小鸟由道在《蕃族惯习调查报告书》内，录有排湾人高士佛社这一传说：

> 太古 Kinabakan 处有大石，一日裂开生出男女二人……此二人成长后相婚，子孙繁殖。后来，地方窄小，一部分北上赴知本社为卑南人之祖。其余者南下成排湾人的祖先。

小林保祥在《排湾人的传说》中录有牡丹社的传说：

> 昔日，大武山上一根竹子裂开，里面生出许多蛇。蛇成长后化成人，是为我们的祖先。

排湾人一般以知本主山为传说中的发祥地。

六、鲁凯人

小林保祥在《排人族的传说》一文内，录有 Taravasadzi 社的这一传说：

> 昔日，女神 Rukuraw 由 Takaraws（大武山上天）降临于 Tavatava 地。当时，天空低，阳光强烈，女神以石杵把天推上，后来，女神和 Rawpurun（男人）结婚……为 Tsalisn 的祖先。

鲁凯人发祥说既有岩裂说，也有蛋生说，并混杂有蛇生说等。 上述的传说中，有提到女神由大武山的上空降临，据此，大武山应为鲁凯人传说中的发祥地。 据《台湾省通志》记载，鲁凯人认为，人死后"魂归大武山"。 这反映大武山是其发祥地。

七、卑南人

陈国钧在台东县卑南乡访得卑南人传说后说：

> 他们的祖先，系来自太平洋中的小岛，乃属靠近台东的附近，叫作"Panapanayan"，一直到今天，在他们举行祭祖之时，仍须面对着绿岛及兰屿方向祭拜，这可能说他们的祖先确是从那个地方移来。

> 原来的知本、吕家诸社，说他们的祖先发祥于 Ruvaan 的大石，曾经

闽南人及其邻近族群：郭志超教授人类学随笔

到过 Hadawayan 以及 Karukalan 等山地,然后来到台东平原,其中有一部分人还南下恒春。

佐山融吉在《蕃族调查报告书》录有这一传说:

> 太古 Ruboan 地有一巨石,石头裂为二,出现一女人……

《台湾省通志》录有太麻里社的这一传说:

> 古时,巴那巴扬地方有一巨石,中有一女,饮巨石流出之汗而长大。后与大南社男人结为夫妇而育二女……

卑南人发祥说既有岸裂说,也有海岛发祥传说。 阿美人发祥传说(见下)也指明发祥地为"东海一孤岛"。 该岛是阿美人祖先从南洋北上台湾停留的中转地,上述传说应是缘于卑南人与阿美人通婚混血而采纳阿美人传说。 据传说,卑南人与鲁凯人也有通婚混血关系:卑南人知本社传说一巨石裂开,出现一女,所生的女儿,即与来自大南社的男子结婚。(注:大南社属鲁凯人)。

八、阿美人

陈国钧在花莲县附近的吉安乡调查,访得南势阿美的这一传说:

> 今化仁村(即里漏社)七邻的辖地内,有一座茅棚下,放置着三条黑心木制的独木船,船身已残破不堪,仅供参观之用。据传这三只独木船乃化仁村阿美人的始祖乘渡来此者,为一古老的遗物。在日据时,化仁村原名舟津,即取其始祖乘舟靠岸之意,对此三船特别珍惜,筑一藏船之所,保管此古老遗物。光复后该屋倾坍,住该处的阿美人以祖先遗物,任凭风雨的摧残,必至灭迹,无以对祖先开土之恩,乃在原处再筑一茅棚安放,每隔七年犹举行一次庄严古雅的"船祭"。

任先民在其《花莲县太巴塱阿美人的祖词》一文中，录了这一传说：

    在太古时代，太巴塱的祖先们，是住在南方 Arpanapajan 地方的，都是天上的神人，最早一代的神人叫作 Masura，有一男一女……

日人铃木作太郎在《台湾蕃族的研究》一书中，录有阿美人的这一传说：

    太古之时，东海有一岛，名 Boruto，一日 Abokurayan 神降临其地，隔一河，有女神 Tariburayan 居其处。两神交谈，心心相印，遂同居。日镦，子孙繁殖，孤岛 Boruto 不能容纳。男神 Abokurayan 遂以大木造船，偕妻 Tariburayan，又伴同子媳，离开此岛。船西进，旋至一处，名 Kawasan 登陆，不意此处早为凶神所居，回船转向北行，至 Tararoma（花莲港附近），亦不恰意；乃至乘船前进，至 Takirisu（在宜兰），上陆定居。

由上可知，阿美人先民系从海上漂来，或指明漂自东海一孤岛。

林惠祥于 1929 年到过台东新港（海岸阿美）调查，说："余在新港时闻其地土人之传说，谓其祖先系从南方来，故其屋门必南向，人死则头必朝南。"

台东纵谷平原和东海岸除旧石器时代遗物外，至少还有两个不同的文化层。较早的一层是属于大坌坑一类的绳纹陶文化，而较晚的一层是有石刀和各色陶器的农耕文化，关于晚层文化，曾在菲律宾做过考古研究的日本学者鹿野忠雄认为：台东纵谷平原和东海岸诸遗址出土的陶器中的两三种，在其质料上与非铁器时代者完全一致或者颇相似。如红陶亦可认为由菲岛传入（但台东以外地方的红陶另当别论）。某些玻璃制手镯亦可视为如此。此外，东海岸掘得的金制品很清楚地受过菲律宾金文化的影响。根据拜耶教授的编年，菲律宾铁器时代可分为三期：初期（公元200—300 年），中期（公元300—400 年），后期（公元 600—900 年）。而台湾东海岸出土的陶器多与上述的后期陶器类似，故这一文化传入台湾的年代应在公元 600—900 年左右。

九、雅美人

陈国钧在兰屿调查该族群，由红头村长老周龙旦告知以下的发祥传说：

> 在太古的时代，南方来了一位神人。神人先创造了小兰屿，然后再创造了兰屿，创造了两岛以后，返回南方，不久又回到兰屿……指导两神（石神和竹神）的男女彼此交互结合……他们就是我们雅美人的祖先。

1929 年日本学者马渊东一到兰屿访问雅美人，记道："（雅美人）似乎提到他们起源于某岛，或者是从巴坦群岛渡海移住来的。但是，这些传说几乎没有提到台湾本岛。""野银社（Ivarinu）许多人干脆说，他们的祖先是从巴坦岛来的。""雅美人仍然记忆着的巴坦群岛中的一些岛屿的名称，与菲律宾海图上标注的名称是一致的。"

雅美人的兰屿约有至少七百年的历史。在此之前兰屿是不是一座荒岛呢？看来不是。马渊东一当年在兰屿访问雅美人时，在野银社时，他从一个家谱了解到"一个来自巴坦岛的男人，与野银社（红头社）以前的所在地的一个女人结婚后，他就着手建立野银社"。马渊东一指出，"这似乎是一个提示：这里的居民中有一些是兰屿土生土长的，有一些是从巴坦岛或巴坦群岛来的"。

在高山族诸族群和发祥说中，以高山发祥说为主，多缺乏海洋的观念。如泰雅人与赛夏人以大霸尖山（Papakwaqa）为发祥地；布农人以西部山麓的拉摩坎（Ramogan）为发祥地；邹人以玉山及其附近山区为发祥地；排湾人以知本山为发祥地；鲁凯人以大武山（Kavoronan）为发祥地。《台湾省通志》指出，"可推定高山起源各族来台较早，并与南洋群岛无关，直接来自大陆之可能性较大"。然而，阿美、雅美两族群则是发祥于东方或南方岛屿，其族源来自菲律宾等南洋群岛。卑南人既有高山起源诸族群的山顶说中的岩裂说为要素，并有海岛发祥传说，其发祥传说是高山起源说与东方或南方的岛屿起源说的结合体，其族源应是早先居住于台湾本岛的族群与后来南来的阿美人的混合。

（《福建民族》2002 年第 5 期）

台湾地名的高山族语词汇

台湾一些地名源于高山族语的词汇。 台湾的许多地方，在高山族中早有名称，只是他们没有自己的文字加以记载，直到汉族移民进台后，汉族同胞才用汉字记录一些原有地名，有些地名也被汉族人民沿用下来。如：宜兰，原名蛤仔难，也记音别写为噶玛兰、甲子兰、葛雅兰等，蛤仔难是"有阳光的地方"之意。 北投，原名巴达奥，"女巫"之意。 台北的万华，原名艋舺，又写作蟒甲，"独木舟"之意。 士林，原名八芝兰，意为"温泉"。 苗栗，原名猫雾束，后简化为猫里，为"平原"之意。 罗东，原名老董，"猴子"之意。 苓雅，意为"网篙"，等等。 如果一个台湾地名可以别写为好几个，而彼此之间汉语意义差异很大，八成是高山族语的地名音译。 如笨港，也写成莽港、蚊港、魍港；如大科坎，也写成大料嵌、大姑嵌、大姑陷。 此外也有些地名，令人难解其意，很可能是高山族语地名的音译，如诸罗县、诸罗山。 在明清时期，这种莫名其义的台湾地名很多。 较早的台湾风土民情实录《东番记》，是陈第在明万历三十年十二月（1603 年 1 月）写的，开篇就有不少是高山族语的地名音译："东番夷人不知所自始，居澎湖外洋海岛中，起魍港、加老湾，历大员、尧港、打狗屿、小淡水、双溪口、咖哩林、沙巴里、大帮坑，皆其居也。 断继凡千余里，种类甚蕃。"

高山族语言属南岛语，分为三个语群：泰雅语群，分布在台湾北部山地；邹语群，分布在台湾中部阿里山一带；排湾语群：分布在台湾东南山地。 在高山族平埔人语言或方言中，已经消亡的有道卡斯语、帕布拉语、西拉雅语、凯达加兰语等，现在尚残存有的有噶玛兰语、巴则海语。 高山族语言是多音节语，单词大多由一个以上的音节组成，属黏着型语言。

　　源于高山族语的台湾地名大多数是用闽南方言来记音的，如蛤仔难、甲子兰、葛雅兰的闽南话发音是一样的，用通用汉语发音就差别很大了。

　　一些台湾地名的高山族语的音译汉写，留下高山族和汉族人民共同开发台湾的历史印记，凝结着高山族和汉族人民友好交往的兄弟情谊。它们是语言的历史"活化石"，能在我们心中永远留存着民族团结的温馨。

（《福建民族》1998 年第 3 期，署名"方也"）

清代高山族的"野番"辨析

　　从 20 世纪 40 年代以来，研究清代高山族的著述，将"熟番""生番""野番"作为清代高山族的三大类别已成为一种传袭的定式，果真有与"熟番""生番"并列的"野番"这一划分吗？ 非常可疑。 对"野番"的辨析，首先得从"熟番""生番"的类别谈起。

　　清代的"熟番"和"生番"是指高山族受汉族影响程度不同而产生的社会经济发展有先后差距的两大部分。 由于高山族受汉族的影响是一个历史过程，"熟番"的产生和发展也是一个变化的过程，先后不同时期的"熟番""生番"所包括的范围是不一样的。 从历史演变过程看"生番""熟番"的消长变化，将有助于这种划分的理解。

　　明代文献称高山族为"东番"，郑成功及其继承者治台时期称高山族为"土番"。 台湾归清后，文献材料开始出现对高山族（"番"族）的划分。 康熙二十三年（1684 年），诸罗县令季麒光说："台湾……山以西者为外番，在山以东者为内番。 外番者，南北两路之熟番也。"[①]康熙五十五年（1716 年）闽浙总督觉罗满保更明确地把高山族分为"熟番""生番"。[②] 自此迄清末，台湾的方志、笔记和官方文书多把高山族划分为"熟番""生番"，分别加以叙述。

　　关于"生番""熟番"的概念，各种文献从不同角度加以表述。 或曰："其番有生、熟者，其聚族所居曰社，其社有生番、熟番。 何为生番？ 不与汉群，不达吾语言者也；何为熟番？ 汉番杂处，亦言我言语者

---

① ［清］陈文达：《凤山县志》卷十《艺文志·公移》。
② ［清］周钟瑄：《诸罗县志》卷一一《艺文志》。

也。"①或曰："台湾土番有生、熟二种。 其深居内山、未服教化者为生番，皆以鹿皮蔽体，耕山食芋，弓矢镖枪是其所长……其杂居平地、遵法服役者为熟番，相安耕凿，与民无异，惟长发、剪发、穿耳、刺嘴、服饰之类有不同耳。"②

综而析之，"熟番"受汉族影响较深，在经济生活上以农耕为主，渔猎为辅，已有犁耕，农业生产水平接近汉族。"生番"受汉族影响较少，在经济生活上以渔猎为主，以农耕为辅，或耕猎并重，农耕技术处于耜耕农业阶段，农具简陋，只有小部分木器农具。 至于还有其他一些特征多是这基本特征的派生。

清代文献也提到"野番"，所谓"野番"或是"生番"的别称，或是指"生番"中为清政府"棘手难治"而被诬为"野性难驯"的部分。 至今为止，还未找到确切的史料来证实清代文献曾把"野番"作为与"生番""熟番"并列的又一划分。

一些学者根据清代文献，认为高山族应划分为"熟番""生番""野番"，他们以清代郁永河《裨海纪游》中的一段材料作为主要根据："野番在深山中，叠巘如屏，举足触碍，盖自洪荒以来斧斤未入。 野番生其中，巢居穴处，血饮茹毛者，种类实繁。"然而，引述者恰恰忽略了《裨海纪游》是把高山族分为"土番"（即"熟番"）、"野番"（即"生番"）作为前提的，在这段材料的前一句就有了"番有土番、野番之别"这一关键语。

持"野番说"者还以"猿猱番"和"鸡距番"来为"野番"作注，但没有材料来说明"鸡距番"和"猿猱番"的经济生活比"生番"落后。 如果我们不加分析鉴别就听信有"状如猿猴""足趾若鸡爪"的高山族，那就容易以讹传讹。 此外，当我们一方面强调用马克思主义的社会经济形态理论来界定历史上少数民族的社会发展阶段，一方面却不自觉地"以貌取人"，从而有种族主义的嫌疑。 让我们来例举"鸡距番"，看看究竟"野"到哪里去？ 乾隆《清职贡图选》是这样描述"鸡距番"的："内山

---

① ［清］鲁之裕：《台湾始末偶纪》，台湾文献丛刊本。
② ［清］蓝鼎元：《鹿洲初集》卷一一《粤中风闻》。

阿里等社，自康熙二十二年归化……番人皆依山穴土以居，饮食、衣服与山猪毛等社相似，不谙耕作，惟植薯蓣于石罅，挟弓矢，猎獐鹿以佐食，足趾若鸡爪，履险如平地，岁输丁赋三十余两。"这种社会生活状况在"生番"中很有代表性，"足趾若鸡爪"只能解释为善于攀援。《清职贡图选》将所谓的"鸡距番"列为"生番"。 根据提及"野番"的《裨海纪游》的有关叙述，"野番"的分布地域是台湾整个中部山区，也就是泰雅人、赛夏人、邹人、布农人、排湾人、鲁凯人和卑南人的分布地，正如前述所指，《裨海纪游》的"野番"即"生番"。

可见，将"野番"列为清代高山族中与"熟番""生番"并列的划分，是一大误解，应予纠正。

（《福建民族》1998 年第 4 期，署名"白廊　建辉"）

清代汉族与高山族的贸易关系

汉族与高山族（及其先民）的贸易，至迟萌于隋，发展于元、明，兴盛于清。 本文探讨清代这两个民族的贸易关系。

清代，高山族内部社会经济发展不平衡，封建政府的干预，以及台湾市场分布的格局，决定了汉、"番"（高山族）①贸易的形式不一。 清代汉、"番"贸易关系大致可以从以下五个层次来考察。

一、汉商与"熟番"的贸易

清代"熟番"与汉商的贸易，是从"瞨社"交易发展到直接与汉族地方小市场发生贸易。

所谓"瞨社"交易，是汉族商人以承担政府向"番社"征税为条件，取得对"番社"贸易的垄断，与"番人"进行物质交换。"瞨社"制度创始于荷兰侵占台湾时期，殖民当局向所辖"番社"派征人头税，招引汉商包办，包办的社商即垄断与所征课的"番社"的贸易，以一部分商业利润向当局完纳"番税"。《诸罗杂识》说："瞨社之税，在红夷即有之，其法每年五月初二日，主计诸官集于公所，愿瞨众商亦至其地。 将各社港饷银之数高呼于上，商人愿认，则报名承应，不应者减其数而再呼，至有人承应而止。 随即取商人姓名及所认饷额书之于册，取具街市铺户保领，就商征收，分为四季。 商人既认之后，率其伙伴至社贸易，凡番之所有与番

---

① 清代文献中称高山族为"番族"，根据受汉族经济、文化影响程度的高下，"番"族又分为"熟番"和"生番"。

之所需皆出商人之手，外此无敢买亦无敢卖。"①郑氏政权治台时期因袭"瞨社"制度。 清朝治台，"仍沿包社之法"②，所征"番饷"③已有定额。"郡县有财力者认办社课，名曰'社商'。"④社商多委托通事⑤经营与"番"贸易，亦有个别社商亲入"番社"经营。"番社以捕鹿为业，瞨社之商以货物与番民贸易，肉则作脯发卖，皮则交官折饷。"⑥有的交易办法是："计（鹿）腿易之以布，前后（腿）尺数有差……筋皮统归焉，唯头与血脏归之捕者。"⑦"间有饷重利薄，社商不欲包输，（官）则诿之通事，名为自征。"社商和通事经常对"番人"进行"额外之朘削"。⑧

清初，府治附近受汉族影响较深的"平地近番"已经摆脱"瞨社"贸易，直接到汉族地方小市场与汉商自由交易。《台湾府志》[康熙二十八年（1689 年）修]记载："今诸罗之新港、萧垄、目加溜湾、麻豆、哆啰啯、大武垄等社去府治颇近，多事耕田，犹能以钱贸易。 余社则以其所有易布絮、盐铁之类于社商而已。"⑨《裨海纪游》也指出："平地近番……恒往来市中。"⑩同时期的南路凤山下淡水等八社已"不捕禽兽，专以耕种为务，计丁输米于官"⑪。 可见，清初凤山下淡水等八社也和府治附近的"番社"一样，无社商经营"瞨社"贸易。 类似这种情况，在康熙末年以后在"熟番"地区广泛普及。

---

① ［清］黄叔璥：《台海使槎录》卷八。

② ［清］郁永河：《裨海纪游》卷下。

③ 清廷治台后，对高山族征收人丁税［唯凤山八社"番妇"初有口税，雍正四年（1726 年）蠲免］，丁税"有多至二两，一两有余及五六钱不等者"，乾隆二年（1737 年）始一律征丁税二钱，多以实物折纳。

④ ［清］郁永河：《裨海纪游》卷下。

⑤ "番社"之有通事，始于郑氏时期，清朝因之，为通语言、传政令、征番饷、派差役而设。在"熟番"地区，起初通事皆由汉人充任，后来出现了一些"番"通事。随着"熟番"逐步到附近的小市场交易，通事在"番社"经营的贸易也逐步丧失。在"生番"地区，通事皆为汉人，多包办所辖"番社"的商品购销。

⑥ ［清］黄叔璥：《台海使槎录》卷八。

⑦ ［清］周钟瑄：《诸罗县志》卷八《风俗志·番俗考》。

⑧ ［清］高拱乾：《台湾府志》卷五《赋役志·总论》。

⑨ ［清］蒋毓英：《台湾府志》卷五《土番风俗》。

⑩ ［清］郁永河：《裨海纪游》卷下。

⑪ ［清］蒋毓英：《台湾府志》卷五《土番风俗》。

随着清政府对"熟番"治理的加强和"熟番"汉化程度的提高，借助社商认办"社饷"已成为多余的环节，加上"熟番"被社商"朘削不堪"[①]，怨声盈社，清政府深忌之。 康熙五十六年（1717年），清政府在"熟番"地区废除"贌社"制度，"革去社商，各社止留通事一人"[②]，"禁革后……皆番人自市矣"[③]。

"贌社"制度在"熟番"地区的革除，使更多的"熟番"与汉族地方小市场发生直接的交换关系。 此外，汉族农业区域的扩大，大小市镇和村庄街市由少到多，这为汉、"番"贸易提供了便利条件。"熟番"直接到市镇街市买卖商品，并使用了货币。 有的汉商还在一些"（熟）番社"设杂货店。《清职贡图》记"彰化县等社熟番及番妇"云："番妇……暇日，或至县贸易。"记"彰化县西螺等社熟番及番妇"云："番妇常挈子女赴县，用谷、帛相贸易。"[④]嘉庆年间汉族移民开发了噶玛兰（宜兰），道光《噶玛兰厅志》记"番人货于市"[⑤]，至此时，全部平埔人"熟番"已和汉族市场直接发生交换关系。

还须提到，在"熟番"中也产生了极少数的商贩，其中多数贩卖汉族商品与"生番"进行交易，少数在汉族街市做小摊贩。[⑥]

二、汉商与"归化生番"的贸易

"生番"在社会经济发展上比"熟番"落后，清政府把已经"归化"即接受封建政府羁縻统治的"生番"称为"归化生番"，简称"化番"；对未"归化"的"生番"称为"化外生番"，间或称为"野番"。

清初，对"归化生番"和大部分"熟番"课饷一样，是沿用荷、郑时期的"贌社"制度；如前所述，"贌社"制度于康熙五十六年（1717年）在"熟番"地区开始废除，但对于"归化生番"，"贌社"方式仍然适用，

---

① ［清］蓝鼎元：《与吴观察论治台事宜书》，《鹿洲初集》卷二。
② ［清］周钟瑄：《诸罗县志》卷八《风俗志·番俗考》。
③ ［清］陈培桂：《淡水厅志》卷一五（下）《附录》。
④ 《清职贡图选》，台湾文献丛刊本。
⑤ ［清］陈淑均：《噶玛兰厅志》卷五《风俗·商贾》。
⑥ 参见毕麒麟：《老台湾》第十二章，1898年。

只是废除社商，由通事兼营"瞨社"贸易。通事既是清朝地方政府派驻"番社"的头目，又多是商人。通事将"瞨社所得（代番）纳税于官"①。

通事在所驻的"（生）番社"经营贸易，或在位于交通要道的"（生）番社"设置贸易点，与附近"生番"贸易。因为"生番"地区的通事所辖的"番社"往往不止一两个，且要采办、转运货物，所以通事还自己雇用帮手（"社丁"）。《番俗六考》记："水沙连……属番二十余社，各依山筑居，山谷巉岩，路径崎岖，惟南北两涧沿岸堪往来，外通斗六门。竹脚寮乃各社总路隘口，通事筑室以居焉"；"通事另筑寮于加老望埔，拨社丁置烟、布、糖、盐诸物以济土番之用，售其鹿肉、皮筋等项，以资课饷"。《番社采风图考》："社番不通汉语，纳饷、贸易皆通事为之，通事筑寮于隘口，置烟、布、盐、糖以济土番之用，易其鹿肉、鹿筋等物。每年七月进社，至次年五月可以交易，过此则雨多草茂，无所至者。隘口溪流深险，无桥梁，老藤横跨溪上，外人至辄股栗不敢前。番人戴物于首，往来从藤上行，了无怖色。"贸易中皆以物易物，不用货币。

通事在经商时，前来交换的"番人"，应还包括一些未"归化"的"生番"。至于通事顺便到"化外生番"贸易，也应带一笔。《诸罗县志》记："越蛤仔难有猴猴社②，云一二日便至，其地多生番，汉人不敢入。各社夏秋划蟒甲载鹿脯、通草、水藤诸物顺流出，近社与汉人互市。汉人亦用蟒甲载货物以入，滩流迅急，船多复溺破碎。虽利可倍蓰，必通事熟于地理，乃敢孤注一掷。"③通事到"化外生番"地区贸易，原则上已逾越其权限。

有些"归化生番"还与毗邻的汉族人民交易。有关这方面的材料是同治、光绪年间的记载。《台湾番事物产与商务》在记述"琅峤番"（"化番"）中谈到，有许多客家人（非专业商人）"今多为土人（引者注：指琅

---

① ［清］邓传安：《蠡测汇钞·番俗近古说》。

② 猴猴社在当时尚未归化，此据《诸罗县志》与更晚的刘良璧《台湾府志》所列的"熟番"与"归化生番"的社名录。

③ ［清］周钟瑄：《诸罗县志》卷八《风俗志·番俗考》。

峤番）借以收买鸟枪、火药、炮子及中西各种衣服、铜锡物饰、食盐等件，复代贩土人之鹿角、干肉，熊、豹等皮，姜、黄黎果、麻布、樟脑等件"。 在大南澳，赛德克人常以狩猎物和药草等交换汉人的火药、枪、刀、丝绸、装饰品、食盐等。[1]

光绪年间，台东地区得到开发，一些市镇、街市在汉族移民的聚落群里出现。 当地的"归化生番"也直接到市镇、街市交易，亦知"用银与钱"。[2]

三、汉商与"化外生番"的贸易

对于"未归化"的"生番"，清政府鄙之为"化外"，禁止汉商与他们交易，尤其严禁输入铁器。 清政府用心在于：一是用通商作为招引"生番""归化的诱饵"，二是"不资逆番以兵"。 尽管清政府一禁再禁，汉族行商走贩深入险僻之地与"化外生番"的交易（"换番"）有增无减。 官府徒叹："防番无奈'换番'何！"如前所述，有些通事也要兼营与"化外生番"的贸易，但从事与"化外生番"贸易的绝大多数是"番割"。"番割"者，即懂得"番语"而与"化外生番"贸易的汉商。[3] 后来有时也兼称代表"番社"贸易的"番人"酋长。[4]

"番割"此称虽迟至道光年间才见于文献，[5]但这种专门从事与"化外生番"贸易的汉商，早在清初就开始进行这种冒险性的商业活动了。《番境补遗》说："（嘟啯社）其巢与鸡笼山相近，无路可通，土人扳藤上下，与之交易，一月一次。"这里提到的"土人"即"番割"。"番割"行

---

① ［清］胡传：《台东州采访册》。

② 廖守臣：《泰雅人东赛德克群的部落迁徙与分布（上）》，（台湾）《民族学研究所集刊》第44期，1977年，第91页。

③ 《噶玛兰厅志》卷五《风俗·生番夷情》说："沿山一带学习番语、贸易番地者，名曰番'割'。"

④ 《台阳见闻录》卷下《番部》说："以物易物，名曰'换番'；番首出山'换番'，名曰'番割'。"

⑤ 《蠡测汇钞·番社近古说》［撰于道光初年，道光十年（1830年）付梓］说："其冒险趋利与野番交易之番割……"

踪遍于全台"内山"地区。《噶玛兰志略》说："内山生番打牲做活,出有獐、鹿皮张。 一二无赖汉人习晓其语,私以红布、哔机、蔗糖、酒、盐入与互换,名曰'番割'。 久干例禁,为地方所不容。""番之器用,非竹则藤,而最重汉人铜铁,故铜铁有禁。 番割私携出界,倾资易之。"①《新竹县志初稿》说:"有番割焉,学习番语,以铁锅、盐、布及硝药诸物入山斗换……"②《东瀛纪事》也说:"由凤山而南至琅峤、沙马叽头,折而东北,地颇广漠,然内山生番尤凶,罕敢入者,惟汉奸能通番语(俗谓之'番割'),或娶番女(俗称'牵手'),与番议和。 ……番割时以盐、布、铁器与番交易,货其鹿皮、鹿茸之类,获利颇巨。"③"番割"同所交易的"番社"有稳定的主顾关系,常有赊欠,"番不知书,结绳以计"。④

这种"干例禁"、为官府所不容的商业活动,把汉、"番"贸易引向深山腹地。

四、汉商通过"熟番"为中介与"生番"的交易

"熟番"与"生番"的交易,就其商品流通的全过程来看,主要是汉族以"熟番"为中介与"生番"⑤的贸易。

从台湾许多地区的人口分布来看,汉民毗邻着"熟番","熟番"毗邻着"生番"。 这给汉族通过"熟番"与"生番"的贸易造就了便利的人文地理条件。

"熟番"的经济生活以农业为主、渔猎为辅。"生番"以耕猎并重,或以狩猎为主。 经济类型的差异为"生番"与"熟番"的商品交换提供了物质前提,但交换毕竟很有限。 由于"熟番"易购得汉族的商品,而"生番",特别是"化外生番"不易购得汉族的商品,这样,汉族的商品就通过"熟番"流往"生番"。

---

① 〔清〕柯培元:《噶玛兰志略》卷一二《番市志·番俗》。

② 《新竹县志初稿》卷四《风俗考·番俗》。

③ 〔清〕林豪:《东瀛纪事》,台湾文献丛刊本,第64页。

④ 《新竹县志初稿》卷四《风俗考·番俗》。

⑤ 这里所指的"生番"绝大多数是"化外生番",在台东等地一度封闭期间,一些已"归化"的"生番"社实际上又划为"化外"。

康熙、雍正之交的《台海使槎录》最早记载了"熟番"与"生番"的这种交换："各社生番持（物）与熟番交易珠、布、盐、铁。熟番出与通事交易。"①往后的一些文献继续有类似记载。如："岩穴生番……以皮与熟番易盐、米、铜、布诸货物。"②又如：位于台湾西南部的旗山溪和荖浓溪之间的"四社番"（"熟番"）"向生番交通贸易，无时不有。生番输出之货……乃鹿筋、鹿皮、鹿茸、鹿鞭、鹿肚石、鹿肚草及山猪、熊皮，生番'答加纹'、硬桃叶席子、筐篮等件……输入布匹、铁器、糖、酒、食盐、猪等件。彼此互换交通，不用银钱买卖。交易场辄在近于山麓之地"③。

大部分"生番"还处于氏族部落阶段，"生番"社之间，以及"生番"社与"熟番"社之间常有冲突，甚至发生"猎首"事件。这样，"生番"社与"熟番"社的贸易就有着复杂微妙的关系：若干个"生番"社与一个"熟番"社有固定的交易关系，与其他"熟番"社一般不接触，间或有宿仇；即使是两个相邻的"熟番"社，他们各和有主顾关系的"生番"社的贸易平行进行，互不相干；一个"熟番"社的主顾则可能兼有互相敌对的"生番"社。④

建立交易关系的"生番""熟番"之间，或相距较近，或相去遥远，甚至有台东的"生番"越过中央山脉到西部与"熟番"交易。在"内山"与"山后"被封闭的时期，台东的"生番"为了到西部与"熟番"交易，需要经过好几天的长途跋涉。

需要附带提及：由于得到汉族商品的难易不一，"生番"内部也必然有汉族商品的流通，这在"归化生番"与"化外生番"之间尤为明显，虽然还缺乏文献材料以证。

兹举一例证：19 世纪中叶，台东木瓜溪上游的"木瓜番"（"生番"）在东部贩卖"南势番"（"生番"）的土产后，再到中央山脉西侧的埔里地区向当地的"生番"或"熟番"交换东部所需的货物，然后返回出售给

---

① ［清］黄叔璥：《台海使槎录》卷七。
② ［清］邝其照：《台湾番社考》。
③ 《安平县杂记·四社番与生番交通贸易》。
④ 参见毕麒麟：《老台湾》第十章、第十一章，1898 年。

"南势番"。[①]

汉、"番"贸易中，汉族输入高山族的商品依次有：铁和铁工具、棉布、盐、糖、火药枪、火药、铅、陶瓷器、铜铁器皿、装饰品等。高山族向汉族输出的商品名目繁多，大致可分为皮毛类、兽肉类、药材类、纺织类、植物类等。皮毛类有鹿、麑、獐、熊、獭等毛皮；兽肉类主要是鹿肉干；药材类有鹿茸、麑茸、鹿鞭、鹿肚草、鹿肚石、鹿角霜、熊胆等；纺织类主要有斑色纹麻布（或混织兽毛）；植物类有藤、苧等；还有一些藤、草编制品，以及木炭、樟脑等。由于高山族生产还很低下，有些种类的产品是相当有限的。

汉族与高山族通过商品联系互通有无，丰富了各自的物质生活。民族之间的贸易不仅引起各族流通领域的变化，对生产领域也产生了不同程度的影响。汉、"番"贸易刺激了汉族某些生产部门。鉴于台湾大部分汉族生产的工业品主要来自大陆，要考察汉、"番"贸易对大陆汉族生产的影响还有待探讨。由于高山族生产相对落后，汉、"番"贸易对高山族生产所产生的影响甚为明显。

在与汉族发生贸易之前，高山族经济是自给自足的原始自然经济，尽管有些"番社"之间发生偶然或有限的商品交换。当汉、"番"贸易沟通以后，封闭式的原始自然经济开始局部被打破，许多产品转化为商品形式，某些生产的商品化程度不断提高。这些是在与汉族产生交换关系后，高山族经济发展的部分飞跃。"百工具备一人身"[②]的状况逐步为交换导致的民族之间的生产分工所改变。在商品供求关系的制约下，一些生产出现了此消彼长的现象。

高山族一些手工业，诸如纺织、淘金、采硫等有不同程度的发展；狩猎业在局部地区有持续的发展，个别地区的狩猎业初步在向畜牧业过渡。（1）狩猎业：清初，在商品需求的刺激下，高山族的狩猎业很兴盛。不久，由于汉族移民的大量垦荒，住平地的高山族的狩猎业因猎源锐减而每

---

① 廖守臣：《泰雅人东赛德克群的部落迁徙与分布》，台湾《民族学研究所集刊》第44期，1977年，第70页。

② ［清］郁永河：《裨海纪游》卷下《土番竹枝词》。

况愈下；住山区的高山族的狩猎生产基本不受垦荒浪潮的冲击，反而在市场需求的刺激下有所发展，猎具更有明显的改进。 康熙年间，个别地区的高山族开始引进火药枪，到清代后期，中部山区和台东平地的高山族中，火药枪已很普及。 此外，汉族垦荒对耕牛的急需促进部分平地的高山族的狩猎业向畜牧业过渡。《番俗六考》说："山有野牛，民间有购者，众番乘马追捕之，价减熟牛一半。"《番社采风图考》说："山中野牛百十为群，番人驰逐得之，扃闭高木笼中，饥饿数日候其驯服，然后施以羁靮"，日久，"与家牛无异"。（2）纺织："番善织罽毯，染五色狗毛，杂树皮为之。 陆离如错锦，质亦细密，四方人多欲购之，常不可得。"①市场需求促进了高山族原始纺织的发展。（3）采硫、淘金：清代以前，个别地区的高山族就有用沙金和汉商交换商品。 但有些地区"番人（将沙金）熔成条，藏巨罋中，客至，每开罋自炫，然不知所用"。 到了清初，他们"始有携至鸡笼、淡水易布者"②，交换促进了淘金的发展。 早在元、明时期，高山族就开始用硫黄与汉族商人交易，入清以后，台北地区高山族的采硫一度发展甚速。 此外，采藤及藤编、草编生产也发展起来了。

此外，有些史料从侧面反映个别高山族地区出现了新的生产："（琅峤）居民以贩卖薪炭为业，用火药、子弹、布匹及火绳枪等东西与番人换薪炭"；③汉民以货向"琅峤番"换"鹿角、干肉……樟脑等"；④"彰化水沙连社……出苦茗（引者注：应是野生茶），性极寒，汉人以货到社交易"。⑤据此可推断：个别地区的高山族新出现了烧炭、伐运樟脑树材（或许还包括制樟脑）以及采茶生产等产业。

汉、"番"贸易刺激了高山族一些生产的扩大或新起，也导致一些生产的衰退。（1）制盐：清初，在一些远离府治、居住海边的"平埔番"都用煮、晒的简陋的方法制盐，但"色黑味苦"。⑥ 极个别山区的高山族也

---

① ［清］郁永河：《番境补遗》。

② ［清］郁永河：《番境补遗》。

③ 李仙得：《厦门与台湾》，《台湾经济史九集》，台湾银行 1963 年版，第 164 页。

④ 《台湾番事物产与商务·论生番种类及风土人情互市等事》。

⑤ 六十七：《番社采风图考·艋舺》。

⑥ ［清］黄叔璥：《台海使槎录》卷五、卷七。

能制盐，"崇爻山有咸水泉，番编竹为锅，内外涂以泥，取其水煎之成盐"[①]。 后来，越来越多的高山族食用购自汉商的盐，大部分高山族地区停止了传统的制盐生产。（2）制陶：早在清代以前就出现了这种现象，即随着汉族生产的陶器、釜铛等炊具的输入，"平地近番……陶冶不能自为"[②]。 清代这种现象不断普及，山区和台东平地的高山族的制陶生产也退化殆尽。 唯有与汉族极少贸易往来的"红头屿番"完整保留了传统的制陶生产。[③]

马克思和恩格斯指出："过去那种地方的和民族的自给自足和闭关自守状态，被各民族的各方面的互相往来和各方面的互相依赖代替了。 物质的生产是如此，精神的生产也是如此。"[④]汉、"番"贸易使汉族、高山族并受其益，促进了生产的发展，产生了民族间一定程度的生产分工。两族的生产、流通的相互补充、互为交叉，发展着经济的整体关系。 而经济关系又成为政治关系、文化关系发展的基础。

（中国民族史学会编:《中国民族关系史论集》,青海人民出版社1988年版）

---

① ［清］周钟瑄:《诸罗县志》卷一二《杂纪志·外纪》。
② 黄叔璥:《台海使槎录》卷八。
③ 参见鹿野忠雄:《台湾土著族民族学图谱》卷一,东京,1946年版。
④ 《马克思恩格斯选集》第1卷,人民出版社1972年版,第255页。

第一个研究台湾高山族的学者鸟居龙藏

　　第一个研究台湾高山族的学者是日本的鸟居龙藏（1870—1953）。 他于 1896—1899 年先后四次对台湾高山族进行调查。 1896 年 7 月，鸟居龙藏首次在台湾东部从事田野工作。 他从喜来、新城出发，一路翻山越岭，经过卑南平原到达知本溪，然后再抵东海岸，再返回喜来。 此次历时四个月，调查的高山族支族有泰雅、布农、阿美、卑南，还有平埔人。1897 年 10 月底到 12 月底，他再度来到台湾，调查台湾东南海域的兰屿的雅美人。 1898 年，他在《地学杂志》第 116 期发表调研雅美人的成果，是高山族研究的第一篇学术论文。 1898 年的最后四个月，他的第三次调查集中在台湾东南部，以排湾人为主。 1900 年 1 月至 9 月间，这是鸟居龙藏第四次也是最后一次调查高山族。 他自南而北调查台湾西部山地和平地的高山族，而后翻过玉山，横贯中央山脉到达东海岸，北上苏澳、宜兰继续调查，最后调查北部山地的泰雅人。 鸟居龙藏只受过小学教育，凭着刻苦自学而成才，曾任东京大学副教授、上智大学教授，1939 年应聘为燕京大学外籍教授，1951 年回国。

（《福建民族》1996 年第 4 期，署名"郭宏"）

林惠祥首次台湾高山族之行与见闻摘要

林惠祥先生是我国研究台湾高山族的第一人。1929 年 7 月至 9 月，他历时 50 天，只身一人在台湾调查高山族，写下《台湾番族之原始文化》这本开辟荆榛之作。

《台湾番族之原始文化》分为上篇、中篇、下篇。上篇"番情概要"有 9 章，依序是：总序、各族分述、生活状况、社会组织、馘首及战争、宗教、艺术、语言、智识；中篇"标本图说"，将所收集的高山族及其先民的器件共 143 件，分 10 类，附照片说明；下篇"游踪纪要"，叙述调查新石器时代遗址和考察高山族社区的历程。

林惠祥先生在台湾的 50 天，大致可分为 3 段行程。第一段是乘厦门至基隆的轮船抵台后，住台北，翌日即 7 月 25 日往台北南面的泰雅人乌来社，这是他第一次进入高山族村社。接着，他集中精力用 10 天时间在台北圆山新石器时代遗址，采集高山族先民的遗物。此后，又到泰雅人角板山村社考察。这段时间是 7 月 25 日至 8 月 22 日。第二段行程是 8 月 23 日至 9 月 11 日。前一段时间，主要是采集新石器时代遗物，第二段时间虽只有 20 天，但却是林惠祥先生高山族社区考察的主要行程，收获也最多。他乘火车从台北抵台湾东北部海滨的苏澳，改乘小轮船南下花莲港，再乘小火车南下，于 8 月 25 日到达台湾东海岸中部偏南的台东。他以台东为基地，对周边高山族卑南人、阿美人村社进行调查。林惠祥先生当时所考察的排湾人村社实为卑南人村社，因为他采用"七分法"的高山族划分，把鲁凯人、卑南人包括在排湾人里。林惠祥先生以台东为基地调查的高山族村社有：（1）阿美人马兰社；（2）新港阿美人村社；（3）阿美人哈喇马宛社；（4）卑南人知本社。在赴阿美人哈喇马宛社之前，他还在附近的大马武窟（台东的北面滨海）调查和试掘阿美人先民的石棺遗址。 他于 9 月 8 日从台东乘小火车返花莲港，9 日访泰雅人村社，10 日乘船行至苏澳，再乘火车返台北。 第三段行程是 9 月 14 日至15 日赴日月潭高山族邵人的水社考察。

林惠祥先生在青年时代留学于菲律宾国立大学人类学系，师从美国著名人类学家拜耶教授，接受了美国人类学历史学派的学术传统，注重物质文化调查，并以之作为文化区划分的依据。 美国文化人类学是民族学、考古学和语言学的"三合一"模式，这也为林惠祥先生继承。 由于调查的地域广、时间较短，因此林惠祥先生当时对高山族的调查基本上限于考察层面。 尽管如此，林惠祥先生卓越地开了我国学术界研究高山族的先河。

林惠祥先生在高山族村社考察时，费了许多时间和精力购集高山族物质文化标本，这些珍贵实物汇编为上述的"标本图说"。 至于高山族诸社的采访资料，则综合于结合文献资料写就的"番情概要"。 种种原因使得他在《台湾番族之原始文化》中为我们介绍动态性的高山族文化和社区性的高山族历史，是比较有限的，但仍有三处并有展开，特摘录如下。

林惠祥先生在涉卑南溪时，情状颇险，在这难以忘却的记事里，他运用调查者与土著行为互动的民族志手法，使高山族人的责任感、淳朴率真的性格跃然纸上：

> 欲赴台东……中途有溪流……流急水深，桥已被冲破，须雇番人牵引逆流涉过……雇一番人牵引，余又另雇一番人为余挑标本。 此两番人皆属阿眉族（按：指阿美人，下同），躯干甚高，盖阿眉人在番人中为最高也……一时动身，两番人行甚速，倏已不见。 所行非已开辟之路，只认南方而进。 初涉浅流数次，自己脱鞋袜卷裤而涉，既过则复穿之……以为似此种溪流何须人扶，然顷之果抵一水流湍急之大溪，番人亦立待于溪边；此外尚有数番人亦欲过溪。 番人等皆裸其体，所雇番人令我亦去其衣服，不留一丝，余知如此可以少受水之压力，即从之。 彼时大众皆然，殊不以为愧。 番人欲以两手拉余两人，余恐其力不足，不从，番人怒詈余……少停方牵余下水，入水后觉水自右方冲下，压力甚大，不能

直前,渐行渐斜,至中流已将不支,若非番人牵引必仆倒……行不远复遇一溪,复由番人牵过。既过此二溪,(负责牵引的)番人即回去,过两溪皆不见为余挑物之番人……方行时,忽觉挂于颈上之帽已失,急回原路追寻……忽遇数番人,其一携余帽示余,余接之向之称谢,即与同行。余以台湾语对彼言:"尔是好人?"答:"是。"余问:"尔饮酒乎?"答:"不爱酒,尔有钱乎?"余急取三角与之,乃称谢而去……抵台东市头,果见挑标本之番人止而待我……与客店人言及,据谓此名卑南大溪,原有桥,惟每年暴雨后必被水流冲倒,须到冬季水浅方可复架。据番人所能记忆,为此溪所流去者已有四十余人云。

林惠祥先生在卑南人卑南社购集文化标本时,记录了卑南人的买卖习俗,饶有兴味:

> 卑南社之番屋较北番进步,然仍是草屋。番人之衣服上身为汉化之短衣,长裁及胸,腰以下男女皆束裙,男短而女长。腰系彩色阔带,男子常挂皮腰袋,佩翘尾刀。妇女则负一筐,其带置额上,以头承其重。此社之文化状况较为复杂,故番物亦较多,由中人之介绍及翻译询得番情颇详,并购得标本多种……购物时有数种情形颇有趣:番人全家无论老小男女皆参加卖物之会议,凡卖一物必全家人皆在场,且皆首肯方卖。以此买番物必须待至日夕,番人回家后,方得接洽。其后所经各社皆如此。此社番人状况颇裕,其物多不愿卖;而其祖先遗留之旧物,因祖先崇拜之信仰更不敢卖。由介绍人苦口劝导,方勉强应诺。买竣,番人请余给以酒,余不解。介绍人谓余言番俗凡交易毕,须饮酒为誓,手续方完满,而不再食言,否则可再反复计较,余如言购酒予之。番人乃倾满一杯,以手指探沾之,洒于空中,口喃喃念诵,似即咒语,诵毕即自啜一口,以杯付余。介绍人告余彼盖请余立誓也。余遂接杯效其动作……介绍人云,番人今夜须请神巫为作"拔里鲜"即厌胜,方保无事。

在卑南社,林惠祥先生还访得该社以及邻近七社的社区史。以卑南社为首的卑南人八社,在清代文献中称为"崇爻八社"。通过林惠祥先生的访录，我们了解到清政府的"理番事业"，也了解到巫术对部落的制约和整合作用，以及某一氏族酋长如何运用巫术以获得和巩固该氏族在部落中的核心地位，并且获得和巩固自己在部落中的酋长地位：

卑南社……与其附近七社合成卑由马部落（Pyoma）……此社人口众，势力强，约在百余年前曾称霸一次，不但为八社之盟主，且并（对）其北方之阿眉族亦加辖制。其致强之方似非由兵力，而系由宗教。据其他传说云：

创霸之大酋名安曼曼（Ang Man Man），有金葫芦一个。如所辖诸社有异心，大酋即以葫芦作法，降祸于其社，众番慑其神术，故皆甚恭顺。大酋出行，则其近处之马兰社人须尽抬舆之义务。普通卑南（社）人亦日衣华服，四出闲游，他社人须轮派人役服务于其社。其时尚行杀人祭神之俗，所属诸番每年必须供给二人为牺牲，其后属番反抗，不再进人，乃改用猴，至于今日则用草扎之假猴矣。其社当盛时，清政府闻之，思加以笼络以便于理番事业之进行，因赐以大酋龙袍，召之入觐。酋行至台南，汉官见其着御赐之龙袍皆俯伏。酋不谙汉礼，任其久跪不扶之起，汉官恶其傲，于请宴之际，醉以酒，以戏袍换去龙袍。其后，诸汉官见酋不再跪拜，酋亦不复前行，携假袍而回，至今此袍犹藏于其家云。大酋之裔亦不能继承霸图，势渐落，然犹被承认为名义上之酋长及宗教上之领袖。

日月潭邵人的水社是林惠祥此次在高山族地区考察的最后一个村社，热衷于文化标本收集的林惠祥，终于在这里购得夙求的乐杵和独木舟，并和高山族同胞结下难忘的友谊，所记栩栩如生：

自东部回后，综计所获标本已不少，惟尚有独木舟及音乐杵未入手，中部高山番族亦未曾见。查此二物惟中部高山湖日月潭边的水社番有之，而其番人系蒲嫩族（按：指布农人。引者注：谓"水社番"为布农人系林氏依当时之一说，现一般认为"水社番"系邵人，不属高山族九族中任何一族，或可为高山族的第十族，或认为是平埔人的一支，数百年前从平地迁至日月潭），正可代表高山番，决计赴其处一探。……自此（引者注：指彰化县二水镇外车埕）到日月潭须步行登山，此次不雇向导……独行就道。初行谷中，路不甚斜，殊不觉苦，惟地甚幽僻，林木荫翳，不见人类形影，只闻虫鸟之声，始尚不以为意，渐进乃渐凄惶。谷既尽，即登山坡，一段毕复一段，不知究竟有多少段，腿酸汗流，不敢停息。既达山上，余急摄一下瞰之影，复行。行经三小时，最后果见大湖在诸山之中。

　　既至湖滨，遇一台湾人，询余何往，余告以来意，彼云湖之内部方有番社，彼有舟愿载余往探，并为余介绍买物，从之。此人姓黄，其舟亦常状，非独木舟。行不久即抵番社，余为拍一照。此社即水社。……番屋约二三十，杂列于湖边，复有独木舟靠岸……细视独木舟有四只，有破损者，有太大者；其中有最小者一只，甚完美，长约一丈半，尚嫌稍大。既登岸，舟人导余入番屋。余问小独木舟之主，则为一二十余岁之青年，略解台湾语。余问欲卖否，答不愿卖，因此舟系湖中往来必需之物，并为捞鱼之要具，生活全资于是。其意颇决绝，然其旁之他番怂恿之，始首肯。此处尚有一种乐器，名"音乐杵"，形如番人捣物之杵，捣石上作铠铠之声。余请观之，并言欲买；彼等云全社只公有一套，不能卖。余固求之，乃选出三个，代表高中低三音。余请彼等敲成歌调，彼等云须请妇女为之，即唤集五人持所余之五杵敲于原来特设之坚石上。其音颇清越可听，若在夜间当更动耳，惟调殊简单……余又请彼等唱一歌，彼等亦首肯，余为记之于纸。此外尚购得衣服及刀等，并询得番情数条。……即雇四番人负舟回五城。舟重，番人颇不胜，余亦时加入共负。至铁线桥时，余见碑知只能容五人以下，嘱番人将舟置桥上，以二人拖之；番人不晓，仍负之齐行。余已先过桥，忽闻大声作于后，如倒屋之声，大骇，疑为桥断，回视则四人犹在桥上，桥固未断，盖舟重杠折，坠桥上也。余遂令彼等分班拖之……抵五城，余请番人吃饭，番人甚感余意，为余说番语一段，并自道其名，请余他日再往，其名为辛好（Sinhau）、乌瓶（Ubin）、马葛巴（Macaba）、母爵（Mucho）云。是夜宿其处，越日用手押车运舟赴外车埕，由火车回台北。

林惠祥以 1929 年 7 月至 9 月的首次台湾高山族之行的资料，撰写了《台湾番族之原始文化》，于 1930 年由设于南京的国立中央研究院出版。这本高山族民族志为后世留下珍贵的研究资料，也为他以后论证高山族主体来源于祖国大陆东南、台湾新石器时代文化源于祖国大陆东南这一原创性观点奠下基础。

（《福建民族》2000 年第 6 期，署名"白廓"）

清政府对台湾郑氏的劝降与慑降

1661 年郑成功征台驱荷，翌年初完全收复台湾，郑成功也在这一年夏病逝，其子郑经继位。 康熙三年（1664 年），清军席卷了郑氏占据的金门、厦门和铜山后，郑氏政权隔台湾海峡与清王朝对峙。 自此至康熙二十二年（1683 年），清政府对台湾郑氏进行断断续续的招降活动，先以劝降无果，后以慑降奏效。

清政府在郑氏集团全面退守台湾后，遣福建水师提督施琅于康熙三年（1664 年）冬和四年（1665 年）春两度征台，皆因风涛所阻，无功而返。清政府决定放弃进攻台湾，福建水师"奉旨撤兵"。 康熙六年（1667 年），清政府两度遣官入台招抚，第二次是派总兵孔元章招抚，郑经应以"台湾远在海外，非中国版图……若照朝鲜事例，则可"。 康熙七年（1668 年），"廷议惩于既往，佥谓台湾悬绝海外，鹿耳天险，可抚而决不可征。 于是撤水师提督"。 施琅离闽入京任内大臣。 康熙八年（1669 年）六月，大臣明珠、蔡毓荣受康熙帝之命至闽商议招抚台湾郑氏，派员持诏书赴台招降。 郑经恃风涛之险，拒不削发，仍要求照朝鲜事例，称臣纳贡。 九月康熙帝敕谕明珠等：若郑经"遵制剃发归顺，高爵厚禄，朕不惜封赏。 即台湾之地，亦从彼意，允其居住"；"至于比朝鲜不剃发、愿进贡投诚之说，不便允从。 朝鲜系从来所有之外国，郑经乃中国人，若因居住台湾，不行剃发，则归顺悃诚，以何为据"？ 明珠等再次遣官入台议抚，但因郑经坚执不从，劝降无果。

劝降之效早如郑经所料，系"徒费往返耳"。 对于清政府放弃武力进攻而"一意差官往招"，郑氏之所以虚以周旋应付，是因为有恃无恐。 诚如施琅所指："郑经得驭数万之众，非有威德制服，实赖汪洋大海为之禁锢。 如专一意差官往招，则操纵之权，在乎郑经一人，恐无率众归诚之日。 若用大师压境，则去就之机，在乎贼众，郑经安能自主？ 是为因剿寓抚之法。"他预言："（若）大师进剿，先取澎湖以扼其吭，则形势可见，声息可通，其利在我。 仍先遣干员往宣朝廷德意。 若郑经迫之势穷向化，便可收全绩。"劝降是一种政治说服之举，若无"因剿寓抚"，招降难以奏效。 当"寓抚"之"剿"达到强大压力，足以令对方胆寒而趋向放弃抵抗时，招降即为慑降。 郑氏拒降所凭是海峡天险，若先攻取澎湖，郑氏所赖的天险即失，在大军压境的威逼下，再行招抚，将有慑降之功。

康熙十二年（1673 年）至二十年（1681 年），发生了"三藩之乱"。康熙十九年（1680 年），此"乱"已近全面扑灭，清军收复了郑军趁"三藩之乱"所袭占的大陆东南局部地区，郑经遁归台湾。 福建总督姚启圣力主乘胜攻台，但水师提督万正色反对，认为"不可轻议进兵，以滋劳扰"，而应"徐徐招纳，必自归诚"。 康熙帝征求大臣对进剿台湾的意见，明珠奏说："闽疆新定，遁逃残寇姑徐俟其归命，再若梗化，进剿未晚。"康熙帝纳之而谕兵部："台湾、澎湖暂停进兵，令总督、巡抚等招抚贼寇。 如有进取机宜，仍令明晰具奏。"所谓"暂停进兵"，实际上是在蓄势待机进取。 康熙二十年（1681 年）初，郑经病亡，年少的次子郑克塽继位，郑氏集团内外交困。 康熙帝谕令准备进攻澎湖、台湾，将认为"台湾难攻，且不必攻"的万正色改为福建陆路提督，其水师提督之职由主战的施琅继任。 翌年郑氏派员来闽求和，这是自康熙三年（1664 年）清、郑隔海对峙以来，郑氏第一次主动来大陆议和。 郑氏方面心存侥幸，仍侈谈请照琉球、高丽外国之例称臣奉贡，而不削发登岸。 康熙二十二年（1683 年）初，郑氏又派员赴闽议和，实为缓兵之计。 当年六月十四日，施琅受命从福建铜山挥师东征。 六月二十二日澎湖海战，郑氏水师主力被歼，清军占领了澎湖。"台湾兵民闻知，各怀戒心，井市风鹤。"驻守澎湖的郑氏最高军事首领刘国轩曾发誓"海水若涸，我心则降"，当他败逃台湾本岛后，从一向主战骤改为主降，在施琅的招抚下，遂决降附。 郑克塽纳其议，派员送来降表，但请求留居台湾，然大军压境，讨价还价已不合时宜。 施琅遵照清政府的一贯立场，敦促郑氏将台湾人民、土地都归入清朝版图，官兵全部削发，迁入大陆安置。 郑克塽闻之"茫然"，刘国轩启郑克塽说："人心风鹤，守则有变；士卒疮痍，战则难料。当请降听天，勿贻后悔。"郑克塽从之，决意无条件归清。八月十五日，施琅移师台南赤嵌，整旅登岸，举行隆重的受降仪式。

至此，清王朝对郑氏的慑降终于圆满地画上了句号，海峡两岸一统大业告成。

闽台崇蛇习俗的历史考察

　　古往今来，民族、文化有共同渊源的闽台两地具有许多同形质的文化习俗，蛇崇拜即其一。

　　据文献和考古资料，古代百越的一个分支——闽越族主要居住在闽江流域，在福建其他地区也有分布。蛇崇拜是闽越重要的文化特质。闽越以蛇为图腾，认为蛇是其祖先，"被发文身，以象鳞虫"。东汉高诱注："被，剪也；文身，刻画其体，为蛟龙之状"。故东汉许慎《说文解字》说："闽，东南越，蛇种。"汉武帝统一闽越后，汉族移民渐次入闽。西晋以后，入闽的移民骤增，波波相继。闽越人逐渐融入南下的汉族移民，其某些文化包括崇蛇俗也被采借并变异为汉族习俗。清代郁永河《海上纪略》记道："凡福建海船中必有一蛇，名曰'木龙'，自船成日即有之，平时常不可见，亦不知所处，若见木龙去，则舟必败。"清代施鸿保《闽杂记》载："福州农妇多带银簪，长五寸许，作蛇昂首之状，插于髻中间，俗称蛇簪。"许叔重《说文》释曰："闽，大蛇也，其人名蛇种，簪作蛇形，乃不忘其始之义耳。"

　　福建民间崇蛇习俗延续至民国末年乃至现在。在南平樟湖坂镇有一蛇王庙，每年六月下旬开始，该镇成年男子要四处捕蛇，抓的一般是无毒蛇，蛇抓到后就交给蛇王庙中的巫师，当地俗称"蛇爸"。"蛇爸"即将蛇放入小口陶瓮中，加入少许水养着。七月初七举行"迎蛇"赛会。捕缴蛇者到蛇王庙领出一条活蛇，参加游行。游行队伍前面旗幡招展，鼓乐开道，"蛇王菩萨"乘坐肩舆领队。"蛇王菩萨"亦称"连公菩萨""连公圣爷"，云为蟒蛇精的化身，能"消灾去难"、保佑居民"水陆平安"。"蛇王菩萨"神轿后，是几百人的"迎蛇"队伍，每人一蛇，或持于手，或缠于

腰、臂，结队游行。 游毕，"蛇爸"要选一条最大的蟒蛇，在其颈部挂一
块特制的"龙牌"，派人用轿子抬到江边附近山上放生，其余蛇由"迎
蛇"者送到蛇王庙前的闽江放生。 此俗延续到新中国成立前夕。 七夕
"迎蛇"赛事在明代就有记载。 明代著名文学家、福建长乐人谢肇淛
《长溪琐语》载："水口以上有地名朱船坂（即今樟湖坂），有蛇王庙，庙
内有蛇数百，夏秋之间赛神一次。 蛇之大者，或缠人腰，或缠人头，出
赛。"至今每逢元宵节仍有游蛇灯活动。 蛇头、蛇尾是纸糊的巨灯，蛇头
呈尖吻、吐舌，蛇身由每家户一男子持一节蛇身灯板结队而成。 灯板由
一块长约五尺的杉木板制成，两端凿有圆孔，每板固定三只纸灯，纸灯一
般呈敞口的漏斗形，也有八角形成鼓形。 在灯板的两端圆孔插入棍梢，
节节灯板即可连接或串，灯板足有三四百节，蜿蜒一里多长。 游毕，将
蛇头、蛇尾灯送入蛇王庙焚烧，颂祝蛇王升天，祈求蛇神保佑"吉祥如
意""田园大熟、五谷丰登"。[①]

在九龙江流域的平和文峰镇兰坪行政村所辖的六七个自然村，以及毗
邻的龙海县（按：今为龙海区）程溪镇三关堂等自然村，至今仍流行蛇崇
拜乃至人蛇共居之俗。 当地产的一种墨绿色无毒蛇被视为蛇神化身，尊
称"侍者公"。 蛇长年栖于民居，绕梁缠柱，甚至夜间爬上床与人同眠，
乡民无怪。 这一带社区多有侍者公（蛇神）庙，蛇神青面獠牙，一蛇盘
肩探出首，雕像甚为生动。 三坪行政村辖地四周层峦叠嶂，林深泉鸣，
为古俗保留所需要的文化隔离形成了天然的地理隔离。 崇蛇原为当地土
著族之俗，唐晚期，随着义中和尚到三坪建寺，汉人逐渐迁入，也就承袭
了当地崇蛇习俗。 蛇神还纳入了三平寺神系，成为主神三平祖师的侍从
神，俗称"侍者公"。 三坪社区和三关堂社区一带的村落的蛇神庙在观念
上从属三平寺，每年定期要到三平寺割取香火，以确认这种关系。 至今
三平寺还保存与唐代义中和尚有交往的吏部侍郎王讽撰、明代李宓书的
《漳州三平广济大师行录》碑刻。 碑载："唐会昌五年乙丑之岁，预知武
宗皇帝沙汰僧尼，义中大师飞锡入三平山中。 先止九层岩山鬼穴前……
（众崇）'乞为造院，愿师慈悲，闭目七日，庵院必成。'师乃许之。 未逾

---

① 　陈存洗等:《福建南平樟湖坂崇蛇习俗的初步考察》,《东南文化》1990 年第 3 期。

五日，时闻众祟凿石牵枋，劳苦声甚。师不忍闻，开眼观之，院宇渐成，惟三门未就。怪徒奔走，其不健者化为蛇虺。有大魅身毛樝樝，化而未及，师戏擒住，随侍指使，曰'毛侍者'。然后垦创田地，渐引禅流。"文中因被歧视而丑化和神秘化了的"山鬼""众祟""怪徒"实为当地特异少数民族即闽越族的遗裔。所谓"众祟""化为蛇虺"的神话文字反映蛇与该土著族在信仰观念上密切的亲缘关系。

在闽西，从毗邻赣南的宁化南至与粤东接壤的永定，至今还保留不少蛇王（或称"蛇岳灵王""蛇郎公"）庙或作为其他宫庙配祀的蛇神。闽西的蛇王神被视为"听断严明、主持公正"。过去，民有争执纠纷，即到蛇王神像前表白起誓。厦门大学人类博物馆陈列一座原存于长汀蛇王宫的蛇王塑像，虽青面獠牙但神态庄重。

历史考察福建崇蛇习俗，闽越族的图腾崇拜，随着闽越族渐次融入迁入的汉族，逐渐被汉民采借、变异。在汉族发达的佛、道教的宗教氛围中，对蛇的自然崇拜、图腾崇拜和祖先崇拜已演变到神明崇拜，并有人格化的偶像形式。当然也保留活蛇崇拜的原始形式，不过活蛇这种自然符号已是作为蛇神这种人为象征符号的补充。

主要渊源于百越系的台湾高山族的族源还包括来自南洋群岛的土著，但最早的成为主体的高山族先民源自大陆。《隋书·东夷传》描述的"流求人"[①]"以墨黥手，为虫蛇之文"，是关于高山族先民崇蛇习俗的最早记载。这种"虫蛇之文"的文身惯习经久传承，据清代文献，在台湾东北部有一种"蛇首番"，指的是黥面的高山族泰雅人。"据传，泰雅人黥面文身的花纹，最初是模仿蛇斑纹而来的，与蛇图腾有关。"[②]

高山族崇蛇习俗一直延续下来乃至现在。高山族的泰雅人、布农人、排湾人、鲁凯人盛行崇蛇习俗，尤其以排湾人以及鲁凯人为甚。"虫蛇之文"的文身习俗仍延存于排湾、鲁凯、泰雅等族群。排湾人文身花

① "流求人"即高山族先民，参见《高山族简史》编写组：《高山族简史》，福建人民出版社 1982 年版，第 28 页。

② 许良国：《论台湾少数民族的文身习俗》，《台湾民族历史与文化》，中央民族学院出版社 1987 年版，第 268 页；何延瑞：《台湾土著诸族文身习俗之研究》，《考古人类学刊》第 15、16 期合刊，1960 年。

纹,"在几何纹中,曲折形、锯齿形、叉形、网目形均从百步蛇背上的三角形纹变化而来。 这种花纹在他们的心目中就是百步蛇的简体。"①

和闽越人认为蛇为祖先的观念一样,排湾人广泛流行始祖蛇生传说,或传:"从前在皮巴敷加桑的地方,有一株竹中出现的灵蛇,一天忽然化为男女二蛇神,蛇神生下了萨马利巴利和萨上普嘉敖二子,是为人类之始。"②还有进一步派生演化的人蛇通婚传代传说:"(某社)第三代头目寒巨,系女美人,蛇神常乘云来与之交往,相互许婚,聘礼用蜻蜓珠。结婚后产蛇五十只,继生一男一女传代。"③信仰演绎出神话,而神话又维系着信仰。 既然蛇为祖先,对蛇自然不敢杀害。 1929 年第一个研究高山族的中国人类学家林惠祥教授深入高山族社区调查,其调查报告谈道:"番族有以为祖先死后灵魂转入动物者,又有谓其族之起源系诞自动物者,由此而发生动物崇拜。 如派宛族(按:指排湾人,下同)对于一种毒蛇之崇拜即如是。 其蛇属管牙类之响尾蛇科,学名为 Trimersurus Linkianus Hilgd,台湾人称之为'龟壳花',为台湾最毒之蛇。《台湾府志》云'有文如龟壳,啮人最毒',盖其盘旋栖息时身上之纹适合成龟壳形也。 派宛族之一支族查里先(Tsarisen)称之为'卡马华兰'(Kamavanan),派宛本族称之为'扶仑'(Vurun),咸加以极敬虔之崇拜,不敢杀害,甚或于酋长之家屋中特备一小房以为其巢穴。 ……查里先支族之神话云:我族之祖先死后变为灵蛇,故今见此蛇必加以'巴里西'(Parisi,即崇拜),以表示敬意,决不敢加以杀害。 ……(派宛本族)又一部云:昔有二灵蛇,所产之卵中生出人类,是为我族之祖先,故对此种蛇不敢杀害。"④

高山族的雕塑、刺绣等工艺品作为观念的物化形式也反映蛇崇拜习俗。 排湾人和鲁凯人宗庙的祖先雕像必附设百步蛇的形象,其屋饰、生活用品和武器常雕以蛇形,织品的刺绣和贴饰也有蛇纹样。 排湾人还将陶器分为许多等级,依其纹饰分次第,最高贵的纹样为蛇形,将整条用陶

① 何廷瑞:《台湾土著诸族文身习俗之研究》,《考古人类学刊》第 15、16 期合刊,1960 年。
② 卫惠林:《台湾风土志》下篇《土著志》,台湾中华书局 1956 年版。
③ 《南瀛论丛》,南瀛文献丛刊第 3 辑。
④ 林惠祥:《台湾番族之原始文化》,国立中央研究院社会科学研究所专刊第 3 号,1930 年版。

泥捏成的蛇黏附于外的陶壶最被珍视。 有蛇纹样的木质、陶质壶具被视为有巫术功用。 行猎前将某种欲猎的兽肉置于壶中，据说可对猎物施加控制。 此外，排湾人的木雕壶上的鹿形体上雕有百步蛇纹样，檐桁上雕绘的百步蛇与鹿被圈套套住和猎人行猎状结合在一起，木杵臼雕刻猎鹿状，底部衬以百步蛇雕。[①] 这些较之上述的行猎的动态巫术操作，是以蛇为操作符号操纵行猎的巫术的静态形式。

从古代到现代，台湾高山族的社会发展缓慢，其习俗的变化亦然。高山族的蛇崇拜仅从自然崇拜、图腾崇拜发展到祖先崇拜，还未发展到神明或诸神崇拜阶段。 祖先与蛇互可逆的凝重心理明显遏制了从祖先崇拜向诸神崇拜的演进。 创世神话的"蛇神"只是对蛇神的朦胧意识。 其蛇崇拜还朝着另一个方向演变，即与巫术结合，成为巫术操作的象征符号和凭借的信仰观念。

闽台崇蛇俗从一个角度显示古代闽台两地文化底层相似，皆属百越文化系统，反映了自古以来海峡两岸文化的一体性。

（《民俗研究》1995 年第 4 期）

---

① 刘其伟：《台湾土著文化艺术》，台湾雄狮图书有限公司 1979 年版，第 172 页。

闽台王爷信仰与郑成功的关系

王爷信仰是中国瘟神信仰在闽台产生的地方性变异，清初对郑成功的纪念和崇拜是这一变异的始因。

明代晚期谢肇淛《五杂俎》卷六载："闽俗最可恨者，瘟疫之疾一起，即请邪神香火奉事于庭，惴惴然朝夕拜礼许赛不已，一切医药付之罔闻。……即幸而病愈，又令巫作法事，以纸糊船，送之水际。此船每以夜出，居人皆闭户避之。"瘟神在闽台新的变异形式——王爷信仰，继承了原有的瘟神崇拜的仪式，别异之处在于，王爷号"代天巡狩"，虽与放瘟、收瘟的瘟神若即若离，但基本上是收瘟逐瘟，也就是实现了瘟神从凶神向善神的转化。当然，这一转化历时经久。

最早提出"代天巡狩"的王爷即郑成功的看法是连横。他在《台湾通史》中指出："王爷之事，语颇凿空……旧志谓神之姓名事迹无考……台湾所祀之王爷，自都邑以至郊鄙，山陬海噬，神宇巍峨，水旱必告，岁时必祷，尊为一方之神，田夫牧竖，靡敢渎谩。而其庙或曰'王公'，或曰'大人'，或曰'千岁'，神像俱雄而毅。其出游也，则曰'代天巡狩'，而诘其姓名，莫有知者。呜呼！是果何神，而令台人之崇祀至于此极耶？顾吾闻之故老，延平郡王入台后，辟土田，兴教养……精忠大义，震曜古今，及亡，民间建庙以祀。而时已归清，语多避忌，故闪烁其辞，而以王爷称。此如花蕊夫人之祀其故君，而假为梓潼之神也。……其言代天巡狩者，以明室既灭。而王开府东都，礼乐征伐，代行天子之事。故王爷之庙，皆曰'代天府'，而尊之为'大人'，为'千岁'，未敢昌之言也。……后人不察，失其本源，遂多怪诞。而师巫之徒，且借以敛钱，造船建醮，踵事增华，惑世诬民，为害尤烈。"①

不同意王爷崇拜是缘于对郑成功的纪念和崇拜以及将这种纪念和崇拜嫁接入瘟神信仰习俗这一观点的学者认为："作为瘟神崇拜的王爷信仰，在郑成功逝世前就已经存在，这一点，有些王爷庙的庙志和台湾方志可做证明。……周钟瑄《诸罗县志》卷八《风俗志·汉俗·杂俗》载：'敛金造船，器用币帛服食悉备，召巫设坛，名曰王醮。三岁一举，以送瘟王。……既毕，乃送船入水，顺流扬帆以去。或泊其岸，则其乡多疠，必更禳之。相传昔有荷兰人夜遇船于海洋，疑为贼艘，举炮攻击，往来闪烁。至天明，望见满传皆纸糊神像，众大骇，不数日，疫死过半。'"②《诸罗县志》修于康熙五十六年（1717 年），而郑成功逝世于 1662 年，这只能说明王爷之祭是在郑成功殁后。至于传说，不足为证。比《诸罗县志》晚修三年的《凤山县志》，在卷一《舆地志·风俗》中就明确指出这一传说"是亦不经之谈也"。

探讨王爷崇拜的成因，有两个很重要的史实须辨析：

一、闽台的王爷信仰是由闽传台还是由台传闽

王爷信仰是从台南传至闽南，而后随移民潮返传台南以及台湾其他地区。

王爷号为"代天巡狩"，而这名号最早出现在台南。康熙二十四年（1685 年）蒋毓英修《台湾府志》，其卷六《庙宇》："二王庙。在东安坊，云神乃'代天巡狩'之神，威灵显赫，土人祀之。……大人庙。在台湾县保大里。其神聪明正直，亦是'代天巡狩'之神。"这是最早出现王爷名号乃"代天巡狩"的记载。

台湾众多的王爷主要是从以泉州为主的闽南传播过去的。《台湾省通志》的《宗教篇》指出台湾王爷的来源，诸如：泉州城的萧王爷，晋江的王王爷、吴王爷、韦王爷、李王爷，南安的金王爷，安溪的苏王爷，惠安

---

① 连横：《台湾通史》卷二二《宗教志》，商务印书馆 1983 年版，第 404～405 页。

② 朱天顺：《闽台两地的王爷崇拜》，《台湾研究集刊》1993 年第 3 期，第 90 页。

的金王爷，同安的苏王爷，平和的池王爷，漳浦的三王爷，南靖的吴王爷，等等。 然而，台湾的王爷诸神主要传自闽南，这不等于说台湾王爷开始传自闽南。

在闽南王爷传到台湾之前，先有台湾王爷向闽南的传播。 而此前，最早的是，闽南瘟神传到台湾。

二、王爷是否暗喻郑成功

台湾奉祀独尊的诸多瘟神庙中，池王爷庙最多。 原台湾府治的台南东安坊的二王庙，供奉的应是郑成功、郑经。 台湾学者蔡相辉《台湾的王爷与妈祖》[①]指出："姓郑，有王爵而功在台湾者，除郑成功父子二人外，无人能符合这一条件，故二王庙所奉二王为郑成功、郑经二人。"台湾不少地方奉祀三府王爷，应为郑成功、郑经、郑克塽，如台南归仁乡大人庙奉祀朱、池、李。 蔡相辉《台湾的王爷与妈祖》指出："此三位王爷即为郑成功、郑经、郑克塽三人。 池王爷可知为郑成功之化身……根据神像判断，朱王爷应为郑经，李王爷应为郑克塽。"又指出："池字应为郑之假借，因闽南泉州府腔调，郑与池两字音同而韵异，而将池王爷三字连念，其音韵几与郑王爷三字连念无法辨异。 闽粤常见的神明中，并无此代天巡狩之神存在。 清代以前，代天巡狩仅是代表皇帝执行职能的一种观念，只有奉明朔于台湾的郑氏父子才有资格代行天子视事。 道光十九年的《厦门志》记载：'又有灵应殿、西应殿、宝月殿、威灵殿，祀所谓池王爷者，语无可据，不载。'"

康熙六十一年（1722 年）黄叔璥撰《台海使槎录》的有关记载，透露着郑成功崇奉植入瘟神崇拜的信息，该著卷二《赤嵌笔谈·祠庙》记载："王船备物建醮，志言之矣。 及问：所祀何王？ 相传唐时三十六进士为张天师用法冤死，上帝敕令五人巡游天下，三年一更，即五瘟神。 饮馔器具悉为五分。 外悬'池府大王'灯一盏。"康熙二十二年（1683 年）施琅征战澎湖，慑降台湾郑氏政权，在施琅在台湾受降前后，郑氏应将原祭

---

① 蔡相辉：《台湾的王爷与妈祖》，台原出版社 1989 年版。

祀郑成功祠庙隐匿为"代天巡狩"庙，并假以瘟神庙祀之。"代天巡狩"，"五瘟神……外悬'池府大王'灯一盏"，这些透露着瘟神与"代天巡狩"（奉明为正朔的郑成功）的结合。

瘟神本有姓名，而阴祀郑成功的池王庙，阴祀郑成功、郑经的二王庙，阴祀郑成功、郑经、郑克塽的（池、朱、李）的三王府推动了王爷姓氏的泛化。

闽台王爷信仰的缘起和发展变化映照着两岸关系的史影，展示闽台民间文化不仅有东渡为主的传播，还有逆向传播，并且这种双向传播还周而复始。瘟神东传、瘟神与代天巡狩结合后的西传，以及再返传台湾，正是闽台王爷产生和广泛传布的路线，一旦仅截取某时段，就会以偏概全，这正是学者群对王爷缘起产生困惑之所在，也是即使提出正确观点但缺乏驳斥和说服能力之所在。

（原载于《泉州民间信仰》1997 年第 13 期，作者后有订正）

闽台王爷与福州瘟神的差异

从源流上看，闽台王爷应渊源于福州瘟神，但至晚在清代以后，闽台王爷与福州瘟神已经有明显的差异。屏东县东港镇东隆宫的"送王"仪式，显示出王爷与瘟神对立的关系。

美籍学者康豹于 1988 年对本于清代科仪旧本的王爷驱逐瘟神的仪式，进行详尽的描述，摘要如下：

台湾屏东县东港镇有一座王爷庙叫东隆宫，此庙在本镇 32 座王爷庙中，历史最悠久、规模最大，创建于康熙四十五年（1706 年），光绪十三年（1887 年）重建。主神是温王爷，也称温府千岁。三年一次迎王平安祭典，康豹考察的祭奠从农历九月初九日开始。

请王。当日中午，把用来代表五尊千岁爷的令牌请到海边，在那里做象征性的"开光"仪式。千岁爷的轿夫在王爷附身以后，便把所附王爷的姓氏写在沙滩上。只有庙里的几位委员才知道王爷姓氏。如果所写姓氏不对，就继续写。这次，在新的一科五尊王爷中居主位的姓吴。

请王结束后，回到东隆宫举行过火仪式，由负责迎王仪式的道士带领轿夫和信徒过火。此后向千岁爷献茶、果品等，称"祀王"。迎王期间，每日早晚都要"祀王"。

莅临东隆宫后，温王爷应将其镇座的正殿让给这五尊客座王爷。迎王期间，正殿改称"王府"。

五尊王爷入驻宫内后的第二天至第四天，举行绕境活动。

第五天到第六天，轿夫和庙里的委员和工作人员到王府祭拜，这叫"敬王"。

到了九月十五日这一天，举行王船的游行。天黑后，道士做驱逐瘟神的仪式，针对的是科仪书所写的瘟部里的瘟神。 首先，道士请五营兵马守护于道坛。 接着，宣读"天赦"告诫瘟神不得作害。 念毕，道士邀请一些天神莅临道坛。 他们是：三清三境天尊，消灾解厄天尊，长生保命天尊，福星无量天尊，以及延寿益算天尊。"令瘟神上船后，道士做一个镇压他们的'压煞'仪式"，并唱"送王船"歌。 歌曰："王船满载金甲（和）宝，代天巡狩为船主。 喧天锣鼓送王去，合境弟子保平安。 ……押送瘟瘟去海水，毋令毒疠害人民。 ……"

此后，把出海所需的物品装在船上，此谓"添载"。 与此同时，在王府里做宴请五尊王爷的"宴王"仪式，"宴王"比"祀王"隆重，酒席丰富，还要念一篇祝文。

九月十六日凌晨，把王船移置海边的"请王"之处，把千岁爷的令牌（当值王爷的象征）安置于船上，待到卯时，开始烧王船，此谓"送王"。 至此，祭奠结束。

"送王"是"送王船"的简称。 科仪本将以"驱押"瘟神为核心的仪式称为"和瘟"。 虽然将瘟神"驱押"逐离是根本目的，但宣读"天赦"也有对瘟神的劝诫。 另外，道士要送瘟神上路，还要敬献"香、酒和三牲（鸡、猪、鱼）"，而且要"三献"，念辞恭敬，如："殷勤初献送天化……诚心更劝一杯酒……"总之，有绥靖赎买的意味，故称"和瘟"。 不过，康豹提醒道：瘟神上船前和上船后，道士的念辞口气差别很大，前为"拜托"，后有勒令之意。

在以上的仪式中，最能显示以正驱邪的是举行王船的游行后，入夜的请神与押解瘟神上船的要仪。 作法的道士告诉康豹："道士执旗按五方八卦布阵，扬旗驱押地方行瘟的瘟部使者，意思是驱瘟。"显然，宣读"天赦"是判决书，莅临的天神是督查执法，王爷是押送王船的执法者，瘟神犹如被押解驱逐的罪犯。

当时康豹是普林斯顿大学东亚研究学系的博士候选人，田野工作十分深细。 这篇《东隆宫迎王祭奠中的和瘟仪式及其科仪本》，发表于《民族学研究所资料汇编》第 2 期（1990 年 3 月），并将有关的科仪本影印作为附录。 康豹说明：科仪本持有者是这次作法的道士，他是世传的"第九代红头法师"，《灵宝和瘟正醮科仪》系祖上所传。

东隆宫送王船仪式，集中体现闽台王爷的性质。 康豹所调研的台湾屏东县东港镇东隆宫这座王爷庙，其"迎王平安祭典"的压轴大戏即"送王"仪式，显示出瘟神是由天神劝诫、由王爷随船押送的驱逐对象。 所谓王爷即瘟神之说，可以休矣。 郑梦星早就指出："泉州一带的'送王船'与福州的'送瘟神'有着根本不同的内涵和仪式。"[①]

福州的瘟神五帝在"送船"仪式中，并无天神劝诫和由王爷押逐的内容。 福州五帝瘟神其来有源。

瘟神起源于疫鬼。 东汉王充《论衡》卷二五《解除篇》说："解逐之法，缘古逐疫之礼也。 昔颛顼氏有子三人，生而皆亡。 一居江水为疟鬼，一居若水为魍魉，一居欧隅之间主疫病人。 故岁终事毕，驱逐疫鬼，因以送陈迎新，内吉也。"晋代干宝《搜神记》卷一六的"疫鬼"条亦云："昔颛顼氏有三子，死而为疫鬼：一居江水为疟鬼，一居若水为魍魉鬼，一居人宫室，善惊人小儿，为小鬼。 于是正岁命方相氏，帅肆傩以驱疫鬼。"由此可见，汉代以前，民间迷信疫鬼的存在，并有驱逐疫鬼的仪式。 当时驱逐有二法，或讨好安抚，或镇压禳解。

道教所信奉的瘟神，传云始于隋唐。 元代成书、明代略有增纂的《三教搜神大全》为五瘟神作传，其卷四"五瘟使者"称："昔隋文帝开皇十一年六月，内有五力士，现于凌空三五丈，于身披五色袍，各执一物。 一人执杓子并罐子，一人执皮袋并剑，一人执扇，一人执锤，一人执火壶。 帝问太史居仁曰：'此何神？ 主何灾福也？'张居仁奏曰：'此是五方力士，在天上为五鬼，在地为五瘟，名曰五瘟神。 春瘟张元伯，夏瘟刘元达，秋瘟赵公明，冬瘟钟仕贵，总管中瘟史文业。 如现之者，主国民有瘟疫之疾，此天行时病也。'帝曰：'何以治之，而得免矣？'张居仁曰：'此行病者，乃天之降疾，无法而治之。'于是其年国人病死者甚众。 是时帝乃立祠，于六月二十七日，诏封五方力士为将军。 青袍力士封为显圣将军，红袍力士封为显应将军，白袍力士封为感应将军，黑袍力士封为感成将军，黄袍力士封为感威将军。 隋唐皆用五月五日祭之。"

《乌石山志》于清道光时郡人郭柏苍纂辑、光绪年重修，其中对瘟神

---

① 郑梦星：《闽南王爷信仰概观》，《泉州民间信仰》1997 年第 13 期。

记述颇详。 该书卷三《寺观》记道："自元以来，以寺旁之地祀疫神。 福城内外凡称涧、称殿者，皆祀疫神。 依水称涧，在陆称殿。 其先始于南涧，继之则有北涧、西涧，城隍山、太岁庙为中涧，开元寺、右芝山为芝涧，又有玉山涧、嵩山涧、穿山涧各名目。 凡涧殿皆入例禁。 愚民恐官拆除，多傍武圣为名，指神为关、张、刘、史、赵五姓，称曰'五帝张爷'居中。 稍有人形谓之劝善，左右四神状皆凶恶。 乡曲无赖酿钱出贷，以备赛神，名曰'香会'，本轻利重，负则群殴之，鬻妻质子不敢背。 值五六月间，导神出游，纸糊替身，怀于各神襟带之间。 再游为游村，末则驱疫，曰'出海'。 剪彩为舟，备食息起居诸物，并神鬼所请之相，纳于舟中，鼓噪而焚于水次，以祭祀毛血贮木桶中，数人负之而趋，谓之'福桶'，行者避之。《榕城纪闻》记：崇祯十五年壬午二月，福州疫起，乡例祈禳土神，有名为五帝者，于是各社居民鸠集金钱，设醮大傩。 初以迎请排宴，渐而至于设立衙署，置胥役，收投词状，批驳文书，一如官府。 而五帝所居，早晚两堂，一日具三膳，更衣晏寝，皆仿生人礼。 各社土神参谒有期。 一出则仪仗车舆，印绶笾简，彼此参拜。 有中军递帖到门、走轿之异。 更有一种屠沽及游手之徒，或装扮鬼脸，或充当皂隶，沿街迎赛，互相夸耀。 继作绸绢彩舟，极其精致，器用杂物无所不备，兴工出水，皆择吉辰，如造舟焉。 出水曰'出海'，以五帝逐疫出海而去也。 是日，杀羊宰猪，向舟而祭。 百十为群，鸣锣伐鼓，锣数十面，鼓亦如之，与执事者或摇旗，或扶舟，喊呐喧阗，震心动魄，当其先也。 或又设一傩，纸糊五帝及部曲，乘以驿骑，旋绕都市四围。 执香随从者以千数计，皆屏息于烈日中，谓之'请相'。 及舟行之际，则疾趋恐后，蒸汗如雨，颠踬不测，亦所甘心。 一乡甫毕，一乡又起，甚而三四乡，六七乡同日行者。 自二月至八月，市镇乡村成鬼国。"

五帝本"疫鬼"，亦称"五鬼"，明代又有"五瘟"之称，"主……瘟疫之疾"，由"放瘟"演变兼能"收瘟"，瘟实则其始。 然因为畏惧故，将其作恶转嫁于"皂隶"鬼卒，以"福桶"作为疫鬼渊薮，元凶反而扮演"逐疫"角色。 因此，有若神明灵显，故有接收"纸糊替身"。 替身者，某罹病者，家人以纸人为病者，五帝既收纸人，病者祈能金蝉脱壳。 继而"如官府"升堂"收投词状，批驳文书"，貌似阴司判解阳间冤屈。 其实，此瘟本阴公疫鬼，所居涧殿属淫祠，故"皆入例禁"。号称"五帝"，或避于武庙，乃躲避打击的伪装策略。

总之，"送船出海"，福州瘟神是"逐疫"，是正角；而闽台王爷是押解驱逐瘟神，是正角，而瘟神是反角。福州瘟神与闽台王爷，角色、功能大异，两者是对立的关系。

尽管东隆宫送王船仪式，集中体现闽台王爷的性质，但典型和代表性不见得穷尽一般。

《同安吕厝村的王爷信仰》是石奕龙 1992 年在同安吕厝的调研报告，作为 1993 年赴台参加庄英章和武雅士策划的学术研讨会的论文，收录《台湾与福建社会文化研究论文集》（1994 年）。吕厝王爷宫也叫华藏庵，宫庙内正中神龛供奉水仙尊王五尊，亦称五府王爷，陪祀有姜太公、大魁星、吕仙祖和中坛元帅。从该文附录的"送王清醮文榜"可知，送王仪式中禀告的对象是三宝天君、伏魔大帝、代天巡狩、五方瘟疫使，还有东岳城隍、邑主当境、姜太公、五府王爷、吕仙祖、大魁星、中坛元帅。显然，送王不是送神龛的五府王爷，而是送当值的王爷，以上诸神只是通知对象。当值王爷，四年一任，以子、辰、申为岁次，正月初四日迎王，十月下旬卜日送王，同时迎新王"坐庵"。关于"迎王送王"这种祭祀王爷仪式，石奕龙所指的迎送的王爷不是神龛里的"五府王爷"，而是四年一任的"当值王爷"。

华藏庵迎王送王的王爷有姓无名，何姓由迎王后卜问得知。迎王至送王，时间间隔九个月。程序是：正月初四日"迎王"（只以神辇为象征），迎后供在华藏庵内临时搭起的"代天府"，由乩童卜得王爷之姓。初十日新任王爷及华藏庵众神在吕厝境内"巡游"驱邪赐福。从正月十六日开始至三月，附近诸村到华藏庵"请王"：神辇座位上贴上红纸墨书某姓王爷，扛神辇回本村供奉。当年农历八月至，将三年前所迎的"旧王爷"（红纸墨书）送回华藏庵。附次数说明的是：请王送王的村落都有王爷宫可供王爷驻留。十月初二日开始，吕厝王爷宫（华藏庵）就从厦门市区请人到何厝的何姓祠堂糊王爷、差役、神驹、王船，并在十月二十六日前完成制作。二十九日午夜把纸糊的王爷（即三年前所迎的旧王爷）及其扈从放到纸船上，付之一炬。

石奕龙认为：沿海沿江地带，多有迎王送王仪式。这些地带常有一些尸骨漂来漂去，而这些地带的人们也常有掩埋这类尸骨，并建庙祭祀。这就形成迎王送王的仪式，以象征他们的到来和离去，并因此形成巡狩王爷。总之，"王爷的真正来历是由水边的阴魂转化而来"，"并与瘟神信仰的心态重合，从而形成王爷即瘟神或凶神的观念"。

根据上述的"送王清醮文榜"，送王仪式中禀告的对象是三宝天君、伏魔大帝、代天巡狩、五方瘟疫使，还有东岳城隍、邑主当境、姜太公、五府王爷、吕仙祖、大魁星、中坛元帅。其中"送王清醮文榜"所禀告的包括"五方瘟疫使"，"五方瘟疫使"即是"五瘟""五帝"，由此，我依稀看到福州瘟神早期在闽南的传播。是不是这样？请教诸位。

"妈祖"名称起源于澎湖

妈祖崇拜发祥于湄洲岛，而"妈祖"名称则起源于澎湖岛。

海神林氏，原是北宋早期的历史人物。据有关林氏的最早文献南宋廖鹏飞《圣墩祖庙重建顺济庙记》，林氏，"湄洲屿人。初，以巫祝为事，能预知人祸福。既殁，众为立庙于本屿"。自宋迄清，历封为夫人、妃、天妃、天后。然而，民间却另有称呼。在南宋的文献中，除敕赐的封号和庙额外，林氏称为"林氏女""神女"，其庙称为"神女庙"或"女郎庙"。据明代莆田民间对林氏还沿用的"姑娘"称呼，"姑娘"当是"林氏女""神女""女郎"的俗称。明万历四年（1576年）谢杰出使琉球后，所编撰的《使琉球录》载："莆（田）人泛海者辄呼（天妃）为'姑娘'，盖亲之也。"明末清初所撰的《（崇武）天妃宫》载："彼地（莆田）男女长幼通称谓（天妃）曰'姑娘'。"明代开始，漳州、泉州二府的闽南方言群称林氏为"娘妈"。明代出使琉球的船工绝大多数是漳州籍。明嘉靖四十年（1561年）郭汝霖出使琉球后返国途中遇风，舵工"降箕"解字云："钦差心好，娘妈保船都平安也。"明代漳、泉海商在澳门立庙祀神。《澳门纪略》载："立庙祀天妃，名其地曰'娘妈角'。娘妈者，闽语天妃也。"此处的"闽语"指闽南方言。莆田、仙游的莆仙方言群自清代以后也逐渐普遍采用"娘妈"称呼。

"妈祖"名称最早出现于台湾地区的闽南方言群。清康熙二十四年（1685年）首修的《台湾府志》载："（三月）二十三日，名为妈祖飓。真人飓多风，妈祖飓多雨。"台湾方志所记载的妈祖庙都是在康熙二十二年（1683年）台湾归清以后建造的。尽管康熙年间所修的三种《台湾府志》皆称奉祀林氏的庙为"天妃宫"，但民间则称"妈祖宫"。康熙三十六年（1697 年）郁永河从厦门渡海至台湾采硫，在台湾府城写的竹枝词有："马祖宫前锣鼓闹，侏离唱出下南腔。"并注云："土人称天妃神曰马祖，称庙曰宫。 天妃庙近赤崁城，海舶多于此演戏酬愿。 闽以漳、泉二郡为下南。""下南"即闽南。 郁永河是浙江人，误将"妈祖"记录为"马祖"。 郁氏又道："海神惟马祖最灵，即古天妃神也。 凡海舶危难。 有祷必应。 ……又有船中忽出熠火，如灯光，升樯而灭者，舟师谓是'马祖火'，去必遭复败，无不奇验。 船中例设'马祖棍'，凡值大鱼水怪欲近船，则以马祖棍连击船舷，即遁去。"

台湾本岛的"妈祖"名称传自澎湖。 澎湖是闽台海路的中继站，闽台之间的海上交通多以澎湖为定向点或停泊之所。 开发台湾本岛的最早汉族移民来自澎湖。 澎湖自南宋至元代隶属泉州晋江县，明代隶属泉州府同安县。 元代汪大渊《岛夷志略》的"彭湖"（即澎湖）条载："（岛）有七澳……泉人结茅为屋居之。"岛上居民以渔为主，兼事农作。 台湾地区最早奉祀海神林氏的庙就在澎湖岛，至迟创建于明代，名"娘妈宫"。至晚在明末清初，澎湖人已称"娘妈"为"妈祖"。 康熙二十四年（1685年）林谦光编撰《台湾纪略》，书中《附澎湖》载："澎湖……环绕有三十六屿，大者曰'妈祖屿'等处。"澎湖列岛的主岛澎湖之所以称"妈祖屿"，是因为娘妈宫就在该岛上，并且"娘妈"这一旧称已普遍改称为"妈祖"，乾隆十二年（1747 年）范咸修的《台湾府志》即称澎湖娘妈宫为"妈祖宫"。"妈祖屿"西侧的港澳在郁永河《裨海纪游》中记为"马祖澳"。

无论是航海习俗的"妈祖飓""妈祖火""妈祖棍"，还是"妈祖屿""妈祖澳"等岛澳名，都说明台湾地区，特别是澎湖的闽南方言群称天妃为"妈祖"已有相当时日，至晚始于明末清初。 清代以来，台湾地区的"妈祖"名称也逐渐为大陆普遍采用。 在闽南方言中，妈（音 mà）指祖母，祖（音 zhò）指曾祖母。"娘妈"是"姑娘"加称"妈"的组合简化，"妈祖"是"娘妈"加称"祖"的组合简化。"姑娘"—"（姑）娘妈"—"（娘）妈祖"的演变序列，大抵与民间信众对这位女神敬拜程度的递增是相一致的。"妈祖"名称的产生和普及，也反映了海峡两岸共同营造的神缘关系。

（说明：至今，学界同行认为"妈祖"是"娘妈"祖庙的意思，未有论证。本文观点系新见。）

（《福建宗教》2002 年第 2 期）

林瑶棋的妈祖缘

1997年6月，当凤凰树绽放出锦簇花团时，闽台妈祖文化学术研讨会在厦门大学召开。这次研讨会由台湾各姓渊源研究学会理事长林瑶棋倡议，福建省社科联、省民俗学会和台湾各姓渊源研究学会联合举办。参加会议代表近百人，提交论文81篇。研讨结束后，我和代表们乘车前往漳浦县乌石天后宫参观。对林瑶棋来说，这是他的第六次故乡行。

1987年11月台湾当局开放台湾民众赴祖国大陆探亲。翌年，林瑶棋偕妻回到祖籍地漳浦乌石探亲。林瑶棋为渡台祖林良第九世裔孙，林良于清雍正十三年（1735年）偕同兄弟三人迁到金门沙尾后坑，又迁到台湾台中县龙井乡，历经二百六十多年，林良一系在台湾已繁衍数千人口。林瑶棋到乌石后，直趋海云家庙谒祖。他兴奋地了解到乌石宗亲保存一尊从湄洲请回的千年乌面妈祖金身。原来乌石林姓的第十一世祖林士章于明嘉靖三十八年（1559年）殿试探花及第，为嘉靖、隆庆、万历三朝元老，万历二十三年（1595年）告老还乡，途次湄洲岛时，请回湄洲祖庙镇殿的乌面妈祖金身像。林探花赠白银千两，让湄洲祖庙重塑一尊。迎回乌石的妈祖奉祀于林氏宗祠（海云家庙）内。"文革"期间，这尊国宝级开基妈祖神像险被付之一炬，幸被林姓族人隐藏山洞。"文革"后，这尊妈祖神像暂时供奉在打山社林某家中。

林瑶棋回台后撰文介绍了乌石的千年妈祖神像，成为台岛的重大新闻。众多信众蜂拥而至，打山社林某住家已无法负荷多如过江之鲫的香客，于是林瑶棋首先倡议在乌石建一座天后宫以供奉这尊千年妈祖神像。乌石乡亲向政府申请建庙事宜，林瑶棋在台湾筹款。

兴建妈祖庙对乌石人来说，确实是一件大事，而且建庙将涉及许多现实利益问题，一些人包括个别干部暗中角力。"文革"后供奉妈祖的打山社等村的乡民坚决不让妈祖他迁，而赞成妈祖他迁的乡民则为建庙地点意见纷争。 经反复耐心调解，县政府批准在紫薇山麓建庙。

1992 年夏奠基破土后，建筑工程展开，林瑶棋募集的建后殿和中殿的资金也到位。 但后殿方成，不仅已无分文建中殿，还亏欠数万元。 为继续兴建，林瑶棋在台湾的宗亲林瑞国慨然解囊。 因有前车之鉴，乌石方面请得力者掌理开支，建庙工作继续顺利进行。 一波未平，一波又起，工程承包者又节外生枝，提高费用 20 万元。 林瑶棋、林瑞国以大局为重，认为乌石天后宫的兴建，圆了乌石乡亲 400 年来的建庙梦，对于有争议的事，不过多追究，这样才能使乌石地方和谐吉祥。

历时两年半，由前、中、后殿组成，建筑面积达 1369 平方米的乌石天后宫终于在 1994 年底竣工。 天后宫与附近的紫薇寺、紫薇书院、紫薇石洞、海云家庙等连成一片，成为旅游观光区。 仅在后殿建成后的第一年，乌石天后宫收集的添油金计新台币 232 万元、美元 11 万元。

林瑶棋在建庙期间还在当地学校设奖学金，林瑞国捐资兴建长春中学。

当参加闽台妈祖学术研讨会的代表从厦门抵达漳浦旧镇乌石，参观了依山望海、庙貌恢宏的天后宫后，无不对这座宫庙的倡建人表示钦敬。林瑶棋对我们说："妈祖信仰文化不仅是两岸关系的纽带，也是可共同开发的文化资源。 这次兴建乌石天后宫，两岸同胞合作无间，有钱出钱，有力出力，使建庙如期完成。 这足以证明台湾是妈祖信仰圈不可分割的一部分，相信这次的合作关系，对促进两岸文化交流，必然有其正面意义。"他还深情地说："古代祖先从湄洲请来妈祖神像，是家乡与妈祖的缘分，我所做的只是为海峡两岸的亲人再续这一源远流长的妈祖缘。"

不到一年，当碧绿的凤凰树正在孕育新的花季，由林瑶棋主编、厦门大学校长林祖赓作序的闽台妈祖文化学术研讨会论文集《两岸学者论妈祖》已在台湾出版，并成批地寄至厦门。 刚了解到供奉金面妈祖的长汀天后宫也是分灵台湾的祖庙的林瑶棋，将在近期来厦门，与厦大人类学研究所的同人赴闽西红土地做长汀妈祖调研。

（厦门市政协文史和学习宣传委员会:《两岸葱茏连锦绣——厦台文化交流纪实》,鹭江出版社 1998 年,第 168～170 页）

台湾也有刺桐城

泉州因广植刺桐树，曾有刺桐城的别称。 清代，台湾也有个刺桐城。 这座刺桐城就是台湾府城（今台南）的别称。

荷兰殖民者侵占台湾时，在高山族的赤嵌社建筑"普罗文查城"，也称赤嵌城。 郑成功收复台湾后，以赤嵌城为承天府治所。 康熙二十二年（1683年）台湾归清。 清政府在次年设台湾府，仍以赤嵌城为府治之所。 那时，刺桐树在赤嵌城已很繁盛。 乾隆《台湾府志》载："刺桐花，色红如火，环绕营署，春仲始花，一望无际，实为公郡大观，故称刺桐城。"清人孙元衡《赤嵌集》有诗咏刺桐："春色烧空到海涯，柳营绕遍又山家。 昆仑霞吐千层艳，华岳莲开十丈花。""百朵红蕉簇一枝，偶然著叶也相宜。 烟笼绛羽鹦哥舞，信是春城火树奇。"

台湾也有个刺桐城，反映了海峡两岸的历史文化渊源关系。 明末以后，闽粤各地一直有持续不断的往台湾的移民潮，并形成原籍地缘性的大大小小的聚居区，泉州籍移民及其后裔在台南几乎是一枝独秀，他们也把家乡的刺桐树移植台南，当刺桐花发，油然有他乡是故乡之感，于是把赤嵌城亦称为刺桐城就像瓜熟蒂落那么自然了。

（《福建民族》1998年第3期，署名"方野"）

评汪毅夫《闽台缘与闽南风》

美国人类学家格尔兹的文化阐释学促使人类学在 20 世纪 70 年代出现了新的转折。 文化阐释学的核心是文化"深描"。 所谓"深描"即：对特定的文化活动以及文化持有者的理解进行显微察访，并结合相关的历史背景和社会文化语境进行阐释。 人类学的"深描"是对活文化进行观察和理解，进而对这些材料进行阐释。 它突出的特点是显微研究。 基于时间的隔离，文化"深描"基本不适用于历史学，但对历史学有借鉴作用。历史学研究者可以借助有精细内容的历史文献的发现、整理、重组，使历史达到显微的效果。 事实精微、清晰，分析也就相应地细致入微，这就是我理解的历史学"细描"方法。 历史"细描"既包括外在的现象，也包括内在的事理，但以前者为主。 人们常常对"历史现象粗略、模糊，但论析却能博大精深"而赞叹。 其实，这种赞叹通常是廉价的，缺乏对应事实的历史论析多是飘游的精灵幽魅。 事实是科学的奠基石。 新事实的发现，以及事实由粗略转为细微的新品质的事实，将带动研究的创新。

在我看来，在闽台研究成果相当厚积的情况下，采用历史"细描"方法是走出重复、徘徊状态的重要途径。 研读汪毅夫《闽台缘与闽南风》（福建教育出版社 2006 年版）一书，我惊喜地发现：作者采用的正是历史"细描"方法。 历史"细描"的操作，就是对研究对象加以细目化后，借助细密的资料显现历史，进而深入而准确地分析历史。 历史"细描"，正是《闽台缘与闽南风》对闽台关系研究富有拓新的重要方法。

一、研究项目的细化是历史"细描"的首要步骤

既是"细描"，具体的研究对象相应就应该细化，小处钻探，深度就出来了。 文化关系是闽台关系的重要内容。 有关文化的研究对象的分层、分项是研究细化的必要设计。 汪毅夫研究的细化项目诸如歌仔册、民俗说本、地方历书、讼师，等等。

闽南话歌仔册是清代道光初年开始流行于海峡两岸闽南方言区的一种说唱文学体裁，至今仍存活于两岸闽南方言区的个别地方。 汪毅夫根据福州大学西观楼藏本（施舟人于 20 世纪 60 年代在台湾收集），以及自己在闽南收集的抄、印本，对歌仔册做了深入细致的研究。 例如：根据《曾二娘歌》［道光十二年（1832 年）泉州见古堂刻印］、《曾氏二娘经》［民国四年（1915 年）福州鼓山涌泉寺刻印］、《曾二娘烧好香歌》（1960 年台湾新竹竹林书局铅印），得出结论：民间本是佛门本的原型，福建本是台湾本的原型。 根据 1912 年厦门文德堂印行《张秀英》内容的日据台湾背景，得出结论：张秀英故事的口头创作和口头流传是台湾本，张秀英故事的台湾本是厦门文德堂本一类的福建本的原型。 汪毅夫用细微的典型例举分析说明：歌仔册发生于闽南，传播于台湾；台湾"歌仔"的新创作又成为闽南厦门、泉州印坊的一个新来源。 汪氏还留意到福建部分图书馆、文化站收藏有 20 世纪 20—30 年代由新加坡德商兴登堡唱片公司、50—60 年代由台北环球唱片公司出品的数十种闽南话歌仔册的数十种唱片，80 年代泉州文艺工作者记录一些闽南话歌仔册曲调，以及东山渔家妇女至今仍有边织渔网、边唱歌仔册的风习。 这就使闽南话歌仔册的细描具有从历史到现在的时间维度，使歌词兼有曲调的说明。

汪毅夫在福州大学西观藏书楼阅得荷兰汉学家施舟人在台湾收集的民国六年（1917 年）泉州绮文居石印本的《畅所欲言》，又在闽南访得《畅所欲言》的民国十七年（1928 年）泉州郁文书局的石印本，进而对两种版本进行比对。《畅所欲言》是用泉州话演说本地市井民俗的民俗说本。 作者是清末泉州秀才，中年以后"广搜众说豆棚花下"，"乃操以土音，编为俗体"，"不斤斤求其雅而惟恐其不俗"。 汪氏详细介绍《畅所欲言》所涉

的市井千相百态和不避俗字俗语的顽强表现，意在说明这一说本鲜活、生动的民俗性。 恰恰是这种根植于闽南文化的乡土表达，在日据时期的台湾民间大受欢迎，反映了日据时期台湾同胞对于原乡文化的眷恋，对于祖国的眷恋。

通书，这里特指官方认可的泉州刊印的地方性历书。 陈泗东首先注意到清中期以后，台湾民间普遍使用泉州继承堂编印的通书。 汪毅夫在泉州发现 1929 年泉州继承堂编印的《洪潮和通书》，书的扉页有"专售台湾"字样，书前有 1926 年晋江县知事陈同签发的《晋江县公署布告》，文中称："洪潮和于前清雍正年间由钦天监奏准在泉城开设继承堂择日馆，迄今二百余年……发行以来，民间称便。"书前又有"参校门人"名录凡400 人，其中台湾门人 140 人。 汪对于"专售台湾"通书的细描，提供了一系列新信息：日据期间台湾民间仍续用泉州的通书，通书参校有台湾"门人"，由官方认可的地方性通书是民间遵循国家历法的体现，台湾民间使用这种通书既有文化的认同也有国家的认同。 由此可知，事实细描对于历史有近乎全息释放的奇效。

汪毅夫还以"讼师"这一细目的分析，揭示清代闽台社会的共同性。"讼师唆讼"作为一个社会问题，在宋代福建文献里已见报告，清代尤盛。 随着清廷在台湾建府立县、设官置衙，讼师活动很快蔓延入台，讼师唆讼遂成为闽省内地和闽省台地共同的社会问题。 他运用方志、官方文件和民俗笔记，详细展示讼师挑唆和激化民事争端从而给社会造成纷扰。"健讼"乃一种民俗风气，因而讼师唆讼这一闽台共同的社会问题，主要是文化的播布使然。 尽管"健讼"之风是文化阴暗面，却反映了清代闽台社会文化一体的特性。

二、运用民间文献和档案材料是历史"细描"的常用方式

民间文献和档案材料往往很贴近所述对象，因而是很适宜进行历史"细描"的材料。 陈孔立序这本汪著，在谈到田野调查和口述历史时指出："当事人或同时代人已经留下的文字资料，却往往被人忽视或遗忘，而这些资料则是第一手资料……发掘此类文字资料，则有事半功倍的效

果。 在这方面，作者做了很大的努力。"他还指出："作者一贯重视一般人不注意的文字资料，在本书中有进一步的发掘。 除了大量引用前人未曾使用过的档案史料、发挥其以诗证史的特长以外，还执着地、不厌其烦地搜集民间文书，诸如寿言、哀启、齿录、家训、执照、诉讼文书、收租凭据、田亩丈单、通书、歌仔册、学籍档案、校友会刊物、私家信件等等，范围广泛而繁杂，这是一项艰苦的工作，十分难能可贵。"

台湾彰化"吴家文件"是尚未面世的私家文献，包括光绪十五年（1889 年）的 13 张丈单和光绪十六年（1890 年）的 2 张补丈单，均钤有台湾布政使的图章，印信文字是"福建台湾布政使司关防"。 这种有文物价值的民间文献，形象、有力地说明台湾建省后台湾省仍署"福建台湾"。 汪毅夫在分析晚清台湾社会历史的同时，对台湾建省后与福建的行政关系机制进行深入的历史阐释："福建台湾"是台湾的省的全称，是行政体系"内外相维"的体现。《清实录》载光绪帝谕："台湾虽设省，必须与福建连成一气，如'甘肃新疆'之制，庶可内外相维。"作者又从《清实录》找出光绪十二年（1886 年）以后提及的 16 位台湾地方官员的官名皆冠有"福建台湾"，加以例说。 对于"福建台湾"固然可以进行闽、台内外相维的论析，但以《清实录》的清帝言论为"主位分析"，进而的"客位分析"就有了根基。 以民间实物为洞察的切入口，进而自下而上地探究国政脉络，如此朝野兼具的"细描"，使今人与历史产生近距感和清晰感。 在事实缺乏的情况下，运用分析可作为事实的构拟，但如能找出事实，特别是关键的事实，则胜于雄辩。 解释性事实可作为研究者分析的重要代言，而后才由研究者进行解释的解释。

已转化为研究者客体的历史上人们的主观世界差不多只有在人际传播的民间载体中才得以展现，特别是充分展现。 并且，由于人际传播时心理状态的下意识性，其情感流露尤为真实。 这类常常湮没的情感世界的历史却为心细眼锐的汪毅夫所看重。 1895 年五月初六日（5 月 29 日）日军在台湾登陆。 当年五月闽人林琴南编校《周莘仲广文遗诗》，序其书时，以"宿寇门庭"谓台湾沦入日人之手，以"感时之泪，坠落如溅"诉失台之悲愤。 此序是林琴南集外佚文，系汪氏发现。 他收有 1925 年印发的闽侯某家为父母寿辰征求贺诗贺文的启事，其中有"自台湾割让后，

闽人尤有切肤之感"之语。 台湾割让 30 年后，闽人仍感切肤之痛，令人
慨叹。 这则历史上市民生活中的情感流露，反映了闽台社会一体在撕裂
后持久的社会心理。 历史心言铭于实物，弥足珍贵。

以往对台湾县改为安平县的时间，有"光绪十三年（1887 年）"和
"光绪十四年（1888 年）"两说。 汪毅夫根据实物加以确证。 吴家文件
里有光绪十四年（1888 年）雕版印制、光绪十五年（1889 年）三月初九
日填写颁发的"粮户执照"一页，填写时，"署台南府台湾县正堂范"的
"台湾"改写为"安平"，"光绪十四年　月　日"改写和填写为"光绪十
五年三月初五日"。 显然，"范"（即范克承）于光绪十四年到任时为"台
湾县正堂"，其后（即范到任的光绪十四年九月以后）才改任为"安平县
正堂"。 鉴此，台湾县改为安平县的时间是光绪十四年（1888 年）。 由
这一史事辩证可见历史"细描"对于求取历史精确性的效用。

运用常见的资料以论述问题，取材比较轻巧，而发现新资料却是汪毅
夫执着的追求。 新资料往往能激发新见识。 他不仅留心查访和收藏民间
文献，而且重视档案资料的查考。 他从创办于 1918 年的福建协和大学的
学籍档案，找到 1924 年毕业于台南长老教中学的林炳垣，于 1924 年考入
福建协和大学，1929 年毕业。 他应是最早就读于福建协和大学的台湾学
生。 创立于 1921 年的厦门大学在日据台湾时期共招收 13 名台湾学生。
1945 年 1 月，旨在为收复台湾而储备人才的福建国立海疆学校创立。 他
还发现，1895 年以后每逢福建乡试举行之期，不时有台湾诸生渡海与试，
有的受阻未果。 他搜集的台湾宫庙志，使日据时期台湾宫庙到闽南祖庙
进香出现了初步的显影。 他颇费心神地细查档案并比照台湾义勇队队
刊，准确记取李友邦领导的、有闽北以及闽南等地的台籍人员参加的台湾
义勇队的最详名录。 省档案馆以此名录为索引，进一步搜集有关档案资
料，整理出版专书。

历史本体犹如雾中的远山，虽不可登临，但也绝不像"后现代历史
学"所称："已被上帝裹挟而去。"在 2007 年 4 月 13 日央视 10 套《百家
讲坛》栏目中，王立群先生认为：历史的本相是"第一历史"；史书是
"第二历史"。 历史的本相，不可了解，只能了解"第二历史"。 这种将
客观历史与主观史识割裂的观点实不可取。 历史本相虽无法再现，但可

以通过研究无穷地逼近它。 历史的"细描"，就是这种逼近的一种途径。要提高我们所了解的历史的近真度，"细描"就是一种重要的方法。 细微化，是任何学科和研究领域深入发展的基本特征。 闽台关系历史研究也必将循着这种细微化的研究途径获得显著进展，而汪毅夫《闽台缘与闽南风》所运用的历史"细描"方法，给我们提供一种示范。

历史"细描"是知著的前提。 微观与宏观并非分道扬镳，而是居高临下而发现要微，事显愈细则洞见愈伟。 例如，闽南话歌仔册内容为中国文史典故和人情世故、文史知识与伦理道德的一种载体，是中华文化的一种载体。 日据台湾时期，两岸民间文化的双向传播相当活跃。 闽南话歌仔册和下述的泉州民俗说本和通书在日据时期台湾民间的流传，以及台籍学子求学闽地、大量人口往返闽台等诸多事实，显示出即使是日据时期闽台分割但社会文化难断，纠正了一些学者所谓的"海峡两岸阻隔一个世纪"的误识。 事实细微而见微知著，是汪著《闽台缘与闽南风》的研究方式。 历史"细描"方法对闽台关系研究的拓新作用，应当引起重视。

（《台湾研究集刊》2007 年第 2 期,原题为《历史"细描"对闽台关系研究的拓新——汪毅夫〈闽台缘与闽南风〉评论》）

序罗春寒《清代台湾民族政策研究》

清朝统治台湾二百多年，其民族政策以同治十三年（1874 年）为转折。 此后，实施"开山抚番"，使岛内无化外之地，增强台湾对外国列强的抵御能力，成为积极主动治台的重要组成部分。 此前，清政府则是长时期施行消极被动治台，其民族政策也统摄其中，并在复杂多变的历史进程中跌宕起伏，随波逐流。

从康熙至同治年，清政府将为平埔人"护番保产"作为基本的民族政策。 尽管最终未能取得良好的效果，但对汉民入垦番埔手续的监管和对违法垦殖的惩治，以及乾隆末期为"番屯制"配套的"养赡埔地"、嘉庆中期在噶玛兰推行的"加留埔地"举措，多少延缓了平埔人地产流失的速度。 这种延缓，使平埔人在汉化过程中增加了经济文化的生存力。 事实说明，对于所向披靡的经济潮流，虽不能挽狂澜于既倒，却可设堰缓流，既不逆势又可纾难。 后来丧失土地而远徙他乡的"流番"为少数，多数在原地域逐步融入汉族。"汉番隔离"的"番"，既包括"生番"也包括"熟番"。 从南到北沿山设番界，针对的是"生番"。 有关汉族与"熟番"之隔，主要有禁止汉人混居"番社"、"牵手"番妇、侵垦或私垦"番社"土地。 汉族垦殖推进速度与汉、"番"矛盾加剧成因果关系。 因此，减缓汉民垦殖，尤其是缓滞侵垦、私垦，创造汉、"番"生存空间的一定疏离，就会有效缓解民族矛盾。 因此，这种隔离政策不宜一概否定。 我想，在历史学的研究中，总是肯定大趋势，肯定先进的生产力替代落后的生产力。 然而，一旦这种替代涉及民族关系，问题就复杂起来。 经济落差的两个民族接触时，经济落后的民族对突如其来的生态变迁、经济变迁陷于窘境。 如果这种接触有所减速、过程有所延缓，将有利于经济落后的民族的逐步适应。 我还想，历史研究还应兼顾被卷入这一进程的民族的感受。 科学性与人文关怀的兼具，不仅是历史学也是社会科学的根本要求，也是社会科学与自然科学的差异所在。 不同角度的灯光有助于读者更清晰地阅读，这是冒昧谈议的希冀。

作者从本科到硕博皆治史学，深谙历史的普遍性与多样性。 我的上述浅见，不见得与之契合，但我能在其历史事实的准确描述中另有感悟，正缘于其著作的历史恢宏度和思想包容力。 我以为，一部史学著作，最核心的价值在于全面而非片面地呈现历史。 并且，这种呈现具有再开采、再冶炼的价值。

我虽曾虚挂其博士后研究的指导教师之名，却有教学相长之乐。 看到他在当年博士后出站报告基础上完善的书稿，亦即学术界第一部清代台湾民族政策研究的专著即将出版，生命的初冬顿时为秋获的金黄所沁染。

（罗春寒：《清代台湾民族政策研究》，台湾花木兰文化出版社 2014 年版）

序林瑶棋《台湾乡土文化选集》

　　乡土文化是最有温馨感的文化，它是我们每一个人成长的根基。 林瑶棋先生这本关于乡土文化的书稿，激荡着我的心潮，掀动了我的记忆。我的知识远不止来自读书，乡土文化是另一个重要来源，它甚至曾影响和改变我的命运。 1969 年我上山下乡到闽西武平。 城里的知青怕山，插队地点都想选择较平坦的地方。 我想"靠山吃山，靠海吃海"，既然来到山区，还怕什么山？ 于是我和同伴乐意到山里落户。 那个村子叫坪坑，紧邻着江西，深山老林，砍柴方便，土产也多，夏红菇冬香菇，洞水里还有不少叫"石冻"的虎斑蛙。 下乡没有拖垮我，反而使身体更壮实。 当年读高一，数学作业不少，我却从不做，自学高二、高三的数学，这缘于"脯师傅厚沙土"这句讽刺性的乡土谚语给我的逆向智慧。 1977 年恢复高考，570 万考生取 27 万，才念到高一的我，数学差三分满分，金榜题名。 1990 年冬，我和邓晓华老师带厦大人类学系一个毕业班到比邻永定的南靖县书洋镇塔下村做田野。 我们寄宿的村里小学，有一个幼儿班，我除了给四年级上语文课，有空就给幼儿班讲故事，教唱歌。 没料到这个客家村的小孩最爱唱"天乌乌，要落雨"等闽南话乡土歌。 邻村就是闽南人村庄，我想，客家人唱闽南话歌，一定会使邻村人动容。 近几年，在厦门日新月异的城市建设中，老城历史文脉的保护也受到应有重视。 徜徉于中山路一带仍延续民国时代骑楼风格的重建老街，记忆的温馨油然上心头。 我爱乡土，也就更爱足下的土地和生活在这片土地的人民。

　　人类学使我的乡土文化意识更富有理性。 对我从事这门学科影响最大的书，是人类学家李亦园院士早年在马来亚麻坡调研后出版的专著《一个移殖的市镇》。 麻坡是华人集中的市镇，有闽南、客家、广府、潮州、海南、广西、福州和兴化八个方言群。 李先生发现，方言群乡土文化范式不仅"互相适应"而且"互相补足"。 他以这种社会文化的动态结构，阐释海外华人社会勃勃生机的缘由，进而破解了中国文化"常青藤"的秘密："范式越多，适应不同情况的可能性也就愈大。"从李先生这本书，我不仅学到了先"鱼翔浅底"而后"鹰击长空"的人类学研究方法，而且使我从科学层面认识到乡土文化是区域文化和民族文化发展的动力。 由"文化生命力在于其多样性"的李氏理论，我联想到目前首个国家级文化生态保护区——"闽南文化生态保护试验区"的工作实施，应重视"生态"的多样性，即使是要重点保护的某一文化项目，也要注意养护与之形成生态群落的其他文化部分。

在全球化的浪潮中，乡土文化的重要性更为彰显。 全球化是以经济全球化为主流，牵涉到政治、文化等方面的世界性浪潮，它源于资本主义经济发展的驱动。 经济全球化整合着世界经济体系，它在为许多国家社会经济发展提供机遇的同时，也试图以单一的格调消解世界文化的多样性和丰富性。 民族文化及其所依赖的基层乡土文化在感到压抑之时，不禁要质疑人类还有极其漫长的历史道路要走，民族文化和乡土文化难道就这么过早地濒临夭折？ 人类以其智慧和能力创造了各种文化，也有智慧和能力维护着各种文化。 对于历史进程中的文化变迁，人类并非无可奈何，而是完全有能力来引领它。

值得注意的是，西方资本主义，特别是超级大国在主导经济全球化的同时，公开或隐蔽地推行文化霸权主义，尊己为中心，卑他为边缘，进而企图同化其他文化。 与此相呼应的，竟是"现代化即西化"这种可悲的应声虫观念。 这种观念一旦对内就牛起来。 正如林瑶棋在这本书所提到的，就曾发生过以文化霸权打压乡土文化的现象。 这种对内的文化专制实质就是封建社会的尾巴。 然而，时代不同了，民主、自由和正义已经而且继续冲决着拦阻文明潮流的阻障。 尊重和推进乡土文化不仅是对人民对民间的尊重，更是维系民族文化生命力的关键。

美国资深人类学家马歇尔·萨林斯在调研 18 世纪末期至 19 世纪中期夏威夷土著与西方殖民者互动的历史中发现，西方文化冲击下的夏威夷土著文化并非待宰羔羊，而是"形塑了资本主义的冲击，从而也形塑了世界历史的进程"。对于当代以所谓的文化主流来实施文化霸权下的文化单一化，萨林斯指出"多样性并未死去，它顽强地生存着"，"诚如令人尊敬的学者们说，1860 年以来的世界史一直以全球一体化和地方性分化的双重自发过程为其标志"。

如果没有四季，没有万象，世界是多么乏味。"野火烧不尽，春风吹又生。"乡土文化将永远同我们相伴，让我们温暖，让我们生活多彩，让我们不数典忘祖，让我们的社会发展更有丰沛的资源。

林瑶棋先生对祖国大陆推进闽南文化的中兴表示赞赏，对现在台湾青少年很多不会说闽南话感到焦虑。他尤其肯定厦门市倡导少儿学讲闽南话、唱闽南歌谣的前瞻性举措。他说，虽然中国大陆弘扬闽南文化可能逊于客家文化和潮汕文化，但弘扬闽南文化的成绩已经超过台湾。林先生的书稿让我产生共鸣共同的乡土文化所升起的旋律，伴着海峡的涛声，传送着高山流水的闽南情。

（林瑶棋：《台湾乡土文化选集》，原题为《中国文化和全球文化视野中的乡土文化——序林瑶棋〈台湾乡土文化选集〉》）

第七辑

【其他】

寻找南少林

　　中国有南北两座少林寺，一在中州，一在闽中。 北少林在河南登封市嵩山，闻名天下。 然而，南少林却湮灭已久，销声匿迹。 福建南少林寺的寻找，也引起了南少林武术文化所播及的台湾省民间乃至东南亚华侨华人社会的关注。

　　寻找南少林，首先在福建文化古城泉州展开。 20 世纪 80 年代初，泉州历史研究会会长陈泗东断定泉州清源山支脉的东岳山麓的东禅寺即南少林寺。 接着陈泗东先生等人连篇钩沉阐微，其主要证据是：清代泉州蔡永兼的手稿《西山杂志》中长达 1800 字的"少林寺"，记叙了泉州少林寺的地址、规模、沿革兴废和明清时期南少林拳在泉州一带的传播。 书中有："建少林寺于清源山（在泉州市区北面）麓"，"乾隆二十八年秋，诏焚少林寺……少林寺从兹无复敢修者"。 但是，缺乏其他文献印证，且没有任何实物证据。 1988 年莆田的文史工作者提出南少林寺在莆田而不在泉州。 首先他们以清末《清稗类钞》中"莆田县九莲山少林寺"的文字为文献根据，其次还发掘一个叫"林泉院"的古代禅宗寺院，发现有僧人练武的遗迹，随即匆匆得出"林泉院即南少林寺"的结论。 僧人习武不独少林寺，故此条不足为据。 至于"莆田县九莲山少林寺"，是清末徐珂编辑笔记集《清稗类钞》时，把天地会文件中的"福州府圃龙县九莲山少林寺""福州府浦田县九连山少林寺"的"圃龙县""浦田县"臆改为"莆田县"，但莆田县从不属福州府，故只得将"福州府"删去。 因此"莆田县九莲山少林寺"是有误讹的。 泉州有南少林证据不足，莆田有南少林系误。 那么，南少林寺在哪里呢？

　　1993 年 4 月 30 日，福清市侨办主编的《玉融乡音》刊登刘福铸《福清也有少林寺》一文，指出《八闽通志》有少林寺在福清的记载，该文引起福清文史工作者陈华光、余长通、俞达珠的关注，他们在进一步查阅文献中，福清南少林寺的史影愈加清晰起来。 南宋刘克庄《后村先生大全集》卷一五九有一篇题为《诚少林、日九座》的墓志铭，文中不仅有"（福清）嵩山少林"的记载，而且有南少林寺高僧释德诚行状记述："曰德诚者，福清人，姓郑；曰祖日者，闽县人，姓郑。 诚得法于铁鞭韶师，尝住邑之嵩山少林……"郑德诚"尝住邑嵩山少林"的"邑"，当然指福清。 德诚禅师是见诸宋代文集的福清少林寺高僧。 这段文字明确指出，在南宋福清有嵩山，并有一座少林寺，也叫嵩山少林寺。 福清《黄檗山寺志》卷四"法"类有第 24 代传人心然禅师的传略，提到他："诞康熙戊辰年四月廿四日午时，寂乾隆壬申年三月初四日酉时，世寿六十有五，腊六十一。 辛卯年葬嵩山祖塔。"这里的"嵩山祖塔"显然指福清嵩山少林寺僧墓塔。 可知心然禅师原是福清嵩山少林寺僧，驻锡黄檗寺任住持，圆寂后归葬"嵩山祖塔"。 宋朝状元，泉州人梁克家于北宋淳熙九年（1182 年）纂修的《三山志》卷三六〇在福清县"寺观"类载："东林院，新宁里。 ……少林院，同里。"明朝进士、莆田人黄仲昭编纂的《八闽通志》卷七五也明确指出福清县"寺观"中的"少林寺"在"新宁里"。 新宁里古时属福清县长东乡，长东乡即今东张镇。 新宁里方位确定后，少林寺址即将水落石出。

1993 年 6 月陈华光、余长通、俞达珠在实地考察时，终于在少林自然村村后的嵩山分脉的九莲山弥勒峰南麓发现少林寺遗址。 少林自然村就在东张镇西北 13 公里处。 寺址前有一座石板桥，刻有"少林院沙门谨募众缘，共发心德，舍银造下洋石桥一间"的铭文。 寺址有一大石盂，是少林寺和尚月休于北宋大观四年（1110 年）为已故的父母和自己捐舍的，铭文为："少林当山僧月休为考妣及自身舍石盂一口，大观四年二月题。"

由福建省和福州市联合组成福清少林院遗址考古队在栗建安和林果的带领下进驻少林村，对少林寺遗址正式进行考古调查与发掘。 第一期发掘于 1995 年 7 月 10 日至 8 月底结束，发掘面积 1000 平方米，出土了进一步证实其确为少林寺的遗物。 第二期发掘于 1996 年 3 月 12 日开始，至今仍在进行中。 到目前为止，总计发掘面积已达 5000 平方米。 发掘收集的文物上千件。 其中，石础有 231 块，造型有八角形、莲花形、圆柱形、四方形、圆盘形、束腰形、鼓形、瓜瓣形、磨心形等 20 多种形制。大的直径达 70～80 厘米，小的也有 25～30 厘米；有石磨 8 副、石春臼 7 件、石秤砣 5 件。 寺大僧多，可见一斑。 据估计，建筑面积至少 2 万平方米。 遗址文化堆积丰富，其中已揭露的墙基有 4 层清晰的重叠，表明南少林历史上曾经经过多次重建。 据地层堆积分析，目前发掘至第四层出土的文物，可知其年代为北宋时期，在第四层下尚有堆积物，是比北宋更早期的遗迹，地层堆积的晚期则延至清初。 在出土文物中，有相当数量的陶瓷器，其中一部分的器物特别是碗类器物的下腹部或圈足内带有墨书文字。 这些文字有"少林院用""少林""少林常住""少林大王""少林会司"等等。 这些文字非常明确地指出这个遗址的名称就叫"少林院"，亦即少林寺。

由国家文物局考古专家组组长黄景略带领的国家考古专家一行 5 人，于 1996 年 10 月从北京专程到福清少林院遗址考古发掘工地检查工作，黄老说："这样大规模的寺院遗址发掘在国内是第一次，也是发掘面积最大的一个。""福清的少林寺是真的。"

（《福建民族》1998 年第 2 期，署名"白紫梅"）

读萧春雷《杉阳纪略》

　　泰宁位于武夷山脉中段东南侧的杉岭山脉之南，别称"杉阳"。 作为世界地质公园、世界自然遗产，泰宁的丹霞地貌景观集中在县城附近的上清溪和金湖。 萧春雷新著《杉阳纪略——泰宁的地理、历史与文化》（以下简称《杉阳纪略》），让人感受泰宁的丹山碧水和历史人文交相辉映。

　　这个闽西北山区的偏僻小县，宋代学风蔚起，出了两位状元，作者称为宋风。 山水与文史交融，最明显体现在学风与自然的关系上。 其实，自然环境氤氲的正气，何止学风。

　　宋代叶祖洽和邹应龙中状元以前，都曾在丹崖洞穴苦读多年。 传说叶祖洽读书处就在著名的甘露岩。 邹应龙读书处状元岩，地近长兴村，在上清溪的出口处。 状元岩山势高峻，邹氏隐读处是一长弧形的大洞，岩壁赤色。 邹应龙当年手凿的数百级石阶，称斗米阶。 灵山秀水好隐读。 根据记载，朱熹曾隐居泰宁城南的小均村，而城西的丹霞岩，还有李纲读书处。 宋代泰宁不仅学风好，而且出仕者皆循官良吏。 乾隆《泉州府志》记载，南宋泉州知府邹应龙造（晋江）石桥，名顺济，俗呼新桥。 千年古桥，如今仍然畅通，仍称"新桥"。

　　宋风流传，明末的泰宁出了江日彩、李春烨等一批进士。 李春烨家住城郊，其读书处在城西二十多里的天台岩，后称"李家岩"，离"穴居村落"的胜丰岩不远。 江日彩的读书岩穴可容十数人，位于赤壁高崖之上，人迹罕至，生活想必十分艰苦。

　　危岩目及远，苦行德性清。 江日彩清正有政声，官至太仆寺少卿。他 1621 回泰宁经过府城，慧眼识得邵武知县袁崇焕，上疏荐其出守辽东。 实践证明袁崇焕果然是军事天才，成为镇辽之虎，可惜被崇祯帝当成"汉奸"冤杀。 清朝天下底定，乾隆初刊行《明史》，披露了宫中档案，使得皇太极用反间计诱杀袁崇焕一事首次解密。 最奇的是康熙十一年（1672 年）《泰宁县志》的江日彩传记，就引用了荐袁的《议兵将疏》，并说："辛酉还朝，值广宁之陷，榆关告急，彩力荐袁崇焕出守宁远，再挫敌锋，咸有知人之目。"萧著指出，《明史》对江日彩力荐袁崇焕一事存在遗漏，并认为康熙《泰宁县志》是最早间接"平反"袁崇焕的一部地方志书。 这令人感受到地方史研究的魅力。

泰宁县城的尚书第闻名遐迩，早就是全国重点文物保护单位，但是府第主人李春烨依附阉党势力，建第的巨额资金可疑。 清代的《泰宁县志》和《邵武府志》将他晾在一边，民国《泰宁县志》开始为他塞进一篇小传，新编地方志则以长篇传记入志。《杉阳纪略》对此的针砭和调侃，以及对泰宁诸历史人物的事迹的钩沉考证和公正评议，令人感受到清风正气，宛如丹霞灿烂明艳。

明末任泰宁教谕的福州学者周之夔评曰："杉阳幅员五十余里，而诸山皆峻峭插天，玲珑彻地，奇胜武夷……武夷之奇，露。 杉阳之奇，邃。"邃者，亦有深沉内敛之意，这也化育了泰宁的人文性格。

著者萧春雷世居泰宁上清溪口的长兴村，小时只知"红石"山地贫瘠，工作后开始考察当地旅游资源。 他是当代最早探险上清溪者，并探访金湖诸岩多达二三十次。 他以跋山涉水和文献研究而撰就的《杉阳纪略》，描绘并解读山川和文史之奇妙。 其文如清风徐来，不时流露的卓见，如丹崖陡立。

（萧春雷:《杉阳纪略——泰宁的地理、历史与文化》,海峡书局 2015 年版）

序李健民《闽海赛江》

　　我亲近福安及其赛江，缘于其与我所在城市厦门的相似。 九龙江是闽南最长的河流，厦门岛处于九龙江入海口，环岛皆内海，但自明代迄今，西南面的厦鼓海峡称为鹭江。 鹭江是著名的黄金水道，码头一字排开，后来新兴的东渡码头仍是鹭江的内侧。 长溪是闽东最长的河流，在赛岐北侧接纳了茜洋溪和廉溪，汇为 30 公里长的宽阔赛江，在下白石的白马门注入福安、霞浦、宁德共临的三沙湾。 赛江是长溪的黄金水道，以赛岐为首的码头遍布两岸。

　　厦门和福安同秉"海滨邹鲁"的文魂，又共有"铁马金戈"的武魄。厦门鸿山、虎溪岩留有"攻剿红夷（荷兰侵略者）"石刻。 十年前出版李健民校点的万历《福安县志》，多处记载抗倭。 明清之际，福建的抗清武装唯有两支，一支是以厦门为基地的郑成功军队，另一支就是赛江苏阳人刘中藻所率的福安义军。

　　我亲近福安及其赛江，还缘于其与厦门的关联。 最早开发厦门岛是中晚唐的"南陈北薛"。"北薛"即开闽第一进士薛令之的家族。 据万历《闽书》记载，薛氏在厦门的开基祖是薛令之。 薛姓在福安的村落就在赛江上游近处的廉村。 至今，厦门禾山仍存薛令之墓，列为市级文物保护单位。 道光《厦门志》倾向开基祖应为"令之裔孙"薛沙。 晚明的池显方堪为明清厦门文士第一，乾隆《鹭江志》评其"诗尤精逸绝伦"。 近年厦门文史部门出版其《晃岩集》校注本。 自嘉靖以后，池氏家族在道光《厦门志》入传者 8 人。 显方父池浴德，嘉靖年进士，清代《福安县志》有传，将池浴德列入本县名人。 其实，池姓迁入厦门已久，明永乐年间，赛江小留人池兆铭任官嘉禾"中左所"，遂定居厦门。

　　李健民这本著作使我更亲近福安及其赛江，也更亲近科研和著述的佳境。　方法优化和资料新获是科研创新的体现。　对于历史文化研究，作者以闽海和长溪流域为宏观，以赛江水陆为中观，以乡镇村落为微观，尤纵深于造船业。　凭此，以大观小，且以小见大。　宗族、家族是村落社会的基本组织，寺庵依存、围堰造田、城堡修筑、延师办学、技艺传承，这些都可以看出宗族、家族的作用。　文献穷而求诸野，作者不仅在田野中搜索族谱、碑刻，更以观察和访谈支撑着船寮春秋的探索。　田野的文化沁染，影响着观察和访谈的准度和深度，影响着文本表达的可理解性。　若自己昏昏，只能令人一头雾水。　这就是作者所感悟的"文化理解"问题。　本人略通木作，读到造船工艺，竟心驰神往而跃跃欲试。　让我特别快慰的是，赛江不仅注意维系传统造船这一文化遗产，更连跃几个台阶成为大型船舶制造基地。　当看到近年下水的 8 万吨远洋货轮的照片，浪花在我心中绽放。

　　做事不仅要有良知还要有良心。　旧社会漂泊于溪河近海的疍民，备受歧视，那种拿软柿子捏的阿 Q 式丑陋，书中对此流露出鄙夷。　早在作者当知青时，就多次亲近疍家访问。　本书的策划者尤长荣，尽管已成为造大船的民营企业家，仍深情回味着众多疍家置船、换船对于赛江船寮生计的哺育功能。　不用说他们都想为家乡留下更多历史文脉，仅从上述的情怀就容易理解他们走在一起的心通道合。　社会科学若没有人文关怀，对于家园、祖国焉能春风化雨？

　　科研与审美是可以联袂的。"钩心斗角"原本是形容宫殿屋宇群单体之间的视觉审美，《闽海赛江》章际、节际的结构也是如此。　甚至在详略互文所标明的参见，也体现内容勾连的紧密呼应。　阅读中，人们定会感受到行文畅达和文字纯净的美感。　较之有些蒙尘积垢的高校学风，这种纯美尤为难得。　近年，易中天痛斥："确实有人不说人话，你看现在很多人，学历越高，他越不会说人话。"形式与内容是统一的，文本用打造，其言难由衷。　有些教授码些文字就在研讨会背书。　前几年，在赣南召开的人类学高峰研讨会，南大一教授做主题演讲，过后我以师兄身份对其戏称："像小学生念书。"不久前召开的中国畲族研讨会，不少学者看电脑猛念论文，晕了一片。　教研互渗，若此风蔓延，高校不仅出不了大师，还会出更多的人才次品，会让大学生视课堂为畏途。学术乏臧否，良好的科研教学生态何以营造？韩愈曾抨击"位卑则足羞，官盛则近谀"的学风，主张"无贵无贱，无长无少，道之所存，师之所存"。学术成果的鉴别，亦当借鉴这种态度和准则。

经济学家张五常近日在厦门大学的演讲中强调，经济学家不要为玄学所惑而沦为风水师，而应重视对现象的观察。这一警语具有启迪意义。《闽海赛江》求实求是的历史回眸，对于当地社会经济的发展蕴有前瞻意义。

赛江，你挽起山川又携着大海，奔向的何止闽海、台海，更有四海重洋。区域的发展与其外界的物质、信息的交换成正比，赛江的波涛传播着这一历史经验。大流域及其出海口的区域经济发展战略是世界性现象，闽东也不例外。祝福闽东，祝福长溪，祝福赛江！

(李健民:《闽海赛江》,海峡书局 2015 年版)

序汤毓贤《南国残阳：太平军南方余部烽烟纪实》

　　十五年前，我带学生在比邻永定的南靖县书洋镇塔下村做田野时，村民们告诉我们关于村口民主公王庙显圣佑村的故事："长毛"（太平军）要冲进村子时，公王伸出一只长腿，一丈多长，毛茸茸的，横在村口，"长毛"惊惧逃遁。　尽管早就听过江南一带一说"长毛"时孩童夜啼即止的传闻，我还是很惊讶：太平天国军队是农民的军队，村民们为什么视其为歹徒？　翌年，我在永定湖坑听到当年"长毛"攻破一座土楼，滥杀村民数十口的可怖旧事。　史载：侍王李世贤兵败后逃入驻扎粤东镇平县（今蕉岭县）的太平军汪海洋部，被汪忌杀。　较之天京内乱"各王自相吞噬"数万，此乃九牛一毛。　沦为流寇的太平军残部对自己兄弟都那么残忍，何况对异土他乡的平民呢？

　　事实是检验是非的依据，如果依据的只是抽象的定义，就没有历史研究的必要。　然而，对历史先来个定性，而后再进行历史的剪裁和建构，这种史学方法的桎梏至今还未彻底解脱，这也是太平天国史研究，尤其是历史评价，至今仍扑朔迷离的症结所在。

　　19 世纪中叶，太平天国起义军席卷大半中国，沉重地打击了腐朽的晚清王朝。　然而，太平天国的领导人，把推翻清王朝的统治作为建立"新王朝"的开始。　洪秀全草创的"洪氏王朝"，不仅更加专制和封建，而且充斥着愚昧、落后、残酷以及民族文化毁坏。　定都南京后，太平天国领导人迫不及待地奢侈堕落起来，并开始逐步走向广大农民的对立面，这就决定了太平天国注定要覆亡的命运。　1862 年太平军侍王李世贤写给他部下的信中透露："我兵心散，不肯力战，势甚可危。　又闻各处土匪四起，非十万精兵不足以平之。　自吾思之，皆众兄弟杀人放火，势逼使然，非尽关百姓之天良……从今以后，宜加以爱民，使民不以我为仇，倘时势不佳，尚有藏身退步，否则，兵一失机，我与尔皆死无藏身之地。"尽管李世贤比较明智，但走向穷途末路的太平军与广大农民日益加剧的敌对程度不以个人的意志为转移。

清同治三年（1864 年）天京失陷前夕，一部分太平军突围南下，成为转战于赣、闽、粤的太平军南方余部，主战场在九龙江以西的闽南，覆灭于闽西、粤东，前后历时二年半。失去补给来源的落败流寇，以掠杀保障给养。据光绪《龙溪县志·纪兵》，太平军攻陷漳州城，"大肆焚杀，城乡男妇老幼不屈死者数十万人"。光绪三年（1877 年）建"忠义祠"于漳州城内，祠碑镌刻入祀者 2285 人，这些只是绅衿和有些身份的士民及节妇烈女。太平军在"城破之日，财帛子女唯所欲"的蛊惑下，攻陷诏安县城，死难者多数为乡勇、平民，数千遗骸后埋于"节义千秋"公墓。云霄县"万善同归"墓碑后有两个大墓穴，分葬部分男女遗骸数百。至今，每逢九月二十四日，城关居民便在家门口祭祀当年死于太平军兵祸的亡灵，俗称"做长毛忌"……

太平军南方余部走向败亡的历史，中国近代通史从略，福建地方史叙述非常简略，只字不提太平军使人民蒙受的血刃之灾，却给予"悲壮"的赞颂。《南国残阳》著者，查阅史籍和民间文献，踏勘考古，访录口碑，钩沉考证，对这段历史做了全面、详细的拓补，对历史做了重要的重新发现。一些文学成分的介入意在使史实生动传神和流畅连接，并不影响此书历史纪实的性质。被誉为"史家之绝唱，无韵之离骚"的《史记》，也有司马迁文学成分的融入。由此而观，《南国残阳》的文采史笔，并无可非。

南国残阳的余晖照亮了那段幽暗的历史，南国残阳的血色将启发我们对历史的重新思考。

（汤毓贤：《南国残阳：太平军南方余部烽烟纪实》，福建教育出版社2009 年版）

读周振鹤《中国历史文化区域研究》

从历史的脉络和地理的视角，探索大范围内中国文化综合性的差异，包括物质文化和非物质文化的不同，这是文化地理学家们孜孜以求的。本书从语言文化、宗教文化、风俗文化三个方面探索不同历史时期的中国区域文化特征。又从"人物地理""文化重心区""区域文化地理"继续探索区域文化特征。结论是对中国文化地域差异的宏观认识：农业文化重心从北到南的转移，工业文化自东徂西的传播。

在"语言文化区"里对古代汉语方言区划的拟测中，划分了《诗经》时代诸夏语言区域，两汉时期、西晋时期和宋金对峙后期的方言区划。作者认为前人很少讨论和研究这个问题。实际上，除了有人曾利用扬雄《方言》的简化材料画过《前汉方言区域图》以外，还未见过有关古代方言区域的论著发表。作者认为现代汉语南方方言的地理分布格局是在宋末奠定的，后世只是在局部地区有些变动。最显著的是南明永历十五年（1661 年）郑成功入台，至清代中期闽南话和客家话先后扩散到台湾；明清时代闽南话和客家话搬迁到海南岛和广东大陆沿海；明代闽南话进入浙南温州地区；皖南地区大片地方在太平天国之后变为官话区；赣语和湘语边界晚至清代中叶才逐渐明确。宋金时期北方话的分布大约北至长城（长城以外只有少数的汉人居民点）；西北至沙州（今敦煌一带），那是古代边防要塞和丝绸之路的必经路口；西与吐蕃为界；西南（今广西、贵州、云南一带）仍是少数民族语言占绝对优势。作者又阐述了现代汉语方言地理的历史背景，谈了七大汉语方言的渊源，方言地理格局与历史移民的关系以及与历史政区的关系。书中认为作为七大方言之一的闽方言的渊源也溯到汉代，福建本是闽越族的家园，西汉在此仅设一县以管理闽越人。 东汉末年，军阀混战，大量北来移民从陆路和海路进入福建，于是从建安年间到西晋初年的八十年中，福建西北山地和东部沿海接连出现十三个新县，原始闽方言萌发在这时期。

在"宗教文化区"里着重分析了秦汉时期的文化景观的变迁。 秦汉时期的崇拜对象，包括天帝崇拜、祖先崇拜、自然崇拜和其他多种神祇的崇拜。 主要的宗教仪式有郊祀、封禅以及天子宗庙和多种神祠的致祭活动。 举行这些宗教活动的场所在地理分布方面存在明显的特点，作者选择了西汉这个历史时段为主继而上溯到先秦、秦代又下延到东汉，以明其宗教文化区域布局的源流。 从郊祀、天子宗庙和多种神祠等三个方面的地理分布及其变化的分析，从雍县五畤的唯我独尊到云阳太畤的平分秋色，再进一步到长安南北郊确定，体现了大一统的封建帝国取代分裂割据状态的过程。 从大量神祠的地理分布上显示出来的区域特征，又可看出秦汉以前经济发展方面的地域差异，而从天子宗庙由宗师（中央）向地方（郡国）的扩散，说明人为宗教的表现形式是与一定的政治目的相联系的。 同时，古代宗教和自然环境、社会环境之间存在相当密切的关系。一方面，自然条件常常被直接搬进宗教里头，如山川之祠、火井祠、陈宝祠之类的设置；同时社会环境的变化也反映到宗教方面，如二十余所少数民族神祠的设置表明了秦汉王朝是多民族的统一封建帝国。 另一方面，特殊的自然与社会环境常被选作祭坛和祠庙的设置地点，例如雍地的高隮和作为秦国的政治中心的双重特点，使之成为多种神祠的集中地。 成山头的特殊地理位置使齐人将日主祠建于该地，泰山的雄伟高峻又使人们产生了封禅的传说。 至于胡巫祝主持的端旬祠当然也以设置在匈奴人聚居的安定郡为最合适。 到了西汉后期，郊祀地区、天子宗庙和各种神祠向首都长安集中，体现了专制皇权的政治需要，也反映了崇拜对象、祭祀仪式的儒家化和儒学的宗教化。 作者又以南北朝我国佛教第一个鼎盛期为坐标，综观僧人生长地点、佛教石刻、高僧活动、寺院和入藏经典撰译地等五个要素的分布，认为此时佛教地理分布范围已相当广泛，南北方分布特点不同，总体说，北方佛教的分布比较均衡，而南方佛教的分布更为集中。 北方三大地区，河淮之间、河东河北、关陇河西，彼此在所出僧人数量、各地高僧活动人数、寺院数量方面都相差不大，虽然也有分布比较集中的中心，但这样的中心较少，而且其集中的程度，较之南方也有所不同。 南方四大地区，江表淮南、江汉沅湘、岭南、巴蜀，彼此在所出僧人数量、各地高僧活动人数以及寺院数量三个方面都相差悬殊。 而且每个地区都有一个或数个分布集中的中心，中心的个数比北方要多，集中的程度也较多。 南北两方佛教分布变迁各有特色。 南方的分布格局随时间变化基本上保持稳定，而北方佛教中心因代而异。 南方的高僧活动和经典撰译地的分布格局都比较稳定。 最大的佛教中心是建康，它所在的丹阳郡与吴、会稽、吴兴四郡佛教都很兴盛，地域又相接近，形成了一个佛教分布最集中的密集地带。

南方的第二大中心是江陵，它所在的南郡，与附近襄阳也形成了一个佛教分布比较集中的密集地带。 巴蜀的成都、岭南的番禺也都是地区性的佛教中心。 高僧活动人数及寺院数量都充分地反映了这一特点，而且因为这个分布格局在南北朝比较稳定，从而僧人生长地点分布也大致与此符。 北方在魏平凉以前，佛教中心位于凉州，灭凉以后佛教中心东迁平城，迁都以后又南移洛阳，魏分东、西后又移往邺城和长安。 从高僧活动和入藏经典撰译地点的分布上体现得最为明显，寺院也以这几处较多。 正因为佛教分布中心不稳定，从而僧人生长地点分布的格局与此不尽相同。 北方寺、僧的总数远远超出南方之上，而佛教石刻的分布又几乎全在北方，由此说明北方的佛教的信仰层次比南方发达，宗教实体比南方庞大。但在佛教学术层次上，都远逊于南方，第一个标志是，"入藏经典的撰译地点和所出经典的数量，北方远比南方少"；第二个标志是，至今可知的高僧和著名寺院，南方远比北方多。 一般而言，高僧与著名寺院，与佛教学术活动有着紧密联系，文献所藏南朝佛教讲学的发展规模，远比北方要大。

第三是"风俗文化区"，作者选择了"秦汉风俗地理区划""清代陕西婚俗的地域差异""中古时期郡望郡姓的地理分布"三个断面来分析。 秦汉风俗地理区划分为"塞上塞外""黄河中下游""淮汉以南"进行分析，认为风俗地域的差异与地理环境历史传统有关，而变迁与环境的变迁和官员的教化有关。 清代陕西婚俗的地域差异分述了关中、陕北、江南的婚俗特点。 中古时期郡望郡姓的地理分布分析了郡望郡姓的分布、变迁的原因、状况等。

（《福建民族》1999 年第 2 期）

漫谈文化图式

闽南人及其邻近族群：郭志超教授人类学随笔

　　文化图式是美国学者萨林斯提出的重要概念。 所谓的文化图式类似文化的心理模式。 中国传统文化在总的文化图式下，还有一系列（亚）文化图式。 鲁迅两论雷峰塔的倒塌就奚落了"十全老例"图式。

　　鲁迅说，西湖有座塔，破破烂烂的映掩于湖光山色之间，落日时分的残塔，就是西湖十景之一"雷峰夕照"。 据说，白蛇娘娘就被压在这塔底下。 有个叫作许仙的人救了两条蛇，一青一白。 后来，白蛇便化作女人来报恩，嫁给许仙了；青蛇化作丫鬟，也跟着。 法海禅师看见许仙脸上有妖气，便将他藏在金山寺的法座后，白蛇娘娘来寻夫，于是就"水漫金山"。 最后，白蛇娘娘终于中了法海之计，被收入钵盂里，埋起来，上面造起一座镇压的塔来，这就是雷峰塔。

　　1924 年 9 月 25 日下午雷峰塔倒塌，1924 年 10 月 28 日鲁迅写了《论雷峰塔的倒掉》，为这塔的倒塌欢欣鼓舞。 他意犹未尽，1925 年 2 月 6 日他又写了《再论雷峰塔的倒掉》。 他说：我们中国的许多人，大抵患有一种"十景病"，至少是"八景病"，沉重起来的时候大概在清朝。 凡看一部县志，这一县往往有十景或八景，点心有什锦，菜有十碗，阎罗有十殿，药有十全大补，连人的劣迹或罪状，宣布起来也大抵是十条。 于是，痛心疾首："现在西湖十景可缺了呵！"要苦心孤诣、巧语花言地再来补足了十景而后已。

　　鲁迅深刻指出："无破坏即无新建设，大致是的；但有破坏却未必即有新建设。""瓦砾场上还不足悲，在瓦砾场上修补老例是可悲的。 我们要革新的破坏者，因为他内心有理想的光。"

2010年初冬，我在断桥一侧的西湖北岸看去，烟波茫茫的南岸矗立起新建的雷峰塔。那塔身比苏州的虎丘塔还要高大雄伟。文化图式的心理惯性真大呀，它不仅形塑着精神世界，而且形塑着物质世界。但愿雷峰塔的新建不仅仅是依了"老例"，其建设者还应当有"理想的光"。

略说民族学的访谈方法

民族学田野调查，一是看，二是听。 听，就是访谈。 无论是长期还是短期的民族学调查，所收集的绝大部分资料来自访谈。 然而，这并不意味着参与观察对于长期的民族学调查不重要，恰恰是有参与观察的支撑，访谈才得以有效、深入进行。 考虑到从事民族工作的干部几乎不可能有时间做长期的田野调查，因此以从事民族工作的干部为主要读者对象的本文，只谈适合用于短期甚至是蜻蜓点水式调查的访谈方法。

访谈方法的本质即人际传播的内在机制。 我们多注意到传播有大众传播，少注意到人际传播，其实大众传播的原理是从传播的基本类型即人际传播的原理演绎而来的。 可以说，传播学的精妙汇聚在人际传播上。人际传播及其所涉及的传播理论是本文略说访谈方法的理论指导。

一、获取经验

根据传播学原理，非本能的人类信息是无法直接传递的，传者根据经验赋予将要传出的符号以意义，受者则根据经验赋予得到的符号以意义，从而获得信息。 假如我们将传、受双方的经验比喻为两个圆，那么，传而能通的前提是两个圆有一定程度的重叠，传播程度与重叠程度成正比。这就是说，如果没有能"译"出那些符号的相关经验，传播就无法进行。这个道理就好像拿到一张中药方子，如果你不具备一定的中药经验，你就无法知道这方子的意义。 古人云"蟪蛄不知春秋"，蟪蛄是一种蝉，只有生活在夏天的经验，假如蟪蛄能言语，你和它谈春或秋，它会感到莫名其妙的。

如果你要到某个民族社区调查，此前你就要做必要的知识准备，如阅读有关材料，向了解的同志请教。 当然，你所要准备的，不只是那个社区，还有那个社区所从属的更大的社区以及这个民族的各种情况。 甚至到了社区后，临时还可以再突击了解最急需的情况，调查期间还可以继续丰富经验。 经验这个圆不是静态的，在与社区群体的经验圆已有部分重叠的前提下，圆越大，重叠部分就越大，对于同一个符号，提取的信息就越多。 并且，所提取的信息与传者赋予符号的意义的趋同性也越大。

古人说："秀才不出门，全知天下事。"不出门是指了解事情的这一段时间，此前秀才还是有出门的。"读万卷书，行万里路"是了解社会不可偏废的两个方面。 有了丰富的感性认识，语言文字符号才能鲜活起来。知此，从事民族工作的同志，不要到了将到民族社区搞调查时才仓促准备，此前，有机会就要多到民族社区走走，增长一些感性认识。 这些感性认识，对于丰富从事民族调查的经验是很有意义的。

二、相倚访谈

所谓的相倚就是访问者和受访人对访谈有共营的兴趣，双方有积极的互动。 反之，一头热，一头冷，这样的访谈是做不好的，即使勉强开头，也是很难继续的。 常言道："酒逢知己千杯少，话不投机半句多。"这说明每个人对传播的对象和传播的内容都是有选择的。 如果受访人有情况，愿意谈，而访问者被认可、接纳，那么，访谈就有相倚的起点。 这个起点有时是有"缘分"这东西的，但积极的访谈不是坐等"缘分"，而是积极去营造这种相倚关系。 传播关系的发展与衰退的过程分别是：注意—吸引—适应—相倚；冷淡—排斥—疏远—分离。 只要访问者有心去引导"注意—吸引—适应—相倚"这一过程，他们就会成为有人缘的访问者。 相反，即使一见面就有缘分，但不去做积极的推进，有缘的效果也可能近乎无缘。

与营造相倚的访谈关系有关的，还有自我暴露、鼓励对方和提供间歇。（1）自我暴露。 访问者的任务是努力了解情况，但往往会出现欲速而不达的情况。 既然访问者与受访人是共处于同一个传播过程，那么这种相倚体现于相互的尊重和支持，反映在互为传、受的双向传播中要有一定程度的均衡性。 也就是说，访问者也要被问，而且应乐于被问。 如果对方出于某些原因没有问，那么访谈者就要主动暴露自己，可以介绍自己的经历、访问目的和意义等。 一般来说，双方有关己方情况的开放度与双方相倚关系成正比。 一个对自己情况躲躲闪闪的人，是不可能与他人相倚的。 莫测高深、故作玄奥的人，只能雪藏自己。（2）鼓励对方。 鼓励有两个要点：平等、积极。 平等：要和对方同处于一个平等互尊的水平状态。 不要有意无意地显示自己的优势，因为在膨胀自己的同时，一般会造成对方萎缩。 地位、衣着、智力等优势，哪怕是下意识地显露，也会在传播关系中制造不平等。 正常的人际传播是水平传播，不平等的传播关系则破坏了这种水平状态。 积极：积极的反应实际上就是在表示给予对方以支持。 好感的微笑，认真的倾听，保持目光接触，面对或靠近对方，适时点头等表示，都是流露着支持对方的积极态度。 反之，访问者若神情冷峻，态度漠然，注意力分散，就不是积极的状态。 我们可以想象一个受访人在听到对方打呵欠时，他受感染的消极情绪。（3）提供间歇。 在长期的民族学田野调查期间，调查者要适时采取"中断"的方式，就是使自己与社区的人隔离一段时间，其中的一个原因是为了让受访人消除受访的心理疲劳。 短期或蜻蜓点水式的调查不必这样做，但在访谈中也要采取近似的方式，让对方得到间歇的机会。 例如，谈谈轻松的话题，由访问人复述或简述某些记录，请对方修正，或者谈谈不够理解的问题或感想。 总之，通过访问者的谈，让对方得到松弛，也维持了访谈双方传播关系一定的平衡。

三、提问的方式与问题的方式

访问者的主要角色就是提问者。 一个好的问题既要顾及对象的知识背景、认知框架、心理状态、情绪态度等因素，又要能推进访谈的进展，不断缩小与目标的差距。 提问方式有：（1）正面发问。 将我们心中想要了解的问题，率直地向对方询问，而不用什么修饰。（2）侧面发问。 有的问题，正面发问太直率了，会使对方感到为难，或引起为不快，就要侧面提问。　这类问题通常是敏感问题。（3）反面发问。　即用对事实的误解发问，以激励对方道出正面情况。（4）迂回发问。　有的问题问起来有些障碍，可以分解成若干分问题，这些分问题的答述可以整理出原本问题的答案。　如问家庭收入，可以问价格，问收成，问副业等。（5）内含事实的发问。　这就是陈述事实，请对方肯定、否定、修正或补充。

问题方式：（1）原初性与从属性。　原初性问题即将谈话引入新的内容领域。　而如果只是为已经开始讨论的题目寻找更多信息则为从属性问题。（2）开放性与封闭性。　开放性问题即允许受访人展开陈述。　封闭性即限制性，高度封闭性问题的回答为"是"与"不是"。（3）中性与诱导性。　中性问题没有隐含内容信息，而诱导性问题则有。　中性问题如："来你们村推广科技农业的有哪些人？"而诱导性问题则如："来你们村推广科技农业的有没有镇上的干部？"总之，诱导性的问题是有设定事实或有待证实的事实的介入。

问题的形成，不一定是事先准备的。　在访问中遇到新情况，相应地，就要有合适的问题进行及时地追问。　此外，问题是由浅入深的，当调查者对当地情况不够了解时，难以提出有深度的问题。　在访谈过程中，调查者对情况的了解由表及里、由点到面，这样就可以提出深一层次的问题。　这就是说，新的较有深度的问题，是从访谈的答述内容提炼或激发出来的。　如此，"问"和"知"就形成相辅相成的互动关系。

问题的形成，也可以是出于假设。　这类假设性的问题多集中在探讨事物的变项关系。　假设性问题的形成不是凭空杜撰，而是依据一定的理论、思路和逻辑演绎而来的，依据对事实的初步了解而提出的。　所谓的变项关系，就是单项之间的函数关系。　如果只是就事问事，问的与变项关系无关，这种访谈的研究成分甚低，通常有助对社区的了解，而对社区内在关系的分析以及对社区问题解决的思考裨益甚少。

访谈的方法远不止上述，但上述却是最基本的。

［《福建民族》2001 年第 6 期，署名"李梅（回族）　舒萍"］

后记

春风吹散笼罩全球三年的新冠阴霾，人们的生活恢复了正常。对我来说，最近喜讯不断，父亲的两部遗作先后通过评审，获得资助出版。其中就有这本由厦门市社科院资助出版的《闽南人及其邻近族群：郭志超教授人类学随笔》。

父亲离世四年有余，三年前出版《郭志超随笔诗歌集》时，我第一次写后记。相较第一次，现在少了些许伤感和忐忑，多了几分激动与自信。

对于父亲的学术研究，我早年敬而远之，不敢触碰，如今找寻起来两眼一抹黑，只能用最笨的办法——"地毯式搜索"，遍寻他电脑每个文件夹，浏览他近七年的电子邮箱（七年前的邮箱遗失了），翻遍书柜每本有可能收录他文章的书刊，借蛛丝马迹，顺藤摸瓜。有的发表篇名和电脑原始文件名称有出入，则通过出版时间、出处和篇幅比对，多方面佐证甄别。父亲用的笔名很多，我只能大胆假设，小心求证，被他的学生们戏称为"福尔摩斯"。

在父亲学生们的帮助下，最终整理出 300 多篇文章，涵括他自研究生开始至临终前一个月的遗作，有专业学术论文、学术笔记，有阅读佳作的心得，还有为朋友著作所作的序跋书评。经过与父亲学生们的几番讨论,最后挑选 200 多篇文章,分两大类:篇幅较长的学术论文和轻松活泼的短文与学术笔记。本书收录的文章就属于后者。可以说,基本凝聚了父亲数十年对于人类学、民族学的研究心得。

我小时候比较叛逆,没有成为父亲最想让我成为的"那个人",但他从未放弃对我的教诲、督促。每次他写完文章,一定会发一份到我的邮箱。两天后,他会就文章的结构、亮点等提问我。我心里明白:父亲是在用这种方式提升我的人文素养。虽然我没能接过他的衣钵,而是选择了艺术设计为职业,但如今搜索他的文字、看他的文章,我倍感他的良苦用心,也为自己能够与他隔空对话而感到欣喜。

这次收集文章时,有百来篇只能用找到的纸质版,一篇一篇转成电子版。校核过程变成了愉悦的阅读过程:我在森林里偶遇巢树而居的"山都木客";我怜悯疍家女子婚后须连夜跑回娘家船居;我随父亲的师祖林惠祥先生一起探寻台湾高山族的部落;我也回溯自家祖先郭氏回族的脉络,明白我从哪里来。妈祖、蛇王、清水祖师、城隍庙的演变……那些奇异的神鬼传说,就像聊斋故事,新奇而又刺激。这是我第一次比较全面地探入父亲的学术疆域。

本书得以出版,是父亲生前友好聚力的结果。这四年里,我得到太多人的倾心助力。首先要感谢王逍、蒋俊、周典恩、陈赟、平峰、毛伟等父亲众多学生的支持,他们帮忙寻找文章出处,甄别校对;特别感谢父亲的好朋友汪毅夫先生于百忙之中作序;还要感谢我的同事、《厦门晚报》编辑萧春雷先生对整本书的统筹编辑,厦门日报社新闻研究中心叶胜伟先生为本书出版出谋划策、牵线搭桥。最后,还要感谢厦门市社科院的大力支持。

父亲是一位人类学家,倾一生心血研究东南民族和社会,颇有创获。我并非学术中人,但是我深信本书是他留下的一笔珍贵遗产,因此不自量力,动员各种资源编辑出版,但愿有益于后来的研究者。我只有一个朴素愿望,即希望父亲的学术成果和人格魅力能够继续影响更多的人。

郭航

2023 年夏至写于厦大西村